U0152450

香港政團
發展與選舉 20 年

（1997-2017）

—— 周建華　仲永 著 ——

大公報出版有限公司

序 言

　　香港的政團發展與參與選舉，起源於20世紀80年代中期香港步入回歸中國的過渡時期。面對即將到來的歷史性轉變，港英政府開始部署撤退準備，其中一項重要任務，就是加快推行代議政制步伐，完成所謂的「非殖民化」計劃。代議政制催生了香港的政團政治，在回歸前夕形成了由多個「建制派」和多個「民主派」對峙的基本格局。1997年7月1日，中國恢復對香港行使主權。在「一國兩制」和《基本法》的框架下，新成立的香港特區政府建立起「港人治港」、「高度自治」的政制模式，使得香港的政團政治取得了新的發展空間。

　　隨著香港政團政治、選舉政治的進一步發展，香港學者和內地學者對於香港政制發展、政黨政治、選舉政治及選舉制度改革等領域的研究越來越重視，並且取得了不少成果，其中，如劉兆佳教授的《香港社會與政治》和《香港社會的政制改革》，馬嶽、蔡子強教授的《選舉制度的政治效果——港式比例代表制的經驗》，范振汝教授的《香港特別行政區的選舉制度》，周平教授的《香港政治發展》，陳麗君教授的《香港政黨政治與選舉制度研究》，朱世海先生的《香港政黨研究》等著作，都是這方面的代表作。

　　不過，從總體來看，無論是香港學者或是內地學者，對香港政團發展與選舉政治的發展等領域的研究仍然較少，其中，值得重視的，是本書作者之一周建華教授於2003年出版的學

術專著《香港政團發展與選舉（1949—1997）》。該書以相當大的篇幅闡述了回歸前香港各主要政團的形成、演變發展的過程及其影響，論述了香港政團產生發展的原因和歷史背景，研究了政團與選舉的關係，探索了香港政團在政治發展中的作用及其發展前景。該書可以說是最早系統探索香港政團發展的學術專著之一，具有很高的參考價值。由於受到香港社會和市場的重視，該書於2009年經修訂後由香港大公報出版有限公司再版。

目前，香港回歸已歷22年。在新的歷史條件下，香港政團政治已達到一個更為成熟、複雜的發展水準，無論是建制派還是民主派都經歷了激烈的選舉政治的洗禮，其中部分政團更經歷了重組、整合或者分離，特別是在「佔中」事件發生後，更出現了一些新的政團，給香港的政團發展增添了新的變數，從而令香港各界，甚至內地及海外的相關人士對此都給予更多的關注。在此背景下，周建華教授與仲永研究員合作，撰寫出版了本書——《香港政團發展與選舉20年（1997——2017）》。該書作為《香港政團發展與選舉（1949——1997）》的姐妹篇及續篇，以香港回歸後20年間香港政團的整合發展與選舉政治發展的關係為歷史脈絡，以編年體形式，闡述、研究了香港政團發展與各類選舉的關係以及對香港政治發展的影響。

全書共分七章，第一章以政團發展與選舉的理論作基礎鋪墊，闡述了現代民主政治與選舉政治、選舉政治與政黨的關係。第二至七章分別從香港回歸初期（1997——2002年）、

「七月風潮」背景下（2003——2006年）、全球金融海嘯前後（2007——2009年）、新政團誕生（2010——2012年）、「佔中」和「政改」背景下（2013——2017年）的政團發展與選舉等五個階段，詳細介紹和剖析各個階段政團政治的發展與選舉過程及其影響。由於作者長期跟蹤、深入研究，並且建立在堅實的資料基礎上，全書內容豐富，構思新穎，立論嚴謹平實，語言流暢，具有較高的學術價值，對於渴望深入了解香港政治團體發展以及選舉關係的讀者，相信將會得益匪淺。

　　本書作者為周建華教授和仲永研究員。周建華教授是廣州中山大學歷史系研究生畢業，主修中國近現代史專業，長期從事中國近現代史和政治學的教學、研究，學養頗深，現為廣東行政學院教授、中國統一戰線研究會港澳和海外統戰工作理論廣東研究基地專家，著作甚豐，包括2003年出版的《香港政團發展與選舉（1949——1997）》、2009年出版的《香港政黨與選舉政治》等，在研究香港政團政治發展方面具有深厚的功底和相當高的知名度。仲永研究員是廣州華南師範大學歷史系研究生畢業，長期從事香港政團政治的研究和實踐，現為復旦大學港台行政研究中心特約研究員。

　　本書是兩位作者在廣泛吸收前人研究成果的基礎上，經過長期深入研究所撰寫的一部系統論著，凝聚了作者多年的心血，內容歷史地、客觀地闡述了香港回歸20年以來，各主要政團的產生、分化、組合、發展過程和影響，分析研究政團與各類選舉的關係，探究香港政團在選舉政治中的作用和影響，以及面對香港政制向普選邁進，政團如何應對的問題。對我們

了解香港回歸以後的政治發展，有很高的參考價值。

　　值此出版之際，我向周建華教授和仲永研究員表示衷心的祝賀，也向讀者竭誠推薦這部力作，並期望作者推出新的研究成果。

馮邦彥教授

2019 年 3 月 10 日

（序言作者為暨南大學經濟學院原院長、暨南大學特區港澳經濟研究所原所長、博士研究生導師）

緒　言

　　民主政治的根本特徵是國家的一切權力屬於人民，人民當家做主。在現代民主政治中，選舉是政治參與的一種制度化途徑，可以說是各種政治參與行為當中，普通公民所採取的最基本、最普遍的政治行為，是現代民主政治實踐中普通公民控制政府的最為有效的工具。而政黨是伴隨著選舉的推行和政治的開放而產生的，選舉催生了政黨；而政黨的產生和發展，對選舉的介入，又促進了選舉的發展，政黨支撐著選舉。

　　在現代民主政治發展中，政黨與政團都是政治組織，是人類政治文明發展到一定階段的產物。兩者又如何區分呢？有學者提出了區分的界線，認為「如果一個組織參加政治活動而又不想執政或參政，那麼它就只是一個政治團體，而不是政黨」①也就是說政團雖然自身有一定的政治目標，也常常對國家政治產生一定的影響，但它不是以奪取政權、掌握政權為目的的政治組織。而政黨是代表一定階級和階層的利益，為實現自己的目標和理想，以取得政權和維護政權為主要目的的，較具有永久性的有組織、有綱領、有紀律的政治組織。

　　如果僅以是否想執政參政作為衡量是政團還是政黨的話，目前，香港的許多政治組織都難以區分是政團還是政黨。因為，香港的許多政治性團體或組織，他們往往都自稱為政黨或政團，不管自稱什麼，這些政治性團體或組織都會積極參與政

①　王長江著：《世界政黨比較概論》，中央黨校出版社2003年版，第2頁

治選舉,透過參選去參政,在政治發展中發揮自己的積極作用。由於中外學者對政黨政團的定義各不相同,本書研究中所說的「香港政團」,其定義採用了香港社會公認的觀點,是一種傾向「選舉工具說」的觀點[①]。筆者給「香港政團」定義,規定了幾條內容:

(1)積極參與立法會選舉和區議會選舉,並在這些選舉中奪得議席的政治性團體或組織;

(2)有明確的政治綱領,以執政或參政為政治目標;

(3)政治組織內有核心領導機構或地方機構,並有一定數目的成員等。

在英國對香港實行一個半世紀的殖民統治時期,廣大香港市民沒有真正的民主權利。只是進入20世紀80年代後,隨著香港「九七」前途問題的提出,港英政府匆匆推行代議政制,催生香港選舉政治,從而推動香港政團的形成和發展。因此,可以說,香港政團是代議政制的產物,它的形成和發展是與選舉政治緊密聯繫在一起的。

1997年7月1日,香港回歸祖國,至2017年7月1日,香港特別行政區走過了20年的歷程。在這20年中,香港特別行政區在「一國兩制」下建立起「港人治港」「高度自治」的政制模式,使政團獲得了更大的發展空間,在選舉政治的推動下,政團穩步發展,並逐步趨向成熟。

本書以香港回歸後20年(1997年—2017年),香港特別行政區政治團體的整合發展與選舉政治發展的關係為歷史脈

---

① 朱世海著:《香港政黨研究》,時事出版社2011年版,第1頁

絡，以編年體形式闡述、研究香港回歸以來20年政團發展與
各類選舉的關係以及對香港政治發展的影響。

香港回歸以來，政團的發展與選舉緊密相聯，經歷了五個
發展階段。

本書第一章闡述了現代民主政治的理論以及選舉政治在民
主政治中的地位，分析了選舉政治與政黨的關係。

第二章敘述了1997年至2002年政團發展與選舉第一階
段，政團在香港回歸初期的發展狀況，分析了政團參與香港特
區第一、二屆立法會選舉，首屆區議會選舉以及第二任行政長
官選舉的情況及其對香港社會的影響。

第三章主要考察了2003年至2006年政團發展與選舉第二
階段，政團在「七月風潮」影響下的整合、新政團的湧現及第
二屆區議會選舉和第三屆立法會選舉中的政團動向。

第四章敘述了2007年至2009年政團發展與選舉第三階
段，政團在金融海嘯爆發前後的發展狀況，分析了政團參與第
三屆區議會選舉和第四屆立法會選舉的情況及影響，並介紹了
政團候選人首次參選行政長官的情況。

第五章闡析了2010年至2012年政團發展與選舉第四階
段，政團在政改方案通過後的分化、整合、發展的過程及第四
屆區議會選舉和第五屆立法會選舉中「超級區議員」之爭的新
情況，並較詳細闡述了政團在競爭激烈的第四任行政長官選舉
中的作用。

第六章第七章闡述了2013年至2017年政團發展與選舉第
五階段，透過2013年至2015年發生的「佔中」行動及新一輪

政改方案「觸礁」的情況，分析了新一波政團的組合、發展及「傘兵」政團的冒起對香港社會的影響，並闡析了政團參與第五屆區議會選舉、第六屆立法會選舉及第五任行政長官選舉的情況。

本書在大量堅實資料的基礎上，歷史地、客觀地闡述了香港回歸20年來，各主要政團的產生、分化、組合、發展過程和影響，分析研究政團與各類選舉的關係，探究香港政團在選舉政治中的作用和影響，以及面對香港政制向普選邁進，政團如何應對的問題。

然而，關於香港政團發展與選舉的研究，既是一個比較敏感的課題，也是一個較高難度的課題。作者力圖客觀、辯證地反映和闡析香港特區成立以來政團發展與選舉的20年歷史，但要全面、系統、深入地研究這一課題，決非易事。可以說，本書只是初步地探索，許多觀點只是一家之言，有待方家的指正。

目錄

第一章

政團發展與選舉的理論

第一節 現代民主政治與選舉政治

　　民主政治現象從古代就已經出現了，現在已經成爲世界各國政治生活中的一項基本內容。在當今政治生活中，選舉政治與議會政治、政黨政治是現代民主政治的三大支柱。這三大支柱有機地聯繫在一起。選舉政治因議會政治和政黨政治的存在與發展，而具有存在與發展的必要；議會政治和政黨政治則通過選舉制度而得以正常運作和發展。

一、現代民主政治的理論

　　「民主政治」的含義是什麼呢？首先必須搞清楚什麼是「民主」。

　　從詞源來說，「民主」這個詞源於古代希臘文「demokratia」。它是由「demos」和「kratos」這兩個詞組成。前者是「人民」、「地區」的意思，後者是「權力」和「統治」的意思，因此，合起來的「民主」一詞的原意爲「人民的權力」，即指人民直接地或按照地區選舉產生代表來統治和治理國家。由此可見，「民主」一詞從產生之初就是同政治聯繫在一起的。

　　近代民主政治的提出是對歐洲中世紀神權政治的否定。在中世紀的歐洲，各國統治者爲了維護統治，強調「君權神授」，宣布君主代表上帝，擁有神聖的權力，王權凌駕於法律之上，只對上帝負責，不需要臣民的贊同和支持。這種神權政治是人類蒙昧時代的產物。隨著社會經濟的發展，17世紀中後期，人們的政治意識不斷覺醒，漸漸不滿足對國家神權政治的解釋，於是把國家權力與人的天生權利聯繫起來。在這種情況下，在歐洲出現了一大批資產階級思想家。西方古典自由主義思想的傑出代表約翰·洛克（John Locke.1632——1704）主張人的天賦自由、平等和財產權利，

認爲人民有權反對政府的暴政。提出了立法權與執法權分立的主張。他的思想對美國獨立革命和1787年憲法，以及法國的《人權宣言》產生了極其深遠的影響。其後，法國的啓蒙思想家讓・雅克・盧梭（Jean-Jacques Rousseau,1712-1778）繼承了洛克的「人民主權」思想，認爲所謂主權就是「公意」（General will）的運用。公意是在人民締結社會契約時就形成，是社會契約的精神所在。人們服從公意就是服從他們的意志，任何人都不得違反。國家的最高權力屬於人民，這就是「人民主權」。主權是不可轉讓，不可分割和絕對的。洛克、盧梭的思想表現出強烈的民主意涵。在他們看來，民主是以人民主權爲基礎的，其本質是人民主權的實現。這些關於「人民主權」的思想成爲現代民主政治的理論源泉。

　　隨著資產階級革命的勝利，以代議制、普選制、政黨制、分權制衡制爲主要內容的民主政治，便在西方各國以各自特有的形式建立起來。而且，隨著資本主義制度的自我完善和發展，其民主政治的形式更加完備。「天賦人權」、「主權在民」、「自由平等」、「法治國家」等現代民主政治的理念越來越深入人心。尤其在第二次世界大戰後，絕大多數國家都把民主看作是政治統治合法性的一個重要來源。正如1951年聯合國教科文組織的一份報告中說：「在世界歷史上，第一次沒人再以反民主的面目提出一種主義。而且對反民主的行動和態度的指責常常是針對他人的，但現實中的政客和政治理論家在強調他們所擁護的制度和所主張的理論中的民主因素方面卻不遺餘力。」[1]

　　20世紀70年代後期，政治民主化潮流席捲全球。隨著社會的進步、人類文明程度的提高以及個人獨立意識和權利意識的覺醒，當代社會的人們愈來愈要求以民主的方式分配政治資源，組織政府，民主政治成爲了人類走向政治文明的必然選擇。美國學者約瑟夫・熊彼特認爲：「民主政治的意思只能是：人民有接受或拒絕將要來統治他們的人的機會。」「民主方

----

① 【美】亨廷頓：《第三波—20世紀後期民主化浪潮》，上海三聯書店1998年版，第55-56頁

法就是那種為做出政治決定而實行的制度安排，在這種安排中，某些人通過爭取人民選票取得作決定的權力。」①拉里・戴蒙德認為「民主政治不僅是最廣泛受到稱頌的政治制度，而且也可能是最難以堅守的政治制度」。羅伯特・達爾認為「民主國家的一個重要特徵，就是政府不斷地對公民的選擇做出回應，公民在政治上被一視同仁。」他還提出了民主政體的八個特徵。總而言之，對他們的討論，可以總結出民主政治的一些基本特徵：

第一，政治參與。是指公民通過各種方式和途徑介入國家政治活動和進程的政治性行為。它是實現公民政治權利的重要手段和重要途徑。政治參與的途徑是多樣化的，包括所有制度化的和非制度化的，合法的和非法的，暴力的和非暴力的方式。它是民主政治的重要內容，是實現民主的主要方式和重要標誌。

第二，政治競爭。不同候選人可以就公共職位展開公開角逐，通過爭取選民手中的選票來獲得當選的機會。現代政治中，這種政治競爭不僅指單個政治家之間的競爭，而且指不同政治團體——主要是不同政黨之間的競爭。

第三，政治平等。所有公民具有平等參與政治、政治表達和投票的基本權利。

第四，是多數決定的規則。也就是少數服從多數的規則。

第五，對少數權利的保護。多數決定規則並不意味著多數可以侵犯少數的權利。民主在尊重多數規則的同時，還要保護少數的權利。

第六，言論自由與新聞自由。既然民主意味著政治參與和政治競爭，就必然需要政治表達和政治溝通，言論自由與新聞自由就是基本條件。只有這樣，一個社會中才能聽到不同的政治理念與政策主張，才存在實質性的政治競爭。

①　約瑟夫・熊彼特：《資本主義、社會主義與民主》，吳良健譯，北京：商務印書館2007年版，第395頁

這些關於民主政治的基本特徵，體現了民主政治的精髓「自由平等」及「公平、公正」的精神。

二、選舉政治在民主政治中的地位

選舉，從古至今，都是民主生活的重要組成部分。所以，人們一談到選舉，就會聯想到民主；同樣，一談起民主，也就必然關心起選舉問題。選舉和民主的關係，基本上是手段與目的的關係，選舉是推動民主，實現民主的手段與方法。

選舉一般是指公民依照一定形式和程序自願選擇某項公職人員的行為。公民通過選舉，可以淘汰掉原有的已失去民意的國家公職人員，重新挑選新的國家管理者，這樣一來就容易使執政者更好地維護公民的利益。可見，選舉使得公民的意志和權利在一定程度上得到表達和尊重，從而保證了公民在民主制下對政治過程的參與。所以說選舉為國家權力與公民權利的整合提供了一種有效的運作機制。

選舉政治，就是指一定的國家所確立的選舉制度及其在政治生活中的作用和形成的各種關係。[1]選舉制度是有關選舉國家代議機關和某些國家公職人員的原則、程序和方法的法律規則的總稱。選舉程序涉及確定選舉資格、行使選舉權利、劃分選區、確定候選人資格及其產生程序、競選、投票、當選計票等。在選舉程序的每一環節都離不開公民積極的政治參與。選舉制度從制度上保證了公民對政治體系運行過程的參與。

對於實行民主政治的國家而言，選舉政治是民主政治的重要組成部分。沒有選舉，民主政治也就無從談起。推行民主而公正的選舉，是近現代世界各國開始民主化進程的第一步。實行民主選舉，一方面意味著社會上所有公民都具有平等的公民權利；另一方面也意味著公民能通過選舉，

---

① 林尚立：《選舉政治》香港：三聯書店（香港）有限公司1993年版，第3頁。

影響政府政策的制定和選擇，制約政府官員，從而限制和消除政治統治走向專制的可能。可以說，在西方各民主國家的政治發展史上，選舉政治的發展像一條紅線貫穿整個過程。

選舉政治是民主政治的基礎，在民主政治中具有十分重要的地位，表現為：

（1）選舉政治決定民主的廣度。「民主廣度的實質是社會成員中參與決策的比例。」[1]這個比例自然首先取決於一定選舉政治所規定的選舉權範圍的大小。在民主政治中，選舉實際上是維繫社會與政府的中介。因此，對社會來說，選舉政治將直接決定社會中有多少人可以參加政治，影響政治；決定每個公民對政治的影響力；決定那些人有多少機會，可以直接分享權力，成為社會的管理者。而對於政府來說，選舉政治則決定於政府反映民意的範圍。選舉是公民廣泛參與政治的最好方式，實行廣泛的選舉是民主政治發展的基本走向。選舉政治決定民主的深度。民主的深度是指參與者具體的參與是否充分。從選舉來看，參與者參與的充分程度，取決於選舉本身的公正程度和直接程度。公正的選舉能產生積極的效果，一方面可以杜絕選舉中的舞弊行為，保證絕大多數選民的利益；另一方面可以保證公民充分行使法律所賦予的民主權利，對國家政治生活產生最大限度的影響。因此，選舉的公正程度，將直接影響到公民參與政治、影響政治的實際效果，決定民主政治的深度。此外，提高選舉的直接性，當選對象成為選民直接選舉的產物，這樣他們將直接受到選民的制約和影響，使到選舉受某種勢力控制的可能性減少，從而保證選舉有較高的民主性和公正性。

（2）選舉政治是推動和保證代議民主制發展的重要力量。代議民主制運作的首要機制就是選舉制度。在代議民主制下，選舉一方面決定代表的產生；另一方面則決定公民選舉代表時參與的廣度與深度。「如果選舉代

①【美】科恩《論民主》北京，商務印書館1988年版，第13頁。

表時容許既廣且深的參與，而且代表又確能反映選民的要求，代議政體就可能是真民主的。」[1]反之，當通過選舉產生的代表不能真正代表選民時，代議民主也就不民主了。也就是說，代議機關的產生只有通過完善的選舉才能真正選出反映民意的議員，所以說，選舉制度的好壞，對代議民主制具有十分重要的意義。要想代表制使用得當，就要有一套合理、公正和民主的選舉制度。

（3）選舉政治推動民主精神和原則的傳播。在現代民主國家中，選舉是全民性的政治活動。在這場全民性政治活動中，選民對國家政治生活的參與，形成了自己的政治判斷。因此，每一次大選都是對選民進行一次極好的政治教育。這種政治教育向公民灌輸了民主政治的精神和原則。另一方面，選舉在使公民真實體會到公民權利的存在和價值的同時，也使公民逐步了解並掌握現在選舉活動中的民主精神和民主的「遊戲規則」，如「多數決定規則」、「秘密投票規則」等。選舉政治傳播民主精神所產生的影響是十分廣泛和深遠的，使到社會成員在一次次的選舉活動中，逐步成為民主社會中合格的公民。

---

①【美】科恩《論民主》北京，商務印書館 1988 年版，第 92 頁。

第二節　選舉政治與政黨

民主政治的根本特徵是國家的一切權力屬於人民，人民當家做主。在現代民主政治中，選舉是政治參與的一種制度化途徑，可以說是各種政治參與行為當中，普通公民所採取的最基本、最普遍的政治行為，是現代民主政治實踐中普通公民控制政府的最為有效的工具。而政黨是伴隨著選舉的推行和政治的開放而產生的，選舉催生了政黨；而政黨的產生和發展，對選舉的介入，又促進了選舉的發展，政黨支撐著選舉。

一、選舉政治的基本原則和主要功能

選舉政治在近代出現至今已經歷300多年的發展。長期以來，人們一直以選舉政治的發展水準來衡量一個國家的民主程度。選舉政治在300多年的發展中，逐步形成一些制約和規範現代選舉政治的原則，主要有：

（1）普遍原則。主要是指選舉權為社會公民普遍享有。按普遍原則進行的選舉，就稱為「普及選舉」，簡稱「普選」。普遍原則要求選舉權與被選舉權為社會公民所普遍享有，具體的尺度，各國可以有所不同，但不能有歧視性的限制和不合理的規定。因而對於各國來說，「普遍」是相對，並非絕對的，並非實行毫無限制的普選。選舉權是一項神聖的公民權利，並非所有的社會成員都能享有。只有那些享有並有能力行使公民權的人才有選舉權，而那些不享有或無能力行使公民權的人則不具有選舉權，如兒童、無國籍者、精神病人、刑事犯等。

（2）平等原則。它既是對每一公民權力的肯定和尊重，也是實現公正選舉的首要前提。只有在平等原則基礎上的選舉，才具有權威性。由此種選舉形成的政府，在社會上才具有更高的合法性。在選舉政治中平等原則

體現在多方面，主要有：第一，社會公民平等享有選舉權，沒有任何歧視性限制；第二，實行一人一票制，不存在享有複數投票權的階層和集團；第三，不同居民代表比率保持平等；第四，平等地劃分選區。在現代民主國家，平等原則除了在選舉政治內容上的體現外，還體現在選舉政治的運作上。為了反對競選中的舞弊行為，維護選舉的公平競爭，西方國家一般採用：制定反舞弊法、實行廣泛的新聞監督和選民監督、確立嚴密而完善的選舉程序，使選舉過程減少漏洞等辦法。實踐證明，這些手段能比較有效地保證競選的公正性。

（3）秘密投票原則。又稱不記名投票。實行這種投票方式的目的，主要在於保護公民的合法權利和正常的投票行為。秘密投票的形式，一般是在投票場所開設專門小房間，不准任何人（包括選舉工作人員）進入。已填好的選票，由投票人自己投入票箱。這種形式下的投票，意味著選民在投票中，可以完全按自己的意志填寫或不填寫選票，不受任何人意志的干擾和影響，而且某一選民最終作何選擇，也只有自己清楚，沒有其他人知道。秘密投票原則對選舉制度所產生的作用是積極的，它有助於培養公民在選舉中的獨立自主精神；有效阻止賄賂對選舉的衝擊；有助於穩定社會和政治秩序。

（4）自由選舉原則。公民有權自由決定自己的選舉行為，而不受任何外界因素的干擾和影響。公民能自由決定自己的選舉行為，就意味著公民行使或不行使選舉權利是公民的自由，任何法律、政府或政黨都不能壓制。根據各國實踐的經驗，自由選舉原則在選舉中的實現程度，主要取決於秘密選舉、差額選舉以及選民提出候選人的自由等因素。

（5）選舉公開原則。實行選舉公開，是為了防止選舉中的舞弊與違法行為和選民的盲目選舉，保證選舉的合法性與真實性。選舉公開原則在選舉政治中主要體現在幾個方面：第一，保持適度的政治透明度。讓公民充分了解國家的政治、經濟和文化發展情況，以及國家的政策設想，並在必

要的時候可以將一些重大的決策交公民投票表決。這種開放政治，為公民在每一次選舉中進行合理的選擇提供了依據。第二，候選人情況公開。這會使得選民在選舉時對選舉投票有全面的認識和了解，從而使選舉行為有一個比較可靠和全面的依據，減少選舉的盲目性。第三，選舉全過程的公開化。這意味著從公布選民、醞釀候選人、候選人之間的競爭到最後的選票計算，都必須接受選民和新聞媒介的監督，政府或政黨不允許搞任何秘密交易或其他秘密活動。第四，候選人公開表達自己的見解與主張，使到選民對候選人的了解也更全面、更具體、更形象。第五，公布競選經費的來源與使用情況。選舉公開能有效地防止選舉中的各種腐敗現象的產生，使選舉成為一項光明正大的政治活動。

選舉政治不僅在民主政治中具有十分重要的地位，而且對現代政治的影響是多層面、多角度的，其功能主要有：

（1）政治錄用。在民主政治下，人們要想分享權力，推動政府，就必須尋求政府中的各種職位，沒有職位的人，即使有很高的社會地位或掌有豐富的財富，也不可能得到政治權力，直接作用政府。所以，選舉承擔著為政府選送官員，組織每一屆政府的功能。

（2）政策選擇。任何一屆政府形成後，都要確立一套自己的施政綱領，即政策。在競選條件下，競選者為了贏得選民，都會將自己當選後的政策設想公之於眾，以求得選民的支持和認同，從而當選。因此，選民會根據競選者所在的黨派提出的綱領與口號來投票選舉，選舉結果對政府政策產生影響。

（3）權力的合法性。在現代民主政治中，政府權力的合法性，不是來源於其他因素，而是直接來源於人民。由人民選舉代表組成的政府的權力是人民賦予的。當政府是由人民選舉產生而組成時，只要選舉過程合法，這一政府實際上就是大多數人認同的結果。也就是說，由選舉產生的政府，選舉將直接賦予政府以合法性，即選舉具有使政府權力合法化的功

能。

（4）政治穩定。在現代民主國家，選舉是形成政府的基礎。政府通過定期或不定期的選舉來更換，並沒有使民主政治陷入某種動盪不定的狀況，相反，它使得民主政治在定期或不定期的更換政府過程中，獲得了一種動態的平衡和制度化的形式，促進政治的穩定。當然，選舉政治的這種功能主要是要通過定期選舉來實現的。

二、政黨在選舉政治中的作用

政黨是現代國家政治生活中一種普遍的政治現象。它起源於政治派別。英文「政黨」（party）一詞的詞源為拉丁文的pars或partire，本意是劃分或分割。party一詞被附著政治意義最早是在17世紀。初用時，「政黨」與派別經常混用，指社會上一部分政治觀點和利益相同的人組成的政治集團。到了19世紀，伴隨著議會制度和選舉制度的發展完善，政黨逐步與派別分開，成為現代國家政治生活中不可缺少的政治現象。

政黨的含義是什麼？自政黨產生以來就一直存在分歧。西方學者對政黨的含義有多種說法，歸納起來主要有四種表述。

1.聯合體說

即認為政黨是民眾的聯合。美國學者比爾德認為：「政黨是從現實角度設想的，它是一群人的聯合，這群人一心要佔有憲法所批准的政府，並運用政府的各種手段來制定和實施他們認為公正、適當或對他們的利益有好處的法律」，所以，政黨是「團結起來的男男女女的聯盟」。[1]

2.中介說

即認為政黨是在政府和社會之間發揮著中介作用的組織。以美國的斯莫爾卡為代表的學者認為，政黨是個人與政府之間的一個鏈環，是社會與

---

① 比爾德：《美國政府與政治》上冊，北京：商務印書館，1987年版，第61頁，第62頁。

政府之間的中心媒介和仲裁人的組織。把政黨等同於一般社會團體或組織。

3.政治團體說

即認爲政黨是一種政治團體，它通過提出一整套關於治理國家和社會的綱領和原則，提名候選人當選，以取得國家政權或行使權力，以便決定和執行公共政策。英國思想家艾德蒙‧柏克認爲，政黨「就是大家基於一致同意的某些特殊原則，並通過共同奮鬥來促進國家利益而團結起來的人民團體。」[1]

4.選舉組織說

即認爲政黨是以選舉爲主要活動領域的組織。英美等國的政治學者大都認爲「政黨是爲了爭取選民投票支持它所提名的候選人而高度組織起來的集中統一的團體」。[2]

以上關於政黨含義的表述，都是分別從不同視角揭示了政黨的部分特徵。

什麼是政黨呢？學術界一般認爲，政黨是一個有政治遠景的、以執政爲政治目標的政治組織，政黨旨在通過選舉或其他手段來控制政府的人事與政策。

在現代政治中，政黨常常通過政治動員推動政治參與，通過政治選舉來實現政治競爭。現代政黨在選舉政治中的主要作用有：

（1）制定競選綱領。這種綱領能夠吸引盡可能多的選民的支持。競選綱領是一個政黨參與政治的「門票」，它是政黨在吸收社會各團體和普通民眾的利益要求的基礎上形成的。爲了擴大自己的選民基礎，政黨有必要在各種相互衝突的利益之間達成某種妥協，這也是政黨發揮利益綜合、實現政治穩定的基礎。

[1] 孫關宏等《政治學》上海：復旦大學出版社2003年版，第97頁。
[2] 蕭超然，曉韋：《當代中國政黨制度》哈爾濱，黑龍江人民出版社2000年版，第4頁。

（2）招募和挑選政治候選人。候選人的產生常常是黨內各利益集團相互妥協的產物，既要有助於本黨的團結，也要使候選人有足夠的個人影響力。

（3）組織競選活動。政黨能否在最終的選舉中獲勝往往決定著一個政黨政治參與的有效性甚至該政黨的政治命運。在選舉中，政黨要通過各種途徑爭取選票，如籌集競選經費、組織競選班子、通過各種傳媒宣傳本黨綱領和候選人以及動員選民登記等等。政黨力圖通過政治選舉，使本黨的候選人當選以組織政府，從而將本黨的政綱納入政治過程。

可見，在現代政治生活中，政黨作為政治參與的組織，在選舉政治中發揮著關鍵的作用。

第二章

香港回歸初期的政團發展與選舉

（1997—2002）

香港回歸初期，在「一國兩制」下，香港政團的面貌發生了一定的變化。

一方面是在港英時期較為活躍的一些政團逐步退出政治舞台；另一方面原有的一些政團獲得了比回歸前更大的發展空間，尤其是隨著香港特區選舉政治的逐步發展，這些政團在各類選舉中的作用不斷增強，進一步促進了政團的發展，這是香港回歸后，政團發展與選舉的第一階段。

第一節　香港政團與選舉的歷史淵源

民主政治是參與政治，需要政團政黨的積極參與。而政團政黨的產生發展往往是隨著選舉政治的產生發展而發展的。香港政團的產生發展與選舉政治緊密相聯，兩者有很深的歷史淵源。

一、香港選舉制度的演變及現狀

（一）港英時期香港選舉制度的演變

選舉政治在香港只有很短的歷史，但是選舉制度卻經歷了多次變化，對政府的管治、政黨發展、議會運作都產生了重要影響。

港英時期選舉分為市政局選舉、區議會選舉和立法局選舉。

1、市政局和區域市政局選舉制度的發展

在港英時期，最早引入選舉成份的公共機構是市政局。

1843年4月，港英政府成立「公眾衛生及潔淨委員會」，負責處理衛生問題。1883年成立衛生局取代公眾及潔淨委員會，負責管理港九公共衛生。為了爭取市民合作，1887年港督任命6名非官守議員，其中4名為華人，另2名由陪審團名單中選出。1906年衛生局爆出大規模貪污醜聞後，其職權大為削弱，成為政府衛生署的一個諮詢委員會。

1936年，衛生局改名為市政局。由1名政務官任主席，全局共有13名議員，分別為官守議員5名，委任非官守議員6名，民選議員2名。這是香港最早有選舉成分的公共機構。

從1936年至1997年香港回歸前，市政局的選舉制度在逐步發展變化，表現為：

第一，民選議員席位逐步增加。1936年市政局民選議員2名，1991年

增至 15 名，1995 年再增至 32 名；

第二，選民資格發生變化。20 世紀 80 年代以前，市政局選民資格有學歷，財產及職業的要求。隨著港府推行代議政制改革，1980 年，港府發表《關於地區行政管理的綠皮書》，自 1981 年起，選民資格有所變化。規定：凡在香港居住滿 7 年，年滿 21 歲的香港合法居民，均有資格成為選民。凡擁有資格的香港居民，必須參加選民登記，才可成為選民。凡登記選民均有在其居住選區投票的權利。但被裁定為精神不健全或神經錯亂的人，或在被監禁服刑者等，無資格成為選民；

第三，市政局選區劃分有變化。1983 年前，市政局民選議員的選舉是不劃分選區的，由所有登記選民投票選出全部民選議席。1983 年 3 月市政局選舉，首次進行分區選舉。由於直選議員（15 名）和委任議員各佔一半議席（15 名），共 30 席，所以把港九市區分為 15 個選區，每個選區選民約 25 萬，每個選區選出 1 名議員。這就改變了以前每個選民在全市範圍內任意選擇候選人的做法。

1986 年港府成立區域市政局管理新界區的文康環境事務。區域市政局由 36 名議員組成，分為四個部分：直選議員 12 名、委任 12 名、新界 9 個區議會分別推選的議員 9 名，以及 3 位當然議員（1 名鄉議局主席及 2 名副主席）。從 1986 年至 1991 年區域市政局的直選議席數目一直維持為 12 席。但 1995 年區域市政局選舉，按照彭定康政制方案的安排，取消委任議席，直選議席從上屆的 12 席增加到 27 席，但仍保留 3 個當然議席，由新界鄉議局 3 位正副主席出任以及 9 個新界區議會代表議席，即 1995 年區域市政局共有 39 個議席。

從 80 年代以來，兩個市政局的直選議員均以單議席單票制，採用「簡單多數制」的計票方式產生。

而間接選舉的市政局議員，則一直採用「絕對多數制」以「多輪淘汰」方式產生。在這種制度下，每名區議員可投一票，得到過半數的候選

人獲選；如果在首輪投票中沒有人獲得過半數票，則淘汰最少票的候選人，然後再投票，如此逐輪淘汰直至有候選人得過半數選票爲止。採用這種「絕對多數制」以「多輪淘汰」方式產生議員，較有利於採取中間及溫和路線的候選人，並可確保當選者獲得大多數投票者接受。

2、區議會選舉制度的發展

港府在1981年發表《地方行政白皮書》，開始在地區層面推行選舉，作爲發展代議政制的先驅。1982年正式成立18個區議會，有約1/3是官守議員、約1/3是委任非官守議員，約1/3由選舉產生，以及一定數目的當然議員（包括：市政局的30名議員自動成爲市區各區議會的當然議員，以及由新界地區各村的代表選出的27個鄉事委員會的主席，會自動成爲新界各區議會的當然議員。）

區議會選舉受《一九八一年選舉規定條例》、《一九八一年選舉規定（程序）規例》和《一九八一年舞弊及非法行爲條例》等三條法律的規限。

1982年區議會選舉登記選民爲90萬，而當時符合選民資格的港人估計有260萬。

從1982年至1994年，港英政府進行過5屆區議會選舉（1982年、1985年、1988年、1991年、1994年）。

香港區議會選舉一直採用「簡單多數制」的計票方式。1994年前，區議會選區分爲單議席選區及雙議席選區，每選區中獲最多票的一名或兩名候選人當選爲區議會議員。

在港英時期，區議會選舉制度中唯一經常變化的是選區議席的數目。1982年的第一屆區議會選舉，以單議席選區爲主（單區有112個，雙區只有10個，共選出132名議員）；但至1988年區議會選舉時，由於民選議席大增（由132席增到157席），令雙議席選區大幅增加（單區51個，雙區53個），但此後並沒有明顯的變化。1994年區議會選舉，按照彭定康的政

改方案將所有區議會選區改為單議席選區，此後，雙議席選區被取消。

區議會的選區劃分在1994年前一直以社區完整性為最主要考慮因素，因此選區的人口數目相差可以極大，出現了選舉權不公平的問題。以1985年為例：最小的選區為西貢北，只有857名選民，選出一名區議員，但同屬單議席選區的觀塘藍田南選區，卻有13,552名選民，是西貢北選區選民數目的15.8倍，選民數目甚至比大部分雙議席選區的選民還要多。這種票值不均的問題後來逐漸有所改善，到了1994年區議會選舉時，單議席選區的選民數目差距比以前已大大減少。

3、立法局選舉制度的發展

在英國統治香港100多年期間，雖然在香港設立了立法局，但立法局只是港督制定法律的諮詢機構，不是享有立法權的立法機構，當時香港的立法權是掌握在港督手中的。在1985年前香港立法局是沒有選舉成分的，1985開始引入間接選舉的功能界別選舉和選舉委員會選舉，1991年引入直接選舉。香港立法局選舉制度是一種混合制，自1985年以來，功能界別選舉、選舉委員會選舉和地區直接選舉是立法局選舉的三個主要制度。

（1）地區直選制度

香港立法局地區直選制度的特點在於雖然選舉的歷史很短，但卻在1991年至1995年短短4年中，地區直選採用了不同的選舉方式。這樣頻繁變化的原因是不同的政治力量希望通過選舉方式的變化，以產生對自己有利的選舉結果。

1991年9月15日，立法局分區直選舉行，這是立法局首次引入地區直選成分，1/3議席（18席）由直選產生。這次地區直選共分9個選區，每區2個議席，共選出18個議員。這些選區為港島東、港島西、九龍東、九龍中、九龍西、新界東、新界南、新界北、新界西。

這次地區直接選舉採用「雙議席雙票制與聯票制」的選舉方式。計票方式採用「簡單多數制」，即每位選民可投票支持兩位候選人，每個選區

獲得選票最多的兩位候選人當選。但是候選人可以聯票，即每區獲最多票數的候選人，可以把多餘的票撥給與其聯票的候選人。

這次地區直選的結果是，民主派的三大政團港同盟、匯點和民協是大贏家，三大政團聯手，取得了直選議席18席中的16席。

1992年1月至7月，港府對「九一」選舉制度和過程進行檢討時，這種「雙議席雙票制與聯票制」的直選制度受到了社會的猛烈批評，認為這種選舉制度是偏幫民主派政團。為此，港府在其後的立法局地區直選中，決定放棄之。

1995年9月17日舉行的立法局選舉，是港英政府管治下的香港最後一屆立法局選舉。立法局共設有60個議席，其構成分三個部分，即地區直接選舉議席、功能界別選舉議席和選舉委員會選舉（俗稱大選舉團）議席。其中分區直選議席數目由上屆18席增加至20席。

以人口30萬（上下幅度25%）配額為標準，全港被劃分為20個地區選區。選舉方式採用的是「單議席單票制」，即20個選區各選1人，計票方式採用「簡單多數制」，得票最多者當選。而選民的年齡由21歲降至18歲。

（2）功能界別選舉制度

1984年11月，港英政府發表的《代議政制白皮書》中，闡述了功能界別制度的好處，並決定在1985年立法局選舉中，首次引人功能界別選舉，由功能界別產生12名議員。這些界別是商界、工業界、金融界、勞工界、社會服務界、教育界、法律界、醫學界、工程師及有關專業等9個界別。選出的立法局12名議員，佔當屆立法局約1/5的議員。

根據有關規定，有資格在功能界別投票的選民為各有關界別所屬團體成員或個人。以個人來說，他必須是已根據《選舉規定條例》（香港法例第三六七章）登記為選民。法團成員必須提名獲授權代表其投票。獲授權代表不必是選民總名冊的登記選民，但必須超過21歲，並且不得與該團體

在同一功能界別內登記為選民。參選的候選人必須是功能界別的個人或與該界別有密切關係的人士，而且必須獲得該界別 10 名選民的提名支持。一個人不可以在超過一個功能界別參加競選。

功能界別的投票方法為「按選擇次序投票並淘汰辦法」進行。這種辦法是：每名選民只須投票一次，並須註明對候選人的先後選擇次序，由第一選擇開始填寫。選民必須填寫第一選擇，而對其餘候選人，可酌情填寫第二、第三及其後的選擇，人數多少不拘。確定選舉結果的方式是，在點票時，如果有候選人所獲得的第一選擇票超過半數，便立即當選。但如果沒有人過半數的話，而是把最少票的候選人淘汰，並將他的支持票按其票上的第二選擇，分別轉移給其他尚未遭淘汰的候選人，直至有人過半數票當選為止。

隨後，港英政府宣布 1991 年立法局功能界別議席增至 21 席，功能界別由 1988 年的 11 個增到 18 個。投票方法仍採用「按選舉次序淘汰辦法」進行。

1992 年末代港督彭定康提出政改方案，對功能界別選舉又作出兩項改變：一是把現有功能界別的法人團體投票改為個人投票；二是新增 9 個功能界別以職業劃分，界定範圍包括全港 270 萬工作人口。

儘管中國政府反對彭定康的政改方案，但彭定康一意孤行，在 1995 年的立法局選舉中，功能界別選舉按照彭定康的方案進行，議席 30 席，分為舊功能界別 21 席，新功能界別（稱為「新九組「）9 席。「新九組」由於是以職業劃分，以個人投票，使其變相成為直選。投票方法仍然採用「按選舉次序淘汰辦法」進行。

由於中國政府不承認按彭定康政制方案選出的 1995 年立法局，在香港回歸後，於 1997 年 9 月特區臨時立法會審議的《立法會條例草案》中決定取消新九組。此後，特區的歷屆立法會的功能界別選舉 30 席，都是按照《香港基本法》的規定，以機構或團體投票為準則的。

（3）選舉委員會選舉制度

選舉委員會選舉是一種間接選舉制度，最初源於20世紀80年代中期。1984年11月港英政府發表《代議政制白皮書》，其中最重要的決定之一是在立法局引入選舉成分。根據《白皮書》的規定，1985年9月組成的立法局有24個議席由選舉產生。這個選舉是間接選舉，包括選舉委員會選舉和功能界別選舉兩部分。

選舉委員會選舉共有12個議席，由12個選舉團各選出1名議員。12個選舉團的組成分別是：市政局和臨時區域議局各組成1個選舉團。其餘選舉團是由全港區議會組成10個選舉團。

有資格在選舉委員會投票的選民為區議員、市政局議員或臨時區域議局議員。參選的候選人是：任何人已根據《選舉規定條例》（香港法例第三六七章）登記為選民，並在接受提名之日前在香港居住10年或以上，並得到選舉團內5名選民提名支持，即有資格成為候選人，但曾犯刑事罪或舞弊罪或精神不健全的人士，則不得參加競選。

1985年立法局選舉委員會選舉的投票方法是採用絕對多數制中的「多輪淘汰制」辦法進行，這種方法耗時太多。1988年立法局選舉時，選委會選舉不採用這種方法，改為「按選擇次序淘汰制」進行。（與功能界別選舉投票方法相同）。

1991年立法局選舉首次引入直選，選舉團選舉被取消。但根據彭定康政改方案舉行的1995年立法局選舉，又重新設立選舉委員會議席10席，選舉委員會由民選的區議會議員組成。

投票方法採用「單一可轉移票制」。選民可在候選人名單上按個人的意願順序填上第一至第十的選擇。候選人如果獲得多於當選基數所得的選票（1995年的當選基數是總選票的1/10）便告當選。當選後的候選人的余票，會按比例轉到他們選票上按順序填上第一至第十的選擇。在票數轉移後，如果當選的人數仍少於所需選出議席數目，即會開始淘汰得票最少的

候選人，然後將其選票按第二選擇票轉移，直至有足夠人數當選爲止。

（二）香港特區的選舉制度

香港特區的選舉制度是根據《香港基本法》的有關規定而設定的，目前主要有立法會選舉制度、區議會選舉制度和行政長官選舉制度。香港回歸20年來這些選舉制度在發展中有所變化。

1、立法會選舉制度

《香港基本法》第六十七、六十八條及附件二明確規定了香港特別行政區立法會的產生辦法及立法會議員總人數和組成：第一至三屆立法會議員總人數都是60人；其中功能界別每屆30人；地區直選：第一屆20人，第二屆24人，第三屆30人；選委會：第一屆10人，第二屆24人，第三屆取消議席。

爲了保證特區立法會選舉的順利進行，特區政府成立後，根據《香港基本法》及附件二的規定，在港英政府選舉制度的基礎上，制定了一系列條例法例。規管香港立法會選舉的法例主要有三部：《立法會條例》、《選舉管理委員會條例》和《選舉（舞弊及非法行爲）條例》及七項附屬法例。這些條例法例規定了立法會的組成、選區、功能界別的設立、選民登記、選舉方式、選舉資助、選舉程序、選舉管理委員會的職責及對選舉舞弊非法行爲的監管等。

香港立法會按照議員結構組成，又分爲分區直選制度、功能界別選舉制度和選委會選舉制度。由於第三屆立法會議員組成取消選委會議席，所以選委會選舉制度也取消。但第五屆立法會議員人數增至70人，其中新增10席中，有5席是「超級區議員」議席，所以從這屆開始選舉制度方面又有了「超級區議員」選舉制度。

（1）分區直選制度

1997年7月8日，特區行政會議通過第一屆立法會產生辦法。隨後，特區政府政制事務局宣布採用「比例代表制」作爲1998年第一屆立法會分區

直選的選舉制度，並將全港分爲五個大選區：香港島、九龍東、九龍西、新界東、新界西。每個選區議席數最少不低於3個，最多不得超過8個。（根據政改方案2012年第五屆立法會分區直選議席增加到35席，新界東及新界西議席各爲9席）隨後的1998年、2000年、2004年、2008年、2012年及2016年的第一屆至第六屆立法會分區直選都採用這種「比例代表制」的選舉制度。

投票制度：立法會分區直選採用比例代表制的「封閉名單法」，候選人以名單形式參選，每張名單由一個或更多候選人組成，但人數不得超過所在地方選區的議員人數。選民按名單投票，即每名選民只可投一票支持所屬選區中的一份議員候選人名單，而不能投票給名單中的某位議員候選人。如果某選區所有名單上獲得有效提名的候選人人數不多於該選區須選出的議員人數，則毋須進行投票，而由選舉主任宣布獲有效提名的候選人當選。如果候選人人數多於須選出的議員人數，則須進行投票。投票結束後，採用「黑爾基數法」（Hare Quota）和「最大餘額法」（Largest Remainder）計算選票結果，分配議席。即每選區的議席，需根據名單的得票數按比例分配給各名單，然後，再按候選人名單中的排序依次分配給候選人。計算方法首先是先統計出某一選區的有效選票總數和各候選人名單的得票數，再從該選區的議席數得出這一選區的「選票比例基數」。如一個選區有4個議席，選票比例基數就爲25%。然後，計算出各候選人名單的得票率，凡達到「選票比例基數」一次的名單，就可得1個議席。如果有名單達到該基數兩次，即可取得2個議席。依此類推。但如果在經過按「選票比例基數」分配議席後，該選區還有未分配的議席，即將這些議席依次分配給得票率餘額最大的候選人名單。最後，取得議席的名單，必須按名單上的排序將議席分配給各候選人。如果有兩張以上名單獲得同等最大餘票，且這些名單的數目超出剩餘議席數，則由選舉主任以抽籤方式決定議席歸屬。

選民資格：《立法會條例》規定：（1）年滿18歲；（2）是香港永久性居民；（3）通常居住於香港，而其登記申請書呈報的住址是其在香港唯一或主要的居所；（4）持有身份證明文件，或已申請新的身份證明文件或補發身份證明文件；（5）已登記爲地方選區選民，姓名載於在選舉期間有效的地方選區正式選民登記冊上。

　　《立法會條例》還規定：任何自然人在下列情況下，即喪失登記爲地方選區選民在選舉中投票的資格：（1）不再有資格成爲香港永久性居民；（2）不再通常在香港居住；（3）已更改其主要居所，而選舉登記主任並不知道他的新住址；（4）已在香港或任何其他地方被判處死刑或監禁，但並未服滿該刑罰或用以替代該項刑罰的其他懲罰，亦未獲赦免；（5）在申請登記該日正服監禁刑罰；（6）被法庭裁定爲精神不健全並無能力照顧自己和處理自己的事務；（7）身爲中央人民政府或任何其他國家或地區的武裝部隊成員；等等。

　　候選人資格：《立法會條例》規定：（1）年滿21歲；（2）已登記爲地方選區的選民；（3）香港永久性居民中的中國公民，並且沒有中華人民共和國以外國家的居留權；（4）在候選人提名前的3年內通常在香港居住。

　　《立法會條例》也規定了下列人不得參選立法會：（1）本身爲司法人員或選管會委員；（2）爲政府或立法會或臨時立法會的僱員；（3）爲香港以外地方的政府的代表或該政府的受薪政府人員；（4）爲香港以外任何地方的國家級、地區級或市級立法機關、議院或議會（中華人民共和國的全國或地方人民代表大會或人民協商機構除外）的成員；（5）爲精神不健全者；（6）爲未解除責任的破產人；（7）在過去5年曾被裁定某些刑事或貪污罪名成立；（8）爲尚未服刑期滿的囚犯。

　　此外，還規定想要參選的人，須在提名期內，至少獲得該地方選區100名登記選民（不包括候選人在內）的提名，並向選舉主任繳納5萬港元的

選舉按金，才可獲得參選資格。

（2）功能界別選舉制度

《立法會條例》規定香港特區立法會選舉設有28個功能界別，負責選出30名立法會議員。

根據選民構成的不同，可把28個功能界別分為三類：第一類是全部為團體選民的功能界別，也就通常稱為採用「團體票」或「公司票」的界別，共有8個：漁農、保險、航運交通、商界（第一）、金融、工業界（第二）、勞工、旅遊界；第二類是以選民全部為個人，即全部投個人票的功能界別，共10個：鄉議局、會計、教育、法律、醫學、衛生服務、工程、建築測量規劃、社會福利和區議會；第三類是混合類別的功能界別，即選民既有團體也有個人的功能界別，共有10個：金融服務、工業界（第一）、進出口、紡織制衣、地產建造、商界（第二）、批發零售、資訊科技、飲食、體育演藝文化出版界。在28個功能界別中，除了勞工界別須選出3名立法會議員外，其餘27個功能界別須各選1名議員。

投票制度：功能界別的投票制度較為複雜，主要採用兩種投票制：

第一種按選擇次序淘汰投票制。只適應於4個特別功能界別：鄉議局、漁農界、保險界和航運交通界。

第二種得票最多者當選投票制。適應于其餘24個普通功能界別。在24個普通功能界別中，只有勞工界須選出3個議席，該功能界別的選民因此可投票選出最多3名候選人。餘下的23個普通功能界別，只須各選出1個議席，選民只可投票選出1名候選人。如果有1名以上候選人獲得的最多票數相同，則由選舉主任以抽籤方式決定選舉結果。

選民資格：功能界別選民分兩類，即自然人（個人）選民和團體選民。

個人選民資格：（1）必須已登記為地方選區選民，或有資格登記並已申請登記為地方選區選民；（2）必須在申請登記為有關功能界別的選民前

12個月內，一直是該團體的成員；（3）不得在兩個或以上功能界別登記為選民。凡同時有資格在兩個或以上功能界別登記者，可選擇登記成為其中一個功能界別的選民。而鄉議局、漁農界、保險界、航運交通界這4個特別功能界別的選民，即使有資格在其他功能界別登記，也只能在該4個功能界別登記。

團體選民資格：（1）團體必須在申請登記為有關功能界別的團體選民前12個月內一直運作；（2）代表組織的團體成員必須在申請登記為選民前12個月內一直是該代表組織的團體成員並持續運作；（3）團體選民/投票人必須挑選一名合資格的個人作為其獲授權代表，代表所在團體投票，才可獲得選民資格。符合以下條件的個人才有資格被委任為團體選民/投票人的獲授權代表：（a）已登記或有資格登記並已申請登記為地方選區選民；（b）是該團體選民/投票人的成員、合夥人、職員或僱員，或與該團體選民/投票人有密切聯繫；（c）並無登記或申請登記為該團體選民/投票人所屬功能界別/界別分組的選民投票人；（d）未被委任為其他團體選民的獲授權代表。

候選人資格：除了與分區直選候選人的資格基本相同外，還要滿足3個條件：（1）是已登記為該功能界別的選民並有資格如此登記，或與該功能界別有密切聯繫；（2）是香港永久性居民中的中國公民，並且沒有中華人民共和國以外國家的居留權，但法律界、會計界等12個界別除外；（3）在提名期內最少獲得10名已登記選民（候選人以外者）的提名，並向選舉主任繳納2.5萬港元的選舉按金。

根據2011年3月5日立法會通過的《2010年立法會（修訂）條例草案》規定，立法會議席由60席增加到70席，直選和功能界別各增5席，功能界別新增的5個「區議會（第二）界別」議席，以全港為一個大選區，只有民選區議員可以參選，各民選區議員在得到15名民選區議員提名後，可以參選區議會（第二）功能界別，即俗稱「超級區議會」，由其他未能

在傳統功能界別投票的300多萬名選民投票選出，五人可晉身立法會。

（3）選舉委員會選舉制度

這一選舉制度只有第一、二屆立法會選舉採用。由於第三屆立法會及後取消了選舉委員會議席，故這種選舉制度在立法會選舉中不再存在。

選舉委員會由800名委員組成，他們來自4個界別。在第一、二屆立法會選舉中，投票分別選出10名議員及6名議員。

投票制度：採用「全票制」中的「得票最多者當選投票制」。選民可投票選取的候選人數目，必須是議席空缺之數，不能多亦不能少，否則作廢票論。取得最多票數的候選人當選，然後依次按得票多寡定出第二位當選者，如此類推，直到所有議席選出為止。

選舉委員會候選人在提名期內必須最少獲得10名選舉委員會委員（候選人以外者）提名，向選舉主任繳納2.5萬港元選舉按金，才能獲得參選資格。

2、區議會選舉制度

《香港基本法》第九十七條、第九十八條對區域組織作了明確規定。香港特別行政區政府成立後，根據《香港基本法》的有關規定，制定了《選舉管理委員會條例》（1997年129號條例）、《區議會條例》（1999年8號條例）及《選舉舞弊及非法行為條例》（2000年10號條例）等，對區議會的設立、組成、職權及對選舉區議會議員的程序等作了明確規定。

規定區議會的投票制度：實行「單議席單票制」，約17000人口劃分一個選區，每選區只有1個民選議席，選民可投票給選取的候選人，取得最多票的候選人當選。

選民資格：（1）年滿18歲，在舉行區議會選舉當年的9月25日之前年滿18歲；（2）是香港永久性居民；（3）通常居住於香港，而其登記申請書呈報的住址是其在香港唯一或主要的居所；（4）持有有效的身份證明文件，或已申請新的身份證明文件或補發身份證明文件；（5）已登記為地

方選區選民，姓名載於選舉管理委員會公布的正式選民登記冊上。

候選人資格：年滿21周歲，已登記為地方選區的選民，選舉年之前須在香港通常居住，而且沒有犯罪、被法定醫療機構宣布為精神不健全等喪失選舉資格的情況。

民選議員議席數目由選舉管理委員會制定，數目以每17000人設1個議席的比率為基礎。因此，每屆民選議員數目有所不同，隨著香港人口的不斷增加，民選議員也在相應增加。1999年11月28日選舉產生的特區第一屆區議會中，民選議員有390個；2003年11月23日選舉產生的第二屆區議會中，民選議員400個；2007年11月18日選舉產生的第三屆區議會中，民選議員405個。2011年11月6日選舉產生的第四屆區議會民選議席412席；2015年11月22日選舉產生的第五屆區議會，取消委任議席，全部民選議席431席。特區政府2019年3月15日公布，將於11月24日舉行的第六屆區議會選舉增加21個議席，共達到452個民選議席。

3、行政長官選舉制度

香港回歸後，根據《香港基本法》及附件一的有關規定，特區政府制定了《行政長官選舉條例》、《選舉管理委員會條例》等，對行政長官選舉作了明確規定。

（1）行政長官選舉的投票方式

實行「絕對多數制」投票方式。每名選民可投一票。任何候選人如在第一輪投票中，從所投的有效票總數中取得過半票數（即絕對多數票），則當選。否則，除那些從所投的有效票中取得最高票數的候選人外，所有其他候選人均會被淘汰。如只有一名候選人取得最高票數，則除該名候選人及取得第二最高票數的候選人外，所有其他候選人均會被淘汰。這些未被淘汰的候選人將進入下一輪投票，直至有一名候選人取得絕對多數票勝出為止。（2011年通過的政改方案規定，行政長官選舉只能進行兩輪投票，如果還是沒有候選人取得過半數的票，要重啟行政長官的選舉程

序。）

（2）行政長官選舉的選民和候選人資格

選民資格：是選舉委員會委員。選委會委員由800人組成，來自四大界別。

候選人資格：第一，香港特別行政區永久性居民；第二，年滿40歲；第三，在香港通常居住連續滿20年；第四，在外國無居留權的中國公民；第五，最少獲得100名選舉委員會委員提名簽署。

2011年通過的政改方案規定，選委會擴大到1200人組成，候選人要獲得150名選委提名簽署才能成為候選人。

（三）香港選舉制度的特點及政治影響

1、香港選舉制度的特點

香港從來不是一個國家實體，所以它的選舉制度與西方國家的選舉制度相比較，有自己的特點。這表現為：

（1）不完全限制國籍的候選人制度。西方國家對議員及國家領導人候選人的國籍都有限制，一般不是本國國籍的公民是不能成為候選人的。在這方面，港英時期對參選候選人的國籍是沒有限制的，只要求是香港永久性居民。而香港特區選舉制度既有相同方面，又有不同方面。相同方面是對大部分立法會議員及特區行政長官候選人有國籍限制，如《香港基本法》規定特區行政長官、立法會主席及佔80%的立法會議員，必須由在外國無居留權的永久性居民中的中國公民擔任。不同方面是對少部分議員候選人無國籍限制，如規定佔20%的立法會議員，可由有外國居留權的香港永久性居民中的非中國公民擔任。香港選舉條例規定，立法會分區直選候選人和16個功能界別候選人，必須是香港永久性居民中的中國公民，並且沒有中華人民共和國以外國家的居留權，但功能界別的法律界、會計界、工程界、建築測量規劃界、地產建造界、旅遊界、商界（第一）、工業界（第一）、金融界、金融服務界、進出口界、保險界等12個界別候選人可

不受此限制。這種不完全限制國籍的候選人制度既完全符合國家主權原則，又照顧到香港的現實狀況，是有利於香港社會的穩定與發展的。

（2）不分國籍的選民登記制度。香港實行選民登記制度，規定凡是符合選民年齡的香港永久性居民，必須參加選民登記，載入選民冊內，才能成為有選舉權的選民（但不必每年登記）。西方國家的選舉制度對選民均有國籍的限制，一般來說，非本國公民不能享有選舉權，但香港不論是港英時期還是特區時期的選舉制度對選民卻無具體的國籍限制。持外國護照及雙重國籍者、有外國居留權者等，只要在港通常居住滿七年，是香港永久性居民，都可以登記為選民。這種不分國籍的選民登記制度是由香港的歷史與現實決定的。

（3）限制公職人員參選的候選人制度。香港選舉條例規定，屬於下列幾種情況之一：第一，本身為司法人員或選管會委員；第二，為政府或立法會或臨時立法會的僱員；第三，為香港以外地方的政府的代表或該政府的受薪政府人員；第四，為香港以外任何地方的國家級、地區級或市級立法機關、議院或議會（中華人民共和國的全國或地方人民代表大會或人民協商機構除外）的成員等，均無資格成為立法會、區議會候選人。這種限制「公職人員」當候選人的規定，相信是出於行政與立法分開，保持議員獨立性的考慮。這種規定是符合香港的政治現實的，已為港人所接受。

（4）當選的行政長官不能有任何黨派色彩。香港特區的政治體制是行政主導，而不是立法主導。《行政長官選舉條例》明確規定，行政長官不能有任何黨派色彩，如果行政長官候選人是政黨成員，當選為行政長官後，必須在7個工作日內聲明與政黨脫離關係。這種規定體現特區政府的公正、公平、公道，公務員必須保持中立的原則，也使香港的所有政黨均是在野黨，而非執政黨。各個政黨之間的角逐，都是在野黨之間為爭奪議席的競爭。因此，香港政黨可以通過政治選舉進入立法會，控制立法會，但卻不能執掌特區最高權力，這在一定程度上限制了政黨政治的發展。

（5）多種選舉方式和計票方式並存的選舉制度。香港特區選舉有直接選舉和間接選舉兩種方式。區議會選舉和立法會的分區選舉是直接選舉方式；而立法會的功能界別選舉、選舉委員會選舉以及行政長官選舉則是間接選舉方式。由於選舉方式的不同，因此計票方式也是多樣的：立法會的分區直接選舉採用「比例代表制」，按「最大餘額法」計算選舉結果；區議會選舉則採用「多數當選制」中的「簡單多數制」計算選舉結果；但立法會功能界別選舉有4個界別（鄉議局、漁農界、航運交通界、保險界等）採用「多數當選制」中的「絕對多數制」進行「按選擇次序淘汰」的計票方法；而有24個功能界別（會計界、教育界、衛生服務界、商界等）和選委會選舉則採用「多數當選制」中的「簡單多數制」計算選舉結果；行政長官選舉採用了「多數當選制」中的「絕對多數制」計算選舉結果。多種選舉方式和計票方式並存，反映出香港社會不同階層人士的政治訴求，但也增加了組織選舉的複雜程度。

2、香港選舉制度的政治影響

（1）選舉制度的產生和發展，催生了香港的政團，政團的發展對以行政為主導的香港政府的管治產生了重大影響。

20世紀80年代後，隨著香港區議會、市政局和立法局選舉制度的出現，香港產生了許多新政團，目前活躍在香港政壇上的幾大政黨都是在20世紀80年代末90年代初成立的。如民建聯、自由黨、民主黨等。香港回歸以來，隨著特區選舉制度的發展，香港政壇又出現了一些新政團，如公民黨、社會民主連線、新民黨、經民聯、人民力量等政團。

政團的出現攪動了香港社會，使香港的政治走勢與政團力量緊密地聯繫在一起，政團對香港政府的運作、公共政策的制定和實施，都產生了重大的影響，如2005年12月及2015年6月特區政府提出的政改方案，在立法會中均未獲得2/3議員支持，而不能通過實行。

（2）選舉制度的變化催化了政團內部的矛盾，引發內部競爭加劇，乃

至分裂，影響政團的發展。尤其是立法會分區直選採用比例代表制的選舉模式，對政團發展產生了重要影響。

第一，立法會分區直選採用比例代表制選舉模式可以吸引更多政團積極參與選舉政治，參選的政團候選人明顯增加，對政團發展起積極推動作用。如1995年港英政府末屆立法局選舉，分區直選議席20個，有50名候選人角逐，當時的選舉模式是「單議席單票制」，有20個選區，平均每區2.5名候選人。但1998年香港特區第一屆立法會選舉，分區直選議席仍是20個，選舉模式採用「比例代表制」，有34張參選名單，平均每區（共5個選區）有6.8張候選人名單，共有候選人81名，有政團背景的有67人，佔分區直選候選人的82.7%；[1]每區的候選人名單大都來自不同的政團。2008年立法會分區直選議席30席，候選人142人，有政團背景的有126人，佔直選候選人的88.7%。[2]2012年立法會分區直選35席，候選人216人，有政團背景的有179人。

第二，比例代表制選舉模式會加劇政團內部矛盾，使政團出現分裂，影響政團的發展。比例代表制採用封閉名單法，即選民只能投票給整份名單，而不能就名單中不同候選人之間作出選擇。因此，政團名單上的候選人排序，將直接影響某位候選人的當選機會。由於政團名單候選人的排名次序是由各個政團內部操作的。政團參選名單中候選人的排名次序，往往會觸發和加劇政團內部矛盾和衝突，乃至分裂，影響政團的發展。如在2000年立法會選舉前，民主黨由於分拆參選名單，引起內部矛盾，原1998年立法會候選人曾健成，在2000年立法會選舉前要求分拆名單參選，沒獲得組織批准，隨後宣布退黨，自行參選。

（3）選舉制度的演變和政團的出現，對香港市民產生深刻的影響，促成了香港參與型政治文化的形成，有力地推動了香港民主政治的發展。

---

① 香港《大公報》1998年5月26日。
② 香港《大公報》2008年9月9日。

民主政治有兩個最主要的層面——政治參與和政治競爭，而這兩個層面都必須透過選舉和政團來實現的。20世紀80年代後，港英政府爲了實現對香港的非殖民化，對香港的政制進行改革，推行代議政制，由此產生了香港的選舉制度。三級議會的選舉，把上百萬市民捲入其中，不僅讓他們去進行程序複雜的選民登記，而且還讓他們放下手中正在進行的事情去投票，這對香港市民政治態度傾向的形成和改變，影響是非常深刻的。隨著香港政團的出現，各個政團爲了爭取選民的支持，又在市民中進行廣泛的動員。他們將自己的政治綱領、政策主張在選民中進行了多次的反覆宣傳和發動，在一定程度上影響了市民對政治的態度，也影響了市民的投票行爲，以及他們對民主的認知，從而促成了香港參與型政治文化的形成。

參與型政治文化的形成，使香港市民對政治事件的態度更加積極和敏感，對選舉政治參與的積極性大大提高。如1991年和1995年立法局分區直選投票率：1991年爲39.1%（75萬人）；1995年爲35.79%（92萬人）。香港回歸後，立法會分區直選投票率：1998年爲53.2%（148萬人）；2012年爲53%（183萬人）；2016年爲58%（220萬人）。從投票率和投票人數增加可見，市民的政治參與積極性有了很大的提高。

綜上所述可知，香港選舉制度的產生是港英政府推行代議政制的產物。在1997年前，港英政府爲舉行各項選舉，制定了有關選舉的一系列的原則、程序和方法等，即選舉制度。香港回歸後，特區政府以港英時期的選舉制度爲基礎，根據《香港基本法》的規定，制定了香港特區的選舉制度。由於香港從來不是一個國家實體，所以它的選舉制度與西方國家的選舉制度相比較，有自己明顯的特點。香港選舉制度的產生和發展，促進了政團的產生和發展，也進一步提高了香港市民參與政治的積極性，有力地推動了香港民主政治的發展。

二、港英時期香港政團的形成和發展

香港從來不是一個國家，從1843年起，英國開始將它作為一個海外殖民地的地方政權來治理。因此，在英國100多年的殖民統治下，香港從來沒有民主可言，廣大香港市民無真正的公民權，更無參政權。進入20世紀80年代後，隨著香港回歸祖國問題的提出和中英關於香港問題談判的展開及中英關於香港問題聯合聲明的簽署，使到香港人的政治意識和參政熱情空前高漲，各種政治團體紛紛湧現，論政參政逐漸成為時尚，導致香港政團不斷發展，推動了香港政治的發展。

（一）港英時期政團的發展歷程

從20世紀40年代末至1997年香港回歸前，香港政團產生、發展直至步入成熟，大體上可分為四個階段：

第一階段：1949年至1984年。雖然，在英國100多年的殖民統治下，香港從來沒有民主可言，廣大香港市民無真正的公民權，更無參政權。但從1949年至20世紀70年代中，香港社會還是出現了一些議政論政的政治團體，如革新會、香港華人革新協會、公民協會、香港觀察社等。從1980年開始至1981年，港英政府先後發表了《地方行政模式綠皮書》、《地方行政白皮書》和《區議會條例》，積極推行地方行政計劃，決定設立地區管理委員會和區議會，為以後推行代議制改革鋪設了道路。在1984年中英簽署聯合聲明前後，隨著香港政制改革步伐的加快，香港社會上一些有志從政人士紛紛組團結社，準備趁這一「歷史契機」有所作為。於是各種政治團體逐如雨後春筍，應運而生。這一階段出現的新政團主要有新香港學會、匯點、太平山學會、香港論壇、港人協會等。這些新政團在成立之初，大都沒有明確的政綱，宣稱以論政議政為主要目標，如太平山學會、香港論壇、港人協會等，但也有表明既要積極論政，也要積極參政的政團，如匯點等。這時，一些成立歷史較長的政團，如革新會、公民協會等

由過去只論政轉爲參政論政，積極參與1982年首屆區議會和1983年市政局選舉並取得了斐然的成績，有力地推動了香港社會的政治發展。這是香港組織政團的開始，可謂爲政團發展的「第一波」。

第二階段：1985年至1988年。1985年中英聯合聲明正式生效後，港英政府加快推行「代議政制」。1985年3月、9月和1986年3月，先後舉行了第二次區議會選舉、立法局首次選舉以及市政局和區域市政局選舉。這一系列的選舉，使香港的三級議會架構基本形成，標誌著代議政制改革已完成了最關重要的步驟。隨著「代議政制」的推行，一些原有的政團如太平山學會等逐步發展，由過去的論政團體，轉爲積極參政。新興的政治團體也紛紛湧現，如勵進會、民主民生協進會等，這些新政團大都宣稱以參政爲目的。新政團的出現，迅速掀起了參政議政的熱潮。可謂爲政團發展的「第二波」。

第三階段：1989年至1991年。1988年2月，港英政府發表《代議政制今後的發展》白皮書，決定在1991年立法局選舉中引入直選。面對香港代議政制的發展，自1989年以來，香港政壇中的各種熱衷於參政的人士再次紛紛籌組政治組織，朝著政黨化方向發展。出現了以工商界人士爲核心的新政團，如新香港聯盟和自由民主聯會；宣稱以參政，乃至最終執政爲目標的新政團，則有香港民主促進會、香港民主同盟。此外還有專業人士、鄉事勢力也不示弱，他們組成了港人論壇、建港協會、穩定香港協會等政團，意欲在未來的政治選舉中分得一杯羹。而原有的一些政團也在議政參政中逐步發展壯大，如勵進會、民協等。一時，香港社會再次出現組織政團的熱潮。然而，這一階段的新政團由於缺乏鮮明政綱，內部組織機構不夠完善等原因，還處在不成熟階段。但是，隨著1991年三級議會選舉的結束，這些新政團在參政議政的道路上，逐漸走向成熟，並向政黨化的方向發展。這是政團發展的「第三波」。

第四階段：1992年至1997年香港回歸前。自從1991年9月港英政府在立法局選舉中首次引入直選成分以來，香港的選舉政治鬥爭日趨激烈，加

上1992年彭定康到港履新後推波助瀾，迫不及待拋出「政改方案」，更激起各派政治勢力的參政意欲，它們紛紛凝聚、組織力量，或新晉、或重組、或合併、或改組，如民建聯、自由黨、民主黨、香港協進聯盟、一二三聯盟、公民力量、建港社、香港中外聯盟、九龍城觀察社、前線、民權黨等。這些政團意圖在未來各級議會架構中搶佔有利地盤，實現各自的政治抱負，從而導致香港政團的發展進入高潮。這一階段，新組成的政治組織，有些以「黨」名稱出現，如自由黨、民主黨、民權黨等。有些雖然名稱沒有「黨」字，但也宣稱為政黨，如民建聯等。這些政治組織一般有黨綱和內部的中央機構，比前一階段成立的政治團體在政治上和組織上更加成熟。這是政團發展的「第四波」，也是香港政團步向成熟的初步階段。

（二）港英時期影響政團發展的主要因素

20世紀80年代初，英國政府布置撤退準備，在香港推行非「殖民化」計劃，把部分在其手上的政治權力「轉移」給香港人。為此，積極進行政制改革，推行代議政制。雖然，代議政制的推行以及港英政府政策的轉變為香港政團的產生和發展創造了政治空間。但是，政團的擴張性發展的機會，還是十分有限的。影響其發展的主要因素有：

第一，在英國的殖民統治下，「那些可以容許政治團體互相爭奪的憲制權力非常有限及零碎，因此，任何政治團體要把這些權力集合起來，將會是一件異常艱巨的工作」①

第二，因為立法局是協助港督制定法律的諮詢性機構，所以其憲制權力有限，而其議員進入立法局的途徑又多樣化，「再加上立法機關在制度上與行政系統分離，所以那個早已在政治體制內根深蒂固的官僚架構，便會繼續成為公共政策及公共資源的來源」②日本、德國、法國及其他的前殖民地的經驗顯示，如果政治體制內先前已經存在著一個強大的官僚架構

① 劉兆佳：《過渡時期香港政治》，香港廣角出版社有限公司1996年版，第285頁。
② 劉兆佳：《過渡時期香港政治》，香港廣角出版社有限公司1996年版，第285頁。

的話，那末強大的政黨的形成，便會遇到阻力。

第三，香港政治領袖除了要獲得香港人的支持外，往往也需要中國政府或港英政府的認可。這種「半依附」形象會削弱他們的政治地位及政治力量，使他們難以組成實力強大的政治組織。

第四，在1984年《中英聯合聲明》簽署前，港府高層人士曾告誡市民，要注視政黨的出現和引起的社會影響，並認為香港不適宜存在有政黨，因為政黨會導致社會衝突，加深社會內部矛盾，破壞香港的經濟和安定。因此，港府在1984年7月公布的《代議政制綠皮書》中，提出反對直接選舉的理由是「推行直接選舉，可能使本港迅速陷入一個有反對派系參政的局面，以致在這關鍵時刻，加入一種不穩定因素」[1]上述說法，雖然在《中英聯合聲明》簽署後，發生了一些變化，港府一些高層人士認為本港需要產生政黨，但是又強調不過不要太多，二個至三個是較為理想的數目。港府高層人士的這些言論，對香港政黨的發展產生了一定的影響。

此外，政府在社會及經濟事務上的有限角色，使得不少有資格從政者對於一項充滿冒險成分的政治事業缺乏興趣。加上，香港現有的大量的社會及經濟團體，其政治力量和組織性都是有限的，因此，它們難以成為政治性團體擴張性發展的有力基礎。

由於上述因素的制約，導致香港回歸前政團發展道路較為坎坷，步履維艱。

三、港英時期香港政團與選舉

（一）港英時期政團的參選成績

20世紀80年代以後，香港代議政制的推行匆匆催生了香港的選舉政治。

① 香港印務局：《香港代議政制綠皮書》（1984年7月）。

　　1982年香港破天荒地實行全民投票選舉制度，首次進行區議會選舉。1983年市政局首次分區選舉。1985年立法局首次由選舉團組別和功能團體組別進行間接選舉產生民選議員。1991年立法局首次進行直接選舉18位民選議員。1994年和1995的區議會、兩個市政局選舉取消委任議席，大幅增加民選議席。1995年的立法局直選議席增加到20席。

　　香港主要政團積極參與區議會及立法局選舉，取得成績如下：

1982年至1994年五屆區議會選舉主要政團參選成績

政團名稱	1982 民選132席		1985 民選237席		1988 民選264席		1991 民選274席		1994 民選346席	
	候選人	議席	候選人	議席	候選人	議席	候選人	議席	候選人	議席
革新會	14	2	28	18	7	5	2	1		
公民協會	25	14	28	20	31	17	30	16		
公屋評議會	1	1	9	9						
香港觀察社	1	0	1	1						
工聯會			10	5	2	2	3	3	50	28
匯點			4	4	23	17	11	10		
太平山學會			3	3	22	13				
港人協會			6	6						
十月評論社			1	1						
公共政策研究中心			2	2						
青衣關注組			1	1	2	2	5	5		
勵進會					45	3				
民協					32	22	17	12	40	29
港同盟							72	51		
自民聯							43	21	28	12
民主促進會							7	3	5	3
沙田社區研究中心							2	1		
支聯會							1	1		
觀民眾							2	2		
展望社							5	3		
街坊工友							1	1		
民主黨									133	75
民建聯									83	37
自由黨									89	18
公民力量									9	9
港進聯									7	1
一二三聯盟									16	4
九龍觀察社									6	2
合計	41	17	93	69	164	81	201	130	466	218
佔民選議席比例	12.87%		29.11%		30.68%		42.70%		63%	

1991年及1995年兩屆立法局選舉主要政團參選成績

政團名稱	1991年				1995年					
	直選(18席)		功能(21席)		直選(20席)		功能(30席)		選委會(10席)	
	候選人	議席	候選人	議席	候選人	議席	候選人	議席	候選人	議席
港同盟	14	12	3	2						
匯點	3	2								
民協	3	1			5	2	1	1	2	1
民主會	1		2	2						
自民聯	5		5	3	1			2	1	1
新港盟	2		2	1			1	1		
穩定協會	1	1	2	1						
工聯會	1		1	1	2	1	7	2		
工專聯			3	2						
工團會	1		1	1			1	1		
民主黨					15	12	7	5	3	2
民建聯					7	2	5	2	2	2
自由黨					1	1	13	9	1	
港進聯					2				1	1
公民力量					1				1	1
一二三聯盟									1	1
街工							1	1		
職工盟					1	1	3	1		
勞聯							1	1		
佔議席比例		88.80%		61.90%		90%		83.30%		90%

（資料來源：周建華《香港政團發展與選舉（1949–1997）》修訂版，香港大公報出版有限公司2007年12月版）

（二）港英時期政團在政治發展中的作用

現代政團在民主政治中正起著越來越重要的作用，其作用主要體現為：是民眾參與政治的工具；是溝通民眾與政府聯繫的橋樑；是民眾控制政府之手的延伸。奧地利學者漢斯・凱爾森在20世紀20年代就曾作出這樣的論斷：「現代民主完全是建立在政黨上的；民主原則應用得越徹底，政黨就越重要」。[①]

選舉政治的急促推進，推動了香港政團的產生和發展，大量的政治組織相繼湧現，如匯點、太平山學會、香港勵進會、香港民主民生協進會、新香港聯盟、香港民主同盟、香港自由民主聯會、民主建港聯盟、自由黨、民主黨、香港協進聯盟等。這使到類似西方國家的那種通過選舉途徑以達到參政為目標的政團，也在香港從無到有。各政團為了提高自己的知名度，維護自己的特定利益，大力宣傳自己的主張，並不斷對社會公共權力施加影響，使到政團在政治發展中的作用逐步增強。表現為：

第一，政團效應在政治選舉中的作用逐步增強。如：1982年首屆區議會選舉，議席有132個，只有16名議員來自政團，佔當選議員總數的12%。而1994年港英最後一屆區議會選舉，議席有346個，有政團背景的議員有233人，佔當選議員總數的67.3%。又如：1991年的立法局選舉，功能組別選舉和直選的議席共有39個，有政團背景的議員有29人，佔當選議員總數74.36%。1995年港英末屆立法局選舉，直選議席20席、功能組別30席、選委會10席，共60席，有政團背景的議員有48人，佔當選議員總數80%[②]由此可見，政團在政治選舉中取得席位的逐步增加，表明政團已被大部分香港市民所接受，這種政團效應的增強，促進了政團的進一步發展。

第二，1995年港英末屆立法局選舉後，形成了政團政治的基本格局。在立法局60個議席中，民主黨佔19席，是第一大黨；自由黨佔10席，是

① 【美】喬・薩爾托裏：《民主新論》，東方出版社1993年版，第155頁。
② 雷競旋、沈國祥編：《香港選舉資料匯編》（1982—1994）、（1995年）。

第二大黨；民建聯佔6席，是第三大黨。除了三大政黨的35名議員外，其餘25名議員中有政團背景的議員有13名。以民主黨爲「旗艦」的民主派陣營和以民建聯爲「龍頭」的親中派陣營及以自由黨爲主體的中間陣營在立法局中形成「不等邊三角形」格局，使到立法局中三大黨派常常會運用合縱連橫的手法去爭取自己的利益。尤其是在民生問題上，由於立法局中有過半數的議員都傾向站在勞工、基層利益方面發言，必然會在輸入外地勞工、提高綜援金額、寬減薪俸稅、監管公共事業加價等方面挑戰港英政府的一系列重大政策，對港英政府的管治產生了一定的衝擊。

　　然而，這時香港政團的發展仍處在不成熟階段，表現爲這些政團的規模比較小，一般只有幾十人、幾百人或幾千人，組織程度也比較低。雖然它們當中有些已自稱爲政黨，如自由黨、民主黨。但與西方國家那些以執政參政爲目標、具有完全意義上的政黨相比較，那就遜色多了。因此，它們對香港社會的影響還是有限的。此外，又由於港英時期的立法局只是協助港督制定法律的諮詢機構，只有港督享有立法權，立法局主席也由港督（除最後一屆外）擔任。立法局通過的法案，必須得到港督批准後才能成爲法律，港督對立法局通過的議案有絕對的否決權，而且英王還有否決香港立法的絕對權力。因此，這時的立法局並不是眞正意義上的立法機關，政團企圖通過立法局去影響港英政府的管治所起到的作用也是十分有限的。

　　綜上所述可見，香港政團的產生及發展是「九七」前英國殖民統治者布置撤退準備，把部分政治權力「轉移」給港人的產物。但在「九七」回歸前，由於香港代議制民主的空間有限和其他客觀因素的限制，政團的發展還處在不成熟階段，其對香港政治的發展所起的作用雖然在逐步增強，但並沒起到舉足輕重的作用。

第二節 香港回歸初期政團的發展狀況

　　香港回歸初期，在「一國兩制」下，香港政團的面貌發生了一定的變化。一方面是在港英時期較爲活躍的一些政團逐步退出政治舞台，如一二三聯盟、民權黨等。另一方面原有的一些政團獲得了比回歸前更大的發展空間，尤其是隨著香港特區選舉制度的逐步發展，這些政團在選舉政治和立法會中的作用不斷增強，進一步推動了其本身的發展。此外，隨著香港民主政治的發展，還產生了一些新政團，這些新政團的出現，使香港的政壇更爲活躍。

一、原有政團的發展

　　（一）民建聯獲得更大發展空間，一躍成爲立法會第二大黨

　　全稱民主建港聯盟。1992 年 7 月成立，創會會員 56 人，主要來自社會中、下層及專業人士，既有人大代表，又有工會、社團、學校的代表，還有立法局、市政局、區域市政局及區議會的議員。

　　1991 年 9 月，香港首次舉行立法局地區直選，工聯會、教聯會等愛國團體各自派員以獨立人士身份參選，結果在當時「六四」事件餘波、蘇東劇變和港同盟的「政黨效應」等不利因素影響下，全部落選。此役後，在總結經驗教訓的基礎上，爲了適應香港後過渡期乃至回歸以後工作的需要，愛國團體發起組織了民建聯。

　　民建聯在成立時就宣稱自己，一是愛國愛港的組織；二是民主參政的組織；三是建設香港的組織。以「眞誠爲香港」爲宗旨；政治定位是「愛國愛港、溝通香港與內地」；民生政策定位是「照顧基層、兼顧各階層利益」；總政綱是「平穩過渡、繁榮創富、安居樂業」，香港特區成立後，

改為「建設特區、繁榮創富、安居樂業」。

民建聯會徽隱含英文全稱中 D 及 B 兩個英文字母，大輪廓象徵中國，表達民主回歸的意思；小輪廓象徵香港，表達民主建港的意思，大小輪廓連成一線，代表香港與內地一體、息息相關、互相依存的密切關係。

民建聯中央組織架構分為三個層次：一是會員大會；二是中央委員會；三是常務委員會。中央層面建立了多個委員會，如紀律委員會、組織建設委員會、選舉事務委員會等；地區層面成立了多個地區支部，如港島東、港島西、九龍東、九龍西、新界東、新界西、九龍中、新界北等支部。至2002年底，有地區支部16個，主席曾鈺成。

民建聯成立後，一直高舉愛國愛港旗幟，擁護香港回歸，擁護「一國兩制」、「港人治港」、高度自治方針和《香港基本法》，在後過渡期為香港的平穩過渡作出了積極的貢獻。1994年9月，第一次以政團名義參與區議會選舉，派83人出選，結果有37人當選。1995年3月，參加兩個市政局選舉，派17人出選，有10人當選；同年9月參加立法局選舉，派14人參選，有6人當選。香港回歸後，以建設性的態度支持監察政府施政，致力社會民生工作，越來越受到廣大市民的擁護和支持，參與議會選舉取得了可喜成績。1998年5月參與特區第一屆立法會選舉，獲得9個席位；2000年參與第二屆立法會選舉，雖然在選舉過程發生了程介南事件，但最後民建聯能化解危機，取得11個席位，一躍成為立法會第二大黨；1999年特區第一屆區議會選舉獲得83個席位。

民建聯成立後，十分重視吸納會員，擴大隊伍。會章規定：凡年滿18歲之香港市民，有志於參政、議政，熱心社會事務，願意遵守本會會章，即可申請成為本會贊助會員。至1992年底，民建聯有會員235人，1993年底有會員600多人。香港回歸後，至2002年有會員2000多人。[1]

香港回歸後，民建聯積極支持政府施政，就社會保障制度和老年退休

[1]　阮紀宏《民建聯20年史》，中華書局2012年版，第164—165頁。

金計劃問題、安老服務、減薪凍薪、凍結收費等問題,向政府提出建議。1998年初,民建聯一連三天在港九新界近40個地點,為河北地震進行街頭募捐,所籌得的善款都交給紅十字會轉交給當地災民。1999年底,為了培養「明日之星」,民建聯投資200多萬,在黨內選拔30位20多歲的黨員,進行為期半年,跨越香港、北京和紐約三地學習。

(二)自由黨首次立法會直選剃光頭,黨主席換人

成立於1993年6月,前身為「啟聯資源中心」,主要成員來自工商界及專業界,成立時有15位立法局議員,是立法局中第一大黨,創立時主席李鵬飛。自由黨是香港政團發展史上第一個打著「黨」的旗號而組成的政治團體。它以政黨名稱出現,是向西方發達國家的政黨制度學習,希望有朝一日在香港也能通過選舉成為掌握政權的「執政黨」。

自由黨成立後,黨內就參選問題存在兩條路線:一條以李鵬飛等為首的直選路線;另一條是以田北俊等為首的功能團體路線。1995年立法局直選,主席李鵬飛參選,取得議席,使到直選路線在黨內暫時站穩陣腳。

香港回歸後,1998年5月,特區第一屆立法會選舉中,自由黨派出李鵬飛等4人參與直選,結果剃了光頭,主席李鵬飛決定不再參與2000年立法會選舉,並辭去黨主席職務。隨後,自由黨召開常務委員會,田北俊當選新任主席,副主席夏佳理、周梁淑怡。2000年9月,夏佳理不再參選立法會,並辭去副主席職務,由劉健儀繼任。該黨一些成員在特區政府及諮詢架構中擔任要職,如周梁淑怡任行政會議成員、田北俊任香港旅遊發展局主席、劉健儀任交通事務委員會主席、梁劉柔芬任婦女委員會主席、夏佳理任香港馬會主席等。

自由黨成立時提出「要自由,倡民主,創繁榮,愛香港」的口號,公布的《自由黨黨綱》共八章,闡述了該黨的「八大理想和信念」,即自由精神、民主制度、經濟民生、機會均等、社會安定、維持法治、主動參政、維護香港。

　　自由黨成立時的會徽是大字標題用「自由」作爲核心，運用藍色爲主體色代表自由，有象徵海闊天空，任我奔馳的感覺，「明珠」代表香港是名正言順的東方明珠。至於採用黃色及多個不同形態的三角形組合的「L」型字母，是自由的英文「LIBERAL」的字首，代表自由，而多個不同形態的三角形代表不同階層的市民團結一致，齊心爲香港建立穩健的自由社會，缺一不可。用白色作爲會徽的底色則代表純潔及廉政的團體，爲香港市民爭取平等的待遇和機會。

　　該黨組織架構，中央層面有中央委員會和常務委員會、議程委員會、上訴委員會，領導機構每兩年換屆一次，設主席1名，副主席2名，司庫1名，委員若干名；主席、副主席由常委會選舉產生。地區層面設立港島、九龍東、九龍西、新界東、新界西總部和若干個地區支部，如中西區、大埔、東區、沙田、灣仔、油尖旺等支部，還有功能組別支部，如法律及會計界別、工業界、商界、旅遊界等支部。

　　該黨成立後，大力招募黨員，一年後黨員人數已發展到最高峰，達1600人，成爲當時香港人數最多的政黨。1995年時，該黨曾出現「退黨潮」，黨員人數有所減少，至1997年時，黨員人數維持在1400多人。1998年，自由黨在檢討時，發現有一批黨員長期沒有繳交每年150元的黨費，遂一口氣「踢走」1236人，中止他們的黨籍，令黨員人數急跌至253人。

　　田北俊任自由黨主席後，多次呼籲工商界支持自由黨。爲了爭取選票，自由黨常表示不充當「保皇黨」的角色，要在民建聯與民主黨的夾擊下，殺出一條生路。2000年6月，自由黨針對香港樓市下跌問題，組織了一次「負資產」大遊行，對特區政府施政造成壓力。

　　在回歸前，自由黨在立法局中的議席基本是功能界別議席，創黨主席李鵬飛曾參與1995年立法局直選獲得1席；回歸後，自由黨參與1998年5月香港特區首屆立法會選舉，結果未獲得直選議席，只獲得功能組別和選舉委員會10個議席，是立法會中第二大黨；2000年9月參與第二屆立法會

選舉，獲得功能組別 8 個議席，是立法會第三大黨。1999 年派 32 人參與特區首屆區議會選舉，有 15 人當選。

從香港回歸初期自由黨參選立法會和區議會的情況看，作為代表工商界的政黨，雖然其成員中有不少人有參政經驗，但由於該黨不善於做基層工作，而且其政治立場搖擺不定，因此，較難獲得基層人士的支持，使到其未能獲得立法會分區直選的議席，但其在功能組別選舉中較有優勢，是獲得功能組別議席最多的政黨。

（三）港進聯首次獲得直選議席

全稱香港協進聯盟。1994 年 7 月正式成立，是香港工商界及專業界人士為實現「一國兩制」而成立的參政議政團體。成員主要來自工商界及專業界，成立時共有 160 多名成員，主席劉漢銓。其成立時表示，該政團原則上不反對普通會員擁有雙重會籍，但中央委員會成員則不允許有雙重會籍。

港進聯成立時的綱領是聯合一切擁護基本法的愛國愛港人士，為保持香港的繁榮穩定、資本主義制度和生活方式 50 年不變，為加強香港與內地兩種不同社會制度協調合作，為香港及內地的經濟發展做出努力。港進聯成立後，以溝通中港關係為己任，積極加強香港與內地的溝通，由於有不少成員是人大代表、政協委員、港事顧問和區事顧問，可以通過不同管道直接向中方各級部門反映港人意見，可以使到中方在制定政策時考慮到港人的需要，為香港平穩過渡，順利回歸做出重要貢獻。

港進聯的會徽是兩個向前並列的紅色箭頭，直線構圖，剛勁敏銳，象徵港進聯擁護「一國兩制」的基本方針，香港和內地共同發展，一個圓點座後則象徵港進聯成員緊密團結，致力推動香港平穩過渡，確保香港繁榮安定。

香港回歸初期，遇到亞洲金融風暴，面對香港經濟不景氣，在臨時立法會中，港進聯與民建聯、自由黨、民協的議員聯署簽名，呼籲臨時立法

會所有議員自1998年2月自動調低薪酬三千五百元，以示與市民共渡時艱的心意。港進聯支持政府取消第一收容港的決定，並向政府建議低息貸款救中小企業，以避免在經濟不景氣下，有更多中小企業結業，把香港經濟推至另一低谷。

港進聯成立時的組織架構只有中央層面，由中央委員會、中央常務委員會和中央監事委員會組成。根據會章規定：每兩年會員代表大會選出新一屆的領導層。會員代表大會及其產生的中央委員會是會內的最高決策組織，並接受監事委員會的監察。回歸後，爲了加強地區工作，港進聯成立了新界西、新界東及港島三個地區支部，爲參與立法會分區直選鋪路。

港進聯作爲工商界及專業界政團，雖然成立後也積極參與選舉，但由於不善於做基層工作，在直選方面處於不利地位。1994年9月參與區議會選舉，只獲得1席。1995年9月立法局選舉，派出2人參與分區直選，均未獲得議席，只有主席劉漢銓在功能界別選舉中獲得1席。香港回歸後，港進聯積極參與特區立法會和區議會選舉。1998年5月，第一屆立法會選舉，派9人參選功能組別和選舉委員會選舉，取得5個議席。2000年9月，第二屆立法會選舉，取得4個議席，其中功能組別1席和選舉委員會2席，分區直選1席。特別是在分區直選新界西選區，港進聯鄧兆棠與民建聯譚耀宗同一張名單參選，雙雙獲得議席，這是港進聯首次在分區直選中獲得議席，大大增強了港進聯參與直選的信心。

（四）民主黨選舉失利，內部矛盾激化，主席李柱銘辭職

成立於1994年10月，由原「香港民主同盟」（港同盟）與「匯點」合併而成，主要是律師、社工、教師等。創黨成員440多人，其中330多人來自港同盟，80多人來自匯點，另有38人爲新黨員，創黨時主席是李柱銘。

香港回歸後，民主黨雖然有一定發展，但自1998年開始走下坡路，黨員人數從588人減至2000年的574人。儘管1999年有116人加入民主黨，但卻有117人退黨；2000年僅有3人加入，卻有19人退出。由於內部矛盾重

重，在2000年第二屆立法會選舉中，民主黨再次失利，主席李柱銘辭職，由楊森擔任主席。民主黨以「民主、自由、人權及法治」為口號，成立時以決議案的形式通過三項基本立場：一是「平反六四」；二是爭取盡快實行「雙普選」；三是爭取香港回歸後，全國人大港區代表由「普選」產生。香港回歸後，民主黨確立了以「抗爭為主，溝通為次」的策略，對自己定位為特區政府「反對黨」，是當前香港「泛民主派」中的主要代表。

民主黨的黨徽是以原港同盟的標誌做基調，圓形綠底中有個白鴿。李柱銘說，以前港同盟的白鴿較肥，現時民主黨的白鴿肯定會飛，其實有振翅高飛的意義，如將該白鴿兩翼與尾部畫一直線，將成三角形，港同盟及匯點（原黨徽為三角形）的黨徽實已混合一起。民間對民主黨以白鴿為徽，稱之為「白鴿黨」。

該黨的組織機構，中央層面有中央委員會、中央常務委員會、紀律委員會、選舉委員會、公關及外務委員會、立法會黨團等以及政策調研、組織、政務、黨務4個部。地區層面有地方支部。

民主黨是由不同政團合併而來，這使黨內存在著不同勢力，內部矛盾較為複雜。香港回歸後，1998年的特區立法會選舉，由於分區直選採用比例代表制，在「排名越前，勝算越高」的前提下，民主黨內部就參選排名問題，直接觸發一場支部核心成員的辭職潮。陳偉業在新界西參選名單排第四，而根據該黨較早時的民調和會員投票意向，他的排名均是第三。對此，引起了他所屬的荃灣支部的強烈不滿，該支部正、副主席等8名核心成員向黨中央辭職。新界東支部主席朱明也向黨中央呈辭，抗議「臨時空降」的鄭家富在該區參選名單上排首位，穩操勝券，反而早已在該區耕耘的謝永齡卻排名第三，當選機會甚微。面對黨內洶湧群情，民主黨召開特別大會，把陳偉業的排名調整到第三，但仍難以平息怨言，化解矛盾。結果，民主黨在1998年香港特區第一屆立法會選舉中失利，分區直選只取得9席，比1995年的12席少了3席，加上功能組別4席，共13席。這更加劇

了黨內的矛盾激化，使黨內出現了圍繞路線鬥爭而展開的內部力量的分化和重新組合。

1998年12月，在黨的副主席及中央委員會改選中，出現了所謂「少壯派」突襲「主流派」事件。1999年9月，就應否設立「最低工資」問題，兩派又進行了激烈的論戰。此外，在有關黨務發展、議會選舉策略及人選排名次、黨的階級定位等問題上，兩派均出現明顯分歧，最後導致「主流派」的黨副主席張炳良被「少壯派」拉下台。2000年初，張炳良再與前匯點成員另起爐灶，組成新政團——新力量網絡，並於2004年10月正式退出民主黨。而少壯派中的骨幹陶君行、徐百弟等15人，因不滿主流派主張與中央溝通和妥協的立場，也於2002年退出民主黨，並成立社會民主陣線，後又轉投「前線」。劉千石、曾健成、陳偉業等人後來也相繼離去。

民主黨成立後積極參與選舉，在1995年市政局及區域市政局選舉中，派出36人出選，奪得23個議席。香港回歸後，在1998年、2000年兩屆立法會選舉中，分別取得13席和12席，是立法會中的第一大黨。在1999年區議會選舉中，取得86席，成為區議會中的第一大黨。

（五）民協宣布為政黨

全稱民主民生協進會，1986年10月26日正式成立。該會成立時，主席陳立僑，副主席馮檢基、李永達，司庫劉千石。會員約100人，來自工程、文化、社工、教育、商界和法律界等。其中包括「基本法諮詢委員會」的委員，10多位市政、區域市政局和區議會議員。1989年5月，民協進行新一屆領導層改選，由馮檢基出任主席。1997年10月26日，民協宣布成為政黨。主席馮檢基在慶祝民協成立11周年聚餐會致辭稱：民協正式立黨後將繼續捍衛基層利益，其組織機構將有所改變，大會之下的執委會及評議會改為中委及中常委。1997年12月21日，民協選出新一屆中央委員會17人，馮檢基任主席。馮檢基表示，民協繼續走基層路線和對中方既接觸又批評政策。

民協起初是由10多個論政團體、社區組織及議員辦事處的積極核心分子發起組成的。發起團體和議員辦事處主要包括公共政策研究中心、新香港學會、民主公義協進會、香港政策透視、馮檢基議員辦事處、陳偉業議員辦事處、梁耀忠議員辦事處、北辰學社和地區基層民生關注組（例如：「深水埗民生關注組」、「東區民生關注組」、「南區民生關注組」等）。

　　民協在成立大會上宣布的政綱是：（一）爭取在中國主權下的港人高度自治，落實「一國兩制」和「港人治港」的原則；（二）宣導民主政治，爭取立法局實行直接選舉，維護香港的司法獨立及港人的基本人權和自由；（三）保持香港的繁榮穩定，促進香港的經濟發展；（四）使社會資源作合理的分配，改善中下階層的生活質素等。此外，民協還主張香港各級地方性議會應全部以民主選舉的制度組成。

　　民協的工作主要是：研究各項社會問題與政府政策，作出評論建議；會員培訓；鼓勵和支持會員積極參與本港各級議會的選舉活動；進行公民教育；舉行研討會和座談會等。

　　民協成立後，積極參與各級政治選舉。1988年的區議會選舉中，派出32人參選，有22人當選。1991年區議會選舉中，派出17人參選，取得12個議席。1994年的區議會選舉，派出40人出選，取得29個議席。在1991年和1995年的兩個市政局選舉中，分別派出2人和9人出選，分別取得2席和8席。在1991年和1995年的立法局選舉中，分別取得1席和4席。香港回歸後，1999年特區第一屆區議會選舉中，民協取得19席。在1998年立法會選舉中，該黨沒有取得任何席位；2000年的立法會分區直選中，主席馮檢基奪得1個席位，成為立法會中的「一人黨」。

　　（六）前線同室操戈，引發內部矛盾

　　成立於1996年8月，創會時定位是非政黨的參政團體，成員主要來自商界、金融界、基層勞工、學界等，創會會員79人。該組織是一個鬆散的

政治團體，有執行委員會，但不設主席，也不設其他組織架構，只有召集人。創會時召集人劉慧卿。主要成員劉慧卿、劉千石、梁耀忠、李卓人等均是立法會議員。

該組織成立時提出四項綱領：第一，爭取在香港落實民主自治、「港人治港」、「一國兩制」；第二，爭取及維護香港市民的基本公民權利；第三，推行香港的全民民主運動，團結及鼓勵香港市民積極參與香港的政治發展。要求行政長官、立法機關和地區議會全面普選產生；第四，爭取和維護本港的人權和法治。

前線是一個激進民主派政團，其會徽是一群舉起拳頭、標語向前邁進的示威人士。

在香港回歸後，前線積極參與特區選舉，在1998年立法會選舉中，兩位執委李卓人和梁耀忠，在選區部署出現內鬥，梁耀忠不接受前線領導層要他轉移到新界東參選的安排，堅持在新界西參選，並要在參選名單上排首位，但前線卻安排他在參選名單上排第二名，他認為勝算機會微，對前線領導層的安排非常不滿，還表示要退出前線。為此，梁耀忠宣布不與李卓人同一名單參選，而以「街坊工友服務處」名單參選，令到前線參選人在新界西上演了「同室操戈」，雖然兩人在這屆立法會分區直選中，雙雙取勝，但矛盾難以化解，為以後梁耀忠退出前線留下了伏筆。前線在1998年、2000年特區第一、二屆立法會分區選舉中，分別取得3席和2席。在1999年的區議會選舉中，取得4席。

（七）「四五行動」「長毛」初次參選

「四五行動」成立於1990年，是香港泛民主派中較激進的政治團體。「四五行動」名字源自1976年4月5日在香港發生的一次聲援北京「四五」天安門事件的活動。早期成員中有不少是香港托洛茨基派組織「革命馬克思主義聯盟」的成員。負責人為梁國雄，綽號「長毛」。

該組織在九七前「逢英必反、逢中必反」，九七之後「逢中必反、反

中亂港」。其宗旨爲：第一，推動中國民主運動，實現民主統一；第二，根據勞動人民的利益，團結、組織群衆力量作爲民主運動的基礎；第三，建立有充分黨派自由、政治、經濟權力全部歸於人民的政治經濟制度，實現人民當家作主。

在政治立場上，完全站在中央政府的對立面，以「人權」和「民主」口號與中央政府及特區政府對抗，因此，經常以公民抗命爲理由，於節日或外國元首訪港期間進行示威活動，最後往往演變成一場又一場的警民衝突。他們的成員曾多次因爲在立法會大樓內示威，被立法會主席范徐麗泰女士指爲「干擾會議進行」而被罰款，甚至入獄。主要負責人梁國雄加入社民連後，此組織活動基本以社民連的旗號進行。

2000 年 9 月，梁國雄參與特區第二屆立法會新界東區直選，雖落敗，但得票過萬，同區競爭對手劉慧卿稱其是個「很出色的對手」，爲其下屆再次參選，奪得議席奠定基礎。

（八）梁耀忠以街工名義出選立法會直選，獲得議席

全稱爲街坊工友服務處，成立於 20 世紀 70 年代中後期。當時香港的基層工友普遍缺乏基礎敎育，難以出頭，而在學界這時掀起了一股關心社會之風。一些大學生投身于工人敎育的行列，開辦工人夜校，敎工人讀書。劉山靑、梁耀忠等人在新界荃灣地區設立「新靑學社」，從事工人敎育工作。1985 年，梁耀忠將「新靑學社」改組爲「街坊工友服務處」。1991 年區議會選舉，街工派 1 人參選，取得 1 個議席。同年又派 1 人參加立法局分區直選，沒有獲得議席。1995 年立法局選舉，派梁耀忠參加功能界別選舉，獲得 1 個議席。1996 年 8 月，激進民主派政團前線成立，梁耀忠加入其中，成爲執委之一。香港回歸後，在 1998 年立法會分區直選中，梁耀忠與另一位執委李卓人，在選區部署出現內鬥，最後，梁耀忠宣布不以前線名單參選，而以「街坊工友服務處」名單參選，雖然兩人在這屆立法會分區直選中，雙雙取勝，但兩人因此已結怨。

（九）公民力量取得沙田區近1/3區議會議席

1994年初，由區域市政局議員、沙田區議員劉江華，沙田區議員韋國洪、湯寶珍及何厚祥等人發起組織，主要活躍于沙田區的地方性團體。

該組織的理念認爲每一個公民對於改善社會上不公平問題，都有著一份責任，都希望「發揮公民力量，爭取公民權益」。它採取圓桌會議制的運作方式，不設主席，以9位發起人爲中心。香港回歸後，該團體積極參與區議會選舉，在1999年11月特區第一屆區議會選舉中，在沙田區36個議席中取得11個議席，是沙田區一支重要的力量。

二、退出政治舞台的政團

（一）民權黨淡出政治舞台

民權黨於1997年5月4日搶閘而出。創黨會員共有14人：立法局議員陸恭蕙、議員助理雷一鳴、公務員黃偉雄、副教授梁志清、大學實驗室主任王仲介、公務員胡文龍、博士生葉啓明、電影導演戴梓橋、行政主任束健銘、助理教授溫萬芬、科技推廣顧問甯芷蕙、家長黎蓮清，中學敎師陸秀英、公關顧問鄭誼群。

這14人只有陸恭蕙有從政經驗，但有部分成員也有參與社會組織的工作。

陸恭蕙宣稱，民權黨的宗旨是「以民爲先、以民爲本」，首要目標是推廣全民投票的立法機關。民權黨的政綱內容如下：

政治：（1）贊成與中方在公開與開明之基礎建立溝通，但以特區政府爲首要溝通對象。（2）贊成最終由普選產生代表來管治香港，並以「執政黨」爲目標。（3）有需要時可修改基本法，但會先爭取共識。（4）推廣一個具競爭性但又不含敵意的政治文化。

民權黨與「民主派」其他政黨相比，其立場較民主黨、前線溫和。它

奉行與中方溝通，試圖打開溝通之門，希望走「中間路線」，這與民協的「又傾又砌」路線有相近之處。

民權黨與其他政黨最大的分別是明確提出要當「執政黨」。該黨認為香港政治發展到立法會及行政長官全面普選產生後，第二步還要讓民選代表執政，推行政策。陸恭蕙說過，選民不會再滿足於其選出的代表只做沒有實權的「守門狗」以監察政府，而是必須有制訂政策的權力。因此，陸恭蕙表示不排除日後會競逐特區行政長官，強調要專業化地搞政治。但民權黨的成員絕大多數不是搞政治的行家能手，民權黨只是靠陸恭蕙個人的「明星效應」支撐以及一些被其個人魅力傾倒的人士凝聚而成，並不是有什麼堅定的政治理念。

實際上，民權黨也只是陸恭蕙的「一人黨」，難成氣候。香港有學者就不看好民權黨，認為該黨的政綱主張模糊，不夠民主黨政綱仔細，又不夠激進民主派前線立場清晰，加上民權黨組織薄弱，只以陸恭蕙個人魅力凝聚成黨，一旦她在選舉中落敗，可能很快引致該黨消亡。[1] 為了保持在傳媒中的知名度，不斷增強其在香港政壇的影響力，陸恭蕙決定成立民權黨，明確宣布參選1998年立法會，反映出她要另闢蹊徑，不想永遠只依附在「民主派」陣營中做一個小角色。同時，她已決定「杯葛」臨時立法會，而特區首屆立法會選舉一年後將要舉行，選舉制度亦由「單議席單票制」改為「比例代表制」或「多議席單票制」。所以，她在「落車」之前成立民權黨，以利其在1998年選舉中較順利「分一杯羹」。

民權黨實質上只是陸恭蕙的「一人黨」，在「民主派」陣營中只是一個小派別，對香港政治生態衝擊也不大，它的「獨樹一幟」反映了香港政團發展的另類文化。

陸恭蕙參與1998年5月香港特區首屆立法會分區直選，獲得1個議席。2000年第二屆立法會選舉前夕，陸恭蕙宣布不參選，隨後，民權黨逐

① 香港《明報》1997年5月4日。

步淡出香港政壇。

（二）一二三聯盟解散

於1994年3月20日正式成立。全稱一二三民主聯盟，簡稱一二三聯盟。一二三民主聯盟計劃於1993年4月成立，籌組成員有10多人，包括港同盟會員吳惠祖、李天驕、蔣世昌、宋景輝、朱祖恩、麥業成，留台校友會任善甯、陳之望、羅昜輝、黃志恒、葉朗樞、梁昌球，港九工團聯合會陳恩賜、劉永達、梁漢華，以及幾名民協和匯點成員。台灣成功大學工程系畢業生、台灣大專香港校友會總會副會長任善甯擔任籌委會召集人。

新政團為何以「一二三」的數字化來命名？其含義有「一中、兩岸、三地」的意思。任善甯宣稱，聯盟成立的目的，是促進國家和平統一、促進兩岸誠意交流，並維護三地繁榮互惠。另一發起人吳惠祖指出，新黨之所以命名「一二三」，除了取1月23日是國際自由日的含義外，還包涵三點理想：一個中國；兩岸交流；三地互惠、交流與溝通。一二三聯盟共有82名會員，選出20名中央委員，並互選主席、副主席、秘書長等，主席任善甯，台灣大專香港校友會總會副會長，台灣成功大學香港校友會監事長，曾任台灣大專院校香港各校友會聯合服務協調中心執行秘書。

一二三民主聯盟發表建黨宣言，明確表示他們是一個「立根於香港，放眼海峽兩岸，關注三地發展的參政組織」。其宗旨是「支持中國和平統一，促進兩岸誠意交流，維護三地繁榮互惠。」

一二三聯盟還提出了十二條政綱，主要包括致力爭取本港建立一套完善的民主政制，贊成盡快實施全面普選，行政長官、立法機關和各級民意代表皆由一人一票直選產生。行政部門和立法機關發揮更完善的制衡作用等。

一二三聯盟是香港親台勢力的政治組織，聯盟82名成員中，約有四分之一是台灣大專院校的畢業生，籌組成員及中央委員會的多名骨幹均在台灣接受教育或在親台機構任職。除主席任善甯、秘書長譚偉鴻是留台校友

會骨幹外，中委黃志恒曾任香港留台大專校友聯會主席，副主席陳恩賜是親台工會組織港九工團聯合總會的會長，中委馮振祥、梁昌球等曾在工團屬會任職。

該聯盟希望在未來三級議會選舉的新的政治遊戲中，獲取屬於他們的「份額」，成爲親台勢力的政治代表。因爲，數十年來，本港往台灣讀書以及與台灣有各種關係的人士衆多，粗略估計約達60萬人，但他們一直是以香港爲永久居留地的。所以，一二三民主聯盟的成立反映了這一群體的政治利益。

一二三民主聯盟參與2000年9月的立法會選舉，沒獲得任何議席，12月宣布解散。

三、新政團不斷湧現

（一）新世紀論壇

簡稱「新論壇」。1999年7月成立，是一個由專業人士、工商金融界行政人士、中小型企業主、學者、立法會議員及區議會議員等組成的，「以知識爲主導，爲建設二十一世紀香港而議政」的團體。創會召集人吳清輝（浸會大學校長）。現召集人馬逢國，副召集人黃英豪，有會員約200人。

該組織作爲一個議政團體，組織章程明確規定，其組織定位是「並非政黨，不會有黨綱和黨紀的約束」；綱領目標是「凝聚中層力量，維護全港整體及長遠利益，以公正和理性的態度，尋求社會共識，促進港人自強，共同努力建設新世紀的香港。掌握二十一世紀初世界『全球化』和知識經濟的複雜變化趨勢，以開放的胸襟，嶄新的思維對香港社會未來發展的整體方向與策略進行研究及提出建議，以維持和發展香港作爲中國的國際化城市的優勢與作用。以『港人治港』的承擔精神，基於『一國兩制』

的大原則，就各項公共政策進行客觀理性的探索，並發表意見和提出建議，進而通過各種管道向特區政府、議會、諮詢組織、專業團體及社會公衆積極推介並爭取落實。」在政制改革方面主張「在『一國兩制』及『港人治港』的原則下，香港必須以穩健的步伐發展由下而上的民主政治，以增加特區政府的合法化和問責性，但與此同時必須確保社會各階層可均衡參與，令社會上每個階層的意見得到充分表達。」面對急劇變化的國際環境和激烈的市場競爭，政府要「一方面引入有具國際視野的商界及專業人才出任決策官員，另方面亦要精簡部門架構，政府角色亦應由以往的服務提供者逐漸轉變爲服務監察者」。

該組織的組織結構爲會員大會、理事會、政策委員會及各政策組。理事會成員包括正副召集人、義務秘書、義務司庫及理事10多人。

新世紀論壇成立後，主要通過社會調查、民意測驗、施政建議等方式對政治時事進行評測和建議，以表達自己的意志和利益。

（二）新力量網絡

簡稱「新網絡」。成立於2002年2月，由一群來自學術、專業、企業、文教、社會服務及政界公務人士組成的議政團體。其成立時有強烈的民主黨和前匯點背景，除創會會長是前民主黨副主席張炳良外，理事會成員中不少都屬前匯點成員。因此，外界都認爲「新網絡」是民主派系分裂出來，指張炳良另起爐灶，是由於民主黨內的前匯點成員上位無望，於是改投新網絡[1]。該組織創立初時，主席張炳良。

該組織明確表明：其「不是政黨，也不是傳統的論政團體或壓力團體，而是一個嶄新的、屬於21世紀的思想型和政策型網絡，是一個致力於推動社會對話協商、探求香港前路的『伺服器』，其重點在於重建社會互動的網絡、成爲再造香港的新動力。」爲此，新網絡的政策目標是：「思維上，我們應走出一條突破傳統左右二分、市場與政府對立、企業與勞工

---

① 香港《星島日報》2006年3月1日。

對壘的『第三道路』；經濟上，我們應致力營造一個尊重自由、防止壟斷的市場；政治上，我們應致力建立一個向市民問責、維護公義人權、敢於糾正市場失效的領航型政府；社會上，我們應致力建設一個效率與公平兼顧、競爭與關懷並重、扶持弱勢社群、減少貧困、『全民』導向的優質社會；我們追求一個相容、理性、有情、進取的『新香港』，一個富有文化氣息的國際都會，一個港人感到自豪、國人感到驕傲的特別行政區。

「新香港的未來，不會自天而降，不能靠外力賦予，必須憑港人的意志、活力與創意，在『一國兩制』應有的無限想像空間內去締造。我們須凝聚民意、運用知識、實事求是、理性探索，爲更新政策、改革制度而鍥而不捨。」

該組織架構爲會員大會、理事會（設主席、副主席、秘書及司庫各1名，及若干名理事）、各專題研究小組及個別重點工作小組、秘書處等。

新網絡成立後，除了成立多種政策研究小組開展對香港政治經濟社會文化的深入研究，還通過一些經常性的活動，如『新力量網』、電子通訊、報章專欄論政文章、晚餐講座和外地考察等形式來拓展其活動空間。

（三）民間人權陣線

簡稱「民陣」。2002年9月成立，是由50多個民間團體組成的鬆散政治團體聯盟。它是2003年「七一」大遊行的主要策動、組織者。召集人爲胡露茜。

該組織聲稱因不滿「香港回歸5年人權狀況不斷惡化」而發起社會運動，捍衛香港人權。因此，它的政綱基本體現了泛民主派的一些共同的政治訴求。在人權方面，要求政府從速全面落實聯合國有關建議，包括按巴黎原則成立人權委員會，全面禁止種族、性傾向和年齡歧視，立例規定同值同酬，採取緊急措施，解決導致青少年自殺和虐兒的問題，推行公民教育以消除對精神病患者的歧視，廣爲發放此審議結論；在政制方面，要求全面落實「普選及全民公決」，「廢除功能組別，實現2007年和2008年普

選；以公平、公正、公開的方式，一人一票全民公決是否接納『修正基本法和相關法例，推行07/08雙普選，取消功能組別選舉』」。此外，還把「平反八九民運」寫入政綱。

該組織凝聚了泛民主派中的各種力量，參加「民陣」的民間團體主要有：中國人權香港辦公室、香港民主之聲、中國工黨香港分部、香港民主發展網絡、中國民主黨香港分部、香港社會工作者總工會、香港記者協會、香港基督徒協會、香港婦女基督徒協會、民主黨、四五行動、香港專上學生聯會、香港教育專業人員協會、民權黨、民主動力、香港職工會聯盟、先驅社、前線、街坊工友服務處、香港市民支援愛國民主運動聯合會、七一人民批、何秀蘭議員辦事處、陳偉業議員辦事處、國際特赦組織香港分會、香港人民廣播電台等。

四、主要工會組織

工聯會

全稱是香港工會聯合會，原名港九工會聯合會，成立於1948年4月17日，當時正處在二次世界大戰結束後香港的困難時期，為了維護工人權益，工人迫切要求團結起來，建立自己的工會組織。成立時有22間工會，屬會會員有2萬人，2003年工聯會成立55周年時，發展成擁有176間屬會及贊助會，超過31萬會員，是香港最大的勞工團體。工聯會一直堅定不移地本著「與香港同步，與基層同心」的精神，奉行「愛國、團結、權益、福利、參與」的工作方針。香港回歸後，工聯會仍然一如既往，堅持這一工作方針，決心與時並進的精神，配合時代的發展變化，順應社會的需求，在促進香港工人運動，維護社會穩定，支持「一國兩制」和開展愛國主義教育等方面，發揮了自己應有的作用，作出重要貢獻。香港回歸時，會長李澤添，理事長鄭耀棠。在特區第一屆立法會選舉中，獲得功能組別

2席，地區直選與民建聯合作獲得2席。

職工盟

全稱香港職工會聯盟。1990年7月成立，是較激進的勞工團體，成員達15萬人，為工聯會之後的第二大工會組織。主席劉千石、秘書長李卓人。

職工盟的組織目標既有「壯大獨立工會運動，使打工仔女能在實力基礎下爭取權益」，也包括爭取普選，認為「政制及勞工權益是不可分割的。」因此，職工盟在香港回歸前後，均派人參與各級選舉，既是勞工團體，也是政治團體。

1994年9月，港英第五屆區議會選舉，職工盟首次派人參選。蔡澤鴻、梁志成分別在觀塘利安、葵青葵興勝出，其後蔡、梁兩人均不以職工盟名義出選。1995年9月，港英第四屆立法局選舉，職工盟秘書長李卓人首次在製造界獲勝。

香港回歸後，除1999年特區首屆區選外，其餘各屆均派人參選。特區第一、二屆立法會選舉中，在地區直選中獲得2席。

勞聯

全稱港九勞工社團聯會。1984年11月成立，當時成員有15000人，共有4個勞工團體及13個職工會加盟，是僅次於工聯會和職工盟的香港第三大工會聯合組織。勞聯以會員大會為最高權力機構，下設常務委員會，再下設執行委員會於常委會休會期間執行職務。香港回歸后，派人積極參與特區立法會的功能界別選舉，在特區第一至第六屆立法會功能界別勞工界擁有一個議席。在特區第二屆至第五屆區議會選舉中均獲得一席。

第三節　一九九八年的首屆立法會選舉

選舉是公民參與中最常見的形式，政治投票是公民中參與人數最多的政治活動。影響選舉過程最重要的行為者是政治團體，因為它們在選舉中的作用勝於公民個體。可以說正是由於政治團體對選舉的介入，才促進了選舉政治的發展。

香港回歸後，在香港特區的選舉舞台上，雖然有立法會選舉、區議會選舉和行政長官選舉三種選舉。但是由於立法會是真正的立法機關，享有立法權，對特區政府的施政有重要影響。因此，立法會選舉是政團爭奪最激烈的選舉。

香港特區政府成立後，舉行過六屆立法會選舉，分別在1998年5月、2000年9月、2004年9月、2008年9月、2012年9月和2016年9月。為了能對特區政府施加影響，各政團都積極參與各屆立法會選舉，使選戰更加激烈。

一、從臨時立法會到兩年任期的首屆立法會選舉

臨時立法會是香港1997年7月1日回歸後至特區第一屆立法會成立前的立法機關，其實際上從1997年初開始運作。

臨時立法會是由於英國政府和港英政府單方面違反中英雙方達成的有關協議和諒解，拋出彭定康「政改方案」，改變了香港最後一屆立法局的組成和選民基礎，致使最後一屆立法局的組成和產生方式與《香港基本法》及全國人大的有關決定不相符，導致最後一屆立法局議員「直通車」方案無法實現。為了確保香港在政權移交後仍有一個合法的立法機關，避免因立法局解散而出現立法真空，全國人大香港特別行政區籌委會於1996

年3月24日第二次全體會議上，通過了成立香港特區臨時立法會的決定。規定臨時立法會由60名議員組成，由香港特別行政區第一屆政府推選委員會選舉產生，任期不得超過1998年6月30日。

1996年12月21日，由400人組成的推選委員會對報名參選的130名候選人，以不記名投票方式選舉出60名議員，組成臨時立法會。有34位港英政府最後一屆立法局議員報名參選，其中33人當選。在當選的60名議員中，有政團背景的共36人，其中民建聯11人，港進聯8人，自民聯3人，自由黨10人，民協4人。

1997年1月25日，臨時立法會在深圳召開了首次會議，選舉范徐麗泰為主席。

1997年1月至1998年4月期間，臨時立法會共審議通過了63個法案，其中包括《香港回歸條例》、《國旗及國徽條例》、《區旗及區徽條例》、《立法會條例》、《選舉管理委員會條例》等，並且還推翻了回歸前港英當局匆忙對《公安條例》所作的修訂，取消了《香港人權法案條例》的凌駕性地位，為香港的平穩過渡，為特區政府成立後的正常運作，奠定了必要的法律基礎。

由於香港特區臨時立法會的任期不得超過1998年6月30日，所以特區政府必須在臨時立法會任期結束前選出特區首屆立法會，這是香港首次在「一國兩制」「港人治港」「高度自治」的情況下進行的立法機關選舉。其產生辦法是按照《全國人民代表大會關於香港特別行政區第一屆政府和立法會產生辦法的決定》，當中規定特區第一屆立法會由60人組成，其中分區直選產生20名議員，選舉委員會產生10名議員，功能界別選舉產生30名議員。香港《基本法》還規定，第一屆立法會任期兩年（從1998年7月1日至2000年6月30日結束），其後的各屆均為4年。

1997年7月1日，香港回歸祖國，這是一個歷史盛事。在香港邁向回歸之際，一場金融風暴最先於7月在泰國爆發，接著席捲東南亞各國，並波

及東北亞的經濟體系。作為全球金融中心的香港，由於這場金融風暴的骨牌效應，港元在10月底受到阻擊，香港利率承受重大上升壓力，股市和樓市都出現明顯調整，香港經濟受到沉重打擊。在亞洲金融風暴影響下，香港特區迎來了第一屆立法會選舉。

香港特區第一屆立法會選舉分三類：

分區直選方面，採用比例代表制，以最大餘額法計算選舉結果，共選出20個議席。全港共分5個選區，登記選民約280萬。它們分別是香港島選區，議席4個；九龍西選區，議席3個；九龍東選區，議席3個；新界東選區，議席5個；新界西選區，議席5個。

功能界別方面，選民分為「個人選民」和「團體選民」。個人選民必須首先登記為分區直選選民，否則將喪失功能界別選民資格。今屆功能界別組成將彭定康的「新九組」廢除，改為28個界別。其中20個界別是延續了1991年以來的原有界別，除了勞工界議席由2席增加到3席外，其餘界別1個議席維持不變；另增設8個界別：漁農界、保險界、航運交通界、體育演藝文化及出版界、進出口界、紡織及制衣界、批發及零售界、資訊科技界，這些新增界別各1個議席，這樣新舊界別28個，共選出30個議席。

選舉委員會方面，廢除1995年彭定康的方案，按《香港基本法》規定，改為由4大界別38個分組共選出800名委員組成。委員由有關界別分組選出，選舉800名委員的選民叫「界別分組投票人」，各分組中的投票人分為「自然人」（個人）及「團體」兩種。38個分組中，有兩個界別（港區人大代表、臨立會議員）為當然委員，宗教界為提名委員，其餘35個分組則須於1998年4月進行界別分組選舉，選出各分組的選舉委員會委員，再于1998年5月24日立法會投票日，由選出的800名委員投票選出10個立法會議員。選委會選舉採用「全票制」中的「得票最多者當選投票制」。

香港特區首屆立法會選舉，於1998年5月24日舉行，候選人提名期從

4月9日開始至4月22日，共有166名被提名人經確認後成為正式候選人。

競爭最激烈的是分區直選，有34份名單共81人，角逐20個議席，平均4人爭奪1個議席。其中新界西選區有11份名單共28人，競逐5個議席，不論名單或人數均是5個選區之冠；九龍東選區只有3份名單共7人參選，瓜分3個議席，是競爭最小的選區；新界東選區有7份名單共17人，競逐5個議席；九龍西選區有5份名單共13人，競逐3個議席；香港島選區有8份名單共16人，競逐4個議席。

選舉委員會共25人角逐10個議席，平均2.5人爭1席。

28個功能界別共30個席位，有60人提名競逐，除10個界別的候選人自動當選外，有8個界別是兩人爭奪1個議席，7個界別是3人爭1個議席，而4人爭1個議席的只有保險界及金融服務界兩個界別，勞工界則是5人競逐3個議席。①

第一屆立法會分區直選，投票從1998年5月24日上午7時30分開始，至晚上10時30分截止，全港登記的合資格選民有279.5萬，前往投票的選民有148.97萬，總投票率53.29%。5個地方選區的投票情況都非常平均，投票率全部超過三成，由50.23%至55.88%，其中以新界東選區的表現最佳，有330,434人投票，投票率高達55.88%；但若以投票人數計算，則以新界西選區居冠，投票選民達377,215，但投票率只有53.88%。另外，九龍西選區的表現相對較差，投票人數僅有206,682人，投票率50.23%，兩者均居五區之末。而1995年的港英政府最後一屆立法局分區直選，只有920,567人投票，投票率僅為35.9%。②

第一屆立法會功能界別選舉，登記選民有14萬多人，參與投票的人數為77,813人，總投票率是63.5%。其中市政局和區域市政局的投票率均為100%的全票，其餘界別投票率超過九成者有5個，分別是選舉委員會

---

① 香港《信報》1998年4月25日。
② 香港《大公報》1998年5月25日。

（98.75%）、保險界（95.85%）、航運交通界（95.62%）、漁農界
（94.55%）及勞工界（93.91%），投票率最低界別是衛生服務界，爲
52.21%，投票人數最多界別是教育界，達40,862人，投票人數最少界別是
市政局，爲47人。而1995年的港英政府最後一屆立法局功能界別選舉，投
票率僅爲40.2%。

選舉委員會選舉，投票人數有790人，投票率達98.75%。

香港特區第一屆立法會選舉，無論選民人數和投票率，都締造了香港
的一個新紀錄。特區行政長官董建華在總結投票情況時表示，雖然今日天
氣很不穩定，下了大雨，新界又水浸，但我們的選民充分表現他們愛港的
理念，熱心地去投票，致使我感到非常感動。這次選舉「充分表示出市民
熱心支持特區政府首屆立法會選舉，亦反映出市民對落實『一國兩制』
『港人治港』充滿信心。」他還說「這次選舉是香港按《基本法》規定，
爲發展民主踏出重要一步。」「爲日後邁向全民普選立法會的最終目標作
好準備。我們會繼續竭盡所能，鼓勵市民積極參與未來的各項選舉。」
[1]並強調，特區政府將致力與立法會的合作，並希望與立法會議員建立良
好及有建設性的工作關係。

二、政團排兵布陣角逐立法會選舉

香港回歸後，在「一國兩制」、「港人治港」、「高度自治」下，政
團參與選舉，推動選舉有更加強烈和明確的目的性，這就是爭奪議席，進
而爭奪管治權。正是由於政團對議席和選票的爭奪，令選戰更激烈，往往
達到白熱化的程度。

（一）比例代表制下政團的分區直選部署

由於1998年5月的立法會選舉是香港回歸後的首次選舉，各政團都高

---

[1]　香港《文匯報》1998年5月25日。

度重視，派人積極參選。

民建聯在這次特區首屆立法會選舉中，派 27 人參選，在各政團參選人數中排第一。其中分區直選候選人 20 人，分別是港島區 4 人，爲程介南、葉國謙、孫啓昌、鍾樹根；九龍西 3 人，爲曾鈺成、葉國忠、尹才榜；九龍東 3 人，爲陳婉嫻、郭必錚、林文輝；新界東 5 人，爲劉江華、張漢忠、陳平、溫悅球、黃戊娣；新界西 5 人，爲譚耀宗、梁志祥、周轉香、陳雲生、許昭輝。

民主黨派 23 人參選，在各政團參選人數中排第二。其中分區直選候選人 18 人，分別是港島區 4 人，爲李柱銘、楊森、阮品強、陳國樑；九龍西 3 人，爲劉千石、涂謹申、黃仲棋；九龍東 3 人，爲司徒華、李華明、麥海華；新界東 4 人，爲鄭家富、黃成智、林詠然、何淑萍；新界西 4 人，爲李永達、何俊仁、黃偉賢、陳樹英。

自由黨派 23 人參選，與民主黨人數相同，在政團參選人數中排第二。其中分區直選候選人 12 人，分別是港島區 3 人，爲黃英琦、曹聖玉、林翠蓮；九龍西 3 人，爲蔣世昌、陳乃裕、李景華；新界東 3 人，爲李鵬飛、黃耀梓、鄭治國；新界西 3 人，爲陳聖光、廖廣生、黃國強。

民主民生協進會派 6 人出選，其中分區直選候選人 4 人，分別是九龍西的馮檢基、廖成利、譚國僑和新界西的嚴天生。

前線派 4 人出選分區直選，他們是新界東的劉慧卿、何秀蘭和新界西的李卓人、葉國勳。

派人出選立法會分區直選的政團還有，民權黨派陸恭惠、雷一鳴參與港島區和新界東直選；一二三民主聯盟派任善甯、朱祖恩、麥業成、宋景輝參與新界西直選；先驅社派林致良參與新界西直選；街工派梁耀忠參與新界西直選等。[1]

（二）政團在功能界別選舉及選舉委員會中的部署

[1]　香港《大公報》1998 年 5 月 26 日。

民建聯派 3 人出選功能界別，分別是區域市政局的顏錦全，漁農界的黃容根，勞工界陳榮燦；派 4 人出選選舉委員會，他們是楊耀忠、彭長緯、張學明、陳鑑林。

民主黨派 5 人出選功能界別，分別是教育界的張文光，衛生服務界的何敏嘉，社會福利界的羅致光，體育演藝文化及出版界的胡志偉，資訊科技界單仲偕。民主黨沒有派人參與選舉委員會選舉。

自由黨派 10 人出選功能界別，分別是保險界的陳炎光，航運交通界的劉健儀，地產及建造界的夏佳理，旅遊界的楊孝華，商界（第一）的田北俊，工業界（第一）的丁午壽，紡織及制衣界的梁劉柔芬，批發及零售界的周梁淑怡，建築測量及都市規劃界的何承天，鄉議局劉皇發；選舉委員會候選人是何世柱。

民協參選功能界別的候選人是市政局的莫應帆；選舉委員會候選人是羅祥國。

港進聯派 9 人出選功能界別和選舉委員會選舉，其中功能界別候選人 5 人，他們是區域市政局的鄧兆棠，工業界（第二）倪少傑，金融服務界的胡經昌，進出口界的許長青，批發零售界的王紹爾；選舉委員會候選人 4 人，他們是楊釗、朱幼麟、蔡素玉、劉漢銓。

參與立法會功能界別選舉的還有老牌工會組織工聯會和勞聯。工聯會派陳榮燦、陳國強出選勞工界；勞聯派李啓明出選勞工界。

特區第一屆立法會選舉，共有 166 名候選人，其中有政團背景的有 101 人，佔候選人總數的 60.8%。其中分區直選候選人 81 名中，有政團背景 67 人，佔直選候選人的 82.7%；選委會候選人 25 名，有政團背景 10 人，佔選委會候選人的 40%；功能界別候選人有 60 名，有政團背景 24 人，佔功能界別候選人的 40%。[1]

---

[1]　香港《大公報》1998 年 5 月 26 日。

三、政團的參選政綱及選舉策略

民建聯參選首屆立法會的口號是「民建聯幫到你」。以「民主有理性，監察有成效，爭取見成績」的理念，提出參選政綱，主要內容有：政治上主張 2007 年前檢討政制發展，爭取行政長官及立法會全部議席直選產生；經濟上支持聯繫匯率制度，成立種子基金，直接贊助新興行業，全面協助新興科技公司及中小型企業；房屋政策方面主張成立市區重建局，制定全港重建策略；教育方面支持初中推行強制性母語教學，制定全面資訊科技教育措施；勞工方面反對擴大輸入外勞，爭取以立法形式，確立工人集體談判權等。

自由黨以「美好世紀由我哋做起」為口號，在 1998 年 4 月 8 日舉行參選立法會誓師，並公布參選政綱，主要內容有：政治上要求增加政府的透明度和問責性，盡快實施部長制，最遲於 2007 年，建立一個全面民主的政府；經濟上主張鞏固經濟根基，促進本港的競爭力，透過更多稅務優惠和資源投放，振興工商百業；教育方面提出注重教育事業的投資，以培訓一股擁有現代化和國際化知識技術的人力資源；民生福利方面要求提高市民生活質素，改善房屋、醫療、社區設施和社會福利等，創造一個追求文化和諧和全面環保的生活環境。

民主黨打著「重返立法會」的口號，提出了長達 52 頁的參選政綱，主要內容有：政治上要求修改《基本法》，主張 2000 年直選全部立法會議員，2002 年直選第二屆行政長官；經濟上要求制定法規，促進金融業自律，發展高增值工商業，推動中小企業；房屋政策方面要求增撥土地達至每年八萬五千個單位的建屋目標；教育方面支持推動母語教學，加強資訊科技教育；勞工方面提出嚴格限制輸入外勞，為集體談判權立法等。

民權黨提出「民權民主為港人，公義正義靠市民」的參選口號及十項參選政綱。

　　民協於1998年4月19日舉行了參選立法會誓師大會，提出「全情投入為民生，改革政策爲基層」的參選口號，並公布了改善房屋政策、爭取老人福利、完善社會保障、加快民主步伐等十項參選政綱，明確表示民協參選的目的主要有三方面：將基層聲音帶入立法會，以抗衡工商利益；將實幹精神帶入立法會，以替代無謂爭拗；將民主自由帶入立法會，以防止獨裁專制。

　　前線提出捍衛人權自由，「企硬」民主法治；打破經濟壟斷，共用繁榮成果；實現安居計劃，改革社會政策等參選政綱。

　　各主要政團不僅提出參選口號及參選政綱，而且還在各選區各出奇謀，絞盡腦汁，四出宣傳拉票，宣傳「招數」層出不窮。

　　民建聯在宣傳及拉票方面展現新意。港島區候選人程介南、葉國謙、孫啓昌、鍾樹根，乘坐一艘名爲「眞誠號」的遊艇，展開別開生面的環島巡遊宣傳活動，向港島區水上居民和沿岸居住的市民拉票，這種宣傳拉票手法是一項創舉，因爲尚未曾有立法會候選人嘗試坐遊艇宣傳拉票。九龍東候選人陳婉嫻、郭必錚、林文輝一身白衣，頭戴草帽，在觀塘區呼籲選民積極參與選舉投票，這一身打扮予人有田園、清新感覺，實在爲選舉加添另一種味道。[1]九龍西候選人曾鈺成、葉國忠、尹才榜，製作了3人身著美國職業籃球賽球衣的巨型電腦噴墨畫像，張貼在油麻地的明顯位置，助選人員還借來服飾，扮演兩位家喻戶曉的漫畫人物「蝙蝠俠」及羅賓，目的是吸引小朋友及家人的注意。新界東候選人劉江華、張漢忠、陳平、溫悅球、黃戊娣，採取「化整爲零」的策略，貼身地與選民接觸，如「洗樓」、「洗街」、「洗酒樓」等，還製作了兩張巨型宣傳畫和十噸重的宣傳車，放在大圍。

　　自由黨新界東候選人李鵬飛、黃耀梓、鄭治國提出全面減稅政策，藏富於民；游說商家投資香港，增加就業機會；重視本港海外形象，促進旅

① 香港《文匯報》1998年5月17日。

遊業及工商繁榮等主張。李鵬飛一家大小「總動員」，到車站、街市派發單張，宣傳候選人，爭取更多選票。港島區候選人黃英琦及林翠蓮還走到街頭「賣藝」，當眾表演電子琴技，大奏當時相當受歡迎的「鐵達尼號」電影主題曲，以嶄新手法拉票。[1]

　　為了能爭取更多選民的支持，民主黨在新界東、新界西的選舉策略是製造危機感，爭取游離票。新界東選區，民主黨在寄給選民最新的宣傳單張中便指出，根據某項調查，民主黨仍未取得足夠票數，呼籲那些未決定的選民支持他們的名單，並建議一家四口選民應2人投民主黨，2人投給前線的劉慧卿，目的是想民主黨取2席，前線則取一席。劉慧卿認為此舉是有意損害她名單上排第二位的候選人出線機會。新界西選區，選戰也非常激烈，民主黨為了「力穀」排名第三的黃偉賢「上位」，使出「哀兵」策略，派發強調「民主告急」的宣傳單張，在單張上提及前線的李卓人等，已穩操勝券，呼籲市民應集中選票，支持該黨的黃偉賢。這種做法引起了李卓人的不滿，認為民主黨手法不光明正大，將令他流失選票。[2]在九龍西選區，民主黨採取歪曲事實，抹黑對手的手法，打擊競選對手。在選舉論壇上，民主黨候選人歪曲事實，稱民協不支持公屋加租由2年改為3年，遭到了民協候選人的強烈譴責，並要求民主黨候選人作出公開澄清及道歉，否則民協將採取行動，以正視聽。[3]

　　民權黨新界東候選人雷一鳴，在電視直播的候選人論壇中，以街頭炮手的新形象示眾，主打追擊民主黨候選人黃成智，批評黃成智為了要贏，透過第三者勸他退選是違反民主精神，批評前線候選人劉慧卿是縮頭烏龜，不守承諾，並攻擊民主黨有候選人因持外國護照退選，並義正詞嚴聲明自己今次為取代他們參選。他的這種做法被傳媒贊他成功出位。[4]

　　投票當天，正好碰到下大雨，受到天雨影響，不少鄉郊地區出現水

① 香港《成報》1998年5月7日。　　　　　③ 香港《文匯報》1998年5月18日。
②《香港經濟日報》1998年5月18日。　　　④ 香港《東方日報》1998年5月15日。

浸，為了爭取選民的支持，政團候選人各出奇招拉票。民建聯候選人譚耀宗採用默默與選民接觸的方式，放棄採用「叫咪」的吵鬧手法，得到了選民的認同。民主黨候選人採用花車巡遊方式在選區內宣傳拉票。前線候選人李卓人將一架黑色私家車「加工」，以白色垃圾袋密封車頂的天窗，僅餘少許位置伸出頭來，沿途「叫咪」拉票。一二三民主聯盟候選人任善甯，則穿中山裝吸引選民注意，但選民的反應並不熱烈。

四、政團參選成績及評析

政團在選舉中成績斐然，在60個議席中，政團取得了44席，其中地區直選為18席，功能界別是20席，選委會為6席。這些議席分別是：

民建聯取得9席，其中直選為5席，功能界別2席，選委會2席。

民主黨取得13席，其中直選為9席，功能界別4席。

自由黨取得10席，其中功能界別9席，選委會1席。

港進聯取得5席，其中功能界別2席，選委會3席。

前線在地區直選中取得3席；工聯會取得功能界別2席；民權黨取得地區直選1席；勞聯取得功能界別1席。

各政團在分區直選中所得議席及得票結果

（全港總選票：1,480,240票）

政團名稱	議席	得票數	得票率
民建聯	5	373,428	25.22%
民主黨	9	634,635	42.87%
前線	3	148,507	10.03%
民協	0	59,034	3.98%
自由黨	0	50,335	3.40%
民權黨	1	41,633	2.81%
街工	1	38,627	2.60%

（資料來源：《文匯報》1998年5月26日）

各政黨在功能界別選舉中所得議席及得票結果

功能界別議席 30 席，候選人 60 人，有政黨背景的 24 人。在 28 個功能界別中，只有 21 個功能界別有政黨候選人參選。功能界別選舉總選票 77,813 票，總投票率是 63.5%。各政黨候選人參選得票結果如下：

政黨名稱	候選人	功能界別	所得議席	得票	界別總票	得票率
民建聯	黃容根	漁農界	1	81	124	65.32%
	顏錦全	區域市政局	0	0	49	0%
	*陳榮燦	勞工界	1	212	776	27.31%
合計	3人	3個界別	2	293	949	30.87%
自由黨	劉健儀	航運交通	1	82	118	69.49%
	何承天	建測都市規	1（自動）			
	楊孝華	旅遊界	1（自動）			
	田北俊	商界（一）	1（自動）			
	丁午壽	工業界（一）	1（自動）			
	梁劉柔芬	紡織及制衣	1（自動）			
	劉皇發	鄉議局	1（自動）			
	周梁淑怡	批發及零售	1	945	1,423	66.40%
	夏佳理	地產及建造	1	206	298	69.12%
	陳炎光	保險界	0	83	177	46.89%
合計	10人	10個界別	9	1,316	2,016	65.27%
民主黨	張文光	教育界	1	34,864	40,183	86.76%
	羅致光	社會福利	1（自動）			
	單仲偕	資訊科技	1	1,543	2,422	63.70%
	何敏嘉	衛生服務	1	11,420	13,892	82.20%
	胡志偉	體演文出版	0	258	819	31.50%
合計	5人	5個界別	4	48,085	57,316	83.89%
港進聯	胡經昌	金融服務	0	47	306	15.35%
	許長青	進出口界	1（自動）			
	鄧兆棠	區域市政局	1	25	49	51.02%
	倪少傑	工業界（二）	0	107	293	36.51%
	王紹爾	批發及零售	0	276	1,423	19.39%
合計	5人	5個界別	2	455	2071	21.97%
工聯會	陳國強	勞工界	1	204	776	26.28%
勞聯	李啟明	勞工界	1	212	776	27.31%
民協	莫應帆	市政局	0	0	0	0%

註：合計中的得票率是各政黨參與功能界別選舉所獲得的票數與這些功能界別總票數的百分比。*議員既是民建聯成員，又是工聯會成員。

（資料來源：《大公報》1998 年 5 月 26 日）

各政黨在選舉委員會選舉中所得議席及得票結果

選委會議席10席，候選人25人，有政黨背景的有10人。總票數有790票，投票率達98.75%。各政黨候選人得票結果如下：

政黨名稱	候選人	所得議席	得票	總票數	得票率
港進聯	朱幼麟	1	469	790	59.36%
	劉漢銓	1	504	790	63.79%
	蔡素玉	1	212	790	50.25%
	楊釗	0	380	790	48.10%
合計	4人	3	1,750	3,160	55.37%
民建聯	楊耀忠	1	441	790	55.82%
	陳鑑林	1	432	790	54.68%
	彭長緯	0	226	790	28.60%
	張學明	0	273	790	34.55%
合計	4人	2	1,372	3,160	63.41%
民協	羅祥國	0	259	790	32.78%
自由黨	何世柱	1	386	790	48.86%

（資料來源：《文匯報》1998年5月26日）

對參與首屆立法會選舉各政團的戰績，社會輿論普遍認為是有喜有憂。

民主黨表面上在選舉中凱旋而歸，但在實際支持度上，該黨的得票率仍是在四成多踏步。民主黨1995年分區直選獲得38萬5千多票，佔總投票率約42%，而這次選舉中，實質票數是增至63萬5千多票，但支持率仍是四成二，沒有太大的增長。分區直選議席數更是下降，由1995年的12席下跌至今屆的9席。

相反，民建聯的得票率則飆升。1995年港英政府最後一屆立法局選舉，民建聯分區直選得票數只有14萬2千票，而今屆則增加了一倍半，達37萬3千多票，得票率由一成半躍升至兩成半，但議席數目卻增加了兩倍半，由1995年的兩個議席飆升至今屆的5個議席。民建聯在這次選舉中也一掃1995年三大天王落敗之恥，5個選區參選名單的首位候選人均成功當

選。黨主席曾鈺成亦推翻選舉前票站調查對其落選的預測，在九龍西選區，擊敗民協的馮檢基而成功當選。

前線是今屆分區直選「命中率」最高的。只派出4人逐鹿分區直選，已有3人奏凱，成功率達七成半，如將同為前線成員，但以其他名義出選的梁耀忠和劉千石也計算在內，命中率更達八成三。[1]

自由黨雖在功能界別和選委會選舉中奪得10席，但是參與直選的黨主席李鵬飛卻在新界東「飲恨」，殊為可惜。

民協主席馮檢基和廖成利在投票日那天去理髮，結果是民協議席全部「剃光頭」，馮檢基以5千票之差失守，進不了立法會。民協在其他選區及功能界別的候選人也一敗塗地，顯示了民協正滑坡，它提出與中方的「又傾又砌」的戰略，已不對選民胃口。[2]

首屆立法會選舉產生的60個議席中，民主黨佔有13席，成為立法會的第一大黨；自由黨佔有10席，成為立法會第二大黨；民建聯佔有9席（其中5席是直選議席，含金量比自由黨高），是第三大黨；三黨構成立法會三足鼎立的局面。雖然，民主黨及其友好在立法會中有20個議席，但只佔立法會議席的三分之一，與1995年立法局時代擁有的近一半議席相比，其影響力已減弱。

民主黨在選舉後仍表示要將政制改革作為他們重返立法會的主要政策取向。但是自由黨和民建聯則表示，以改善經濟和民生作為他們首要處理的事務。為此，有傳媒發表評論，寄希望予立法會三大政黨，要以港人福祉為念，暫時摒棄政治成見，在有利民生的公共政策上作高質辯論，甚至在重大民生問題上攜手合作，有效監察「行政主導」的政府，才不辜負選民的支持。[3]

① 香港《東方日報》1998年5月26日。
② 香港《成報》1998年5月26日。
③ 香港《東方日報》1998年5月26日。

第四節 一九九九年的首屆區議會選舉

香港回歸後，特區政府舉行過五屆區議會選舉，分別在 1999 年 11 月 28 日、2003 年 11 月 23 日、2007 年 11 月 18 日、2011 年 11 月 6 日、2015 年 11 月 22 日舉行。

一、亞洲金融風暴與禽流感

香港回歸後不久，發生了亞洲金融風暴。隨後，禽流感又襲擊香港，當時，香港因為爆發禽流感，造成 18 人感染，6 人喪生，這是歷史上第一次發生人類感染禽流感，使飽受金融風暴困擾的香港，雪上加霜。受亞洲金融風暴和禽流感的衝擊，香港經濟陷入衰退，中小企業也陷入困境，樓價下跌，失業率不斷攀升，資產價格和消費物價大幅下跌，從 1998 年 11 月開始出現了通貨緊縮。

1999 年上半年，在外部需求拉動下，香港經濟曾出現過一次短暫的恢復性增長，連續兩個季度經濟恢復了正增長，第 3 季度經濟增長達 4.5%，但經濟復甦仍然處於不平衡狀況，商業、金融及旅遊雖然有起色，然而零售、飲食及酒店業等其他行業仍經營困難，失業率仍然高企，廣大市民均未能感到經濟復甦帶來的好處，經濟仍處於低迷之中。

政治形勢也錯綜複雜，尖銳激烈，特別是 1999 年初香港終審法院對港人在內地所生子女居港權的裁決及律政司司長不起訴胡仙的解釋等事件引起社會的強烈反響。

雖然 1998 年發生了亞洲金融風暴和中國內地發生特大洪澇災害，但中央政府成功駕馭複雜嚴峻形勢，抵禦了亞洲金融風暴的衝擊，戰勝了特大洪澇災害。中國社會政治穩定，國民經濟持續增長，各項事業蓬勃發展，

綜合國力增強，國際地位明顯提高。中華人民共和國建國50周年慶典及澳門即將回歸祖國，都令港人深感祖國國際地位的提高。

面對禽流感的襲擊，特區政府採取了果斷的「殺雞」措施，捕殺了150萬隻家禽，有效地控制了禽流感的傳播。爲了恢復香港經濟，特區政府撥款50億設立創新及技術基金支持香港工業，並決定投資興建迪士尼樂園及申辦亞運會。1999年11月26日，立法會財務委員會通過政府提出的撥款224億港元興建迪士尼樂園的計劃。特區政府矢志爲香港，認眞負責的精神贏得了市民的讚賞，增強了市民恢復香港經濟的信心以及對未來香港經濟發展的憧憬。在社會和諧、務實的氣氛下，迎來了特區首屆區議會選舉。

二、從臨時區議會到首屆區議會選舉

根據《香港基本法》的規定，區議會是特區非政權性的區域組織，承擔特區政府就有關地區管理和其他事務的諮詢，負責直接爲市民提供文化、康樂、環境衛生等服務。考慮到香港特區第一屆區域組織的選舉無法在港英政府管治下進行，因此在1997年7月1日香港回歸時，特區區議會難以及時產生並運作。爲了能在回歸後繼續發揮區議會的諮詢性、服務性功能，並協助政府在地區方面的施政工作，特區籌委會決定在香港特區成立時，設立臨時性區域組織。臨時區議會的議員實行委任制度，由特區行政長官任命。臨時區議會承擔了原區議會的權利、義務和各種責任。

香港特區成立後，行政長官董建華任命的臨時區議會議員共有469人，其中港英最後一屆區議會的346名分區選舉的議員和27名當然議員（新界27個鄉事委員會主席）都原班人馬過渡；另外還有96名各界人士被委任進入臨時區議會。

1999年3月11日，香港特區立法會通過《區議會條例》，對區議會的設立、組成及職能、選舉區議會議員的程序以及有關事宜作出了法律規

定：第一，廢除《臨時區議會條例》，用新的《區議會條例》取而代之；
第二，區議會由民選議員、委任議員、當然議員組成；第三，區議會行使
的職能主要有：一是就有關事項向政府提出意見，如與區內居民福祉有關
的事務、怎樣提供及使用區內公共設施及服務、政府在區內推行的計劃是
否足夠及施行的優先次序，及怎樣運用公帑推展區內的公共工程及社區活
動；二是承擔部分地區事務的管理，如改善環境、促進康樂及文化活動，
及舉辦社區活動等；第四，區議會主席和副主席在每屆選舉之後舉行的首
次會議上從其議員中選出；第五，行政長官在諮詢區議會後，可就該區議
會履行其職能方面發出一般指示。對於這樣的指示，區議會必須執行。

　　根據《區議會條例》，1999年11月28日，香港舉行了回歸後首屆區議
會選舉。由於特區政府決定撤銷兩個市政局，理順市政服務關係，這樣區
議會便成為香港唯一的非政權性區域組織，其角色和功能都得以提升和強
化。區議會成為政府和市民之間的重要橋樑，影響政府制訂政策，監察政
府施政表現。區議員能否及時全面將市民意見反映給政府，直接關係社區
居住環境和居民生活質素。因此，首屆區議會選舉引起了社會的極大關
注，各政團紛紛參選，為2000年的立法會選舉作準備。

　　首屆區議會共設議席519個，是歷屆區議會議席最多的一屆。議席由
三部分組成：一是地區直選議席，共設390個議席，比1994年區議會地區
直選多了44個議席；二是委任議席，以各區議會議員總數的1/5的比例，
共設102個議席，比特區臨時區議會多6個議席，這是港英政府最後一屆區
議會（1994年選舉）所沒有的。目的是讓一些熱心參與社區工作，而且富
有相當經驗的賢能進入區議會，以改善區議會結構，更有利於區議會作用
的發揮。委任議席多由各地區民政事務處聽取各方意見後向上推薦，最後
由特區政府綜合平衡委任；三是當然議席，共設27個議席，由新界27個鄉
事委員會主席出任，這是保留了香港回歸前區議會組成的做法。

　　首屆區議會仍然維持原有的18個區議會不變，各區議會議席數如下：

區議會名稱	民選議席	委任議席	當然議席	總數
中西區區議會	15	4	–	19
灣仔區議會	11	3	–	14
東區區議會	37	9	–	46
南區區議會	17	4	–	21
油尖旺區議會	16	4	–	20
深水埗區議會	21	5	–	26
九龍城區議會	22	5	–	27
黃大仙區議會	25	6	–	31
觀塘區議會	34	8	–	42
荃灣區議會	17	5	2	24
屯門區議會	29	7	1	37
元朗區議會	23	7	6	36
北區區議會	16	5	4	25
大埔區議會	19	5	2	26
西貢區議會	17	5	2	24
沙田區議會	36	9	1	46
葵青區議會	28	7	1	36
離島區議會	7	4	8	19
總　　數	390	102	27	519

　　特區首屆區議會任期4年，從2000年1月1日至2003年12月31日止。地區直選採用單議席單票制，選區小而多，共分為390個選區，每選區約17000人。與港英政府最後一屆區議會選舉相比，選區多了44個。

　　首屆區議會選舉的提名期從1999年9月20日至10月2日，共有798人報名參選，比上屆的757人多了41人，其中有128名女性候選人，自動當

選的候選人有76名，餘下的722名候選人，角逐314個議席，平均2.5人爭奪1個議席。其中有69個選區出現3名候選人競逐1個議席的情況。

首屆區議會地區選舉投票從1999年11月28日早上7時30分開始，至晚上10時30分結束，共15個小時。

全港已登記選民有283萬，因候選人自動當選，而未有機會投票的選民有55萬，有81萬6千5百多合資格選民投下了自己神聖的一票，投票人數創歷史新高，投票率達35.82%，比上屆（1994年的33.1%）的投票率高出二點七個百分點，投票人數（上屆為693,548人）多了12萬2千多人。

在18個區中，以離島區投票率最高，達47.83%，但比上屆51%投票率少了三點一個百分點，投票人數只有8,716人，也比上屆14,252人少了5千多人，是18個區中投票人數最少的區；投票人數最多的是觀塘區，達94,142人，比上屆69,788人，多了2萬4千餘人，投票率達34.16%；投票率最低的是灣仔區，只有26.96%，但比上屆的24.6%多了二點三個百分點，投票人數達18,517人。

候選人中得票最高的是陳國添（3794票，沙田博康選區），最低的是李金娣（34票，西貢離島選區），得票相同的是西貢坑口東選區的劉偉章和溫怡忠，同得820票，最後由溫怡忠抽籤勝出；當選議員中最大年紀的是侯瑞培（75歲），最小年紀的是張瑞鋒（22歲），男性議員328人，女性議員62人，連任議員有142人，新任議員248人。現任立法會議員有14人參選，有12人當選。

特區首屆區議會選舉結束後，特首董建華對投票率表示滿意，對今次區議會選舉能在公平、公正、公開的氣氛下順利舉行表示高興，並強調特區政府將更積極地和新一屆區議會加強合作及溝通，更好地反映市民的聲音。他重申，不會委任選舉落敗的人士進入區議會。

對首屆區議會投票率比上屆高，有報刊評論認為，投票率上升反映了香港市民熱烈支持依基本法實踐「港人治港」，行使公民權利，也顯示了

香港民主進程循序漸進取得了良好的效果。[1]香港一些學者也認為，這個現象反映出回歸後市民的公民意識和參與感都有所提升，選民也較過去成熟。[2]

三、政團在區議會選舉中的部署及主要策略

由於兩個市政局將要撤銷，特區的區域組織將只剩下區議會，因此，對於特區首屆區議會選舉,各主要政團都很重視，把區議會選舉作為2000年立法會選舉前的實力檢閱，紛紛派出成員參選區議會。

民建聯提出「多快醒，創造好環境」的參選口號，派176人參選18個區議會，在176名參選人中，現任區議員67人，現任立法會議員3人，有91人是首次參選，參選人平均年齡44.64歲，最年輕者為21歲的黎永華，最年長者為68歲的陳育文、邱志雲和陳秋帆。

民主黨派172人參選18個區議會，在172名參選人中，現任區議員63人，現任立法會議員5人，有84人是首次參選，參選人平均年齡39.8歲。

港進聯派24人參選8個區議會。

自由黨派34人參選12個區議會。

民協派32人參選7個區議會。

前線派9人參選2個區議會。

一二三聯盟派10人參選6個區議會。

此外，還有公民力量派14人出選沙田區議會；民權黨派1人出選東區區議會；民主會派1人出選東區區議會；街工派3人出選葵青區議會。

由上可見，參選首屆區議會的政團候選人已達470多人，差不多是全部候選人的六成，尤其是民建聯與民主黨的候選人加起來共348人，幾乎

① 香港《文匯報》1999年11月29日。
② 香港《文匯報》1999年11月29日。

佔了總候選人的四成，因此，這次區議會選舉可以說是2000年立法會選舉的前哨戰，是各政團「爭地盤」之戰，其選舉結果對日後政團在地區勢力的發展有重要影響。

香港回歸後，隨著政團的發展，政團進一步擴大了對選舉的參與，首屆區議會選舉由於參選的政團候選人是歷屆最多，表明其「政黨化」的程度提高了，民建聯和民主黨成為了愛國愛港陣營和民主派陣營的「龍頭」，在多個選區出現兩黨候選人對決的情況。

如在中西區，民建聯和民主黨可以說是交戰多年，這次中西區的15個選區中，有8個選區是由兩黨對撼；觀塘區的34個選區，則有12個選區由兩黨對撼；東區的北角、柴灣以至筲箕灣等地一直以來均是愛國陣營的根據地，1994年區議會選舉時，民主黨曾嘗試挑戰，但鎩羽而回。這次民主黨派17人出戰，企圖大舉搶灘，民建聯也派出22人出戰，兩黨在17個選區硬碰；北區歷來是愛國勢力佔上風，這次民建聯派13人出選，民主黨也派出8人挑戰，其中在7個選區與民建聯直接對壘；黃大仙區一直以來也是愛國勢力的根據地，民建聯派9人出戰，民主黨也派11人出戰，與民建聯分庭抗爭。

除了民建聯與民主黨激烈對抗外，還有多黨混戰的選區。如深水埗區有21個選區，民主黨、民建聯和民協分別派出14人、13人和14人參戰，造成「三國交兵」，例如南昌中選區就有民主黨的黎肇聰、民建聯的高家廣、民協的張文韜「三雄逐鹿」。在48名候選人中，只有7名不屬於這三大政團，有7個選區三大政團均派人競逐。

此外，也有一些區是兩大陣營的全面開戰，如沙田區，由民主黨與前線攜手對抗民建聯、公民力量和港進聯；屯門區，由民主黨、民協和一二三聯盟對抗民建聯及鄉事勢力；荃灣區，民主黨及其友好對抗民建聯、自由黨及港進聯；油尖旺區，由民主黨、一二三聯盟及民協對抗民建聯及街

坊勢力。

四、政團參選區議會的成績及評析

經過一番激烈的拚搏和爭奪，政團在香港特區首次區議會選舉中取得了超過 60% 的議席。

各主要政團的參選成績及兩屆區議會成績比較

政團名稱	候選人	議席數	成功率	佔直選議席比例	上屆議席	成功率
民建聯	176	83	47%	21.28%	37	45%
民主黨	172	86	50%	22.05%	76	57%
自由黨	34	15	45%	3.84%	18	20%
民協	32	19	60%	4.87%	28	72%
前線	9	4	44%	1.02%	–	–
港進聯	24	15	62%	3.84%	1	14%
一二三	10	7	70%	1.79%	4	25%
公民力量	14	11	78%	2.82%	–	–

（資料來源：《文匯報》1999 年 11 月 15 日；《香港經濟日報》1999 年 11 月 30 日）

從主要政團的參選成績可見：

（一）民建聯是首屆區議會選舉的大贏家。

（1）民建聯是最多候選人參選的政黨，共派出 176 名候選人參加角逐，比民主黨的 172 人還多，在政治人才配備方面顯示了實力。

（2）支持民建聯的選民增多，反映了人心思穩，人心希望香港繁榮，支持對香港有承擔、有貢獻的人進入區議會工作。

（3）民建聯議席倍增，當選率升。這次區議會選舉，民建聯的議席從 1994 年的 37 席銳升至 83 席，增幅為 124%，遠比民主黨高，當選率達

47%，比上屆升了二個百分點。

（4）民建聯在一些選區取得了突破性的好成績，擊敗了民主黨一些「重量人物」，如東區樂康選區民建聯的陳達強擊敗了民主黨的「街頭戰士」曾健成；中西區堅摩選區民建聯的楊位款打敗民主黨的臨時市政局議員陳國樑；觀塘區順天西選區民建聯的郭必錚擊敗民主黨現任立法會議員李華明；坪石選區民建聯的陳鑑林擊敗民主黨的現任區議員林森成。

（5）今屆區議會選舉，民建聯與民主黨得到的議席非常接近，扭轉了過去地區選舉民主黨與民建聯一大一小的格局，變成了兩黨並立的格局。

對民建聯取得的成績，主席曾鈺成認為原因有：

（1）該黨大部分參選者具有長期地區工作的經驗。

（2）候選人努力宣傳，拉票工作取得成效。

（3）市民接納民建聯的路線，競選口號，實務建港，而不是動輒反對政府。

（4）全黨團結，統一口號。

曾鈺成還表示，對這次區選感到特別高興的是民建聯一批首次參選的年輕人有相當出色的表現，如沙田區的陳克勤、張瑞鋒，深水埗的陳偉明、黎榮浩都是剛從學校畢業後便在民建聯工作，時間不長，但通過努力終於贏得議席。另外一件高興的事，是民建聯不少重點人物，如3位現任立法會議員葉國謙、陳鑑林和黃容根這次區選都能順利當選。但曾鈺成也認為，民建聯在這次區選中還存在有些地區選舉機器較粗糙，競選專業程度還不夠等不足。

有學者認為，在今次區選中雖然民建聯與民主黨對壘的95個選區中，民主黨贏出較多，有50多個選區，但兩黨整體所得的議席相差不多，可見民建聯雄厚的地區網絡已發揮作用，預料在未來地區選舉中民建聯有可能超越民主黨。[1]

---

① 香港《文匯報》1999年11月30日。

（二）民主黨雖仍保持第一大黨，但重頭選區落敗，失優勢。這次區選，民主黨在表面上獲勝，取得了 86 個議席，比民建聯多 3 席，但實際上在一些重頭選區，如觀塘區，民主黨的李華明、林森成都敗給了民建聯的候選人。民建聯取得 83 席，與民主黨的議席數非常接近，民主黨已失去了過去在地區選舉中，遠遠拋離民建聯的優勢。

有報刊評論分析認為，民主黨失敗的原因：

（1）過於進取。民主黨今次大舉進攻區選，過於進取，5 名立法會議員親自出戰，顧得自己拉票，又要四處幫人助選，在顧此失彼的情況下，結果李華明慘敗，何俊仁也只是險勝。

（2）戰線太長。民主黨上屆區選在東區只奪取 4 個議席，而今屆竟然派 17 人參選，挑戰民建聯大營，結果戰線太長，連領軍人物「阿牛」曾健成也輸掉了。

（3）候選人參選準備不足。今次落選的黨員中，有一些是在最後關頭才決定參選的，事前準備明顯不足，加上缺乏地區工作，光靠民主黨的政黨效應是難以在區選中取勝的。

（4）選舉部署失當，第二梯隊遭逢「滑鐵盧」，黨內「少壯派」幾乎全軍盡墨。民主黨有一批第二梯隊人物，在今次區選中將自己較「穩陣」的選區，讓予較新的戰友，自己則轉區參選，如陳國樑將中西區的東華選區讓予何俊仁的弟弟何俊麒，自己轉戰堅摩選區，結果何俊麒贏了，他卻輸了。吳永輝也將旺角北選區讓予接班人葉樹安，結果葉樹安勝出，他卻輸了。[1]

民主黨主席李柱銘在總結選舉結果時承認，區選戰果為民主黨「敲響了警鐘」，若不改進，將會失去優勢。並承認落敗原因是民主黨為地方服務不足。

對於民主黨失利的原因，黨內出現不同的看法，主流派成員認為，少

[1] 《香港經濟日報》1999 年 11 月 30 日。

壯派骨幹曾健成和陳國樑的失敗，表明少壯派一直強調的更鮮明政治立場，在選舉中並不奏效；但少壯派則認為，正是因為民主黨的立場不夠鮮明，才令該黨在今次區選中失利。這些不同看法，將會導致雙方日後在黨的路線問題上，出現更多的爭拗，影響民主黨在2000年立法會的選舉結果。

（三）自由黨的參選成績有喜有悲。雖然整體當選人數達15人，當選率為44.12%，較上屆增加一倍，但議席比上屆少了3席。尤其是3名重量級參選人中，只有主席田北俊、立法會議員楊孝華勝出，而副主席、立法會議員周梁淑怡卻以80多票之差敗于獨立候選人馮國輝（馮兩努），成為參選今屆區議會14位立法會議員中僅有的兩個落敗者之一。有學者認為，自由黨的這一選舉結果相信會打擊該黨明年參加立法會分區直選的決心。[1]

香港特區首屆區議會的選舉結果表明，愛國愛港力量取得良好成績，成為區議會的主流力量，民建聯、港進聯、自由黨、工聯會、公民力量、鄉事派的議席加起來超過了民選議席六成；而民主黨、民協的議席只佔民選議席的四分之一多。區議會內維護穩定繁榮，真正為地區做實事，努力搞好市容，搞好民生的力量，佔了優勢。區議會將可以發揮其功能，向政府出謀獻策，把香港建設得更美麗。今次區議會選舉結果，將對明年的第二屆特區立法會選舉產生重要影響。[2]

① 香港《文匯報》1999年11月30日。
② 香港《文匯報》1999年11月30日。

第五節 二〇〇〇年的第二屆立法會選舉

2000年9月，香港特區政府舉行了第二屆立法會選舉，這次選舉是在香港經濟受亞洲金融風暴衝擊後，開始復甦的情況下舉行的。

一、香港經濟開始復甦與投票率偏低的立法會選舉

香港回歸前，經濟已實現了從製造業爲主到服務業爲主的第二次經濟轉型。從1982年至1996年間，香港經濟快速發展，外貿總值平均每年增加18.7%，GDP平均每年增長6.3%，服務業得到全面高速發展，金融、房地產、旅遊等行業不斷創出歷史最好水準。服務業增加值佔GDP的比重，1996年時達到84%以上，在世界主要國家和地區中居領先地位。隨著經濟快速發展，房地產泡沫和股市泡沫不斷膨脹，爲經濟發展埋下了隱患。

1997年7月1日香港回歸後，受亞洲金融危機衝擊，香港早前形成的經濟泡沫開始破裂，經濟陷入衰退，失業率不斷攀升，資產價格和消費物價大幅下跌。1998年香港生產總值下降了5.1%，自1961年以來首次出現全年負經濟增長。至1999年4月底，香港失業率爲6.3%，達到歷史最高。

爲了更好地帶領香港走出亞洲金融危機帶來的經濟低谷，特區政府採取了一系列振興經濟的措施。如公布了以「科技興港」爲目標的「數碼港」計劃、興建迪士尼樂園及減稅、凍結收費等，至1999年底，經濟開始復甦，本地生產總值回升，實質增長2.9%，與1998年5.1%的跌幅形成強烈對比。香港恒生指數在1999年12月24日，創出16,833點的歷史新高點，比年初的9,000點上升了86%，香港股市總市值重上43,744億港元的高位，不僅恢復了亞洲金融風暴前的水準，更重新進入全球十大股市行列。2000年上半年，在外部需求拉動下，香港經濟出現了恢復性增長。2000年首

季，香港本地生產總值較1999年同期上升14.3%，是1987年第三季以來所取得的最高增長率。政府發布的2000年上半年經濟報告顯示，香港經濟表現強勁，第二季度取得10.8%的增幅。對此，財政司司長曾蔭權於6月5日的立法會財經事務委員會上表示，香港今年經濟復甦步伐理想，對外貿易及消費方面均見起色，失業率下調，預測全年經濟增長達6%。[①]

在經濟開始復甦下，2000年9月10日，特區政府舉行了第二屆立法會選舉。這次立法會選舉是按照《香港基本法》和《立法會條例》規定進行的，全部60個立法會議席均由選舉產生，地方選區議席增至24席，選舉委員會席位則相應減少至6席，而功能界別議席則維持于30席。第二屆立法會的任期由2000年10月1日開始至2004年9月30日結束，為期4年。

地方選區登記選民為3,055,378人，分別是：香港島627,148人，九龍東518,035人，九龍西426,280人，新界東692,164人，新界西791,751人；功能界別登記選民174,183人。

報名參選的候選人有155人（獲確認的），比1998年立法會選舉候選人166人，少了11人，其中地區直選共有36張參選名單，88名候選人，比上屆多了2張名單和7名候選人；28個功能界別共有57名候選人，比上屆少了3名候選人；選舉委員會則有10名候選人，比上屆少了15名候選人。

特區第二屆立法會選舉投票，從2000年9月10日上午7時30分開始至晚上10時30分截止。

分區直選經過15個小時的投票，全港共有133萬多人投票，總投票率43.57%。投票人數比上屆立法會選舉少了15萬8千6百多人，投票率比上屆立法會選舉下跌了9.72%。5個地方選區的投票情況都非常平均，投票率全部超過三成，由41.58%至44.47%，其中投票率最高的是新界東，高達44.47%，人數達307,835；投票人數最多的是新界西，達343,594人，投票率為43.39%；投票率最低的是香港島，為41.58%，人數達260,788人；投票

① 《香港回歸十年誌》（2000年卷），香港大公報出版有限公司2007年6月版，第157頁。

人數最少的是九龍西,爲179,199人,投票率爲42.03%。

　　功能界別的總投票人數爲92,112人,總投票率是56.5%,比上屆立法會功能界別選舉的投票率63%,少了6.5%。當中投票率最高界別是航運交通界,達94.74%,人數爲144;投票率最低界別是新增的飲食界,近7千選民中,只有2,872人投票,投票率達41.25%。投票人數最多的界別是教育界,達42,379人,比上屆多了1,517人;投票人數最少的界別是金融界,爲123人。在28個功能界別選舉中,除了有9個界別的候選人在沒有競爭對手的情況下自動當選外,競爭最激烈的是醫學界,有4位候選人,投票人數達4,599人,投票率爲59.71%。

　　選舉委員會選舉投票人數有794人,投票率達98.75%。

　　特區行政長官董建華在選舉後表示:今屆選舉在公平、公開和廉潔的情況下順利舉行,整體上是成功的。政府將會與立法會議員充分合作,爲香港社會創造幸福。他還認爲今次選舉投票率雖遜於1998年,但和香港過往的選舉投票率相若,是「很正常」的,當局會研究有關問題。特區政制事務局局長孫明揚回應投票率下跌時強調:香港一向的選舉投票率,很少逾五成。上次第一屆立法會選舉是很例外,這獨特原因已經消除了,回到原來的水準。有學者也認爲,今次的投票率「正常」,只是上屆立法會投票率「不正常」和「特別高」而已。1998年立法會選舉投票率高,是受到那是特區成立後第一次選舉,有人帶著湊熱鬧的心態,加上臨時立法會和贈送紀念卡等「偶然因素」刺激所致。[1]

二、分區直選議席增加與政團的參選部署

　　2000年9月的立法會選舉,大部分投票安排均與1998年的立法會選舉相似。地方選區5個不變,選舉沿用1998年立法會選舉所使用的比例代表

① 香港《明報》2000年9月11日。

制的名單投票制，並以最大餘額法計算出選舉結果。但分區直選議席由1998年的20席增至24席，這是自1991年開始，香港立法局有直選以來最多分區直選席位的一屆選舉。24個分區直選議席的分配是：香港島5席，九龍東4席，九龍西4席，新界東5席，新界西6席。

　　分區直選議席的增加，為政團爭奪立法會議席提供了更多的空間。各政團積極進行參選部署。

　　民建聯派30人出選，比上屆多3人。其中分區直選23人，分別是香港島5人，為程介南、蔡素玉、孫啓昌、鍾樹根、楊位款；九龍西4人，為曾鈺成、鍾港武、潘國華、黃尉聰；九龍東4人，為陳婉嫻、陳鑑林、林文輝、陳再綱；新界西5人，為譚耀宗、梁志祥、周轉香、陳有海、歐陽寶珍；新界東5人，為劉江華、溫悅球、黃戊娣、溫忠平、李國英。功能界別派6人參選，分別是漁農界的黃容根、航運交通界的彭長緯、勞工界的陳國強、批發及零售界的劉志榮、飲食界的伍德良、區議會的葉國謙。選舉委員會派楊耀忠出選。

　　民主黨派31人出選，比上屆多8人，是參選人數最多的政黨。其中分區直選28人，分別是香港島5人，為李柱銘、楊森、甘乃威、黎志強、鄭麗瓊；九龍西3人，為劉千石、涂謹申、黃仲棋；九龍東4人，為司徒華、李華明、胡志偉、陶君行；新界西有3張參選名單，共8人，分別為李永達、黃炳權合組1張名單，何俊仁、陳樹英、蔣月蘭、黃麗嫦合組1張名單，陳偉業、鄺國全合組1張名單；新界東有2張參選名單，共8人，分別為鄭家富、范國威、何淑萍、梁永雄、關永業組成1張名單，黃成智、周偉東、黃良喜組成另1張名單。功能界別派3人參選，分別為教育界的張文光、社會福利界的羅致光、資訊科技界的單仲偕。民主黨沒有派人參選選委會。

　　自由黨派15人出選，比上屆少了8人。其中地區直選4人，組成2張名單，參與2個地區直選，分別是新界西的楊福廣和新界東的劉慶基、梁志

偉、何淑儀。

　　功能界別派10人參選，分別是鄉議局的劉皇發，航運交通界的劉健儀，建築測量及都市規劃界的何承天，旅遊界的楊孝華，商界（第一）的田北俊，工業界（第一）丁午壽，紡織及制衣界的梁劉柔芬，批發及零售界的周梁淑怡，飲食界的張宇人，區議會的蔣世昌。選舉委員會派何世柱參選。

　　前線派4人參與3個地區直選，分別是香港島的何秀蘭，新界西的李卓人，新界東的劉慧卿和蔡耀昌。

　　民協在上屆立法會選舉中「掛零」，一席未得，這次捲土重來，派黨主席馮檢基和廖成利出選九龍西。

　　港進聯派9人出選，上屆沒有派人參與分區直選，這次派5人參與分區直選，分別是新界西的鄧兆棠，與民建聯合組名單參選；新界東的蔡根培、淩文海、鄭俊和、何秀武。功能界別派2人出選，他們是金融服務界的馮志堅和進出口界的許祥菁（許長青）。選舉委員會派劉漢銓和朱幼麟出選。

　　還有街工派梁耀忠出選新界西。四五行動派梁國雄出選新界東。勞聯派李鳳英出選功能界別的勞工界。新世紀論壇派簡永基出選功能界別的資訊科技界。

　　在參選的155名候選人中，有政團背景的95人，雖比上屆少了6人，但仍佔候選人總數的61.2%，與上屆差不多。其中分區直選88名候選人中，有政團背景的有66人，佔候選人的75%；功能界別57名候選人中，有24人有政團背景，佔候選人的42%；選舉委員會10名候選人中，有4人有政團背景，佔候選人的40%。

三、各出「新招」的政團直選策略

　　各政團候選人在地區競選中，紛紛提出參選口號和政綱，並且各出「新招」「奇招」，四出宣傳拉票，以爭取選民的支持。

　　新界東選區，民建聯候選人劉江華等人，在報名當日，先在沙田大會堂前踏著單車出場誓師，宣傳健康環保新一代的資訊。前線的參選人劉慧卿和蔡耀昌，在大埔大元邨中央廣場舉行「跑步誓師」，提出「不折腰，不畏權，不放棄」，要「企硬」的參選口號，吸引了不少市民圍觀。

　　新界西選區，民建聯候選人譚耀宗等人，提出「改善施政，重建信心」「改善民生我有『橋』」的參選口號，踏著單車進行宣傳拉票活動。職工盟及前線候選人李卓人提出「抗衡官商勾結，還我尊嚴生活」的參選口號，在葵青劇院外的廣場舉行誓師大會，在會上李卓人把一個「超大」的氣球傳給市民，最後傳回給他，意爲把市民的心聲帶入立法會。街工的梁耀忠則在荔景社區會堂舉行誓師儀式，提出「爲貧者出力，爲弱者出聲，爲勞工出頭，爲民主奮鬥」的參選口號，在會上還演唱了「一枝竹仔會易折彎」的歌曲，代表團結就是力量。民主黨候選人李永達等，在葵芳舉行誓師大會，提出「匯聚民意，衝破困局」「建設公平社會，同創美好將來」的參選口號，在會上還搞了「倒董」的投票，公開反對董建華連任。

　　九龍西選區，民建聯候選人曾鈺成等，提出以「改善施政，重建信心」爲主題的參選政綱，對重振經濟、改革教育、安居樂業作出了清晰闡述。曾鈺成等人還向印巴裔選民派發英文版的宣傳單張。爭取重返議會的民協候選人馮檢基，提出了以「爭取重返議會，捍衛居民權益」爲目標的參選政綱，內容涉及公屋、私樓、就業、社會福利、退休、醫療、教育、公平競爭、稅制，政府收費、公務員效率、環保、民主等十四項，雖然面面俱到，但缺乏重點。民主黨/職工盟候選人劉千石和涂謹申，大玩「告

急」把戲。

九龍東選區，民建聯候選人陳婉嫻等，以「反貧窮，改善失業」為主題，提出發展經濟利民生，創造就業解貧困，爭取實現全面退休保障，推動教育及持續進修改革，促進平等機會，重整房屋架構，檢討醫療制度等一系列參選政綱，得到了選民的熱烈支持。民主黨候選人司徒華等，以「敢言、公正、希望」為競選口號，提出十大地區政綱。當得知民調民主黨支持率被民建聯超越後，就在其競選宣傳單張上，標榜自己是「硬骨頭，不保皇」，指責民建聯是「保皇黨」，挑起兩黨之間的衝突。

香港島選區，民建聯候選人蔡素玉大打「福建同鄉」牌，爭取福建同鄉的支持。尤其在投票日前三個星期，爆出程介南醜聞事件，造成民建聯選情告急，民建聯全力進行「救亡」，採取多種手法積極拉票，如在維園舉行「救亡晚會」等。民主黨候選人李柱銘等，提出「敢言監察，堅持問責，促進公平，清新香港」的參選口號，打著「綠色團隊」「綠色希望」的旗號，四出拉票，呼籲選民「全家總動員，全投民主黨」。

四、政團參選成績及評析

政團在這次選舉中斬獲甚豐，60 個議席中，政團取得了 44 席，與上屆相同。其中分區直選為 23 席，功能界別是 17 席，選委會為 4 席。這些議席分別是：

民建聯取得 11 席，其中直選為 7 席，功能界別 3 席，選委會 1 席。

民主黨取得 12 席，其中直選為 9 席，功能界別 3 席。

自由黨取得 8 席，全部都在功能界別選舉中取得。

港進聯取得 4 席，其中分區直選 1 席，功能界別 1 席，選委會 2 席。

前線在分區直選中取得 2 席；職工盟在分區直選中取得 2 席；街工取得分區直選 1 席；民協取得分區直選 1 席；工聯會取得功能界別 1 席；勞聯取

得功能界別1席。

各政團在分區直選中所得議席及得票結果

（全港總票數：133萬）

政團名稱	議席	總得票	得票率
民建聯/港進聯	7	391,715	29.6%
民主黨/職工盟	9	462,423	34.7%
前線	2	89,529	6.7%
民協	1	62,717	4.7%
職工盟	2	52,202	3.9%
街工	1	59,348	4.4%
自由黨	0	24,858	1.86%
合計		1,142,792	85.86%

（資料來源：《文匯報》2000年8月3日；《東方日報》2000年9月12日）

各政黨在功能界別選舉中所得議席及得票結果

功能界別議席30席，候選人57人，有政黨背景的有24人。在28個功能界別中，只有16個功能界別有政黨候選人參選。功能界別選舉總選票92,112票，投票率56.5%。各政黨候選人參選得票結果如下：

政黨名稱	候選人	功能界別	所得議席	得票	界別總票	得票率
民建聯	黃容根	漁農界	1（自動）			
	彭長緯	航運交通	0	33	139	23.74%
	陳國強	勞工界	1	226	870	25.79%
	劉志榮	批發及零售	0	476	1,935	24.59%
	伍德良	飲食界	0	560	2,758	20.30%
	葉國謙	區議會	1	198	339	58.40%

合計	6人	6個界別	3	1,493	6,041	24.71%
自由黨	劉健儀	航運交通	1	106	139	76.26%
	何承天	建測都市規劃	0	647	2,352	27.50%
	楊孝華	旅遊界	1	274	608	45.06%
	田北俊	商界（一）	1（自動）			
	丁午壽	工業界（一）	1	305	533	57.22%
	劉柔芬	紡織及制衣	1（自動）			
	周梁淑怡	批發及零售	1	1,459	1,935	75.40%
	張宇人	飲食界	1	1,478	2,758	53.58%
	劉皇發	鄉議局	1（自動）			
	蔣世昌	區議會	0	141	339	41.59%
合計	10人	10個界別	8	4,410	8,664	50.90%
民主黨	張文光	教育界	1	35,793	41,479	86.26%
	羅致光	社會福利	1	3,061	4,643	65.92%
	單仲偕	資訊科技	1	1,770	2,402	73.68%
合計	3人	3個界別	3	40,624	48,524	83.71%
港進聯	馮志堅	金融服務	0	133	331	40.18%
	許長青	進出口界	1（自動）			
合計	2人	2個界別	1	133	331	40.18%
工聯會	梁富華	勞工界	1	259	870	29.77%
勞聯	李鳳英	勞工界	1	283	870	32.52%
新世紀論壇	簡永基	資訊科技	0	632	2,402	26.31%

　　註：合計中的得票率是各政黨參與功能界別選舉所獲得的票數與這些功能界別總票數的百分比。

　　（資料來源：《文匯報》2000年9月12日）

各政團在選舉委員會選舉所得議席及得票結果

選委會議席6席，候選人10人，有政團背景的有4人。總選票794票，投票率達98.75%。各政團候選人得票結果如下：

政團名稱	候選人	所得議席	得票	得票率
港進聯	朱幼麟	1	464	58.43%
港進聯	劉漢銓	1	594	74.81%
民建聯	楊耀忠	1	490	61.71%
自由黨	何世柱	0	378	47.60%

（資料來源：《文匯報》2000年9月12日）

對政團在今次立法會選舉的成績，傳媒作了大量報道，並紛紛發表社評，有讚有彈，普遍認為民建聯躍進，民主黨慘敗。

民建聯躍進，表現為取得的議席和得票率均比上屆增加。民建聯克服了「程介南事件」帶來的衝擊，在最後關頭「刮票」成功，分區直選整體得票率反較1998年立法會選舉上升，平均得票率為29.6%，較上屆1998年的25.22%上升超過四個百分點，得票實數亦由上屆的37萬3千多票增加到39萬1千7百多票，多了近2萬票。在立法會所佔議席亦由上屆的9個增至11個。由陳婉嫻領軍的九龍東選區民建聯名單，得票更首次多於由司徒華領軍的民主黨名單。陳婉嫻更以10萬8千5百多票取代往昔的前線劉慧卿，成為今屆「票後」。重災區港島區，民建聯候選人程介南及蔡素玉似乎並沒有受到醜聞影響也雙雙勝出，主席曾鈺成對成績感到滿意。

分析民建聯大勝的原因主要有：

（1）民建聯的參選政綱和形象得到了廣大市民的認同。香港回歸以來，市民所追求的是社會穩定，改善生活、發展經濟，提升教育質素，人人享有經濟復甦的成果。民建聯的參選政綱抓住「人人受惠新經濟」、「與時並進新教育」、「安居樂業新生活」三大主題，反映了選民的訴求，因而得到選民的認同和支持。民建聯的工作也以此為主軸，符合公眾

利益，漸次深入民心，終於在這場選戰中建功立業。

（2）民建聯的地區基層工作扎實有效。民建聯成立以來，走的是群衆路線和基層路線，關心民生，堅持爲普羅大衆服務，爲市民排難解紛，贏得不少市民好感，爭取到草根階層的支持，因此在選舉前雖然受到一些突發事件的影響，得票率還是較上一屆高。社會輿論認爲民建聯在今次選舉中所取得的票源，得益於它長期從事地區工作，尤其是一些來自基層的實幹型政治人物，在今次選舉中的得票率明顯上升，反映人心流向。

（3）民建聯有強大的組織動員能力。民建聯成爲選舉的「大贏家」，顯示其有健全的組織和良好的管理制度。民建聯能夠團結大多數，並非「烏合之衆」，是一支立意爲市民大衆服務的勁旅。有學者認爲，民建聯得票率和議席不降反升，不僅證明了其「箍票」成功，也反映其危機威脅下的驚人組織動員能力。

（4）民建聯的應變策略和協調工作取得成功。民建聯爲了開闢新票源，很早就進入如天水圍和東涌等新區拓展票源，並與鄉事勢力結成聯盟，令在新界西參選的譚耀宗成了「票王」。在港島區，民建聯程介南與港進聯蔡素玉聯手出戰，獲得了福建籍人士的鼎力支持。社會輿論認爲民建聯在港島保蔡戰中，「鄉親牌」打得成功，福建人的票起了重要作用，使福建籍的蔡素玉突破困局，扭轉逆勢，取得港島第5席。

（5）民建聯是非分明，黑白分明，決不護短，紀律嚴明，對程介南的錯誤給予嚴厲譴責和處罰，贏得了選民的好感和信任。反觀一些民主派人士，被揭醜聞之後，吞吞吐吐，不肯向公衆交代，更拒絕公開帳目，與民建聯相比，實在差距太遠了。[1]

對民主黨的參選成績，傳媒彈多贊少，大多認爲民主黨慘敗，得票率及議席均告下降，得票率由上屆的四成二，萎縮約八個百分點至三成四，即得票率爲34.7%，而上屆爲42.87%；得票實數亦由上屆的63萬4千6百多

---

[1] 香港《文匯報》2000年9月30日。

票減至46萬2千4百多票，少了17萬多票，這表明有大量選民對民主黨感到失望。在立法會的議席也較上屆的13席少了1席，只有12席，雖仍保有立法會第一大黨之名，但核心成員李永達卻被摒出局。《太陽報》指出，民主黨之敗，是民心向背的結果。《明報》評論認為，任何一個實事求是的人，都不能埋怨選民，認為選民不積極投票，或者對程介南事件無動於衷，以致民建聯憑「鐵票」輕易取得優勢。事實上，今屆選舉有133萬人投票，投票率比回歸前的兩次立法局選舉都要高。如果沒有程介南事件，民建聯的成績也許更佳。[①]

分析民主黨大量失票的原因有：

（1）當「親中」左派陣營高度協調，能把其所謂「鐵票」集中起來時，民主派這邊則出現越來越多的「小群」民主派，去瓜分已固定下來的己方鐵票，這樣「塘水滾塘魚」，民主黨缺乏特色，其票源自然逐步見底。

（2）民主黨因其吵鬧式議會政治，及黨內鼓吹街頭主義的「少壯派」抬頭，令不少中產階級厭惡反感，最後在無奈及失望下，只好以不投票或轉投其他黨派以示抗議。

（3）民主黨這幾年來過分依賴媒體去推動政黨形象，忽略實實在在的黨組織建設和地區上支持者關係網絡的建立，致使地區基層票不夠扎實，選舉時動員乏力。[②]

（4）民主黨內部紛爭加劇，也是導致其支持率下跌的重要原因。傳媒普遍認為，民主黨敗，敗在不團結。「這次立法會選舉結果，已經為民主黨敲響了警鐘」。[③]

對民主黨在今屆立法會選舉中得票率全線下降，民主黨主席李柱銘公開承認錯誤，強調要下區聆聽，重新上路。副主席楊森也認為，「部分支

---

① 香港《明報》2000年9月12日。　　　　③ 香港《成報》2000年9月12日。
② 《香港經濟日報》2000年9月18日。

持者不出來投票，好明顯對我們好失望，民主黨做得不好，地區又有黨爭」。①

民協主席馮檢基上屆僅以5千多票之差，敗給民建聯主席曾鈺成而未能入會，今屆選舉，他終於得償所願，以6萬2千多票的姿態「重返議會」，比上屆多得2萬多票。對今屆的勝利，馮檢基解釋：「民協在這兩年有很大的反省，上次輸了，一個議席也沒有。我們的問題在哪裏呢？這兩年，我們花了很多時間、人手、資源做好地區工作，而且也開拓新區，除深水埗外，還有油尖旺和九龍城。」

有學者分析，民協能重返議會並不意外，但令人關注的是民協在短短兩年間的支持度為何大增？其原因有：

（1）在政治上較為中性溫和。民協被標籤為「另類」的「民主派」，嘗試在「民主」與「親中」之間尋求妥協與平衡。當「親中派」與「正牌」的「民主派」強烈對抗之際，其立場不免被批評為「騎牆」，但當市民逐漸對政治兩極化心生倦怠，其中間溫和的立場反成為不錯的出路與選擇。

（2）對基層服務的努力耕耘與開拓。民協自1998年戰敗後，更是臥薪嘗膽，深耕基層，一票一票地重建其政治基礎。民協之能夠捲土重來，依靠的主要是政治上不走偏鋒和服務上扎根基層。②

前線在今屆選舉中，得票率為6.7%，比上屆得票率10%減少了2.3%，實得票8萬9千5百多張，比上屆減少5萬8千9百多票。曾被譽為票後的劉慧卿，在今屆只得6萬3千5百多票，較民建聯的劉江華名單少了2千多票。分析今屆選舉「跌票」的原因，劉慧卿認為是地區工作不足和宣傳不足造成的。但她也甚為不滿有人派發傳單，引導選民不用投「一定當選」的她，暗示民主黨拉票手法並不光彩。③

① 香港《明報》2000年9月12日。　③ 香港《東方日報》2000年9月12日。
② 香港《明報》2000年9月23日。

　　自由黨是功能界別選舉的大贏家，30個議席中共取得8席。今屆功能界別選舉的一個特點是有很多從未露面的「新人」出來參選，向一些舊有的業界代表進行挑戰。自由黨在5個界別受到一些新勢力的挑戰，分別是航運交通界的劉健儀被民建聯的彭長緯挑戰；建築測量及都市規劃界的何承天，對手是劉炳章及羅健中；旅遊界楊孝華則有董耀中及白嘉民向他挑戰；工業界（第一）丁午壽被陳少瓊挑戰；批發及零售界周梁淑怡與民建聯劉志榮對壘。結果，老將何承天被拉下馬，其餘議席自由黨幸保不失，但這已經為自由黨的未來發展路向敲響了警鐘。在上屆和今屆立法會地區直選中，自由黨都未能取得突破，由於民建聯及民主黨幾乎雄霸了整個直選市場，自由黨要分一杯羹殊不容易，要打破這個缺口更是難上加難。由此可見，功能界別議席依然將是自由黨的主力市場。由於立法會內議員議案需要分組點票，自由黨在新一屆立法會中的8票，對於議案的通過與否將起著決定性的作用。①

_____

① 　香港《大公報》2000年9月18日。

第六節 第一、二屆選舉委員會
選舉及第二任行政長官選舉

　　香港《基本法》附件一明確規定，行政長官由選舉委員會選舉產生，在2007年以前，這種選舉方式不會改變，而產生行政長官的選舉委員會人數為800人，由四大界別人士組成：工商、金融界200人，專業界200人，勞工、社會服務、宗教等界200人，立法會議員、區域性組織代表、香港地區全國人大代表、香港地區全國政協委員的代表200人。而這個800人組成的選舉委員會的委員，除了當然委員外，其餘委員是要由界別分組選舉產生的。而界別分組共有38個，其中第一界別工商、金融界有17個界別分組；第二界別專業界有10個界別分組；第三界別勞工、社會服務、宗教等界有5個界別分組；第四界別立法會議員、區議會代表、全國人大代表及全國政協代表有6個界別分組。

　　《基本法》附件二還規定，組成香港特區第一屆立法會的60名議員中，有10名由選舉委員會選舉產生；第二屆立法會的60名議員中，有6名由選舉委員會選舉產生。因此在第一、二屆立法會選舉前，必須進行選舉委員會界別分組選舉。

　　為了能對特區政府的施政發揮重要影響，香港各主要政團紛紛積極參與選舉委員會界別分組選舉。

一、第一屆選舉委員會界別分組選舉

　　第一屆選舉委員會主要是負責在特區第一屆立法會選舉中，選出10名由選舉委員會產生的議員。這一選舉委員會由800名委員組成，其中70名

委員為獲委任為當然委員的香港地區全國人大代表及臨時立法會議員；40名委員由宗教團體提名產生。而其餘588個委員席位則由選舉委員會界別分組選舉產生。

選舉委員會界別分組選舉的參選人，必須得到參選人界別分組的至少5名投票人簽署同意提名，並繳交一千元選舉按金，才能參選。

（一）提名期及提名人數

1998年4月2日舉行的第一屆選舉委員會界別分組選舉，候選人的提名期從1998年3月13日開始至20日截止，選舉事務處合共收到1,107份參選表格（包括宗教界的40個提名表格）。在38個界別分組中，有32個界別的候選人數目超過其委員名額數目，競爭頗為激烈。其中資訊科技界、醫學界及工程界的競爭最為激烈，超過2人爭奪1個委員名額。而有4個界別分組共95位參選者，由於該界別提名人數與該界別委員名額相等而自動當選，這些界別分組包括：商界（二）、香港中國企業協會、工業界（第二）及中國人民政治協商會議。

各個界別分組提名人數為：

第一界別共17個界別分組，委員數目200名，提名人數有315人，分別是：飲食界：委員數目11，提名人數21人；商界（第一）：委員數目12，提名人數18人；商界（第二）：委員數目12，提名人數12人；香港僱主聯合會：委員數目11，提名人數14人；金融界：委員數目12，提名人數15人；金融服務界：委員數目12，提名人數25人；香港中國企業協會：委員數目11，提名人數11人；酒店界：委員數目11，提名人數30人；工業界（第一）：委員數目12，提名人數15人；工業界（第二）：委員數目12，提名人數12人；進出口界：委員數目12，提名人數14人；保險界：委員數目12，提名人數19人；地產及建造界：委員數目12，提名人數15人；紡織及制衣界：委員數目12，提名人數13人；旅遊界：委員數目12，提名人數21人；航運交通界：委員數目12，提名人數31人；批發及零售

界：委員數目12，提名人數29人。

第二界別共10個界別分組，委員數目200個，提名人數有380人，分別是：會計界：委員數目20，提名人數39人；建築測量及都市規劃界：委員數目20，提名人數36人；中醫界：委員數目20，提名人數33人；教育界：委員數目20，提名人數36人；工程界委員數目20，提名人數48人；衛生服務界：委員數目20，提名人數26人；高等教育界：委員數目20，提名人數27人；資訊科技界：委員數目20，提名人數53人；法律界：委員數目20，提名人數33人；醫學界：委員數目20，提名人數49人。

第三界別共5個界別分組，委員數目200名，提名人數有269人，分別是：漁農界：委員數目40，提名人數70人；勞工界：委員數目40，提名人數49人；宗敎界：委員數目40，提名人數40人；社會福利界：委員數目40，提名人數50人；體育演藝文化及出版界：委員數目40，提名人數60人（體育分組11人、演藝分組13人、文化分組25人、出版分組11人）。

第四界別共6個界別分組，除了全國人大代表36名和臨時立法會議員60名共96名當然委員外，提名人數有144人，分別是：中國人民政治協商會議：委員數目60，提名人數59人；鄉議局：委員數目21，提名人數23人；市區各臨時區議會：委員數目21，提名人數38人；新界各臨時區議會：委員數目21，提名人數23人。[①]

（二）分組投票人數及投票率

1998年4月2日，選舉委員會界別分組選舉舉行，投票從上午7時30分開始至晚上10時30分結束。全港設立90個投票站，來自31個界別分組的約32,630投票人前往投票，投票率爲23.28%。最高投票率是漁農界，達92.12%；最低投票率是勞工界和衛生服務界，分別只有5.07%和9.32%。

① 《香港商報》1998年3月21日。

選舉委員會界別分組投票人數及投票率

界別分組	投票人數	投票率（%）
飲食界	204	11.66%
商界（第一）	467	45.34%
香港僱主聯合會	74	67.27%
金融界	115	81.56%
金融服務界	261	68.32%
酒店界	68	85.00%
進出口界	388	34.55%
工業界（第一）	240	43.64%
保險業界	166	87.83%
地產及建造界	248	71.68%
紡織及制衣界	803	31.04%
旅遊界	364	63.86%
航運交通界	113	86.92%
批發及零售界	743	34.56%
會計界	1,611	16.28%
建築、測量及都市規劃界	973	30.25%
中醫界	986	43.39%
教育界	11,503	20.29%
工程界	2,149	40.10%
衛生服務界	2,562	9.32%
高等教育界	1,090	24.29%
資訊科技界	1,472	47.01%
法律界	1,355	38.08%
醫學界	1,865	27.49%

漁農界	152	92.12%
勞工界	271	5.07%
社會福利界	1,259	37.46%
體育、演藝、文化及出版界		
體育小組	190	61.69%
演藝小組	161	67.08%
文化小組	247	69.97%
出版小組	106	56.99%
鄉議局	88	83.81%
香港及九龍各臨時區議會	182	79.48%
新界各臨時區議會	154	68.75%
總　　數	**32,630**	**23.38%**

（資料來源《香港回歸十年誌》（1998年卷）大公報出版有限公司2007年6月出版）

　　選舉委員會界別分組選出的588個委員，連同之前自動當選的95名委員及宗敎界的40名委員和70名當然委員組成的選舉委員會，負責在1998年5月24日首屆立法會選舉中，選出選舉委員會的10名立法會議員。

　　（三）政團參選界別分組選舉的成績

　　1998年4月2日，舉行的第一次選舉委員會界別分組選舉產生的選舉委員會是爲了負責選出第一屆立法會的選委會議員，由於民主派政團一直指責選舉委員會選舉是「小圈子」選舉，所以他們「杯葛」這次選舉委員會界別分組選舉，只有民建聯、港進聯及自由黨等愛國愛港陣營的政團積極參與這次選舉。選舉結果爲，民建聯、港進聯及自由黨的委員席位超過二成。

二、第二屆選舉委員會界別分組選舉

2000年7月9日投票選出的由800人組成的選舉委員會，雖然開始只是負責在第二屆立法會選舉中，選出6名由選舉委員會產生的議員，但是，後來由於《2002年行政長官選舉活動指引》第二章規定，這個選舉委員會，亦將於2002年3月24日舉行的第二任行政長官選舉中，選出行政長官，所以它的任期為5年。

（一）分組選舉的提名期及提名人數

第二屆選舉委員會界別分組選舉，提名期從2000年5月31日開始至6月7日截止，選舉事務處共接獲980份提名表格，但由於有3份提名書,因為同意提名的簽署人數不足5人而被定為無效，故實際只有977人被確認為合資格的候選人，其中有72份來自宗教界界別的提名，由於6個指定宗教團體組成的宗教界委員席位，是透過有關團體列明的優先次序來分配，故毋須進行選舉，實際需要參與選舉的合資格候選人只有905人。

在905名參選人中，有182位來自11個界別分組或小組的候選人自動當選，這些界別分組或小組是：商界（第二）12人；紡織及制衣界12人；香港僱主聯合會11人；香港中國企業協會11人；酒店界11人；進出口界12人；工業界（第二）12人；漁農界40人；體育小組10人；出版界小組10人；中國人民政治協商會議41人。在扣除立法會和港區人大代表共96個當然委員，及40個宗教界委員，加上有6個委員因其他因素懸空（800人的選委會，因為范徐麗泰、吳清輝、楊耀忠和黃宜弘4人身兼立法會議員和港區人大代表，令4個當然委員懸空；另外港區人大代表姜恩柱居港年期未滿7年，不符資格成為選委會委員，還有辭去立法會議員的張永森，故選委會實際只有794個委員），結果只剩下476個委員席位，由723名候選人競逐。

競逐激烈的界別分組主要是中醫界和醫學界，分別都有47人爭奪20個

委員席位，平均 2.3 人爭奪一個委員席位；其次是會計界，40 人爭奪 20 個席位；工程界 39 人爭奪 20 個席位；教育界 38 人爭奪 20 個席位和工業界（第一）23 人爭 12 個席位。

（二）分組投票人數及投票率

2000 年 7 月 9 日，特區第二次選舉委員會界別分組選舉投票開始，投票時間從上午 7 時 30 分至晚上 10 時 30 分。登記的投票人有 17 萬 7 千多人。

全港有 100 個投票站開放，讓來自 25 個界別和兩個小組約 16 萬 8 千名已登記的界別分組投票人投票，因為有 11 個界別分組或小組的 182 名候選人已自動當選，所以，大約有 9,100 名投票人無需去投票。結果有 32,823 名投票人投了票，投票率為 19.49%，比 1998 年的 23.28%，低了 3.79%。最高投票率是保險界，達 76.16%，最低是衛生服務界，只有 9.75%。

選舉委員會界別分組投票人數及投票率

界別分組	投票人數	投票率（%）
飲食界	827	11.88%
商界（第一）	349	30.91%
金融界	97	70.29%
金融服務界	294	65.33%
工業界（第一）	412	56.05%
保險界	131	76.16%
地產及建造界	412	63.58%
旅遊界	353	50.00%
航運交通界	103	70.55%
批發及零售界	945	28.66%
會計界	1,978	15.47%
建築、測量及都市規劃界	907	23.69%
中醫界	1,180	40.90%

教育界	11,943	17.94%
工程界	1,915	31.74%
衛生服務界	3,085	9.75%
高等教育界	977	20.37%
資訊科技界	845	21.95%
法律界	1,234	29.54%
醫學界	2,097	27.15%
勞工界	289	69.30%
社會福利界	1,734	21.44%
體育、演藝、文化及出版界		
演藝小組	93	43.87%
文化小組	211	44.61%
鄉議局	105	73.43%
港九各區議會	164	73.54%
新界各區議會	143	69.42%
總　數	**32,823**	**19.49%**

（資料來源《香港經濟日報》2000年7月10日）

　　經過激烈的競逐後，選舉委員會界別分組選舉結果終於揭曉，選出的476個委員，連同之前自動當選的182名委員以及由宗教界提名的40名委員和96名當然委員，合共794名委員組成的選舉委員會，於2000年9月10日舉行的立法會換屆選舉中，選出6名立法會議員。

　　由於2001年12月公布生效的《2002年行政長官選舉活動指引》第二章規定，於2000年9月選出第二屆立法會6名議員的選舉委員會，亦將於2002年3月24日舉行的第二任行政長官選舉中，選出行政長官。因此，這個2000年7月14日，根據《立法會條例》組成的選舉委員會的任期為5年。

在5年任期中，這個選委會不僅選出了第二屆立法會的選舉委員會議員和在2002年3月24日選出第二任行政長官，而且還由於2005年3月行政長官董建華的辭職，于7月行政長官補選時，又選出新的行政長官。

（三）政團參選成績

2000年7月9日舉行的第二次選舉委員會界別分組選舉，因為由各參選人在提名時，自行決定是否申報所屬的政黨背景，故在908名參選人中，只有108人報了所屬的政黨背景，其中以民建聯成員佔多，達33人；港進聯有31人；民主黨有20人；自由黨有19人；新論壇有5人。選舉結果揭曉，在選舉委員會的794名委員（包括當然委員）中，有政黨政團背景的187人，佔委員總數的23.55%，他們是民建聯60人；港進聯66人；自由黨27人；民主黨22人；前線5人；新論壇3人；公民力量2人；民權黨1人；民協1人。[1]

三、二〇〇二年的第二任行政長官選舉

2002年2月15日至28日，香港特區第二任行政長官選舉提名期展開。按照有關規定，參選人士至少要獲得100名選委的提名。選舉委員會原本由800人組成，因為其中3人身兼立法會議員及全國人大港區代表，另有1人逝世，目前總人數為796人。參選資格是，凡在2002年7月1日年滿40歲的香港永久性居民，又是沒有外國居留權的中國公民，並且在2002年7月1日前，在香港通常居住連續滿20年。

在提名期間，選舉主任彭鍵基法官只收到由候選人董建華提交的提名表格，董建華獲得了714名選舉委員會委員的提名。彭鍵基法官核實過表格內的各項資料後，確定董建華符合行政長官選舉候選人的法定資格，於2月19日裁定董建華的提名為有效。2月28日下午五時，第二任行政長官

---

[1] 《香港經濟日報》2004年7月11日。

提名期結束，由於只有一位候選人的提名有效，彭鍵基法官根據《行政長官選舉條例》，宣布董建華自動當選。

　　董建華當選後，用中英文發表了大約3分鐘的講話。他說：「香港目前遇到了困難，但我不會在困難面前退縮。」他表示，有信心克服目前的困難，並呼籲支持他的人與不支持他的人能夠一起，共同追求香港明天更美好的目標。

　　同年3月4日，董建華獲中央人民政府正式委任爲第二任行政長官，任期由2002年7月1日開始。

第三章

「七月風潮」影響下的選舉與政團發展

（2003−2006）

　　2003 年春節后，一場「非典」襲擊了香港，造成近 200 人失去了生命，引起了社會恐慌和對政府的不滿。隨後由於特區政府向立法會提出 23 條立法草案，使民主派感到不安和恐懼。在民主派政團的推波助瀾下，香港的政治氣溫不斷升溫，社會明顯動盪不安，最終釀成了「七月風潮」。這場「七月風潮」不僅對 2003 年的區議會及 2004 年的立法會選舉產生了重要影響，而且對香港社會和政治發展的影響也是深遠的。香港政團經過「七月風潮」后，傳統政團整合發展，新政團競相湧現，香港政團發展與選舉進入第二階段。

第一節 二○○三年的第二屆區議會選舉

2002年7月1日，董建華就任第二任行政長官後，開始推行主要官員問責制，隨後迅即發生了「仙股事件」，2003年3月又發生財政司司長梁錦松「偷步買車事件」，社會輿論嘩然，打擊了特區政府的管治威信。

一、「非典」與「七月風潮」

2003年春節後，一場非典型性肺炎在內地爆發，隨後又襲擊香港，面對這場突如其來的疫症，特區政府的初時反映不夠迅速，採取的措施不力，令疫情失控，並迅速蔓延，染上「非典」的市民超過1600人，並造成近200人失去了生命，這引起了社會民眾的普遍不滿。尤其是衛生福利及食物局局長楊永強被指在疫症爆發初期發布不實消息，刻意隱瞞疫情，採取措施不當，更引起社會輿論和市民的不滿，強烈要求其引咎辭職，這令政府陷入了嚴重的信任危機之中。

在特區政府施政出現一系列失誤期間，2002年9月24日，政府公布《基本法》第二十三條立法諮詢文件，引起社會強烈反響，爭議不斷。主要由法律界人士組成的《基本法》第二十三條關注組，對《基本法》第二十三條立法文件提出了一系列修訂。民主派的「民間人權陣線」於12月14日，發起有6萬人參加的大遊行。至12月24日，《基本法》第二十三條立法三個月諮詢期滿時，保安局收到了九萬份意見書。2003年2月10日，行政會議決定向立法會提出《國家安全（立法條文）條例草案》（簡稱《二十三條立法草案》）；2月26日，《二十三條立法草案》提交立法會首讀，23名民主派議員離場抗議。6月初，政府對《二十三條立法草案》進行修訂，並決定在7月9日立法會上恢復二讀《二十三條立法草案》。6月

4日，5萬名市民在維園集會反對《二十三條立法草案》；民主黨中央決定於6月27日開始絕食100個小時，抗議政府提出的《二十三條立法草案》；「民間人權陣線」呼籲市民上街參加「七一」反對《二十三條立法草案》大遊行。隨著反對二十三條立法的呼聲漸高，香港的政治氣溫不斷升溫，社會明顯動盪不安。最終在7月1日，爆發了號稱有50萬人參加的反對二十三條立法大遊行，參加遊行的市民高呼「反對二十三條立法」、「董建華下台」等口號。

「七一」遊行後，7月2日，22名民主派議員聯署向董建華提出三項要求，包括擱置二十三條立法、與社會人士對話，以及加快民主步伐等。支持政府的民建聯主席曾鈺成也向董建華建議作出讓步，以釋公眾疑慮。原來支持二十三條立法的自由黨則明顯改變態度，建議政府將《二十三條立法草案》二讀押後到當年12月17日。雖然形勢驟變，但行政長官董建華仍堅持如期立法，不過在7月5日中午的記者會上，宣布政府對《二十三條立法草案》中三項最具有爭議性、最受關注的條文進行了重大修改。對政府的讓步，香港媒體紛紛表示歡迎，但仍認為政府應延遲立法，讓公眾有更多時間表達自己的意見。7月6日晚，身兼行政會成員的自由黨主席田北俊，突然宣布立即辭去行政會議成員職務，自由黨發表聲明要求政府把二十三條立法工作延至到12月。在立法會中擁有8個席位的自由黨突然改變態度，對堅持要在7月9日如期立法的行政長官董建華，無疑是一個沉重打擊。在《二十三條立法草案》於立法會已無獲得足夠票數通過的情況下，7月7日，行政長官董建華宣布無限期押後立法，再作諮詢。7月16日，行政長官董建華宣布接受保安局局長葉劉淑儀及財政司司長梁錦松的辭職，這是特區引入高官問責制後，首次接受問責官員的辭職。

在政府宣布押後二十三條立法後，民間人權陣線於7月9日晚，在中環的立法會周圍舉行了有5萬人參加的「反對二十三條，還政於民」晚會。7月13日，香港民主發展網絡又在中區舉行2萬人參加的集會，主題是要求

2007年普選行政長官及2008年普選立法會。

2003年7月以來短短兩個星期內，香港出現三次大的遊行及集會，令政治局勢峰迴路轉，這在香港歷史上是罕見的，不僅震動了香港社會，而且也震動了中國內地，引起了世界的極大關注。有媒體把這場政治風波稱爲「七月風潮」。這場「七月風潮」不僅對即將舉行的第二屆區議會選舉產生了重要影響，而且對香港社會和政治發展的影響也是深遠的。

促成「七月風潮」的原因，不止是政治方面的，是多種因素促成的。

首先是經濟方面的原因。香港近年來，經歷亞洲金融風暴等多重打擊，經濟低迷、樓市不振、失業率持續攀升，負資產人士增多，市民收入急速下降，加上「非典」更使香港經濟形勢雪上加霜，市民對政府的怨氣增多。

其次是政府的施政出現了失誤，有些政策的制定及推行有偏差，尤其在抗擊「非典」中出現疏漏，以至不能及時控制疫情，引起了市民的強烈不滿。

再次直接原因是二十三條立法引起的。在社會民怨不斷積累的形勢下，政府出台《二十三條立法草案》，必然加重市民的心理壓力，因此，他們借助上街遊行，將這些怨氣向政府宣泄出來。

「七月風潮」後，由二十三條立法引起的爭論一直沒有平息，政治氣溫繼續升溫膨脹，雖然政府回應了部分市民的訴求，已將二十三條立法押後，但某些打著「民主」招牌的人，仍不肯甘休，利用香港當時出現的經濟困境，挑起市民的不滿情緒，故意製造事端，令社會陷入嚴重分化，大有將香港搞亂之勢。

爲了停止這些政治爭拗，讓二十三條立法有更充分的諮詢時間，同時也爲了讓香港能把握住當時香港經濟出現曙光的難得機會，集中精力搞好經濟，2003年9月5日，特區政府宣布撤回《國家安全（立法條文）條例草案》，這一決定表明了特區政府對民意的重視和尊重。因爲香港社會目前

的主流民意是希望政府和社會各界集中精力推動經濟復甦和改善民生。參加「七一遊行」的絕大多數市民，是對經濟衰退和民生困頓不滿，要求扭轉經濟下滑趨勢。

中央政府十分清楚香港的經濟困境和民意訴求，採取了一系列支持香港經濟復甦的措施，包括放寬內地居民個人遊來港並提高攜款上限、更緊密經貿關係安排、加強港粵分工協調、24小時通關、建設西部通道及港珠澳大橋、考慮在港成立人民幣離岸中心等，這些措施極大地增強了香港社會信心，推動了香港經濟出現好轉的勢頭。

8月份以來，香港旅遊業及相關行業如酒店、零售、飲食、服務業等，都由生意慘淡轉為賓客盈門，樓市、股市也開始活躍，各行各業也蓄勢待發，香港正面臨經濟復甦的良機。機不可失，時不再來。如果香港不珍惜機遇，把握機遇，等到更緊密經貿關係安排的所有優惠都適用於WTO成員和東盟國家時，香港再集中精力搞經濟，機遇就可能已經失去。

因此，特區政府決定撤回《二十三條立法草案》，以便集中精力搞好經濟，是十分明智並符合香港廣大市民福祉的決定，得到了香港社會各界的廣泛認同。

在「七月風潮」影響下，香港特區迎來了第二屆區議會選舉。

二、「七一」效應明顯的區議會選舉

2003年11月23日，香港特區舉行了第二屆區議會選舉。這屆區議會議員529名，其中400名為民選議員、27名是當然議員（新界鄉事委員會主席）、102名委任議員。

民選區議員的提名期從10月2日至15日，共有846人報名參選，經過審核後，有837名候選人的提名被確定有效，而提名被確定無效的有3人，

選舉主任共收到6份候選人的退選通知書，候選人比上屆的799人多了38人。在全港18個區議會400個選區中，有74個選區的候選人自動當選，比上屆50個候選人自動當選，多了24人，其餘326個選區的議席，將由763名候選人競逐，平均2.3名候選人爭奪1個議席。最多候選人的是東區，達71人；最少候選人的是離島區，只有17人；爭奪最激烈的是油尖旺區，平均2.7名候選人爭奪1個議席；而中西區則是相對爭奪不那麼激烈的區，平均只有2.1名候選人爭奪1個議席。九龍城區是唯一一個沒有自動當選議員的區，共有22個選區各有2至4名候選人爭奪1個議席。在全部候選人中，最年輕的是陳景輝，只有21歲，最年長的是邱志雲，爲72歲。

第二屆區議會共有400個民選議席，比上屆的390個議席多了10席，18個區議會的民選議席數，除了西貢、元朗及離島分別比上屆增加3席、6席及1席外，其餘15個區議會的議席數與上屆相同。

這屆區議會選舉的最大特色是年輕化，在837名候選人中，30歲以下的候選人達104人，較上屆區選上升了約一成，其中25歲以下的候選人多達39人。在104人中，有64人由民建聯、民主黨及民協三大政黨派出。這批年輕候選人的出身背景可分爲兩類：第一類，是有地區工作背景，熟悉地區事務，與地區市民關係密切，如政團地區幹事、議員助理及非牟利機構的社區統籌等；第二類，是從來沒有正式開展過地區工作，甚至是在宣布參選後，才去了解選區，他們的主要賣點是向選民推銷民主理念，有政治明星出面爲他們拉票。

這屆區議會選舉的宣傳口號是「投票爲社區，共建樂安居」。在投票前1天，選舉管理委員會主席胡國興宣稱，截至周五（21日）爲止，共收到2,728宗投訴，較上屆區議會選舉的1,500宗，多了1,228宗。胡國興認爲，投訴數字的大幅上升是因爲今屆區議會需要投票議席的數目、選民人數及候選人數，均比上屆多，競爭也變得相當激烈，每名候選人及其選舉代理人、助選團等都會很緊張，預計在投票日那天，單日的投訴數目會破

上屆紀錄。

特區第二屆區議會投票，從 11 月 23 日（星期日）早上 7 時 30 分開始至晚上 10 時 30 分結束。

全港有 423 個投票站，有工作人員約 1 萬人。登記選民 297 萬多，須投票選民有 241.8 萬多人（已自動當選的區議員所在選區的選民毋須投票）。其中最多人口的行政區是沙田區，約有 29.5 萬多人，最少人口的行政區是離島，約有 4 萬多人；最多選民的選區是黃大仙的瓊富，約有 1.2 萬多人，最少選民的選區是離島的南丫及蒲臺，約有 2,000 人。全港總投票人數 1,065,363 人，比上屆多了 25 萬人，投票率達 44.06%，比上屆的 35.82% 高出 8.24 個百分點，在投票人數和投票率兩方面都創出了區議會自 1982 年成立以來的最高紀錄。投票率最高的區是離島區，達 50.38%；投票率最低的區是灣仔區，達 35.46%；投票人數最多的區是觀塘區有 102,309 人；投票人數最少的區是離島區有 15,269 人；最高票當選人是葵青區葵芳選區的梁耀忠，獲得 4,512 票，獲得最少選票的當選人是屯門區寶田選區的陳秀雲，只有 507 票。共有 15 名立法會議員參選，只有 11 名立法會議員獲勝，有 4 名落敗。當選的 400 名區議員，有 223 人有政團背景，佔區議員比例的 55.75%。

區議會選舉投票結束後，特區行政長官董建華表示，這次區議會選舉在公平、公開及公正的情況下舉行，反映市民有良好的公民意識，關心社區事務，感到非常驕傲，期望與新一屆的議員有更好的合作。政制事務局局長林瑞麟表示，是次高投票率顯示市民關心區議會的工作，市民關注區議會選舉，積極參與公共事務，有利於日後社區發展，將有助政府於明年開展檢討 07 年政制發展。選舉管理委員會主席胡國興表示，如果市民透過今次選舉表達他們更加關心公共事務，和願意參與選舉活動，這對政府將來的工作，是有積極意義和幫助的。[1]

---

[1] 香港《文匯報》2003 年 11 月 24 日。

對於區議會選舉的兩項破紀錄，社會輿論認為，市民踴躍投票的原因，除了是政府加強宣傳和「七一」遊行效應，更大原因是市民較過往關心地區事務，關心切身利益，希望籍著自己神聖一票，選出有作為的區議員，為本區多辦一點實事、好事。①

第二屆區議會的任期從2004年1月1日起，至2007年12月31日結束。

三、政團在區議會選舉中的部署及選舉策略

雖然，區議會的職能只限於社區事務，區選結果對政局的影響不大，但特區第二屆區議會選舉畢竟是「七一」遊行後首次舉行全民選舉，是即將開始的政制檢討前的一次民意大檢閱。「七一」遊行對這次區議會選舉到底有多大影響，對主要政團、政治派別或正面或負面的衝擊力究竟有多大，社會各界都拭目以待，使得這次區議會選舉的社會關注度更高。因此，各主要政團都非常重視這次選舉，派精兵強將出戰，力圖取得更多議席。

民建聯於9月28日在灣仔的金紫荊廣場舉行區議會選舉誓師大會，提出今屆區選的口號是「勇於承擔，服務社群」，並宣布派205人出選18個區議會，比上屆的176人，多了29人。在205名參選人中，男性167人，女性38人，現任立法會議員6人，現任區議會議員90人，有16名候選人自動當選，有114人具有大學或大專程度學歷，佔候選人比例55.6%；候選人平均年齡44.9歲，最年輕的只有22歲，最年長的是72歲，其中有32名候選人的年齡在30歲以下，比上屆區議會的年輕候選人12名，多了20人，佔候選人比例15.6%。

民建聯的選舉策略為：第一，堅持區選非政治化，大打民生牌。提出參選政綱是振興香港經濟、保障社會民生和優化環境衛生三大項目，強調

① 香港《太陽報》2003年11月24日

要以勤奮、務實、爲市民服務的精神，長期扎根社區，做好各項民生工作。第二，候選人在競選中不上街頭和民主派唱對台戲，不怕抹黑，不花時間和民主派上論壇辯論，而是爭取時間上樓家訪，直接接觸選民。第三，參選部署上，針鋒相對，寸「位」必奪，爲立法會選舉打好基礎。第二屆區選，民建聯出選205人，與民主黨對壘選區81個。第四，明星帶動，幫助新人，加強對選舉人才的培養。第二屆區選民建聯新參選人75人。

民主黨於9月28日參與了民主派團體舉行的區選聯合誓師大會，宣布派119人出選18個區議會，比上屆的173人，少了54人。在119名參選人中，有現任立法會議員4人，自動當選的候選人3名，有72人具有大學或大專程度學歷，佔候選人比例60%；候選人平均年齡41.3歲，最年輕的是23歲，最年長的是62歲，其中有19人的年齡在30歲以下，佔候選人比例15.8%。

民主黨的選舉策略爲：

第一，大打政治牌，將區議會選舉議題政治化。今屆區議會選舉前，民主派聯合政綱提出了四大工作目標：一是2007年普選特首；二是2008年普選立法會；三是今年底前展開政制檢討工作；四是取消區議會內委任議席。民主派政綱中的工作目標完全不涉民生問題。這是因爲民主派受到「七一」大遊行的鼓舞，認爲掛著民主派的招牌，隨便空降到某個選區，靠「兩個直選」政治訴求和「踢走保皇黨」的口號，做一些街頭秀，就能贏取議席。所以，他們採取的選舉策略是，盡量擴大「七一」效應，將區議會選舉議題政治化，大講反對二十三條立法，講政制檢討，他們無論出席論壇或接受訪問，都以這些議題質問對手。

第二，搞抹黑工程。民主黨在區選的最後兩周，發動「負面宣傳」攻勢，攻擊民建聯，在全港各區貼出刊有民建聯主席曾鈺成「大頭相」，大字標題「民建聯能代表你嗎？」的宣傳海報，並引述曾鈺成支持《基本法》二十三條立法的言論，呼籲選民投「真正的民意代表一票」，希望借

助「七一」效應來增加得票。

第三，採取「突破弱區，搶位爲上」的策略，以達到多奪議席的目標，爲立法會選舉鋪路。民主黨以民建聯爲重點打擊對象，派人出選過往一直是民建聯處於優勢的選區，與民建聯爭奪議席，在今屆區議會選舉中，民主黨與民建聯對壘的選區有81個。

第四，宣傳「出位」，利用傳媒，不擇手段，以打擊民建聯參選人爲重點。今屆區議會選舉前，利用傳媒替他們做宣傳，刺激投票率上升。香港主要傳媒的立場一向偏向民主派，在區選期間經常爲民主派造勢。《蘋果日報》透過社評及報道呼籲市民投票給支持「七一」遊行、支持加快民主步伐的人，否則，就會加深香港的政治危機；商臺節目主持人鄭經翰不斷在節目中叫市民不要投票給民建聯的候選人，更不負責任地指民建聯是「畀你一粒糖，呃你一間廠」。

第五，採用「哀兵戰術」，製造選情危急的假象，以催穀選票。今屆區選前數天，一些民主派學者在評估區選結果時，不斷強調「七一」遊行對民主派的幫助不大，更稱民建聯的選情可看高一線，估計可獲得約100個議席，並指出民建聯拿不到96席就是受「七一」遊行的影響，是市民對政府和民建聯的離棄；相反，他們對民主黨似乎並不看好，把民主黨的理想成績定於70席，認爲得80席就是勝利。他們一方面散播民建聯選情樂觀的論調，一方面爲民主派的成績擺好下台階，無非就是想催穀選票，製造民主派贏，民建聯輸的結果。

自由黨派28人出選15個區議會，比上屆的34人，少了6人。在28名參選人中，有4人自動當選；候選人中，現任立法會議員1名。

自由黨的選舉策略主要是挾「七一」遊行後，主席田北俊突然宣布不支持政府關於二十三條立法的提案，迫使政府押後二讀《二十三條立法草案》的影響，以主席田北俊個人魅力下區助選。今屆區選時，田北俊放棄角逐連任港島山頂區的議席，改派該黨候選人林文傑出選，他多次出面協

助林文傑拉票,以示對林文傑的支持。此外,田北俊還到該黨其他候選人的選區助選拉票。

港進聯提出「搞好經濟、創造就業、改善民生」的參選口號,派23人出選9個區議會,比上屆30人,少了7人。在23名參選人中,有4人自動當選。港進聯主席劉漢銓認為,今屆港進聯參選區議會候選人有兩大特點:一是所有候選人均有長期社區服務經驗,他們一直關注區內交通、環保、治安及文娛設施建設,認真努力工作;二是參選政綱凸顯民生問題及社區事務。

民協於10月12日舉行區選的誓師大會,宣布派38人出選7個區議會,比上屆32人,多了6人。在38名參選人中,有3人自動當選。在候選人中,現任立法會議員1名,有17人是首次參選的「新秀」。民協主席馮檢基表示,該黨的競選策略是繼續以街坊服務穩守深水埗區,同時向九龍城發展。在今屆區議會選舉中,民協希望爭取三個第一:首先是選出的選區選民的投票率第一;其次,希望民協成為勝出率第一的政黨,突破上屆59%的勝出率;最後,希望成為第一個政黨於區議會(深水埗區議會)取得過半數席位,在21席中取得12席。

前線派11人出選5個區議會,比上屆9人,多了2人。在候選人中現任立法會議員1名。前線的選舉策略是借「七一」遊行,無限放大政治議題,用爭取「07特首直選」「08立法會直選」為口號,依靠地區實幹經驗,以政治明星劉慧卿和何秀蘭拉票。

除了以上政團參選區議會外,還有一些政團也派人積極參選區議會。如公民力量派22人參選;民主力量派3人參選;公民起動派6人參選;公義同盟派4人參選;職工盟派3人參選;街工派5人參選;七一人民批派3人參選;新青年論壇派2人參選;民主陣線派6人參選;新論壇派1人參選;民主民權網絡派1人參選等。[1]

① 香港《文匯報》2003年10月29日。

　　由上可見，參選第二屆區議會的政團候選人已達480多人，比上屆多10多人，佔總候選人的約六成，與上屆差不多。而民建聯與民主黨的候選人加起來有324人，雖然比上屆的340人少了，但仍佔總候選人的三成八多。

四、兩大陣營激烈對峙的選區

　　在今屆區議會選舉中，作為兩大陣營龍頭的民建聯和民主黨參選隊伍最龐大，分別達到205人和119人，並在多個選區激烈對峙，爭奪議席。在326個選區中，兩大陣營對決的選區有147個，分別為新界東有36個選區；新界西有42個選區；九龍東有15個選區；九龍西有28個選區；港島有26個選區。其中民建聯與民主黨對壘的選區有81個，分別是新界東21個選區；新界西22個選區；九龍東9個選區；九龍西14個選區；港島15個選區。在這些對壘的選區中，最惹人注目的，爭奪激烈的選區有以下一些：

　　中西區的觀龍選區，是選戰最緊湊的。因為，前線的立法會議員何秀蘭挾「七一」遊行之勢，在民主派的支持下，「空降」觀龍區，挑戰已在該區服務12年的現任民建聯副主席、立法會議員葉國謙，這是今屆區議會選舉中，唯一一個由兩位現任立法會議員角逐的選區。來勢洶洶的何秀蘭，提出爭取07年普選特首、08年普選立法會，關注長者、婦女、兒童權利和跟進觀龍樓第二期調遷清拆等競選政綱，在民主派多位明星級人馬的支持下，下區派傳單和洗樓。面對何秀蘭的挑戰，民建聯的葉國謙不敢怠慢，悉力以赴，提出關注區內樓宇老化；提高長者生活質素；發展區內對外交通網絡，繼續爭取地鐵西移至堅尼地城等競選政綱，在民建聯、工聯會的支持下，積極開展拉票宣傳。在選舉日前夕，葉國謙獲同一陣營8名立法會議員和1名行政會議成員及數名地區領袖到場打氣拉票；而前線候選人何秀蘭也出動民主派多位政治明星為其助選拉票。有媒體認為，此戰勝負除可反映區選中的「七一」效應，亦關係到葉國謙能否以區議會界別

代表晉身下屆立法會。①

　　東區的錦屏選區，綽號「長毛」的四五行動成員梁國雄，挑戰獲得大量福建人支持的民建聯現任立法會議員蔡素玉。梁國雄提出爭取民主普選、反失業貧窮及踢走「保皇黨」等參選政綱。蔡素玉提出衆志成城、共創錦屏、凝聚力量，共創新象、勇於承擔、服務社區的參選政綱，並且經常下區積極「洗樓」派傳單。有地區人士分析，本身爲福建人的蔡素玉一直堅持爲地區居民工作，協助居民解決過不少問題，錦屏選區又主要爲福建籍選民，梁國雄在當地完全沒有地區工作實績，而與民主派友好的地區人士黃成光亦加入選戰，與「長毛」爭出位。因此，估計「長毛」勝出機會不高。②

　　另一個備受關注的選區是深水埗美孚南選區，由民建聯的楊耀忠再戰民主黨的王德全。在 2003 年 4 月的區議會美孚選區的補選中，當時參選的民建聯候選人楊耀忠以 9 票之差敗給了民主黨候選人王德全。半年後，楊耀忠捲土重來，提出的競選政綱爲「切實將地區意見帶入立法會」，並表示上次我是輸在臨危受命及打逆境波。這半年來，我沒有離開過美孚區，十分關注區內的民生問題，盡最大努力爲居民排憂解難，選民已經知道我的誠意及能力。而民主黨候選人王德全則提出不做保皇黨、敢言批評、監察政府等競選政綱，並且強調，自己有民主黨內及民主派重量級人物楊森、余若薇等人的支持。有媒體評論分析認爲，如果楊耀忠再受挫，將打擊民建聯明年九龍西立法會選舉的部署。③

　　觀塘區的坪石選區，民建聯的陳鑑林和前線的林森成再度展開「宿敵之戰」。在 1999 年特區第一屆區議會選舉時，陳鑑林以 48 票之優勢挫敗當時仍是民主黨的林森成。在今次區議會選舉兩人再度碰頭較量，陳鑑林提出繼續監察地鐵轉乘大樓的工程，監察彩雲道及佐敦穀計劃對坪石區的影

① 香港《明報》2003 年 11 月 23 日。
② 《香港商報》2003 年 11 月 23 日。
③ 香港《明報》2003 年 11 月 23 日。

響等競選政綱；林森成提出爭取07年普選特首、08年全面普選立法會，反對輸入外地勞工，維護打工仔權益等競選政綱，並表示今年多了很多年輕選民，希望「七一」效應可以延續。地區人士分析認為，陳鑑林競選連任有一定優勢。因為陳鑑林在任4年內，為區內的社區建設不遺餘力，成功爭取興建坪石公園，得到居民的支持和認同。而林森成在4年前落敗後未見加強區內工作，予人棄守坪石的感覺才是最不利的因素。①

沙田錦濤選區，民建聯現任立法會議員劉江華挑戰民主黨何淑萍。何淑萍上屆以227票之差敗給了民建聯的年輕候選人陳克勤，今屆何淑萍堅持不轉區，力戰上屆在別區自動當選的劉江華。何淑萍提出爭取民主自由、捍衛人權法治，加強監管私人樓宇及屋邨管理公司等競選綱領，並找來兒童合唱團，為她高呼口號「香港要民主，一號必勝」。劉江華則提出「勇於承擔，服務社群」等競選政綱，與黨友陳克勤一起拉票，工聯會的鄭耀棠、梁富華為其助選。

觀塘的順天選區，民建聯現任區議員郭必錚與民主黨的新丁何偉途對壘，此仗被視為民建聯和民主黨實力一戰。郭必錚上屆打敗民主黨現任立法會議員李華明。郭必錚提出關注區內衛生、環保、交通等問題的競選政綱，並出動立法會議員陳婉嫻為其拉票。何偉途提出爭取紓緩擠迫戶家庭的競選政綱，除請來民主黨立法會議員李柱銘為其拉票外，還連續四個星期在區內設置不同主題諮詢攤位，並親自致電約300戶調遷到別處，來不及更改地址的選民，請他們回來投票。

油尖旺的富榮選區，民建聯的29歲候選人鍾港武挑戰民主黨的現任立法會議員涂謹申。鍾港武在上屆區選以700票之差敗於涂謹申。鍾港武提出做個「緊貼區情、有區性、見得到」的區議員的競選政綱。涂謹申提出將地區聲音帶入立法會，令政府重視社區問題的競選政綱。有媒體分析，若僅就表面而言，鍾港武無論知名度、地區公職等均不及對手，似乎勝算

---

① 香港《明報》2003年11月23日。

較低，但鍾港武近年來全力在地區服務，下區時間比對手多，建立起穩固的居民關係。因此，與涂謹申之爭，只能用勢均力敵來形容。還有媒體認為，民主黨若要不靠職工盟劉千石，獨立發展九龍西，此仗可反映涂謹申在地區的實力如何？①

北區的彩園選區，民主黨現任立法會議員黃成智挑戰民建聯現任區議員蘇西智。黃成智曾於1991年挾立法會議員的聲威，當選彩園區議員，但在1994年卻被名不經傳的蘇西智擊敗。1999年黃成智轉到天平東區參選，派妻子黃靜嫻在彩園與蘇西智對決，結果其妻子不敵蘇西智，但黃成智卻當選。今屆區選，黃成智棄天平東而折返彩園參選，希望籍著「七一」效應，收復失地，但蘇西智在彩園已做了10年的地區工作，在地區事務及為區內居民爭取權益方面，立下不少汗馬功勞，受到區內居民的擁護和認同。因此，地區人士分析認為，黃成智取勝的機會不高。

除了兩大陣營的激烈對峙外，也有同一陣營不同政黨候選人的激烈對峙。如油尖旺富柏選區，民協的司徒碧琪挑戰民主黨的黎自立；九龍城紅磡灣選區，民協的馮肇龍挑戰民主黨的馮競文；南區海灣選區，自由黨的楊孝華挑戰民建聯的鄭俏遊。

由於競爭激烈，兩大陣營紛紛加強宣傳攻勢，各出奇謀進行拉票。一向注重傳統宣傳工作的民主黨，在今屆區選宣傳中，向互聯網進軍，除了將該黨區議員以往政績放上網頁，供有興趣選民下載外，還主動出擊，製作最少三種電郵，呼籲市民在11月23日去投票。

民建聯則於區選前一個星期，在九龍公園舉行造勢大會，近2千人參加，黃色旗海，千人吶喊，聲勢浩大，氣勢如虹，向全港市民表現其必勝的信心。

民建聯、民主黨、自由黨三大黨主席曾鈺成、楊森、田北俊紛紛下區，助黨內候選人「一臂之力」。曾鈺成走訪各區的社團組織，為候選人

---

① 香港《明報》2003年11月23日。

爭取社團支持，並到街頭「嗌咪」助選；楊森採用傳統助選方法，在下班時間到區內巴士站、火車站「嗌咪」，零距離「接觸」選民；田北俊以電話攻勢爭取選票，不斷致電給各區選民朋友，並下到九龍城、大埔、將軍澳等選區為候選人「打氣」助選。

以上激戰選區的選舉結果：

中西區的觀龍選區，何秀蘭1,869票，葉國謙1,805票，何秀蘭勝出；

東區的錦屏選區，蔡素玉1,433票，梁國雄1,149票，黃成光636票，蔡素玉勝出；

深水埗的美孚南區，楊耀忠1,324票，王德全1,936票，王德全勝出；

觀塘區的坪石選區，陳鑑林2,284票，林森成2,259票，陳鑑林勝出；

沙田的錦濤選區，劉江華1,885票，何淑萍2,163票，何淑萍勝出；

觀塘的順天選區，郭必錚2,524票，何偉途3,052票，何偉途勝出；

油尖旺的富榮選區，鍾港武1,961票，涂謹申2,565票，涂謹申勝出；

北區的彩園選區，蘇西智1,986票，黃成智1,886票，蘇西智勝出。

五、政團參選結果及評析

經過激烈的對峙和爭奪，區議會選舉結果終於揭曉，參選政團取得今屆區議會約240個議席，超過議席的六成，與上屆差不多。

各主要政黨的參選成績及兩屆區議會成績比較

政黨名稱	候選人	議席	當選率	直選議席比例	上屆候選人	議席	當選率
民建聯	205	62	30.2%	15.50%	176	83	47%
民主黨	119	95	79.8%	22.05%	173	86	50%
自由黨	28	13	46.4%	3.25%	34	15	45%
民協	38	25	65.7%	6.25%	32	19	60%
前線	11	6	54.5%	1.5%	9	4	44%

港進聯	23	19	76%	4.75%	24	15	62%
公民起動	6	3	50%	0.75%	–	–	–
公民力量	22	17	77.3%	4.25%	14	11	78%

（資料來源：《香港經濟日報》2003 年 11 月 25 日；《信報》2003 年 11 月 25 日）

　　對今屆區選的選舉結果，有媒體統計顯示，全港 106 萬多張選票中，三成二投給愛國愛港陣營，約有 33 萬票，其中民建聯約有 24.5 萬多票，比上屆約 19 萬票，多了 5 萬，而三成八選票投給民主派，約有 40 萬票，其中民主黨約有 21.7 萬多票，也就是說民建聯與民主黨的得票數目相若。民建聯今屆雖然選票增多，但由於參選人達 205 人，扣除 16 人自動當選外，以每名要與對手爭奪議席的候選人平均得票計算，平均每人得 1,200 多票，而民主黨扣除 3 人自動當選外，116 名候選人平均每人得 1,900 多票。[1]

　　從主要政黨的參選成績可見：

　　（1）民建聯在今屆區選中遭遇「滑鐵盧」。表現為：

　　第一，參選人最多，但當選率在 5 個主要政黨榜末。今屆派 205 人參選，只取得 62 個議席，比上屆區選取得 83 席大幅減少兩成半，當選率只得三成，是 5 個主要政黨中最低的。

　　第二，在與民主黨對峙的 81 個選區，敗多勝少，只勝了 12 個選區。

　　第三，參選的 6 名現任立法會議員，有半數落選，如中西區的觀龍選區，在地區工作 12 年的黨副主席葉國謙，以 64 票之差敗給了前線的「空降」候選人何秀蘭；深水埗美孚南選區，民建聯的現任立法會議員楊耀忠再次輸給了民主黨的王德全；沙田錦濤選區，民建聯的現任立法會議員劉江華也敗給了民主黨的何淑萍。

　　第四，一些資深區議員不敵新丁，引起了黨內的震動，如上屆區選擊敗民主黨重量級候選人李華明的民建聯現任區議員郭必錚，在地區工作 15

---

① 香港《信報》2003 年 11 月 25 日。

年，但在今屆區選中被民主黨的新丁何偉途以500多票優勢擊敗；中西區寶翠選區民建聯現任區議員黃哲民在地區服務17年，結果敗給民主黨新丁楊浩然。

第五，有些「重量級」候選人雖然取得選舉的勝利，但贏得較為艱辛和驚險，如東區錦屏選區，民建聯現任立法會議員蔡素玉，雖然在地區工作多年，但只以284票之優勝「空降」的四五行動候選人梁國雄；觀塘坪石選區，民建聯的陳鑑林也只以25票之優擊敗前線的林森成。北區的彩園選區，民建聯的蘇西智雖然再次擊敗民主黨的黃成智，但兩人之間的差距已縮小到只有100票之差。

第六，32名30歲以下的年輕候選人，只有4名當選。

對今屆區選民建聯失利的原因，民建聯主席曾鈺成認為，選舉失利不是部署、策略、或候選人失責的問題，是受到政府民望低拖累，民建聯與政府關係密切，被看成替政府制訂政策，可能負的責任比較大，這未必真正反映民建聯的情況，但社會一般印象是這樣，政府民望不好時，這個政黨也會失利。[1]

社會輿論普遍認為，民建聯失利原因是多方面的。

首先是環境的制約。現實的社會環境不利於民建聯的今次參選。近年來，香港經濟處於幾十年罕見的困難時期。許多市民承受減薪、失業、負資產的沉重壓力，對政府懷有諸多不滿。參加「七一」遊行的人多達幾十萬，最大原因也在於此。民建聯一向的取態，是支持政府施政，不可避免受到牽連。

其次，一些政治勢力故意從整體上抹黑民建聯，似乎香港今天的困難就是因為民建聯支持政府所造成，處心積慮將民建聯置於「七一」遊行市民的對立面，從而將這些市民為其所用。

再次，民建聯的競選策略也有失誤，即選擇低調競選、強調民生、避

---

[1]　香港《信報》2003年11月25日。

談政治，導致對手有可乘之機，民主派高調談政治、講「七一」遊行、說「二十三條立法」，將政治議題變為選舉議題，以此先聲奪人，吸引游離票及對地區事務不關心的新票源；同時也激發對政府施政不滿的市民，將怨憤投射在所謂「保皇黨」民建聯的身上。[1]

在區議會選結束後一個星期，民建聯舉行區選檢討大會，有近400黨員參加，總結區選失利原因及經驗，明確表示民建聯不會因今次失利「玩完」，經歷過這個風浪，大家更加堅定信念，會做好地區工作，不會放棄，會用實際行動令市民支持我們。副主席譚耀宗重申，民建聯將一如既往，堅持愛國愛港立場，不會為了爭取明年立法會選舉的選票而改變政治立場。政府做得好我們會支持，若違民意就反對。

主席曾鈺成表示要對民建聯區議會選舉失利負責，在隨後的中常委會上，辭去黨主席職務，由秘書長馬力接任。馬力上任後宣布：現在我們要做的第一件事，就是開門建黨，廣開言路，多聽取各方面的意見、批評和建議，幫助我們建設好民建聯，使我們能夠更緊密地代表市民意願、監察政府施政。

（2）民主黨成為今屆區選的大贏家，攻陷區議會議席近1/4。派119人參選，取得了95個議席，比上屆86個議席多了9席，增幅超過一成，當選率近八成，居於5個主要政黨之首。在與民建聯對峙的81個選區，勝69個選區，尤其是4名現任立法會議員，何俊仁、涂謹申、鄭家富均當選，只有黃成智落敗；19名30歲以下參選人，有18人當選。

對民主黨的獲勝，民主黨主席楊森認為，區選成績較預期佳，與「七一」效應及民主黨著力地區工作有關。他表示，會乘著當前的優勢，一方面促請政府盡快實行特首及立法會普選；另一方面促請特首取消區議會委任議席。

有媒體評論認為，不少選民將選票投給民主黨，並非是因為對它的認

---

[1] 香港《明報》2003年11月26日；香港《文匯報》2003年11月25日。

同，而是由於對現實經濟環境的不滿和抱怨。顯然，現實的經濟困境給民主黨造成了得票之便。換句話說，香港經濟民生的困局，造成了民主黨的贏局。如果社會經濟民生明顯好轉之後，民主黨還會有贏局嗎？①

（3）自由黨今屆區選成績不過不失。派25人參選，取得12個議席，當選率近五成，比上屆四成半略有增加。主席田北俊表示，該黨雖然在今屆區選中的當選率不是非常突出，但得票情況大為改善，總得票比上屆多出4千多票，選舉成績不過不失，還算滿意。在未來大半年，自由黨會調撥更多資源支持地區工作。他和副主席周梁淑怡會積極考慮參與明年的立法會分區直選，其中港島、新界東和新界西都是積極考慮的選區。

（4）民協在今屆區選派38人參選，取得25個議席，當選率為六成半，其中深水埗區議會選舉成績最好，取得13個議席，佔該區總議席數目的六成，達到了預定的目標。民協主席馮檢基對今次區選成績感到滿意，認為原因是「七一」效應、市民不滿政府和「踢走保皇黨」效應，加上民主派歷史性協調參選導致民主派取得勝利，但「時勢」有限，若議員不能踏實做好工作，下次便會落敗。

（5）港進聯派23人參選，取得19個議席，當選率七成六。主席劉漢銓對此成績表示可以接受，認為在「七一」效應下，選民增加，港進聯所得議席比上屆只少了1席，反映受的打擊已相對較少。但市民對政府施政的不滿已從中得到顯現，各政黨都要考慮如何爭取新選民的支持，更重要的是政府應深入考慮如何回應市民的訴求。

當區議會選舉塵埃落地後，有報刊評論認為，今屆選舉結果反映了三個現實：

「七一」遊行發揮了極大影響性，促使更多選民行使公民權利，參加投票。特區政府六年來的諸多失誤，引來民怨民憤，成為「七一」遊行的爆發點。市民遊行除了爭取政治改革，也對民生維艱、政府施政表達不

---

① 香港《文匯報》2003年11月25日。

滿。市民希望透過區議會，先行爭取改善民生福祉，所以紛紛出來投票，選擇心目中理想恰當的候選人，造成今次投票率及投票人數都打破區議會選舉有史以來的紀錄，有逾百萬人投票，較上屆增加逾 27 萬人，當中相信大部分曾參加「七一」遊行，或認同遊行的訴求。

香港政治生態發生變化，許多事務泛政治化。區議會本來是非政權性架構，只關注地區民生問題，但今次選舉受到了政治化衝擊。有些候選人在地區上長期努力耕耘，為街坊群眾辦了不少實事好事，只因政治取向不獲認同，在今次選舉中落敗；反之，毫無往績的「空降」人員，縱然對當地事宜一無所知，甚至連區內東西南北也不辨，卻因為一句政治口號，或提出政治議題獲得認同，在選舉中竟然獲勝。這是令人沮喪的結果，恐怕會刺激某些區議員不再關注地區事宜，不再關懷坊眾福利，不再埋頭實幹，只要在選舉前提出合乎大眾口味的政治議題，又可獲得 4 年合約的「優差」，這實在是政治生態變化中一個令人憂慮的問題。

民建聯在區選中失利，使到政府在管治上更加舉步維艱。今次區選，由於政府民望低，影響了支持政府的政團得票率，造成這些政團選舉失利，而反對政府的政團卻能夠贏得較高的得票率。因此，為了在明年立法會選舉取勝，政團會以今次區選結果調整策略，當政府失去政團的支持，當所有政團變身為「反對黨」，政府與立法會關係淪為對立，政府又怎能有效推行政策？又怎可以權威地繼續管治？①

---

① 香港《太陽報》2003 年 11 月 25 日。

第二節 二〇〇四年的第三屆立法會選舉

2003年上半年「非典」疫情的衝擊，使已陷入經濟衰退6年的香港，更是雪上加霜。至2003年中，香港失業率創下8.6%的歷史高位，這是香港在第二次世界大戰之後，經歷的時間最長、程度最嚴峻的經濟不景氣時期。

為了幫助香港盡快從困境中走出來，中央政府先後出台了一系列支持香港經濟發展的措施。

2003年6月29日，中央政府與香港特區政府正式簽署了《內地與香港更緊密經貿關係安排》（簡稱CEPA）協議，確定了兩地在貨物貿易、服務貿易和貿易投資便利化領域的開放措施和實施目標，使香港本地製造商申請並符合雙方已商定原產地規則的所有香港產品，進入內地均可享有零關稅優惠。

同年7月，開始實施內地居民赴香港「個人遊」政策，內地遊客的急劇增多，直接帶動了香港酒店、飲食、零售、航空等相關行業的迅速復甦，就業機會增加，使香港市民信心增強，對香港經濟復甦起到了立竿見影的刺激作用。

一、經濟逐步復甦與政制改革的爭論

2004年6月，泛珠三角區域合作正式啟動，進一步促進了香港經濟復甦。從1998年11月開始困擾香港68個月的通縮在2004年7月結束後，綜合消費物價指數呈溫和增長，失業率呈穩步下降的態勢，2004年經濟增長達8.6%，這表明香港經濟逐步復甦，並有所增長，正進入良好的運行態勢。

雖然，從2003年下半年開始，香港經濟開始復甦，但在2003年「七月風潮」和11月區議會選舉中，出盡風頭的民主派，挾民意來向特區政府施

壓，要求加快政制改革步伐，實現2007年／2008年直選，使特區政府在政制改革方面面臨著巨大的壓力。

2004年元旦，民間人權陣線發動以改善民生狀況，加快民主步伐，還政於民為主題的10萬人遊行，就推進民主和民生問題再次向政府施加壓力。

在巨大壓力下，2004年1月7日，行政長官董建華發表施政報告，明確承諾：政府會積極推動香港的政制發展，已決定成立一個由政務司司長曾蔭權領導的專責小組，認真研究這些問題。並表示要了解各方關於2007年以後行政長官和立法會產生辦法的意見後，才開始進行政制檢討。

一時圍繞香港政制改革問題，各派政治力量展開了激烈角力，掀起了一場關於香港政制改革的爭論。這場爭論的焦點問題集中在對《香港基本法》附件一第七條和附件二第三條的不同理解上。

《香港基本法》附件一《香港特別行政區行政長官的產生辦法》第七條規定：「二○○七年以後各任行政長官的產生辦法如需修改，須經立法會全體議員三分之二多數通過，行政長官同意，並報全國人民代表大會常務委員會批准」。

附件二《香港特別行政區立法會的產生辦法和表決程序》第三條規定：「二○○七年以後香港特別行政區立法會的產生辦法和法案、議案的表決程序，如需對本附件的規定進行修改，須經立法會全體議員三分之二多數通過，行政長官同意，並報全國人民代表大會常務委員會備案」。

對這兩條規定的理解和認識，香港社會存在著各種各樣的理解和認識，主要概括起來集中在四個問題上：（1）「二○○七年以後」是否包含2007年。一些要求在2007年舉行普選的民主派政黨，如民主黨、前線、民協等，認為「二○○七年以後」的說法包含了2007年，理由是附件一在規定行政長官產生辦法時，只規定了第一、二屆的產生辦法，也就是說預留了第三屆行政長官普選的空間。但香港另有一些人士則認為「二○○七年

以後」是指這一年以後的40年時間，不包含2007年。（2）「如需」修改是否必須修改。（3）由誰確定需要修改及由誰提出修改。（4）如不修改是否繼續適用現行規定。很顯然，如果這些問題得不到統一認識，將會影響到香港社會的穩定和經濟的迅速復甦，影響到未來特區的政制發展。

在這樣的背景下，2004年4月6日，第十屆全國人大常委會第八次會議通過了關於《<中華人民共和國香港特別行政區基本法>附件一第七條和附件二第三條的解釋》（簡稱《解釋》），這個文件解釋的內容有四個方面：（1）關於「二〇〇七年以後」的解釋是包含2007年；（2）關於「如需」修改的解釋是指可以進行修改，也可以不進行修改；（3）關於由誰確定修改及由誰提出修改的解釋是「上述兩個附件中規定的須經立法會全體議員三分之二多數通過，行政長官同意，並報全國人民代表大會常務委員會批准或者備案，是指行政長官的產生辦法和立法會的產生辦法及立法會法案、議案的表決程序修改時必經的法律程序。只有經過上述程序，包括最後經全國人民代表大會常務委員會依法批准或者備案，該修改方可生效。」「是否需要進行修改，香港特別行政區行政長官應向全國人民代表大會常務委員會提出報告，由全國人民代表大會常務委員會依照《中華人民共和國香港特別行政區基本法》第四十五條和第六十八條的規定，根據香港特別行政區的實際情況和循序漸進的原則確定。修改行政長官產生辦法和立法會產生辦法及立法會法案、議案表決程序的法案及其修正案，應由香港特別行政區政府向立法會提出」；（4）關於如不修改是否適用現行規定的解釋是「上述兩個附件中規定的行政長官的產生辦法、立法會的產生辦法和法案、議案的表決程序如果不作修改，行政長官的產生辦法仍適用附件一關於行政長官產生辦法的規定；立法會的產生辦法和法案、議案的表決程序仍適用附件二關於第三屆立法會產生辦法的規定和附件二關於法案、議案的表決程序的規定」。①

---

① 《人民日報》2004年4月7日。

「人大釋法」後，香港的民主派進行了激烈的對抗，一些市民也表示不理解。2004年4月11日，香港民間人權陣線發起了反釋法遊行，有2萬多人參加了遊行。遊行提出了三大政治訴求，主要是要求全國人大撤銷人大常委會釋法的決定；要求中央政府承諾不再釋法；要求特區政府立即回應市民在2007年／2008年實行雙普選的訴求。

　　為了盡快結束在香港政制發展問題上的爭拗，平息香港社會因為政制發展問題而產生的動盪，根據全國人大的《解釋》，2004年4月26日，第十屆全國人大常委會第九次會議審議了香港特別行政區行政長官董建華提交的《關於香港特別行政區2007年行政長官和2008年立法會產生辦法是否需要修改的報告》，並作出了《關於香港特別行政區2007年行政長官和2008年立法會產生辦法有關問題的決定》，其內容主要有：（1）2007年香港特別行政區第三任行政長官選舉，不實行由普選產生的辦法。2008年香港特別行政區第四屆立法會的選舉，不實行全部議員由普選產生的辦法，功能團體和分區直選產生的議員各佔半數的比例維持不變，立法會對法案、議案的表決程序維持不變。（2）在不違反本決定第一條的前提下，2007年香港特別行政區第三任行政長官的具體產生辦法和2008年香港特別行政區第四屆立法會的具體產生辦法，可按照香港基本法第四十五條、第六十八條的規定和附件一第七條、附件二第三條的規定作出符合循序漸進原則的適當修改。①

　　「人大釋法」和人大作出香港在2007年和2008年不進行普選的決定後，在香港社會引起了強烈反響。愛國愛港政團，如民建聯、港進聯等，紛紛發表意見，對人大的決定表示堅決支持，認為有利於貫徹「一國兩制」及香港社會繁榮穩定。

　　然而民主派政團，如民主黨、前線、民協等，卻對人大釋法感到十分失望和不滿，指責這次釋法阻礙了香港的民主發展進程，「釋法」是「變

---

① 《人民日報》2004年4月27日。

法」等，並再次發動以爭取2007年和2008年「雙普選」爲目標的「七一」遊行。

在政制改革的爭論中，香港特區迎來了第三屆立法會選舉。

二、直選議席和功能議席平分秋色的立法會選舉

特區第三屆立法會選舉在2004年9月12日舉行。這次立法會選舉有60個議席，其中有半數議席（30席）由分區直選產生，另外半數議席（30席）由功能界別選舉產生。有如此多的議席由分區直選產生，這是香港特區歷史上的第一次，標誌著香港民主政治發展又向前邁進了一大步，是香港政制發展的一個重要里程碑。第三屆立法會任期從2004年10月1日開始至2008年9月30日結束，爲期4年。

第三屆立法會選舉登記選民人數創歷史新高。地方選區登記選民有320多萬人，選民人數比2003年第二屆區議會選舉時的登記選民增加了23.2萬多人，比2000年立法會選舉時的登記選民增加了13.63%。根據選民登記的數字顯示，新界東、新界西兩區的選民人數增幅最大，但都不足一成。功能界別方面，登記選民有19.9萬多人，比上屆的17.4萬多人，多了2萬5千多人，其中社會福利界的選民人數增幅高達四成二，其次是體育演藝文化及出版界增幅有三成四，會計界增幅有三成三，飲食界增幅有三成一，只有工業界（第二）選民人數不增反而減少。

第三屆立法會選舉的提名期從7月22日開始，歷時兩周，至8月4日結束。在提名期間，選管會共接到109份提名表格，共162人報名參選立法會議員，其中90名候選人參加地區選舉，72名候選人參加功能界別選舉。經過選管會審查，最終公布的合資格候選人有159人，其中分區直選候選人有88人，功能界別候選人有71人。功能界別有11個界別的候選人在沒有競選對手的情況下自動當選。他們分別是鄉議局的林偉強，漁農界的黃容

根，保險界的陳智思，航運交通界的劉健儀，地產及建造界的石禮謙，商界（一）的林健鋒，商界（二）的黃宜弘，工業界（一）的梁君彥，工業界（二）的呂明華，金融界的李國寶以及進出口界的黃定光。功能界別議席爭奪人數最多最激烈的是會計界，9位候選人爭奪一個議席。

第三屆立法會選舉投票，從2004年9月12日上午7時30分開始至晚上10時30分截止。

分區直選登記選民人數3,207,227人，其中有1,784,140人參加投票，總投票率為55.63%，超過上屆的43.57%；在地方選區中，港島區是5個地方選區中投票率最高的，投票率為57.63%；新界西是5個地方選區中投票率最低的，投票率為53.48%，但投票人數達466,862人，是5個地方選區投票人數最多的。①

在功能界別選舉中，有134,935人投票，多於上屆的92,112票，投票率為70.14%，大大高於上屆的56.5%投票率。其中區議會的投票率最高，達99.57%；其次是勞工界，投票率達91.13%；投票率最低的是飲食界，為52.29%，但已經高過上屆的41.25%。功能界別選舉中有三個界別的選舉結果引起爭議，會計界、社會福利界和衛生服務界均出現收回選票比發出選票多的情況。其中，會計界獲最高票數的首兩位候選人譚香文和陳茂波只相差37票；社會福利界獲最高票數的首兩位候選人張超雄和張國柱亦只相差64票。在當選的30個功能界別議員中，新人多，有11人，他們是郭家麒、劉秀成、方剛、張超雄、李國麟、鄺志堅、王國興、譚香文、林偉強、梁君彥、黃定光。獨立人士也多，有15人，他們是林偉強、陳智思、吳靄儀、譚香文、郭家麒、李國麟、何鍾泰、劉秀成、張超雄、石禮謙、黃宜弘、呂明華、李國寶、詹培忠、霍震霆。其中有「潮州怒漢」之稱的詹培忠，在金融服務界成功擊敗4位對手，重返立法會。

特區第三屆立法會選舉，投票人數和投票率都創了新高。選舉結束

① 香港《文匯報》2004年9月13日。

後，行政長官董建華表示，今屆選舉是公平、公正和具透明度的，很高興
看到香港特區新一屆立法會的順利產生，代表特區政府向每一位當選的議
員表示衷心祝賀，希望與各位立法會議員及社會各界人士，一齊攜手合
作，促進香港繁榮和穩定。

國務院港澳辦副主任陳佐洱也表示，剛結束的香港特區立法會選舉，
按《基本法》規定，以有史以來最民主的方式，選舉產生60位議員，這是
「一國兩制」、「港人治港」及「高度自治」的方針政策在香港又一次重
要實踐，體現了香港民眾的主人翁精神。[1]

第三屆立法會選舉也有13位候選人，由於獲得的選票少於5%，而被充
公選舉保證金。

三、政團密鑼緊鼓部署分區直選

特區第三屆立法會選舉，由於取消選委會議席，分區直選議席由上屆
的24席增加到30席。各地區選區議席分配：香港島6席，九龍西4席，九
龍東5席，新界西8席，新界東7席。功能界別議席分配不變。

直選議席的增加使到各大政團參與直選的積極性更高，紛紛調兵遣
將，出戰分區直選。

民建聯/工聯會派32人參選立法會，有新老搭配，最年輕的僅有30
歲，年齡最大的是57歲。其中分區直選有29人，組成6張名單，參與5個
地區直選。分別是港島區1張名單6人，為馬力、蔡素玉、鍾樹根、楊位
款、李元剛、張國鈞；九龍西1張名單3人，為曾鈺成、鍾港武、李慧琼；
九龍東5人分2張名單，為陳鑑林、蔡鎮華、陳德明和陳婉嫻、林文輝各1
張名單；新界西1張名單8人，為譚耀宗、張學明、梁志祥、歐陽寶珍、徐
帆、陳恒鑌、老廣成、伍景華；新界東1張名單7人，為劉江華、李國英、

---

[1] 香港《大公報》2004年9月14日。

莫錦貴、陳國旗、蘇西智、黃碧嬌、陳克勤。功能界別有3人,分別是漁農界的黃容根,進出口界的黃定光,勞工界的王國興。

自由黨派12人參選立法會。其中分區直選3人,組成2張名單,參與2個地區直選,分別是新界西周梁淑怡、丁午壽和新界東的田北俊。功能界別有9人,分別是航運交通界劉健儀、旅遊界楊孝華、商界(第一)林健鋒、工業界(第一)梁君彥、金融服務界馮家彬、紡織及制衣界劉柔芬、批發及零售界方剛、飲食界張宇人、區議會劉皇發。

民主黨派22人參選立法會。其中分區直選17人,分別是港島區的楊森、李柱銘、黎志強;九龍西的涂謹申、陳家偉、林浩揚、馬旗;九龍東的李華明、胡志偉、何偉途;新界西的李永達、陳琬琛和何俊仁、張賢登各組1張名單;新界東的鄭家富、黃成智、何淑萍。功能界別有5人,分別是教育界張文光、建築測量及都市規劃界吳永輝、體育演藝文化及出版界林漢堅、資訊科技界單仲偕、區議會鄘國全。

前線派4人參與分區直選,分別是港島區的何秀蘭;新界東的劉慧卿、柯耀林;九龍東的陶君行。

民協派6人參與分區直選,分別是九龍西的馮檢基、廖成利;新界西的嚴天生、江鳳儀、戴賢招、官東榮。

職工盟派4人參與分區直選,分別是九龍西的劉千石;新界西的李卓人、葉嶽峰;新界東的蔡耀昌。

新論壇派3人參選新界西,他們是呂孝端、蕭成財、陳財喜。

街工派梁耀忠、尹兆堅參選新界西;四五行動派梁國雄出選新界東;工聯會派鄘志堅參選勞工界;勞聯也派李鳳英參選勞工界。

在參選的159名候選人中,有政團背景的有94人,雖比上屆的95人少了1人,但仍佔候選人總數的59.11%,比上屆(61.2%)少了二個百分點多。其中分區直選88名候選人中,有政團背景的有72人,佔候選人的81.82%比上屆(75%)多了六個百分點多;功能界別71名候選人中,有22

人有政團背景，佔候選人的30.98%，比上屆（42%）少了約十一個百分點。[1]

四、爭奪激烈的香港島選區

今屆立法會選舉由於參選候選人是歷屆最多的，選情相當激烈。各政團挖空心思，利用各種方法，力拓票源，以增強自己的勝算。

早在2004年農曆年前，泛民主派政團就相繼展開各類型的選民登記活動，首先由民主黨牽頭，一連4個星期六及日，新界東、新界西的5個地區支部，為該地區街坊進行選民登記。

香港最大的工會組織——工聯會，也透過大規模的探訪行動，全面接觸屬下的30萬名會員，發動屬下所有會員，若尚未登記成為選民的，便要盡快登記，除自己做好本分，還應鼓勵身邊的親友登記為選民。

九龍東選區有5個議席，有5張參選名單，共12位候選人，是最少候選人的選區。民建聯/工聯會候選人陳鑑林、蔡鎮華及陳德明團隊為表參選的決心，曾以長跑方式拉票，在30多位助選團陪同下，由牛頭角下邨出發，途經坪石邨、彩頤花園、龍蟠苑，最後抵達終點黃大仙廟。並打出「投票二號，香港會更好」的口號。在投票日那天，民主黨候選人李華明打出「全家一齊，全投一號」的口號，到酒樓、屋村等地拉票；工聯會/民建聯候選人陳婉嫻打出「為勞工、為基層做事」的口號，到黃大仙「洗酒樓」，以宣傳車巡區拉票。

九龍西選區與上屆一樣，只有4個議席，有6張參選名單，共13位候選人。由於是唯一一個沒有增加議席的選區，競爭對手也基本是上屆的舊面孔，所以是今屆立法會選舉中最「悶局」的一區。儘管如此，參選的候選人並沒有鬆懈。民主黨候選人涂謹申、陳家偉及馬旗團隊以一班年輕的助選團，則在旺角行人專業區大唱由流行歌曲改編的選戰歌曲，並派發漫

---

[1] 香港《文匯報》2004年9月13日。

畫書籤進行競選拉票活動。民建聯候選人曾鈺成，由於選前的民調不高，在投票日這天，整日都馬不停蹄在區內巡迴拉票。民協候選人馮檢基，以教晨運客打功夫的方式拉票。

新界東選區有 7 個議席，有 6 張參選名單，共 18 位候選人。由於地區幅員廣闊，候選人都各出奇謀，進行拉票。民建聯「薪火團隊」及由民主黨與多個民主派政團組成的「七一連線」名單（這份名單的排名次序為鄭家富、劉慧卿、湯家驊、黃成智、蔡耀昌、何淑萍、柯耀林）是新界東最大的兩張參選名單，各有 7 名候選人。為了有效利用資源，兩張名單的候選人都採取分工合作的策略，雙方亦有意無意互相「避戰」，以免耗損精力，給予選民不好的印象。民建聯的劉江華「薪火團隊」採用比較實幹的策略，到每個地區進行實地拉票。如劉江華在中午時分，到將軍澳的酒樓飲茶，雖然沒有正式拉票，但受到茶客的歡迎。「七一連線」的策略是以宣傳車巡區為主。自由黨主席田北俊繼續以個人形象作為賣點，蜻蜓點水式的到訪各處，並大打溫情及親民牌，找來太太與弟弟助陣，幫忙拉票。

新界西選區有 8 個議席，有 12 張參選名單，共 29 位候選人。由於是候選人最多的選區，選票分得最薄，選情也最緊湊。民建聯候選人譚耀宗、張學明團隊，為爭取兩個議席，四處拉票。身兼鄉議局副主席的張學明積極下到鄉村，動員鄉事派的支持，鄉議局主席劉皇發更親自出馬，幫他拉票。而譚耀宗則主攻新市鎮，到荃灣、葵青、天水圍等地拉票。自由黨候選人周梁淑怡，首次參加直選，為爭取選票，邀請明星足球隊造勢，並身穿波鞋牛仔褲，穿梭於酒樓屋苑拉票。民主派採取分區配票策略，民主黨候選人分拆兩張名單出選，上屆大熱倒灶的民主黨副主席李永達為爭取重返立法會，打出「20 年服務居民，不離不棄，最值得支持」的口號，其主要在葵青區拉票；民主黨副主席何俊仁集中於屯門、元朗區拉票；街工的梁耀忠主要集中於葵涌區拉票；職工盟的李卓人集中於屯門、元朗區拉票；獨立人士候選人陳偉業集中在荃灣、元朗、天水圍拉票；民協嚴天生

名單集中在屯門區拉票。

在5個地區選區中，爭奪最激烈的是港島區，有6個議席，有6張參選名單，共16位候選人。雖然港島區不是候選人最多的選區，但是有幾個重量級人物參選，如民建聯主席馬力、民主黨主席楊森及原民主黨主席李柱銘、立法會主席范徐麗泰和被形容為「吸票機」的余若薇等，這使選情尤為激烈。在過往的立法會選舉中，民建聯和民主黨一直瓜分區內的七成選票，但今屆選舉，由於范徐麗泰和余若薇參選，使到這種局面改變。民主黨和民建聯都面對選票被分薄的情況，民主黨的選票被余若薇吸走，民建聯的選票也被范徐麗泰分薄。選前的民調顯示，范徐麗泰、余若薇、民建聯主席馬力及民主黨主席楊森肯定能入局，而排在楊森之後的李柱銘、排在馬力之後的蔡素玉及余若薇名單排第二的何秀蘭，則會爭最後兩個議席。民主黨和民建聯為了能爭得第二個議席，紛紛打出告急牌「救亡」。

民建聯候選人馬力、蔡素玉名單提出「穩定為民主，和諧建未來」的參選口號，在北角、灣仔等地「洗」酒樓、屋村、街市等，大打福建鄉親牌。投票日那天，剛接受完結腸癌治療的民建聯主席馬力，展開旋風式的拉票活動。蔡素玉則從早到晚都大打告急牌，乘宣傳車走遍全港島，不斷呼籲市民投票，提出「集中票源，請投民建聯」的口號，還請來工聯會會長鄭耀棠協助拉票。

民主黨候選人楊森、李柱銘名單提出「堅定講道理，民主不言棄」的參選口號，投票日那天，大打告急牌，提出「全家動員，全投李柱銘」的口號，在宣傳板貼上「選情告急懇請賜票」的字樣，李柱銘巡迴港島各區拉票，晚上甚至還跑到銅鑼灣崇光百貨、時代廣場等人流密集區拉票，他向市民坦言，今次選舉形勢危險，根據民調，更可能以些微票數輸給蔡素玉，故此作出緊急呼籲，希望市民全家動員投票給民主黨。

余若薇、何秀蘭名單提出「給香港一個新開始」的參選口號，以帶多隻身上穿有余若薇名字及競選編號衣服的金毛尋回犬到銅鑼灣鬧市助陣的

方式拉票。范徐麗泰提出「不偏不倚為港為民」的參選口號，大打溫情牌拉票。基層民主派的候選人曾健成，集中在東區，依靠一班年輕人，以大唱民主歌曲拉票。還有聲言要為中產人士發聲音的獨立候選人黃錦輝，採用打電話推銷方法，呼籲親友投他一票。

經過激烈的爭奪，最後取得議席的是民建聯的馬力、蔡素玉；民主黨的楊森、李柱銘及范徐麗泰和余若薇。民主黨由於大打告急牌，取得了 13 萬多票，使到余若薇名單上排名第二的何秀蘭僅以微少的 800 多票差距，輸給了民建聯的蔡素玉。

五、政團參選成績及評析

政團在這次選舉中取得驕人成績，60 個議席中，政團取得了 43 席，比上屆少 1 席。其中分區直選為 27 席，比上屆多 4 席；功能界別 16 席，比上屆少 1 席。這些議席分別是

民建聯／工聯會取得 12 席，其中分區直選為 9 席，功能界別 3 席。

民主黨取得 9 席，其中分區直選為 7 席，功能界別 2 席。

自由黨取得 10 席，其中分區直選 2 席，功能界別 8 席。

四十五條關注組取得 4 席，其中分區直選 3 席，功能界別 1 席。

前線在分區直選中取得 1 席；職工盟在分區直選中取得 2 席；街工取得分區直選 1 席；民協取得分區直選 1 席；四五行動取得分區直選 1 席。勞聯取得功能界別 1 席。工聯會取得功能界別 1 席。

政團在分區直選中所得議席及總得票

（總選票：1,784,140 票，總投票率為 55.63%）

政團名稱	議席	總得票	得票率
民建聯	9	454,827	25.49%
民主黨	*6	*373,578	20.94%

七一連線	#3	168,833	9.46%
民協	1	74,671	4.18%
職工盟	2	89,185	5.0%
街工	1	59,033	3.30%
自由黨	2	118,997	6.67%
四十五條關注組	*2	*130,005	7.29%
四五行動	1	60,925	3.41%
新論壇	0	4,511	0.25%
合計	27	1,534,565	85.99%

註：*民主黨的直選議席及總得票數不包括鄭家富；四十五關注組的直選議席及總得票數不包括湯家驊。#七一連線的直選議席包括鄭家富、劉慧卿和湯家驊。

（資料來源：《大公報》2004年9月14日）

各政團在功能界別選舉中所得議席及得票結果

功能界別議席30席，功能界別71名候選人中，有20人有政團背景，佔候選人的28.16%，比上屆（42%）少了約十六個百分點。在28個功能界別中，只有17個功能界別有政團候選人參選。功能界別總選票數有134,935票，投票率為70.14%，比上屆（56.5%）多了十三個百分點多。各政團候選人參選得票結果如下：

政團名稱	候選人	功能界別	所得議席	得票	界別總票	得票率
民建聯	黃容根	漁農界	1（自動）			
	王國興	勞工界	1	278	993	27.99%
	黃定光	進出口界	1（自動）			
合計	3人	3個界別	3	278	993	27.99%
自由黨	劉健儀	航運交通	1（自動）			
	楊孝華	旅遊界	1	349	724	48.20%

	林健鋒	商界（第一）	1（自動）			
	梁君彥	工業界（一）	1（自動）			
	劉柔芬	紡織及制衣	1	1,816	2,330	77.93%
	張宇人	飲食界	1	2,488	3,903	63.74%
	劉皇發	區議會	1	267	436	61.23%
	方　剛	批發及零售	1	1,145	2,444	46.84%
	馮家彬	金融服務	0	61	532	11.46%
合計	9 人	9 個界別	8	6,126	10,369	59.07%
民主黨	張文光	教育界	1	44,517	53,672	82.94%
	單仲偕	資訊科技	1	1,946	3,700	52.59%
	吳永輝	建測都市規劃	0	527	3,984	13.22%
	林漢堅	體演文化出版	0	358	1,158	30.91%
	鄺國全	區議會	0	126	436	28.90%
合計	5 人	5 個界別	2	47,474	62,950	75.41%
工聯會	鄺志堅	勞工界	1	288	993	29.00%
勞聯	李鳳英	勞工界	1	322	993	34.42%
關注組	吳靄儀	法律界	1	2,597	3,475	74.73%

（註：合計中的得票率是各政團參與功能界別選舉所獲得的票數與這些功能界別總票數的百分比。資料來源：《大公報》2004 年 9 月 14 日）

政團參選成績評析：立法會前三甲座次換位

第三屆立法會選舉結果揭曉，民建聯成為大贏家，分區直選得票 454,827 票，得票率 25.7%，比上屆多了 6 萬多票，共取得 12 個議席，較上屆 11 席多 1 席，從立法會第二大黨晉升為第一大黨；自由黨歷史性首次地奪得兩個直選議席，地區直選得票 118,997 票，得票率 6.67%，令該黨在立法會的議席從上屆的 8 席增加至今屆的 10 席，從立法會第三大黨升為第二大

黨。而民主黨則變成輸家，分區直選得票429,855票，得票率24.09%，比上屆少了4萬3千多票，只得9個議席，較上屆的12席少了3席，排在自由黨之後，從立法會的第一大黨退居第三。

對立法會前三甲座次換位的選舉結果，香港社會及傳媒普遍認為其因素是多方面的。

一是社會大氣候變化的影響。在2004年前的一段時期，由於經濟民生處於困境，加上激烈的政治爭拗，香港的戾氣很重，存在緊張對立的社會氣氛。2004年以來，中央採取一系列挺港措施，先是香港與內地關於擴大和深化兩地航空服務業合作取得了重大突破，緊接著雙方又就內地200萬企業投資香港便利化達成協定。在中央這些挺港措施和香港各方面共同努力下，經濟強勁復甦，市場轉旺，民生改善，社會氣氛緩和。社會大氣候正向重理性、重和諧、重穩定、重溝通的方面轉變。

二是主流民意的影響。在社會氣候變化下，市民要求放棄對抗、加強溝通，營造穩定祥和氣氛的呼聲日益高漲。選舉前的民調顯示了民主黨的支持度因堅持對抗立場而大幅度下跌，但民主黨仍然不放棄對抗立場，在政制發展和兩地合作等重大問題上堅持對抗，不斷挑起爭論，對特區政府的施政也不予配合，甚至有些候選人還提出一些激進言論，如提出如在今屆立法會選舉中奪取過半議席，就「癱瘓政府」，阻礙政府有效施政等。這使希望社會穩定和諧的選民難以接受，這正是民主黨選舉失敗的最重要原因。相反，民建聯、自由黨，強調理性溝通，務實推進經濟，改善民生。「穩定為民主，和諧建未來」這一類的參選理念和訴求，更容易得到廣大選民的認同。選舉的結果表明尊重主流民意是選舉取勝的最重要因素。

三是政團自身因素的影響。在競選活動展開後，民主黨相繼發生何偉途嫖娼、涂謹申涉嫌欺騙公帑等醜聞，令到原來的一些支持者心灰意冷，紛紛改投其他候選人，直接降低了對民主黨的支持度。選舉結束後，民主

黨主席楊森也表示，今次選舉結果比他們預期的差，是由於近期民主黨的負面消息較多所致。此外，泛民主派內部矛盾重重，為爭奪議席，各懷鬼胎，各有打算，也對選舉的失利有影響。如港島選區，在部署參選時，前線的何秀蘭由於「勢單力薄」，曾要求加入民主黨名單參選，但被民主黨拒絕，這令泛民主派之間的矛盾加劇。選舉時又由於李柱銘大打告急牌，使何秀蘭身陷絕境，最後以微弱票數敗給了民建聯的蔡素玉。新界東選區，泛民主派組成「七一連線」鑽石名單參選，結果排在名單第四的民主黨立法會議員黃成智落選，引來了民主黨內部的互相指責。反觀，民建聯內部團結，同心合力，士氣高昂。港島選區，民建聯在民調落後的情況下，動員一切力量，全黨上下一心，努力拚搏，最後以 800 多票的微弱多數擊敗泛民主派的候選人，馬力、蔡素玉雙雙取勝。

四是政團選舉策略的影響。有學者認為，泛民主派失利的主要原因是各區選舉協調工作嚴重不足，各候選人的「告急」策略令選民無所適從。無論在港島或新界西都明顯出現配票失誤。如港島區，在李柱銘頻頻告急之下，支持民主派的選民紛紛投給了李柱銘，使到余若薇被搶去了不少票，導致了何秀蘭的失利。而新界西 5 張泛民主派名單，張張告急，搞到選民舉足無措，不知投給哪張名單，結果張張名單自己人打自己人，收不到配票效果。[①]反觀民建聯，由於選舉策略及配票得宜，使馬力、張學明、李國英等新人，成功打入立法會。還有自由黨也由於選舉策略得當，不僅正副主席首次參與地區直選雙雙報捷，而且功能界別議席也保持不變。

選舉結束後，三大政團的主席紛紛發表談話，表達對今屆選舉的看法。

民建聯主席馬力表示，民建聯能在去年區議會敗仗後翻身，引證了市民普遍支持穩定及和諧社會的看法。有學者認為，民建聯能夠取得佳績，顯示「穩定、和諧」在選民中有相當市場。市民對「穩定議題」的肯定，

---

① 香港《文匯報》2004 年 9 月 14 日。

相信也是不希望立法會反對聲音太熾。①

　　自由黨主席田北俊表示，該黨不會因爲在立法會的議席增加，而做反對黨，希望繼續在立法會中扮演平衡協調角色，走中間大多數路線，朝著跨階層的方向發展，期望日後可繼續與各黨派緊密合作。今後該黨將會加強地區工作，有意招納一些有相當地區工作經驗的議員，增強該黨的實力。

　　有報刊評論認爲，今屆立法會選舉，自由黨正副主席在地區直選中獲勝，顯示這個工商界政黨貼近基層市民的努力富有成效，表明自由黨的成熟壯大，這是香港這個高度商業化城市政治發展的必然結果。而工商界在政壇上越來越多的參與，有利於整個社會的穩定和經濟民生。②

　　民主黨主席楊森在民主黨中委會檢討選舉結果時，承認選舉工程有不足之處，配票策略不及民建聯，要向對方學習，但未肯認輸，認爲是輸還是贏，應由市民判斷。並強調，民主黨會積極扮演理性在野黨角色，繼續關注基層權益，同時在不改變民主黨立場下，與中央保持溝通。對於民主黨內的第二梯隊人物，在這次選舉中沒能打入立法會，楊森表示失望。因此，民主黨副主席李永達提出要撥款100萬到5個選區，每區重點培育2至3名黨員，提升他們的知名度，目標是在2008年立法會選舉中勝出。

　　報刊評論認爲，將第三屆立法會選舉結果與9個月前第二屆區議會選舉結果比，將「民主派」對於第三屆立法會選舉的期望和結果比，人們就不能不承認，自2003年「七一」遊行以來的香港政局正在發生重大而深刻的轉變——拒中抗共勢力一度佔上風的現象正在根本逆轉，愛國愛港力量暫時處下風的局面正在根本改變。第三屆立法會選舉是香港政治的一個非常要緊的制高點，愛國愛港力量牢牢地佔據了，爲香港政治生態進一步演變打下了一個堅實的基礎。③

①　香港《文匯報》2004年9月14日。
②　香港《文匯報》2004年9月13日。
③　香港《文匯報》2004年9月14日。

第三屆立法會選舉對香港的未來政治生態有重要的啓示：

　　第一，直選議席增加，不一定對民主派有利。今屆立法會直選增加6席，民建聯和自由黨及范徐麗泰共取5席，而泛民主派只得1席。

　　第二，新一屆立法會的參與較爲均衡。通過直選產生的議員，有來自較激進的基層代表「長毛」梁國雄，也有工商界人士田北俊等，這反映了香港是一個多元化社會。

　　第三，民建聯較民主黨更成功地提攜新人。民主黨第二梯隊人物在選舉中失利，對於一個政黨來說，不能持續有新血，並以這些新血來令更多選民有投票意欲，這將是一個十分嚴重的問題。民主黨宜早早謀劃，才不至於出現香港的民主事業遍地開花，但香港的民主黨卻無以爲繼的局面。[1]

①　《香港經濟日報》2004年9月14日。

第三節「七月風潮」影響下的政團整合與發展

2003年的「七月風潮」不僅對當年的區議會選舉及2004年的立法會選舉產生重要影響，而且對香港社會和政治發展的影響也是深遠的。香港政團在「七月風潮」後，傳統政團整合發展，新政團競相湧現。

一、傳統政團的整合與發展

（一）民建聯與港進聯合併，向跨階層政黨發展

2003年11月香港特區舉行的第二屆區議會選舉中，由於「七一」效應的影響和民建聯領導層對形勢估計不足，令民建聯在這次區選中遭遇「滑鐵盧」，派出206人參選，只取得62個議席，比率從上屆的47.2%下降到這次的30.1%，沒有達到超過上屆83個議席的預期目標。區選後，主席曾鈺成辭職，由馬力擔任主席。2004年第三屆立法會選舉中，取得歷來最好成績，擁有12個席位（2007年8月因馬力去世而失去1席，只有11席），成為立法會中第一大黨。

馬力接任主席後，一方面提出「開門建黨」，先後在不同地區舉行諮詢會，聆聽市民對香港經濟、政治、民生及區內問題的意見，發起「為香港加油」大型宣傳運動，希望喚起香港人過往積極、堅毅的精神，面對困難，為香港更美好的未來奮鬥。另一方面還大力發展地區支部和培養人才。2004年1月，把原有的16個地區支部擴展到18個，使到民建聯在全港18個區都建立了支部，這有利於更好地整合各個地區分散的愛國愛港的選民力量，爭取更多選民的支持。同時還成立副發言人制度，以加強培養政治人才，並協助政策發言人處理各個政策範疇的事務。此外中央委員會還決定，將原有的青年小組升格為直屬民建聯常委的「青年民建聯」，專門

負責統籌民建聯35歲或以下青年會員的工作。

經過一番努力,在2004年9月第三屆立法會地區直選中,取得9個議席,功能組別取得3個議席,共12個議席,取得歷來最好成績,總得票454,827票,比2000年第二屆立法會選舉的39.1萬票多了6萬票,佔全港得票率25.7%,成功取代民主黨,成為立法會第一大黨。

2005年,馬力正式提出要以跨階層政黨作為民建聯發展的目標。為此:

首先,積極推進民建聯與港進聯的合併,以充實民建聯中跨階層力量。港進聯是香港一個以工商界為主要成員的愛國愛港政團,比民建聯創黨後兩年成立。香港回歸後,港進聯就有與民建聯合併的意向,1999年參與第一屆區議會選舉,取得18個議席;2000年9月參與第二屆立法會直選,在民建聯配合下,獲得兩個直選議席;2003年參加區議會選舉,取得19個議席,連委任議席共有23個議席;2004年9月,由於各種因素的影響,未能在特區第三屆立法會選舉中,取得任何議席,這對於一個政團來說,面對著極大的生存挑戰。於是,在2004年9月立法會選舉結束後,與民建聯合併的問題就提到了議程。2005年初,港進聯代主席溫嘉旋便向民建聯提出合併的意向。而民建聯主席馬力也希望通過與工商專業人士較多的港進聯合併,以達至更廣泛的代表性。經過兩個政團領導層的磋商後,2005年2月,正式宣布民建聯與港進聯合併消息。由於兩個政團在政治理念上基本一致,大家都能從整體利益考慮,互諒互讓,合併過程相當順利。合併後取名為「民主建港協進聯盟」,仍簡稱「民建聯」,這一改名,既照顧了兩個政團會員的情緒,又考慮了公眾的認知,有利於政團的發展壯大。民建聯與港進聯合併後,工商和專業背景的成員一下子增加了200多名,加速了民建聯向跨階層政黨發展。

其次,大力發展黨員。民建聯創黨頭十年,黨員人數一直維持在低增

長，至2002年其會員約2000多人。2003年在區選失利的情況下，民建聯出現了「退黨潮」，至2004年初僅剩1800人。[①]馬力接任主席後，提出大力發展黨員，2005年2月，民建聯與港進聯合併後，獲得了比較快的發展，至9月，已有會員3208人。

2005年9月底，民建聯啓動「發展會員運動」的新一輪宣傳計劃，以「一個有前景的政黨——民建聯」爲口號，通過電視和平面廣告的宣傳，號召更多人加入民建聯。至2007年12月，會員已增至11000多人，是香港當時唯一的「萬人黨」。至2012年5月，民建聯創黨20周年前夕，會員人數發展到21337人。這些黨員中，工商界背景的有1395人，專業資格的有692人。[②]

再次，調整中央委員會機構，增加中央委員人數。在組織架構上，把過去的工商專業委員會分拆成工商事務委員會和專業事務委員會。2005年4月12日召開特別會員大會，修改黨章，中央委員會人數由40人增加到50人，在這50名中央委員中，有22人是新增委員，其中譚惠珠、曹王敏賢、王紹爾等9人，是原港進聯的核心成員（另吳仕福、盧文端和鄧兆棠於上屆中途加入中委）。這些新加入的原港進聯核心成員，都有工商或專業背景，成爲了民建聯中央領導層的生力軍，使到領導層制定政策時，既能照顧工商與專業界的利益，又能照顧勞工基層的利益，從而更好地體現香港的整體利益。

民建聯與港進聯合併後，不僅會員人數發展快，而且還得到了商界經費支持。2005年收入4100萬元，當中包括工商界贊助及會費收入等，而支出則約4000萬元，累積資產淨值則有近1000萬元。受薪職員超過100人，並設有35個地區辦事處。[③]

民建聯向跨階層政黨轉變，不僅使到會員人數發展較快，而且地區支

① 陳麗君：《香港政黨政治與選舉制度研究》，中國社會科學出版社2012年版，第127頁。
② 陳麗君：《香港政黨政治與選舉制度研究》，中國社會科學出版社2012年版，第164頁。
③ 陳麗君：《香港政黨政治與選舉制度研究》，中國社會科學出版社2012年版，第129頁。

部也迅速發展。民建聯創黨是以參加選舉為目標之一,因此,從一開始就著重地區工作,成立地區支部,整合各個地區分散的愛國愛港的選民力量,爭取更多選民的支持。為此,民建聯創黨的同年,即1992年,就成立了4個地區支部,第二年迅速增加到8個,香港回歸後,1998年增加到16個,2004年擴展到18個,並有200多個辦事處,分布是以區議會的18個選區而設置的,這為民建聯參加地區直選,爭取更多選民奠定基礎。

(二)自由黨修訂黨綱,2004年直選再奪議席

2003年6月26日,自由黨公布了新修訂的黨綱,闡述了該黨的「理想和信念」,即「理想」是以社會整體利益為依歸,配合資本主義經濟發展,保障自由的生活方式;各界的利益得到公平的代表、謹慎的平衡;以開放和務實的態度,廣泛聽取各界意見,提高公民意識。「信念」是自由、民主、社會經濟發展、法治精神、平等機會及公平競爭、社會安定、積極參政、維持與中央政府溝通、支持香港參與國際合作與競爭、政制發展循序漸進等。

在新修訂的黨綱基礎上,自由黨還提出了旨在「提升本港的國際地位,提高工商經濟競爭力」的社會發展綱領,即經濟(Economy):通過締造有利營商的環境、提高對外競爭力、發展高增值來提高經濟競爭力;教育(Education):通過推動知識為本教育、培育多元化人才、提升學生思考力、提倡雙語並重來發展多元化教育;環境(Environment):通過改善環境衛生、打擊污染、提高文化水準、培養和諧社群來創造美好生活環境。

2003年的《基本法》第23條立法中,自由黨開始時採取支持第23條立法的立場,但在「七一」遊行後,自由黨的態度發生變化,主席田北俊突然宣布不支持政府關於23條立法的提案,並辭去行政議會成員職務,使到此提案未能提交立法會通過。自由黨也因此被傳媒吹捧為「英雄」,在11月的第二屆區議會選舉中,獲得比前屆更多的選票,得票18,101張,25人

參選，12人當選。

2003年10月，自由黨更新用了10年的黨徽，大字標題用「自由」作為核心，運用藍色為主體色代表自由，有象徵海闊天空，任我奔馳的感覺。圓形代表香港這顆東方明珠。「L」型字母是自由的英文LIBERAL的首碼，代表自由，由於以往採用多個不同形態的三角形組合成「L」字，給人不團結的感覺，所以新黨徽將之去掉。「自由黨」的中英文名字的底色由白色改為紅色，與國旗、區旗的相輝映，寓意在「一國兩制」下，自由黨是「以心愛國，以德愛港」。

2003年10月，該黨宣布了「新定位及黨員招募行動」，隨後展開「旗彩招募行動」，大量招募不同階層人士入黨，使黨內出現了不少中小企業主和年輕專業人士，為自由黨注入了更多新動力與新元素。2004年6月18日，自由黨總部搬往新址，並設立民意調查中心。主席田北俊表示，自由黨希望不做純粹的商界政黨，可以走進基層，增加與地區市民的溝通，要為全社會服務，而新的民意調查中心將全力協助該黨了解地區民意，以貼近市民。至2006年5月，黨員人士已達881人，但當中只有92人是自當年創黨後一直留在黨內的①。

2004年9月第三屆立法會選舉中，自由黨再次憑藉23條立法時的轉態表現，取得10個議席（直選2席、功能8席），成為僅次於民建聯的立法會第二大黨。尤其是主席田北俊、副主席周梁淑怡分別在新界東、新界西直選成功，使全黨上下倍感欣慰，表示：我們將透徹地了解廣大市民的需要，在廣泛的基礎上向政府反映民意。同年9月底，自由黨在長洲舉辦「選戰交流營」活動，評析選舉情況。隨後提出了對自身建設及未來發展的新舉措。

（三）民主黨2004年直選再次失利，淪為立法會第三大黨

2003年在「非典」、亞洲金融風暴以及政府一系列施政的失誤下，7

---

① 香港《明報》2006年5月31日。

月1日香港發生了數十萬人大遊行,迫使特區政府在9月宣布撤回《基本法》第23條立法,這使到作爲民主派第一大黨的民主黨,士氣大振。在隨後,11月舉行的第二屆區議會選舉中,民主黨大打政治牌,提出實現「2007年普選特首」和「2008年普選立法會」的口號,盡量擴大「七一」效應的影響,結果如魚得水,在區選取得95個議席,成功率79.2%。

然而好景不常,在2004年第三屆立法會選舉中,該黨議席比上屆再次減少3席,只擁有9個議席(直選7席、功能2席),由原第一大黨淪爲第三大黨。民主黨失利的原因,除了在競選活動展開後,民主黨相繼發生何偉途嫖娼、涂謹申涉嫌欺騙公帑等醜聞,令到原來的一些支持者心灰意冷,紛紛改投其他候選人,直接降低了對民主黨的支持度外,泛民主派內部矛盾重重,爲爭奪議席,各懷鬼胎,各有打算,也對選舉的失利有直接影響。如港島選區,在部署參選時,前線的何秀蘭由於「勢單力薄」,曾要求加入民主黨名單參選,但被民主黨拒絕,這令泛民主派之間的矛盾加劇。選舉時又由於李柱銘大打告急牌,使何秀蘭身陷絕境,最後以微弱票數敗給了民建聯的蔡素玉。新界東選區,泛民主派組成「七一連線」鑽石名單參選,結果排在名單第四的民主黨立法會議員黃成智落選,引來了民主黨內部的互相指責。加上這次選舉中民主黨的胡志偉、陳家偉及張賢登等第二梯隊全線落敗,使到少壯派怨聲四起,更加劇了內部矛盾激化。

選舉後,主席楊森辭職,由重返議會的副主席李永達接任主席。李永達針對這次立法會直選第二梯隊全軍覆沒的問題,提出要撥款100萬到5個選區,每區重點培育2至3名黨員,提升他們的知名度,目標是在2008年立法會選舉中勝出。然而,這並未能平息黨內少壯派的不滿,化解黨內矛盾。2005年,主席李永達參加特首補選時,8名前民主黨少壯派發表公開信,翻李永達的舊帳。黨內甚至有人表示,支持李永達參選是希望通過選舉讓李「出醜」,令其難以連任主席。

(四)其他傳統政團的發展

　　民協在2003年11月區議會選舉中，派38人參選，取得25個議席，當選率為六成半，其中深水埗區議會選舉成績最好，取得13個議席，佔該區總議席數目的六成，達到了預定的目標。民協主席馮檢基對今次區選成績感到滿意，認為原因是「七一」效應、市民不滿政府和「踢走保皇黨」效應，加上民主派歷史性協調參選導致民主派取得勝利。2004年9月，第三屆立法會選舉，派6人參與分區直選，結果只有馮檢基在九龍西選區取得1個議席，在立法會中仍然維持1席的局面。2005年底領導層換屆選舉，馮檢基再次連任主席。

　　前線在2003年11月區議會選舉中，派11人參選，比上屆9人，多了2人。分別是中西區2人；黃大仙區4人；觀塘區1人；大埔區1人；沙田區3人。在候選人中現任立法會議員1名。前線的選舉策略是借「七一」遊行，無限放大政治議題，用爭取「07特首直選」「08立法會直選」為口號，依靠地區實幹經驗，以政治明星劉慧卿和何秀蘭拉票，結果取得6個議席。2004年9月的立法會選舉，雖然前線有6人參與分區直選，但劉慧卿在新界東加入民主派的鑽石名單，以「七一連線」名義參選，何秀蘭在港島區與余若薇同名單參選，陶君行在九龍東與鄭經翰合組名單參選，李卓人以職工盟名義參選，劉千石則以獨立身份參選，沒有參選人以前線的名義參選，結果只有劉慧卿取得1個議席。隨後，前線內部發生分裂，轉投前線不久的從民主黨分離出來的原民主黨少壯派陶君行等人，加入社民連。

　　街工在2003年區議會選舉中，派5人參選，取得4個議席。2004年立法會分區直選，派出2人參選，只有梁耀忠取得1個議席。

　　公民力量雖然是一個以沙田區為主要活動的地區性團體，在2003年的區議會選舉中，派22人參選，取得17個議席，比上屆議席11席，多6個議席，當選率77.3%。2004年立法會分區直選，其主要成員劉江華在分區直選中取1席，但因他也是民建聯成員，沒以公民力量名義參選。

二、新興政團競相湧現

（一）從「基本法45條關注組」到公民黨

2002年《基本法》第23條立法工作啓動後，一批資深大律師及法律界人士組成「基本法第23條關注組」，成員包括立法會議員吳靄儀、余若薇等，以法律界權威的姿態對政府的第23條立法工作進行批評，成為民主派中反對第23條立法最積極、最具煽動性的組織。2003年「七一」遊行後，政府於9月撤回第23條立法草案，「基本法第23條關注組」由於反第23條立法成功，使得它名聲大振。隨後，為了表示其爭取07年普選行政長官的決心，把組織改為「基本法45條關注組」。2004年9月立法會選舉，其成員余若薇、吳靄儀、梁家傑、湯家驊參選，全部當選，其中分區直選3席，功能界別1席，成為民主派陣營中僅次於民主黨而獲得席位最多的團體，使到它不僅在民主派陣營中確立了地位，而且在社會上的影響力也迅速擴大。

2005年10月，特區政府提出政改方案，起初其對方案的態度較溫和，後來變強硬，堅決反對，主張全面取消區議會委任制和堅持政改方案要有普選時間表。積極鼓動和參與12月4日民主派陣營組織的反政改大遊行，並正式公布要準備成立新政黨，最後在立法會中，與其他民主派政團捆綁投票，否決政府的政改方案。

2006年3月19日，「基本法第45條關注組」核心成員余若薇、梁家傑、湯家驊、吳靄儀、李志喜；學者關信基、陳家洛、鄭宇碩；傳媒工作者毛孟靜、黎廣德等人，宣布成立公民黨，創黨黨員100多人，成員多為律師、工程師、學者和公司董事等專業人士。創黨黨魁是余若薇，主席關信基，副主席張超雄、黎廣德，司庫譚香文，傳媒關係毛孟靜，總幹事曾國豐，青年事務部余冠威。有現任（第三屆）立法會議員4名，其中分區直選3名，功能界別1名，是立法會第四大政黨。

公民黨創立時提出了「為民為公，香港精神」的口號，宣稱以執政為目標。公布的黨綱重點有五個方面：一是政制及管治。認為香港已有成熟而合適的條件實行普選，實在沒理由再作拖延，應盡快以普選產生行政長官和全體立法會議員；全國人大常委會解釋《基本法》的權力，必須以最謹慎及自我約束的態度行使。二是經濟及公共財政。認為香港的稅制應具有廣泛基礎，符合累進原則，以確保社會資源公平分配，維持政府對社會福利的承擔；實行最低工資和最高工時，有利於提高市民的生活質素。三是環境及可持續發展。提出要改善香港市民的生活質素，必須在可持續發展的大原則下秉持社會公義，履行環保責任，促進經濟繁榮。四是個人成長及福祉。表示支持小班教學；推動更多由公帑資助而獨立運作的藝術、文化和體育活動，務求行政干預減至最低。五是社區及社會發展。要求建立一個人人均有機會發展所長的社會，設法消除社會歧視和貧富懸殊；促請政府研究和制訂一套完備的法規，推動公民團體的發展，令他們的運作更順暢。

公民黨的黨徽是由「CP」的縮寫，左面的C字好像向上伸延、如攀日月，而右面的P字，則如抱嬰兒，有照顧弱勢社群的意思，代表公民黨跨階層，兼顧不同階層的利益。黨徽採用三種顏色：綠（Green）、白（White）、紫（Violet），因這3種顏色的首個字母 G、W 和 V，有 Give Women Votes 的象徵意義，寓意爭取投票權。

公民黨的組織架構有中央執行委員會，下設5個政策支部和5個地區支部。中央執委會有15人，他們是梁家傑、黎廣德、余若薇、陳家洛、毛孟靜、張超雄、李志喜、鄭宇碩、關信基、譚香文、吳靄儀、湯家驊、余冠威、吳永順、Mark Williams。

公民黨的黨章規定，首100名創黨黨員，每人都會加入一個地區支部或小組。此後加入的成員，要先得到兩名黨員的推薦，入會12個月之後，才可以正式成為黨員，擁有黨內投票權及擔任黨內職務。入黨費用300

元，另交年費200元，青年和長者的年費減半。

（二）公民起動

成立於2003年七一遊行後，由原前線成員何秀蘭創立並擔任召集人。2003年11月區議會選舉，派出5位成員參選，均為空降選區的新面孔，結果有3人當選。其中何秀蘭空降到民建聯立法會議員葉國謙選區，成功擊敗葉國謙取得議席，令其一時名聲大振。2004年9月立法會分區直選，何秀蘭與余若薇合組名單在港島區參選，結果由於民主黨的楊森、李柱銘名單大打告急牌，令到配票失誤，何秀蘭只差800多票，輸給了民建聯的蔡素玉。公民起動主要活躍於港島的灣仔區，是一個地區性的政團，並沒有政黨化，召集人何秀蘭經常會以公民起動的名義出席各種活動。

（三）香港泛聯盟

2004年10月成立，由3名現任立法會議員及2名前任立法會議員組成。泛聯盟其實是原立法會「早餐派」的延續，「早餐派」曾是除立法會政黨外一股不可忽視的力量。由於「早餐派」召集人李家祥和副召集人吳亮星沒有參加2004年第三屆立法會選舉以及原立法會議員勞永樂落選，不能以立法會議員的身份繼續參與原來的聚會，為吸收他們共商有關立法會全體會議事項，並繼續保持獨立人士在立法會原有的獨特地位，決定成立一個新團體——泛聯盟。

該組織現任秘書長石禮謙，成員包括現任立法會議員石禮謙、何鍾泰、劉秀成及原立法會議員陳智思、呂明華和3名前「早餐派」成員以及1名行政會議成員等。

該組織表示支持香港行政主導的原則，主張政制發展要按照基本法的規定，循序漸進和均衡參與，最終達至普選行政長官及立法會議員；並贊成愛國愛港力量在立法會中組成「聯席會議」，為香港的繁榮穩定發揮作用。

（四）香港全民黨

2005年3月成立，其主要成員來自中產及專業界別，例如銀行、法律、環保、保險、教育等，也有不少的選委會成員、區議員。該黨秘書長兼召集人是中銀總經理盧重興，主要成員有封小平、簡福飴、姚征、樂鞏南等，成員約1000人。

在該黨宣告正式成立的記者會上，秘書長兼召集人盧重興對該黨成立的原因解釋說：過去，佔香港多數群體的中產者，保持緘默，希望日子過得安穩；面對今天的政經動態，不得不打破沉默，站出來組織自己的政黨，將不滿和怨氣化為自覺的組織行為，為追求實現自身的基本和長遠利益努力。因此，他認為「全民黨」不同於代表基層的民建聯、代表大商家的自由黨，全民黨是以中產階層為主體，要團結香港各階層市民，為實現自身基本和長遠利益而自發組織的民主政黨。並聲言，該黨未來會進一步吸納黨員，希望不久更可超越民建聯，成為香港「第一大黨」，今後亦會派成員參加各層次的政治選舉。

該黨的宗旨是維護香港高度自治，促進香港經濟政治能得到持續平穩的發展，培養和造就一批參政和具有執政能力的治港人才。黨綱主要為：（1）支持一國兩制；（2）支持最終達至全面普選；（3）支持國家統一；（4）支持資本主義社會，反對走向福利主義。

該黨已成立多個事務委員會，負責法律、政制、教育、環保等研究，定期公布有關研究報告或提出建議。

（五）社會聯合黨

2005年11月成立，由一群有志於參政的專業人士組成。召集人黃嘉錫，創會會員有黃德倫、余保羅、黃成光等10多人。

該組織召集人強調，該黨與現時的政治團體有明顯分別，不會只重視政制改革或只顧自身利益，而是以務實的態度，為香港的經濟及各項政策提出實質建議。對現時香港的各大政黨感到失望，認為立法會內各大黨派成員素質參差，某些政黨更只是不斷高喊口號，目的只為自身利益，未能

滿足市民期望。因此,組黨並不是要抗衡其他政治團體,只是希望製造競爭,爲政壇注入「新面孔」。

該黨成立時還表示接受政府的政改五號報告書,不希望見到香港的政制原地踏步。認爲目前香港未有足夠的條件實行普選,不同意於目前制訂普選時間表,因爲香港目前沒有足夠政治人才,市民亦普遍有「政治冷感」,所以不可能立即推行普選。香港目前應該努力締造落實普選的條件,切勿急於政制發展而令社會產生動盪。然而,該黨又對政府政改五號報告書中的「區議會方案」持保留態度,反對賦予委任區議會議員有參與立法會及特首選舉的權利①。

（六）匯賢智庫

2006 年 7 月成立,由 11 名曾在美國留學或工作,卻心繫香港的港人創立。成立時理事會主席是前保安局局長葉劉淑儀,理事有陳梓翹、蔡宗衡、關治平、郭燦輝、雷柱東、莫耀華、宋恩榮等。

主席葉劉淑儀在成立大會上表示,香港過往由市場主導經濟,缺乏整體的長遠經濟發展策略以配合全球一體化和知識型經濟的崛起,而匯賢智庫的宗旨是深入研究公共政策,並對香港特區的政治、經濟和社會範疇事宜作出透徹分析,促使香港成功轉變爲知識型經濟,提高經濟增長及市民生活質素。她還認爲,香港要成功轉型,必須重視科技研究及創新,提高教育水準,令香港擔任內地科技轉移的中介及平台的角色。

匯賢智庫的徽號以紫色爲主色,以一個打開盒子和以人形支柱爲最大特色。其意思是打開的盒子代表走出桎梏的新思維;人形的支柱則象徵「人才是知識型經濟的關鍵」,爲社會提供新思維;盒子的形狀,則有如一所堅固的大廈,寓意智庫決心成爲可持續組織及推動長遠演變的動力,從而成爲香港轉變成知識型經濟的其中一股推動力,爲創建更美好的香港而努力。

---

① 香港《大公報》2005 年 11 月 8 日。

匯賢智庫英文名字源自法語savant配以一個拉丁文名詞的字尾而成，意指「飽學之士」，顯示智庫對知識和智慧的重視。而其中文名稱「匯賢智庫」亦與「匯賢致富」諧音相同，有匯聚賢能，以創造財富的意思，而這亦凸顯了長遠「致富」的關鍵全系於匯聚賢能和提高香港經濟體系對知識的重視程度。

（七）社會民主連線

簡稱「社民連」。成立於2006年10月，政治定位爲社會抗議力量，是政府的「反對派」。該組織是一個激進的民主派組織，主席黃毓民，曾是電台節目主持人，是評論時事的「名嘴」。2007年11月，特區第三屆區議會選舉，派出27人參選，獲得6個議席，當選率22%。2008年特區第四屆立法會選舉，派出6人到5個地區參選，獲得超過15萬張票，最後取得3個議席，包括首次參選的主席黃毓民，也在九龍西奪得1個議席。選舉結束後，主席黃毓民表示，社民連日後會「爲反對而反對」，發揮監察政府作用。

第四節 二〇〇五年行政長官補選及
第三屆選舉委員會選舉

2005年3月10日,行政長官董建華,以身體健康理由向中央人民政府請辭,並在政府總部向新聞界公布了請辭報告。3月12日,全國政協十屆三次會議通過董建華增選為全國政協副主席。同日,國務院總理溫家寶簽署國務院第433號令,批准董建華先生辭去香港特別行政區行政長官職務。按照香港基本法的規定,政務司司長曾蔭權即時代理行政長官職務。隨後,特區政府進行了行政長官的補選工作。

一、二〇〇五年行政長官補選

2005年6月2日早上,曾蔭權呈辭香港特區政務司司長,並獲得中央政府同意,下午3時,曾蔭權在會展中心舉行記者會,宣布參選香港特區行政長官,並與數百選舉委員會的委員見面,介紹他的施政理念和綱領,爭取選委的支持。

曾蔭權說,參選行政長官是他畢生最重大的一個決定,也是他個人事業上另一個轉捩點。表示對「港人治港」、「高度自治」充滿信心。

行政長官選舉的提名期自6月3日開始,至16日下午5時結束。曾蔭權於6月15日上午向選舉事務處提交了行政長官報名表。他的提名表格載有674名選舉委員會委員的簽署提名。

根據規定,本次特首候選人獲得總數為796位選舉委員會委員中至少100名委員提名,可成為候選人。而候選人僅有1人時,即自動當選為特首候任人,經中央政府任命後,將正式成為香港特別行政區行政長官。

6月16日下午5：30分，負責本次香港特別行政區行政長官選舉事務的選舉主任朱芬齡法官宣布，此次選舉共收到6份提名表，經核實，僅曾蔭權獲得有效提名。根據有關規定，她宣布曾蔭權自動當選為新的行政長官候任人。

2005年6月16日，國務院全體會議決定任命曾蔭權為香港特別行政區行政長官。

二、第三屆選舉委員會界別分組選舉

2006年12月10日，第三屆選舉委員會界別分組選舉舉行。由於這個800人的選舉委員會完全是為了2007年3月選舉行政長官而組成的，因而，這次選舉委員會界別分組選舉受到了社會的普遍關注。

這次選舉的提名期從2006年11月1日開始至8日。合資格的候選人共有1,101名（包括宗教界的提名人），較上一次多了124人。其中有12個界別分組和3個小組的237名候選人，在無競爭對手下自動當選，其餘的23個界別分組，共有803名候選人，競逐427個選舉委員會委員席位，競爭激烈程度超過以往各屆。

投票日那天，遍布全港的110個投票站，於上午7時30分至晚上10時30分開放。據香港選舉管理委員會統計，在23個有競爭的界別中，合資格選民有20.4萬多人，其中5.6萬多人投票，總投票率達27.44%，高於上一屆選委會界別分組選舉的19.49%。

投票率最高的10個界別分組

界別分組	投票數	投票率	2000年投票率
新界區議會	211	91.74%	69.42%
港九區議會	199	90.05%	73.54%
酒店界	77	81.05%	——

航運交通界	141	78.77%	70.55%
勞工界	374	67.51%	69.30%
保險界	92	65.71%	76.16%
金融服務界	377	65.00%	65.33%
地產及建造界	467	64.95%	63.58%
旅遊界	569	64.15%	50.00%
體育演藝文化及出版界	432	54.55%	43.87%

（資料來源：《大公報》2006 年 12 月 12 日）

行政長官曾蔭權表示，這次選舉的投票率比以往高，這個選舉過程，在選委會監督下做到井井有條，體現了香港一貫的公開、公平、公正原則。

經選舉產生的 427 名選舉委員會委員，連同其他已經當選的 369 名選舉委員會委員，於 2007 年 3 月 25 日選出新一任香港特區行政長官。

三、政團參與選舉委員會界別分組選舉的成績

2006 年 12 月 10 日，舉行的第三屆選舉委員會界別分組選舉產生的選舉委員會是為了要選出第三任行政長官。各政團為了向外展示自己有足夠能力提名行政長官候選人，以增加政團與未來特首的議價能力，紛紛積極參選，令這次選委會界別分組選舉的競爭十分激烈。

民建聯與港進聯合併後，在上屆選委會中有 107 個席位。在今屆選委會界別分組選舉中，民建聯運用在立法會及區議會直選「洗樓」的拉票策略，更首次向該黨的候選人提供選舉經費資助，並印製黨的政綱及界別分組政綱。主席馬力表示，希望至少保住相同數目的席位。

自由黨在上屆選委會共有 96 個席位，今屆力爭取得 100 個席位。其選舉部署是：第一在過去「穩陣」的界別全力搶攻，這些界別是商界、工業

界、飲食和批發零售界等；第二是開拓新界別，即在工程界、會計界、醫學界、法律界和建築測量及都市規劃界，希望在每個界別內取得2至3個席位；第三派少數人在社會福利界、衛生服務界這些「冷門」界別參選試票。主席田北俊表示，自由黨在上一屆的800人選委會一戰，未盡全力，也得到96個席位，今屆一定會取得逾100席，有能力提名一個人競選行政長官。

過往兩次選委會界別分組選舉，民主黨及民主派人士皆採取「半放棄」態度，但在2000年選舉的800人選委會中，仍佔有80多人。由於2005年7月的行政長官補選時，當時民主黨的立法會議員李永達曾想報名參加補選，但因為沒能取得選委會100個委員的支持提名而不能參選。因此，今次泛民陣營中的民主黨、公民黨揚言，要全力出擊，誓要取得選委會100個以上委員席位，為推舉其屬意的候選人取得足夠「入場券」。

2006年12月10日，選舉結果揭曉，民建聯獲得109個席位，比上屆多了兩個席位。而泛民陣營的民主黨、公民黨取得約114個席位，如願所償地取得了推舉特首候選人的「入場券」。

第四章

金融海嘯前後的選舉與政團發展

（2007-2009）

　　在香港回歸祖國10周年之際，中央政府採取一系列「挺港」措施，令香港經濟強勁復甦。隨後在2007年與2008年的多場選舉較量中，建制派與泛民主派兩大陣營激烈爭鬥，使到兩大陣營中的政團不斷分化整合與發展，從而使到香港政團發展與選舉進入第三個階段。

第一節 中央政府「挺港」和經濟強勁復甦

自 2003 年下半年以來，為了幫助香港盡快從困境中走出來，中央政府先後出台了一系列支持香港經濟發展的措施，使香港經濟逐步復甦，2004年經濟增長達 8.6%，綜合消費物價指數呈溫和增長，失業率呈穩步下降的態勢。

一、中央政府的「挺港」措施

為了進一步促進香港經濟的復甦和發展，在香港回歸祖國 10 周年之際，中央政府採取一系列更有力的措施，全力支持香港與內地加強在各個領域的交流與合作。

一是於 2007 年 6 月簽署了 CEPA 的第四個補充協議，確定了 28 個服務領域的 40 項進一步開放措施，其中 11 個領域是首次對香港企業開放。這是自 2003 年 6 月首次簽署 CEPA 以來開放幅度最大、涉及領域最多的一個補充協議，也是落實國家「十一五」規劃，促進兩地經濟合作進一步發展的又一積極步驟。

二是允許內地金融機構在香港發行人民幣債券。2007 年 6 月 26 日，國家開發銀行作為首家內地金融機構，在香港發行總額 50 億元人民幣債券，市場反應熱烈，總認購金額超過 140 億人民幣，接近發行額的 3 倍。

三是於 2006 年 4 月推出 QDII（合格境內機構投資者）措施，2007 年 5 月和 6 月又進一步擴大 QDII 投資範圍，允許境內有關基金和證券商投資港股，而且投資金額不設上限。這些措施帶動了香港股市發展，推動恒指、國指、成交金額和港股市值屢創新高。

四是西部通道於 2007 年 7 月 1 日如期建成通關，「一地兩檢」模式正式實施，這將加大香港與內地的人流和物流，有助於兩地合作更上一層

樓。

中央政府的一系列政策措施，有力地推動了兩地交流合作不斷向深層次、寬領域拓展，兩地人流、物流、資金流加快，為香港經濟發展注入了新的活力，促進香港經濟的強勁復甦和快速發展。

二、香港經濟強勁復甦

2007年，香港經濟呈現均衡發展態勢，運行品質處於20年來的最好水準，連續3年保持「高增長、低通脹」，年生產總值超過5%，財稅收入創新高，失業率降至新低，國際金融、貿易、航運中心地位不斷鞏固。隨著經濟的持續增長，民生不斷改善，市民對行政長官和政府的評價顯著上升，對中央政府的信任度大幅提高，特區政府公布的財政預算案中的惠民措施，讓廣大市民分享經濟發展的成果，受到市民的普遍歡迎。

在中央政府挺港和香港經濟的強勁復甦下，迎來了特區第三任行政長官選舉和第三屆區議會選舉及第四屆立法會選舉。

第二節　二〇〇七年的第三任行政長官選舉

　　香港回歸後，於2002年3月及2005年6月進行的第二任行政長官選舉和行政長官補選，由於每次選舉只有1位候選人參選，因此，候選人都是在無競爭對手的情況下自動當選。然而，2007年3月的第三任行政長官選舉，由於公民黨候選人梁家傑的參選，令選舉備受社會關注，其競爭的激烈性超過了以往歷次。

一、政團候選人首次參選行政長官

　　2007年2月1日，特區行政長官選舉戰幔拉開。曾蔭權於上午10時，在金鐘的萬豪酒店舉行記者會，正式宣布競選連任，並宣讀題為《協造新香港、共創好環境》的參選宣言，提出了「以民為本」的施政理念，並向全港市民承諾：「我會做好呢份工」。其從「建立新開放政府」、「建設新民主政制」、「推動新經濟發展」、「為香港締造新的優良生活」、「推動香港的新關懷文化」五個方面，詳細闡述了施政設想。

　　公民黨立法會議員梁家傑卻在曾蔭權宣布參選行政長官選舉的前一天，即1月31日，宣布參選。他宣稱已取得110名選舉委員會委員提名。其參選政綱以「爭取2012普選」為主題，提出「還票於民」的競選口號。

　　曾蔭權宣布競選連任後，先後到民建聯、自由黨、工聯會、鄉議局總部「拜票」以及會晤選委會的一些界別分組選委，介紹其政綱及治港理念，爭取這些政黨、團體及界別分組選委的支持。而這些政團及團體也紛紛表態支持曾蔭權連任。

　　民建聯主席馬力表示，在目前有意參選特首的人士中，現任行政長官曾蔭權明顯做得好些，尤其是在獲得港人信任方面，甚為出色，各種民調

也顯示，曾蔭權支持度長期高企。因此，民建聯會支持曾蔭權參選新一任行政長官。

自由黨主席田北俊認為，與公民黨梁家傑相比，曾蔭權在過去近兩年的工作，成績顯著，所體現出來的治港理念，獲得大多數港人的接受，梁家傑公布的政綱則相形見絀。所以，自由黨將呼籲黨友和友好人士提名曾蔭權，支持他參選行政長官。[1]

工聯會會長鄭耀棠認為曾蔭權的參選政綱務實、有遠見，表示工聯會將大力支持曾蔭權連任。他尤其歡迎曾蔭權在最低工資問題上態度由最初「猶豫」到後來的轉變，相信立法的可能性極高，冀望政府要重視及加大立法前的工作。[2]

鄉議局主席劉皇發表示，曾蔭權到訪鄉議局，很有誠意接受鄉議局代表的提問，並承諾會跟進城鄉設施差異、大嶼山發展及開放邊境禁區問題。鄉議局連同友好在內，有近百名選委將提名支持曾蔭權連任行政長官。

泛聯盟的召集人、立法會議員石禮謙說，以目前的人選來看，曾蔭權無疑是最佳的特首人選，泛聯盟會盡所能，支持曾蔭權參選。

此外，曾蔭權還下區體察民情，到公共屋邨家訪和「洗樓」，派發競選綱領單張，希望獲得居民支持。

梁家傑宣布參選行政長官後，也紛紛會見不同界別的選委代表以及出席特首選舉論壇，介紹參選政綱和回答選委代表的提問，以爭取選委支持提名。此外，梁家傑還到深水埗、太子、旺角、美孚等地去，舉行爭取普選簽名活動；到鯉魚門廣場探訪商戶；到中環街頭派發參選政綱，希望爭取更多市民的支持。

對於梁家傑參選行政長官，泛民陣營內部出現了內訌，一些較激進的

① 香港《大公報》2007 年 2 月 1 日。
② 香港《大公報》2007 年 2 月 8 日。

政團和人士紛紛表示反對。立法會議員鄭經翰批評梁家傑參選特首，與反對派反對「小圈子」選舉的精神背道而馳，因此，他不會提名梁家傑參選特首。前線的劉慧卿和街工的梁耀忠也發信予梁家傑，強調不會提名對方參選特首。他們認為梁家傑應面向市民，而非以爭取選委的提名為目標，否則會將「小圈子」選舉合理化。由「長毛」梁國雄和陳偉業為首的社民連，更到梁家傑宣布取得參選「入場券」的會場「踩場」，抗議梁家傑參選特首。

隨著行政長官選舉工程的展開，曾蔭權的民望節節升高。港大民意研究計劃調查於2月1日至6日舉行，結果顯示市民對曾蔭權的評分達到64.3分，比2006年12月底的59.4分大升5分，這是近半年來的新高。支持曾蔭權出任特首的支持率，也達到65%，較去年12月底的56%大升10%。這反映出曾蔭權的參選政綱獲得了大多數市民的支持。而香港研究協會進行的調查顯示，近六成受訪者認為曾蔭權是第三任行政長官最佳人選，只有約一成六的人支持梁家傑。[1]

在行政長官競選活動中，最引人注目的是候選人的兩次電視辯論。2007年3月1日，在會展中心舉行的行政長官候選人答問大會，電視進行全程轉播，收視率達30%以上，即有相當於200萬的市民收看。3月15日舉行的選舉論壇，曾蔭權和梁家傑兩位候選人就政綱進行「舌戰」，結果吸引了更多人觀看，有超過32%的收視率，約有230萬人收看，這表明香港市民對行政長官選舉的高度關注。

二、參選行政長官的候選人選票及評析

第三任行政長官選舉於2007年3月25日舉行。

選舉管理委員會宣布，考慮到這是首次移師到地點較偏遠的亞洲國際

---

[1]　香港《大公報》2007年2月9日。

博覽館舉行，加上選舉委員會委員對該投票地點可能不熟悉，故決定將第一輪投票時間由原來的一個小時延長至兩個小時，即由上午9時起至11時止，以方便選委投票。如有需要舉行第二輪或第三輪投票，則該兩輪投票的時間將維持不變。在投票日前10天，選舉事務處向每位選委寄出投票通知。

2007年3月25日選舉日那天，有789名選委投了票，投票率為99.1%，有效票772張，無效票16張。在772張有效票中，曾蔭權以649票當選，得票率84%，而公民黨候選人梁家傑則取得123票落選，比提名人數少了9票。

從兩位候選人的得票數來看，差距是很大的，曾蔭權取得超過八成四選票，而梁家傑只取得一成六選票，但這畢竟是香港特區成立以來，首次有政團候選人參選的行政長官選舉，這對有意問鼎行政長官的政團候選人是一個鼓勵，梁家傑在落選後聲言，要在2012年再選。這表明隨著2017年行政長官普選的臨近，香港政團參選行政長官的意欲不斷增強，可以預見在未來的行政長官選舉中，會有更多的政團候選人加入競逐行列，必定進一步推動香港民主政治的發展。

第三節　二〇〇七年的第三屆區議會選舉

2007年7月1日，曾蔭權就任第三任行政長官後，為了履行競選諾言，隨後推出了《政制發展綠皮書》，就行政長官及立法會的普選模式、路線圖及時間表諮詢香港社會各界，受到社會普遍歡迎。由於《綠皮書》提出了三種普選方案，回應了市民關於普選的民主訴求，又經過三個月的諮詢，市民對普選的政治訴求得到了充分表達，因此，2007年11月18日舉行的香港特區第三屆區議會選舉，與前兩屆區議會選舉相比，是一次淡化政治議題的區議會選舉。

一、淡化政治議題的區議會選舉

第三屆區議會選舉提名期從10月2日開始至10月15日截止。候選人907名，是歷屆區選最多的，而自動當選的候選人只有41名，為歷史新低，可見競爭十分激烈。剩下的364個議席由866名候選人競逐，平均2.3個候選人爭奪一個議席。最多候選人的是沙田區，達77人；最少候選人的是灣仔區，只有26人；競爭最激烈的選區是油尖旺的尖沙咀東選區，7名候選人爭奪1個議席。上屆只有九龍城區沒有自動當選候選人，今屆有4個區：灣仔、油尖旺、九龍城及北區沒有自動當選的候選人。

今屆區議會有405個議席，比上屆多了5個議席，分別是西貢區議會比上屆多3席和離島區議會比上屆多2席，其餘16個區議會的議席數與上屆相同。

香港特區第三屆區議會投票從11月18日（星期日）早上7：30分開始至晚上10：30分結束。全港共488個投票站，登記選民296萬，比上屆多54萬；投票人數114萬，比上屆的106萬多了8萬，是歷次區議會選舉中最

多人投票的一次；總投票率為38%，較上屆的44%，下降了6個百分點，但較第一屆區議會選舉上升了兩個百分點。其中離島區投票率最高，達44.76%，其次是黃大仙區達42.2%和觀塘區達41.43%，最低是灣仔區，僅有33.66%。在364位當選者中，最高票的是黃大仙瓊富選區的胡志偉，得4,370票；得票最少的是南區海灣選區的馮仕耕，得448票；年紀最輕的是沙田錦濤選區的楊文銳（24歲）和元朗宏景選區的姚國威（24歲）；得票差距最大選區是葵青葵芳選區的梁耀忠，比對手梁雪芳多3,264票；得票差距最少選區是西貢廣明選區的柯耀林，比對手舒孝傑僅多5票。

行政長官曾蔭權在投票結束後，於跑馬地票站主持票箱開啟儀式時表示，區議會選舉投票圓滿結束，整個過程相當順暢，亦是在一個公平、公開、公正的情況下舉行，反映香港市民普遍尊重選舉原則，發揮了優良的公民傳統。他還強調，特區政府很期望與新一屆區議會議員盡快建立緊密的合作關係，做好地方行政工作，使市民有更加和諧，環境更加優美的社區。[1]政制及內地事務局局長林瑞麟認為，今屆區議會選舉投票人數增加，顯示更多市民關心公共事務，而候選人及不同黨派在過去數月的競選活動，亦取得成效。[2]

今屆區議會選舉投票率比上屆低的原因，主要是：

第一，今年社會狀況與03年大為不同。上屆區議會選舉前夕，社會上發生了對二十三條立法的爭議、「七一」遊行、「沙士」等事件，加上經濟陷入低谷，市民生活壓力加劇，對政府的怨氣積聚，在激憤的心情下，市民把區選化成對特區政府施政的一次信任投票，令到區議會選舉變得十分政治化。而今屆區議會選舉，經濟環境大為改善，市民怨氣減少，對政府管治的滿意度顯著提高，毋須以行動表達訴求。

第二，今屆選民基數增大，令投票率低於上屆。今屆選民人數比上屆

---

① 香港《文匯報》2007年11月19日。
② 香港《文匯報》2007年11月19日。

增加54萬，達296萬多，選民基數的增大，使到雖然投票人數達114萬人，多於上屆8萬多人，但投票率卻低於上屆。

第三，今屆區選由於沒有鮮明的政治議題，加上又被兩名前高官爭奪下月立法會補選議席搶盡了風頭，論氣勢確實不及上屆，令投票率比上屆低。

第三屆區議會民選議員405名，委任議員102名，再加上當然議員（新界鄉事委員會主席）27名，總數共534名。區議員任期，從2008年1月1日起，至2011年12月31日結束。

二、政團積極部署區議會選舉

今屆區議會選舉是香港回歸10周年後，第一次舉行的全民選舉，是2008年特區第四屆立法會選舉的前哨戰，各主要政團對今屆區選十分重視，不管是傳統政團，還是初登區選戰場的政團，都紛紛調派精兵良將，角逐區議會議席。

民建聯於9月30日在尖沙咀星光大道舉辦「踏實每一步，步出星光路」誓師大會，公布以「家和萬事興」作為選舉政綱，包括：家庭價值共維護、和諧香港攜手創、萬眾齊心建繁榮、事事關心為民生、興教育才增就業等五項議題，競選口號是：「實事求是，為您做事」。宣布派177人參選18個區議會，其中男性有146人，女性有31人；參選人中，除68名現任區議員競逐連任外，有60人為首次參選人士；參選人的平均年齡為45歲，最年輕的是姚銘，至提名期最後一天才滿21歲，最年長的是尹才榜，為64歲，40歲或以下的有63人，佔參選人的三成六；擁有大學或以上學歷的有81人，佔參選人的45.6%，比上屆大幅上升，其中碩士生有28人，博士生有2人；現任立法會議員3名，為蔡素玉、李國英、黃容根。民建聯主席譚耀宗表示，民建聯在2003年的區選遭遇失敗，議席一度大幅減少，但

已吸取教訓,用實事求是的態度踏實做地區工作,希望能取得較目前68個民選議席更多的席位。此次民建聯參選人有「年輕、專業、高學歷」特點,要用實幹獲取市民支持。①

民主黨於9月30日在尖沙咀文化中心一帶舉行區選的誓師大會,提出「爭取2012年雙普選」的參選政綱和「堅定可信民主黨,敢言拚搏為街坊」的競選口號,並宣布派108人參選區議會,除70名現任區議員尋求連任外,首次參選的有38人;參選人平均年齡43歲,最年輕的是趙家賢,為22歲,最年長的是黎自立,為65歲;擁有大學或以上學歷的有77人,佔參選人的71%,其中碩士生有12人,博士生有2人;現任立法會議員4名,為何俊仁、李永達、鄭家富、涂謹申。

自由黨於10月14日舉行區議會選舉誓師大會,公布的參選政綱,大打民生牌,內容包括要求政府減稅、取消外傭稅和提高老人綜援及生果金金額、扶持弱勢社群、反對九巴加價等,宣布派60人參選區議會。

公民黨是區選的新丁,於10月1日在中環遮打花園舉行區議會選舉誓師大會,提出以爭取2012年雙普選、取消所有區議會委任議席、推動區議會改革和推動可持續發展社區的參選政綱和「社區你話事,生活更寫意」的競選口號,宣布派44人參選區議會。參選人中有7人是競選連任,36人均為首次參選;平均年齡41歲,年紀最輕的只有21歲,最年長的58歲;專業人士25名,現任立法會議員1名,為譚香文。黨魁余若薇表示,該黨派出的參選人均年輕、熱情和有承擔,並坦言,公民黨去年才成立,地區工作起步太遲,加上該黨派人參選的選區,都是其他民主派不願「落腳」的選區,可以想像今次選戰很難打。②

前線於10月1日在旺角行人專用區舉行區議會選舉誓師大會,提出「敲響民主,鼓動普選」的競選口號。宣布派14人參選5個區議會,其中6人是

---

① 香港《大公報》2007年10月1日。
② 香港《明報》2007年10月2日。

現任區議員，爭取連任，其餘8人是首次參選。參選人的平均年齡42歲，年紀最小的27歲，最年長的63歲，擁有大學或以上學歷的有8人。前線在沙田區派出重兵，共有8位候選人出戰。召集人劉慧卿表示，今屆區選已沒有4年前的「七一」效應，所以要加倍努力，兼顧民主民生議題。[1]

民協於10月6日舉行區議會選舉誓師大會，宣布派38人參選5個區議會選舉，其中25人為現任區議員，爭取連任；候選人平均年齡43歲，年紀最小的是23歲的蕭亮聲，而年紀最大的是66歲的王桂雲；擁有大專以上學歷的有八成。副主席廖成利表示，民協力爭三個「第一」，包括全港得勝率第一，九龍西得勝率及增長率第一，以及力保深水埗議席及得勝率第一。主席馮檢基則指出，民協一直以基層工作為主，今屆選舉即使沒有當年的「七一」效應，對他們的影響不大，重申有信心比上屆取得較多議席，若未能維持上屆議席數目，他將辭去主席一職。

另一個區選新丁社民連，於10月6日舉行區議會選舉誓師大會，提出12點參選政綱，包括改善基層民生、維護平等與社會公義等內容，參選口號是「濟弱扶傾，義無反顧」，宣布派27人出選區議會，其中6人為現任區議員，21名為首次參選；參選人平均年齡41歲，有四成候選人是35歲以下，一半有大學或以上學歷。副主席勞永樂表示，社民連是新政黨，若該黨有三成以上候選人當選，已成功達標。[2]

此外，還有一些政團也派人參選區議會：香港公民協會派5人參選黃大仙、北區及離島3個區議會；新論壇派6人參選中西區、深水埗、九龍城及觀塘區；公民力量派16人出戰沙田區；民主陣線派11人出戰深水埗和元朗區；公民起動派2人出戰灣仔區；街工派5人出戰葵青區；職工盟派2人出戰元朗和沙田區；中國工黨派3人參選深水埗及西貢區；青衣關注組派1人出戰葵青區。

---

① 香港《成報》2007年10月2日。
② 香港《文匯報》2007年10月7日。

由上可見，參選第三屆區議會的政團候選人達到518人，比上屆的480人，多了38人，佔總候選人近六成，與上屆比例差不多。而民建聯與民主黨仍是區議會選舉最多候選人的政團，分別爲177人和108人，但由於兩黨都採取「貴精不貴多」的策略，希望以「精英制」搶攻議席，所以兩政團的候選人加起來只有285人，比上屆的324人，明顯少了39人，比第一屆區議會選舉的340人，減少了55人，只佔總候選人的三成一，比上屆少了七個百分點。

以上現象表明了兩點：第一，香港區議會選舉的公民參與在不斷擴大，參與區議會選舉的候選人一屆比一屆多，政團參選的候選人也一屆比一屆多，但政團候選人佔總候選人的比例卻基本保持在六成左右，這反映出在區議會選舉中，香港市民主要是認同肯爲地區工作的人士，而不是認同候選人的政治背景，這使到一大批在地區努力工作的人士積極參選。第二，政團參選區議會的候選人雖然一屆比一屆多，但老牌政團民建聯和民主黨加起來的參選候選人，卻一屆比一屆減少，其實是民主黨候選人數目一屆比一屆減少，民建聯是基本保持的，這說明隨著香港選舉政治的發展，社會出現的新政團正在發展壯大，這些新政團對老牌政團的地位形成了威脅。

三、政團參選成績及評析

香港第三屆區議會選舉在理性和諧氣氛中順利結束，參選的主要政團取得了什麼成績呢？

派最多候選人出戰的民建聯，一雪前恥，成爲今屆區議會選舉取得議席最多的政團，共取得115個議席，較上屆的62席多了53席，當選率達64%，比上屆的30%提高了一半。上屆落選的28名候選人，在今屆有20人重返區議會。民建聯在多個重要選區都有豐富收穫：

　　副主席葉國謙在中西區觀龍選區以大比數勝出（2,702票），重返區議會；上屆在觀塘順天選區敗給民主黨何偉途的民建聯候選人郭必錚，在今屆以3,373票擊敗何偉途（2,715票）；在全港競爭最激烈的選區油尖旺的尖東選區，民建聯的關秀玲以80票之優勢擊敗另外6名對手，成功當選；競逐連任的3名立法會議員蔡素玉、李國英和黃容根都順利連任。

　　民主黨在今屆區選中嚴重失利，成為輸家，只取得59席，遠遠落後於上屆的95席，當選率也由上屆的79%，下跌至55%。民主黨在多個戰情激烈的選區失利：

　　秘書長張賢登在元朗宏景選區，以1,321票敗給了取得1,684票的民建聯新丁姚國威手上；九龍城黃埔東選區競逐連任的民主黨候選人陳家偉，以500票之差敗給獨立候選人梁美芬；在觀塘雙順選區競逐連任的民主黨候選人羅俊毅，以1,220票敗給了取得2,272票的符碧珍；上屆戰勝民建聯劉江華的民主黨候選人何淑萍，今屆在沙田的錦濤選區，以1,680票敗給了取得2,030票的民建聯楊文銳。

　　自由黨在今屆區選獲得14個議席，較上屆的12個議席多，但當選率就由上屆的48%，跌至25%。在多個重要選區失利：

　　主席田北俊的愛徒、現任區議員林文傑在中西區的山頂選區被公民黨的新丁陳淑莊擊敗；葵青的新石籬選區自由黨的黎少棠以235票之差敗給民主黨的梁國華；沙田的禾輋邨選區自由黨的李耀輝以112票之差敗給了民建聯的余倩雯。

　　初試啼聲的公民黨，在今屆區議會選舉中，取得8個議席，當選率只有18%。在多個選情激烈的選區，有勝有敗：

　　在備受關注的中西區山頂選區，公民黨新秀陳淑莊以116票之優勢擊敗競逐連任的自由黨林文傑，成功入主山頂區；但另一位新秀曾國豐，在大埔的大埔墟選區挑戰已當8年區議員、現任立法會議員民建聯的李國英，結果以159票之差敗給李國英；觀塘坪石選區，公民黨新秀余冠威與民建聯的

新秀陳百里展開角逐，結果余冠威以 1,386 票敗給取得 2,647 票的陳百里；公民黨的現任立法會議員譚香文在黃大仙的龍星選區以 210 票之差敗給獨立候選人蔡六乘，成為今屆區議會選舉中唯一落選的立法會議員。

民協在今屆區議會選舉中，只得 17 席，比上屆的 25 席大減 8 席，當選率為 44.7%，比上屆的 65.7%，少了二十一個百分點。對民協今屆區選的失利，主席馮檢基總結時說，過去傳統著重及建立地區功績的方法已失效，以往的原則及價值觀已不適用於新社會，今次選舉反映民協的政績爭取不到民心，很多原本支持他們的選民，都沒有投他們一票。他表示要對民協選舉失利負上政治責任，決定辭去連任 18 年的黨主席一職。

前線在今屆區議會選舉中，取得 3 個議席，比上屆 6 席少了一半，當選率為 21.4%，比上屆的 54.5%，少了三十三個百分點。

首次參選區議會的社民連，取得 6 個議席，當選率 22%。

此外，還有一些政團也獲得議席：公民力量 15 席；新論壇 3 席；民主陣線 1 席；街工 4 席；青關 1 席。

總之，在今屆區議會選舉中，政團共獲得 246 個議席，佔民選議席 405 席中的 60.7%。主要政團參選成績列表如下：

各主要政團的參選成績及兩屆區議會成績比較

政黨名稱	候選人	議席	當選率	直選議席比例	上屆候選人	議席	當選率
民建聯	177	115	64%	28.39%	205	62	30.5%
民主黨	108	59	55%	14.56%	119	95	79.8%
自由黨	60	14	23.3%	3.45%	28	12	42.8%
民協	38	17	44.7%	4.19%	38	25	65.7%
前線	14	3	21.4%	0.07%	11	6	54.5%
公民黨	44	8	18.1%	1.97%	–	–	–
社民連	27	6	22%	1.48%	–	–	–

（資料來源：香港《文匯報》2007年11月20日）

從主要政團的參選成績可見：

（1）愛國愛港陣營中，民建聯是今屆區選的最大贏家，選舉成績有多項突破：第一，取得該黨自1992年成立以來最好的區選成績，共奪得115席，成為區議會的老大；第二，首次有近九成半競逐連任的候選人成功當選；第三，在港島南區取得「零的突破」，奪得議席，令該黨首次在全港18個區議會均擁有議席；第四，首次有在一個區議會選舉中，該黨全部候選人當選。參選油尖旺區的該黨7名候選人全部當選；第五，首次取得該黨參與區議會選舉以來的最多選票，總得票29.2萬張，比上屆的25萬票多了4萬票。

對今屆民建聯取得佳績的原因，主席譚耀宗表示：一主要是與港人重視社會和諧穩定有關；二是該黨候選人地區工作做得好和扎實。如上屆落選的候選人，一直堅持「不離不棄」為地區工作，為今次區選取勝打下基礎；三是該黨對於區選的籌備及準備工夫細密，在上半年的選民登記期間，積極做大量協助選民登記的工作，有助於擴闊票源及掌握選民的聯繫方法。

然而，另一個老牌政黨自由黨在山頂選區和新界部分選區的失敗，預示著商界人士及鄉事勢力並不完全支持自由黨，該黨有步向泡沫化的危險。有報刊評論認為，自由黨必須認清形勢，如只框死在過去的政治偏見中，明年立法會選舉的結果，只會死得更慘。[1]

（2）泛民主派陣營，民主黨成為輸家，派出108人參選，只獲得59席，退居區議會的老二，當中有23名現任區議員競選連任失敗。

主席何俊仁表示，這次區選結果比預算更差，民主黨上下對今次的表現感到失望。他承認失利的原因主要是民主黨部分成員的工作做得不好，未能感動選民投票支持；在中港融合的大趨勢下，未有致力開拓新移民票

---

[1] 《香港經濟日報》2007年11月21日。

源以及資源短缺等等。在民主黨的區選檢討大會上,11名「改革派」黨員遞交建議,批評黨現時的選舉策略過時,忽略選區整體需要,今次區選缺乏清晰主題、欠缺地區部署及沒有掌握選民資料,黨的選委會發揮的功效差,支援不足。建議民主黨引入新面孔和新思維,實行黨的年輕化,要求領導層下放權力及增加支部督導區議員及規定2011年後,禁止立法會議員參選區議員或兼任兩級議員等。對於「改革派」黨員的建議,主席何俊仁認為這只是小部分黨員的看法,他不認同立法會議員不能選區議會,因為這有助掌握地區脈搏,今次立法會議員亦在區選中勝出。①

而區議會選舉新丁公民黨和社民連,在區選中,分別取得8席和6席,雖然成績差強人意,但這兩個黨畢竟是初試啼聲,尤其是一些參選的年輕新秀的表現,令人鼓舞。在公民黨區選集思會上,秘書長鄭宇碩認為,公民黨今屆區選不足之處,主要是資源不足和黨內選舉經驗不足。黨魁余若薇認為,該黨組黨較遲,又主要挑別人不去的區去選,所以吃虧。由於該黨有過今年的參選經驗,加上距離下次選舉仍有時間準備,相信下次該黨的表現會更好。

民協和前線也是今屆區選的輸家,取得的議席比上屆大大減少。這可能與他們的政治立場模糊或極端化有關。這些政團如果不認清形勢,及時調整策略,隨著選舉政治的發展,有可能會陷入邊緣化的境地。

由上可見,兩大陣營的不同政團,經過今屆區選後,力量有長有消,將對2008年的立法會選舉有重要影響。

① 香港《明報》2007年12月10日。

第四節　二〇〇八年的第四屆立法會選舉

2007年底，在美國發生的次貸危機掀起了一場金融風波，使美國不少重量級的金融機構都身處危機之中。美國政府出手救市，先是在2008年初，美聯儲大手減息，然後，美聯儲又助摩根大通收購財困的貝爾斯登，其後由於兩大房貸融資巨頭房利美和房貸美出現了嚴重虧損，美國財政部入主房利美和房貸美，但這一系列救市措施並沒能挽救美國的金融市場，美國股市大幅波動，新一輪金融危機正處在醞釀之中。

一、美國次貸危機影響下的香港社會

在美國次貸危機影響下，全球的股市、樓市大跌。2008年上半年，全球股票市場一片低迷，第二季度美國三大股指——道瓊斯、標準普爾以及納斯達克分別下跌7.4%、3.2%和0.6%。歐洲股票市場跟從美國股市下跌，但下跌幅度高於美國，上半年下挫達21%。全球股票市值損失達到9.2萬億美元。與此同時，全球經濟增長普遍放緩，物價上漲加快，通貨膨脹。2008年上半年，主要發達經濟體美國、歐元區和日本的通貨膨脹已經分別達到4.1%、4%和1.3%的水準，均超出自我控制狀態高點。發展中國家通貨膨脹壓力也在上升，如泰國通貨膨脹已經達到8.9%的10年高位；菲律賓則達到10%-11%的水準；印尼達到11.3%的水準；俄羅斯上漲到8%；[1]中國達7%-8%。為了控制和防範通貨膨脹風險，2008年1月至7月，全球已經先後有16個國家和地區上調利率。據中國國家統計局的數據顯示，2008年8月，全國規模以上工業企業增加值同比增長12.8%，比上年同期回落4.7個百分點，創6年新低。8月的工業產品中，除了原煤一項，主要的產品均

[1]　香港《大公報》2008年7月24日。

出現增速放緩，其中汽車、生鐵和鋼材甚至出現負增長，而粗鋼、水泥、原油、電等產品的增速也出現明顯回落。

在美國次貸危機影響下，屬於開放型經濟的香港也受到明顯影響，香港的經濟景氣開始呈現轉壞勢頭，具指標意義的地產業和股市，由於成交量大減，紛紛開始裁員，進而帶動其他行業的裁員。就業市場的萎縮，使到貧富懸殊加劇，有數據顯示，在2007年底，香港收入低於中位數的勞動人口達41萬8千多人，即每7至8名在職人士中就有1人，較10年前躍升了八成七；而每月賺取少於3千元的工人則達13萬9千人，較10年前增加了1倍。在經濟低迷下，通貨膨脹不斷攀升，2008年8月時，通脹達到6.3%，這使到民間怨氣日增，社會矛盾加劇，期望政府出手紓解民困的呼聲越來越高。

為此，特區政府宣布動用110億港元，推出利民紓困的10大措施，受到了市民的普遍歡迎。香港研究協會的民調顯示，2008年7月18至21日，以電話抽樣訪問了1,304名市民，結果有66%的市民認為政府的紓困措施有幫助，其中認為「有很大幫助」及「有較大幫助」的各佔12%，認為有「少許幫助」的則佔42%。至於對特首10月的施政報告的紓解民困措施有何期望，有30%受訪者希望推出「全民發放現金」，23%希望「加快推動經濟發展」，另各有16%的受訪者希望「減稅」及「增加低收入人士津貼」，至於希望「發放一次性津貼」的則佔6%。[1]

在香港經濟氣候轉壞的形勢下，迎來了香港特區第四屆立法會選舉。

二、民生議題突出的立法會選舉

第四屆立法會選舉在2008年9月7日舉行。由於立法會選舉前，香港的經濟氣候轉壞，通脹不斷加劇，所以民生議題成為了今屆立法會選舉的

①　香港《文匯報》2008年7月23日。

突出議題。據中大亞太研究所8月28日公布的調查數據顯示，68%受訪者表示會在立法會選舉時投票，而有75%選民表示最關注的是民生議題，僅不足10%選民表示關注政治議題。至於港大民意網站8月底公布的近星期訪問近2千名選民的調查數據，發現他們在考慮投票時，87%表示重視候選人提出的民生政策，包括房屋、醫療、環境及治安問題，77%重視經濟政策，而重視知名度的只佔32%。①

　　爲什麼今屆立法會選舉政治議題不再是主打，市民關注的是較爲貼身的民生福利議題。這是因爲過往的政治議題主要是在爭取什麼時候實行雙普選的問題，2007年12月，全國人大已確定香港特首在2017年舉行普選，立法會普選在2017年以後，因此，不少人認爲現在還來爭取提前2012年實行雙普選，似乎有點兒不切實際？至於民生議題卻是關係到市民的切身利益，如壓抑通脹、解決交通、增加就業和保障福利等都是市民熱切期盼解決的問題。

　　爲了爭取選票，各主要政黨公布的參選政綱幾乎都突出民生議題。民建聯堅持一貫立場，一直把關注民生議題放在參選政綱的首位，提出「關愛共用、融合創新、綠色發展、理性向前」的參選政綱，分別涵蓋了社會民生、經濟、環保和政制發展四個方面，參選口號是「你我同心，香港可以更好」。在參選政綱中的民生方面，提出了抗通脹，增加就業，紓解民困等一系列措施。過去常打「政治牌」的民主黨在今屆立法會選舉則轉而多打「民生牌」，其參選政綱主題是要打擊通脹，紓解民困，並提出了希望實施爲長者提供公共醫療服務半價優惠、爲副學士及大學生提供免息升學貸款等措施。民主黨的參選口號是「有事都系要搵民主黨」。首次參選立法會的公民黨，打著「公道自在民心」的參選口號，提出包括注重小班教學、市區重建等民生議題的參選政綱。自由黨的參選政綱也提出了減油稅、紓民困的措施。

① 香港《商報專訊》2008年8月29日。

第四屆立法會分區直選登記選民達 337 萬人，比上屆立法會分區直選選民 320 萬，增加了約 17 萬人，增長率為 5.1%，創歷史新高。功能界別選民超過 22 萬 9 千人，比上屆立法會功能界別選民 19 萬 9 千人，多了 3 萬人，增長率為 15%。

立法會選舉的報名期從 7 月 19 日開始至 8 月 1 日結束，共 14 天。選舉事務處共收到 117 份參選名單，其中有 2 份名單裁定無效，另外有兩份名單撤回，實際只有 113 份參選名單，共有 201 人參選，創出歷史新高。其中分區直選有 53 張名單，共 141 人參選，比上屆增加約 50%，平均每 4.7 人爭奪一個議席；當中以九龍西競爭最激烈，有 13 張參選名單，共 30 人爭奪 5 個議席，平均 6 人爭奪 1 個議席；競爭最不激烈的選區是新界東，7 個議席有 10 張名單，共 29 人參選，平均 4.1 人爭奪 1 個議席；分區直選參選名單可謂是在香港回歸 10 年以來「翻一番」，由 1998 年第一屆立法會分區直選 28 張名單、2000 年第二屆立法會分區直選的 35 張名單、2004 年的第三屆立法會分區直選的 37 張名單，增至今屆的 53 張名單。

至於功能界別有 60 人參選，比上屆 71 人參選，少了 11 人，競爭情況相對並不激烈。有 12 個界別共 14 人自動當選，是歷屆之冠，這些界別及自動當選的議員是鄉議局劉皇發、工業界（一）梁君彥、飲食界張宇人、勞工界潘佩璆、葉偉明、李鳳英、漁農界黃容根、進出口界黃定光、工業界（二）林大輝、商界（二）黃宜弘、金融界李國寶、金融服務界詹培忠、地產及建造界石禮謙、體育演藝文化及出版界霍震霆。大部分自動當選議員均為現任議員，只有潘佩璆、葉偉明、林大輝是首次參選即當選的。餘下的 16 個界別，有 46 名候選人競逐 16 個議席。今屆功能界別選舉沒有出現上屆多達 9 人爭奪 1 個議席的局面，最多競爭的界別為會計界和建築、測量及都市規劃界，分別有 5 人爭奪 1 個議席。

第四屆立法會選舉投票從 2008 年 9 月 7 日上午 7 時 30 分開始至晚上 10 時 30 分截止。

分區直選有152.4萬選民投票,投票率爲45.2%,比上屆少了約10個百分點,投票人數也比上屆少了26萬人。其中投票率最高選區是香港島,登記選民爲627,657人,投票率達49.93%,共313,429人投票;投票率最低選區是新界西,登記選民爲943,161人,投票率僅爲37.77%,共有398,292人投票。

功能界別有122,370人投票,比上屆投票134,935人,少了1萬多人,投票率爲57.65%,比上屆的70%投票率少了13個百分點。其中投票率最高界別是區議會,有選民428人,共396人投票,投票率達92.52%;投票率最低界別是衛生服務界,有選民36,968人,共16,881人投票,投票率僅爲45.66%。

功能界別得票率差距比分區直選更緊湊。其中旅遊界的謝偉俊以9票之微險勝另一位候選人董耀中,兩人得票率差距僅有1%;資訊科技界的譚偉豪也以35票之微擊敗莫乃光,兩人得票率僅差0.8%。

分區直選名單獲得最多選票的是新界東的劉江華名單,共獲得102,432張選票,獲得最少選票的是九龍西的柳玉成名單,只獲得290張選票。

在新一屆立法會的60位議員中,有17名新丁議員,分區直選佔8人,功能界別佔9人。香港島選區及九龍西選區各自有3名新人當選,他們是香港島的葉劉淑儀、陳淑莊、甘乃威及九龍西的李慧琼、梁美芬、黃毓民;新界東選區的陳克勤和九龍東選區的黃國健也是新丁議員。功能界別的9名新丁議員,有3名是自動當選,他們是工業界林大輝、勞工界的葉偉明和潘佩璆,其餘6名首次當選議員是旅遊界謝偉俊、資訊科技界譚偉豪、會計界陳茂波、社會福利界張國柱、保險界陳健波和醫學界梁家騮。另外新一屆立法會中還有3名議員是重返議會的,上屆失落區議會界別議席的葉國謙,成功以122票擊敗對手林偉強順利當選,香港島選區的何秀蘭和新界東選區的黃成智亦能重返立法會。

新一屆立法會議員最大年紀的是功能界別議員劉皇發（72歲）,最年

輕議員是新界東直選議員陳克勤（32歲）。分區直選議員平均年齡與功能
界別議員的平均年齡有明顯差別，30名分區直選議員平均年齡為51.7歲，
而30名功能界別議員平均年齡為57.5歲，整體平均年齡則為54.6歲。

　　如果把此次立法會選舉與以往的立法會選舉相比較,會發現今屆立法會
選舉具有若干特點：第一,競爭最為激烈。在分區直選中有141人組成53張
名單參選,是歷屆之最；第二,民生議題突出,政治性議題不突出,但2012
年普選和23條立法問題依然是泛民主派攻擊建制派的話題；第三,立法會
議員變動最大，有17名新丁進入立法會，但也有現任10名立法會議員落
馬；第四,投票率較低,是香港回歸以來的第二個新低,只有45.2%,比第
二屆立法會的投票率43.57%略高一些,比上屆少了約10個百分點,投票人
數也比上屆少了26萬人。

　　第四屆立法會選舉結果產生後,特區行政長官曾蔭權表示,很高興看
到今屆立法會選舉順利完成。雖然選舉的投票率偏低,但是在有秩序及和
平的情況下進行,而結果正是民主的集體決定,社會各界定會尊重,並恭
賀新當選的議員,喜悅地見到多張新面孔,期望這些新面孔帶來活力及新
思維,與政府一同合力改善港人生活,為香港創出新面貌。對於以往立法
會經常出現爭吵場面,曾蔭權承諾,將會致力於加強行政機關與立法會的
溝通,建構一個和諧合作關係,希望大家能夠多一些包容,少一些內耗。

三、政團推陳出新分區直選更加激烈

　　雖然2007年12月，全國人大已確定香港行政長官在2017年舉行普
選,立法會普選在2020年舉行,但是要順利進行上述兩個普選,還要特區
政府制訂普選產生的辦法,並在第四屆立法會充分討論和作出決定,然後
由特區行政長官報請全國人大常委會批准才能實施。也就是說,兩個普選
產生辦法能否通過,關鍵是在第四屆立法會的議員。2004年12月,第三屆

立法會泛民主派議員曾經「捆綁反對」特區政府提出的政改方案，造成香港政制發展原地踏步。如果第四屆立法會中泛民主派不能取得21個議席，則不會有足夠票數否決政府的政改方案，故泛民主派能否保住關鍵21席，成為了今屆立法會選舉的重大焦點之一。因此，各政團對今屆立法會選舉都很重視，為了能爭取到更多選票和議席，政團紛紛推陳出新，一些較資深的議員退出角逐，讓第二梯隊或年輕黨員披掛上陣，這令參選名單大增，選戰更為繽紛，競爭更加激烈。

為落實2020年立法會普選而培養政治人才，各主要政團的參選名單中，均有新人參選。

民建聯派出32人參選，其中分區直選29人，組成5張名單，參與5個地區直選，分別是香港島選區的曾鈺成、蔡素玉、鍾樹根、張國鈞、陳學鋒、郭偉強；九龍西選區的李慧琼、鍾港武、陳偉明、鄭泳舜；九龍東選區的陳鑑林、黎榮浩、陳曼琪、洪錦鉉；新界西選區的譚耀宗、張學明、梁志祥、陳恒鑌、龍瑞卿、梁嘉銘、老廣成、呂堅；新界東選區的劉江華、陳克勤、莫錦貴、黃碧嬌、陳國旗、劉國勳、連楚強。功能界別3人參選，分別是漁農界黃容根、進出口界黃定光、區議會葉國謙。在32名參選人中，最年長的是曾鈺成（61歲），最年輕的是劉國勳（27歲），平均年齡42歲。參與分區直選的29人中，6人是現任立法會議員，21人是區議員，有12人是首次參與立法會分區直選。民建聯主席譚耀宗表示，民建聯今屆參選人有4個特點：有經驗、富承擔、有專業、夠年輕；他深信只要「您我同心」，就可以戰無不勝，並為香港帶來監察政府更有效、反映市民意見更準確、改善政府施政更得人心、經濟發展更加蓬勃、政制發展更得到落實、安居樂業更有保證等6個「更好」願望。

民主黨派出32人參選，其中分區直選29人，組成9張名單，參與5個地區直選，分別是香港島選區1張名單，為甘乃威、楊森、徐遠華；九龍西選區1張名單，為涂謹申、林浩揚；九龍東選區2張名單，分別是李華

明、計明華、黃啓明、黃偉達組成1張名單和胡志偉1張名單;新界西選區3張名單,分別是何俊仁、許智峯、盧民漢組成1張名單,李永達、王雪盈、林紹輝、張慧媚、林立志組成1張名單,張賢登、鄺俊宇組成1張名單;新界東選區2張名單,分別是鄭家富、任啓邦、何淑萍、梁里、關永業、容溟舟、林少忠組成1張名單,黃成智、莫兆麟組成1張名單。功能界別3人參選,分別是教育界張文光、建築測量及都市規劃界吳永輝、社會福利界狄志遠。在32名參選人中,最年長的是楊森(60歲),最年輕是鄺俊宇(25歲),平均年齡42歲。在參與分區直選的29人中,有16人是首次參與分區直選。民主黨主席何俊仁表示,民主黨今屆派出大量新人參選,是希望培養這批黨內的「二、三十世代」可以接班。在今屆立法會選舉後,民主黨將為接班工作做好準備,下一屆選舉中,現時各名「五十世代」的立法會議員,將會採納這次楊森的安排,讓新世代接班。

自由黨派出18人參選,其中分區直選10人,組成4張名單,參與4個地區直選,分別是香港島選區林翠蓮、王錦泉、顏才績;九龍西選區田北辰、何顯明;新界西選區周梁淑怡、周永勤;新界東選區田北俊、簡永輝、方國珊。在參與分區直選的10人中,除了田北俊和周梁淑怡外,其餘8人都是首次參與分區直選。功能界別8人參選,分別是航運交通界劉健儀、旅遊界董耀中、商界(一)林健鋒、紡織及制衣界梁劉柔芬、批發及零售界方剛、鄉議局劉皇發、飲食界張宇人、工業界(第一)梁君彥,其中董耀中是首次參選立法會。在18名參選人中,最年長的是劉皇發(72歲),最年輕的是簡永輝(33歲)和顏才績(33歲),平均年齡54歲。

公民黨首次參與立法會選舉,派出19人參選,其中分區直選15人,組成5張名單,參與5個地區直選,分別是香港島選區陳淑莊、余若薇、容泳嫺;九龍西選區毛孟靜、伍月蘭、鄧志盈;九龍東選區梁家傑、余冠威、黃鶴鳴;新界西選區張超雄、陳琬琛、黃家華;新界東選區湯家驊、曾國豐、曾健超。在參與分區直選的15人中,4人是現任立法會議員,有10人

是首次參與立法會選舉。功能界別4人參選，分別是會計界譚香文、法律界吳靄儀、工程界黎廣德、旅遊界司馬文。在19名參選人中，年齡最大的是吳靄儀（60歲），最年輕的是余冠威（25歲），平均年齡45歲。

民協今屆派出8人參選，其中7人參與分區直選，共兩支團隊分別競逐九龍西選區和新界西選區的議席。九龍西議席由前主席馮檢基領軍，包括莫嘉嫻、秦寶山、黃志勇、楊振宇；新界西則由2007年底曾參加立法會港島區補選、新加入民協的蔣志偉領軍，包括楊智恒。民協主席廖成利說，民協的目標是取得兩個議席，其中蔣志偉是新界西的希望，期望他能夠為民協開拓新界西票源，帶來「零的突破」。在7名參選人中，年齡最大的是馮檢基（55歲），最年輕的是黃志勇（26歲）。其中1人是現任立法會議員，有5人是首次參選立法會。另外，還有張國柱參選功能界別的社會福利界。

社民連派6人參選，組成5張名單，參與5個地區直選，分別是香港島選區曾健成；九龍西選區黃毓民、李偉儀；九龍東選區陶君行；新界西選區陳偉業；新界東選區梁國雄。在6名參選人中，年齡最大的是黃毓民（56歲），最年輕的是李偉儀（34歲），平均年齡48歲。其中2人是現任立法會議員，有2人是首次參選立法會。

工聯會派出14人參選，其中首次派出12人，組成2張名單，參與2個地區直選，分別是九龍東選區黃國健、陳婉嫻、王吉顯、簡銘東；新界西選區王國興、麥美娟、曾梓筠、徐帆、梁子穎、鄧家彪、姚國威、陳文偉。功能界別派出潘佩璆、葉偉明2人出選勞工界。在14名參選人中，2人是現任立法會議員，除了陳婉嫻、王國興和徐帆外，其餘11人均是首次參選立法會。工聯會會長鄭耀棠表示，今屆立法會選舉，難以與相同陣營的其他政團配票，希望可以在今屆立法會爭取到5至6席。

還有前線派劉慧卿、柯耀林出選新界東；職工盟派李卓人、譚駿賢出選新界西；公民起動派何秀蘭出選香港島；南方民主同盟派龍緯汶、韋世

民出選九龍西；港人民權民生黨派蕭思江、容超榮出選新界東；勞聯派李鳳英出選勞工界。

在參選的201名候選人中，有政團背景的有141人，比上屆的92人多了49人，佔候選人總數70.14%，比上屆（57.86%）多了十三個百分點。其中分區直選141名候選人中，有政團背景的有119人，佔候選人的84.39%，比上屆（81.82%）多了三個百分點；功能界別60名候選人中，有22人有政團背景，佔候選人的36.6%，比上屆（30.98%）多了約六個百分點。

各主要政團除了推舉新人參選外，還各出奇謀，為選舉造勢。

選舉提名期開始後，民主黨在旺角一個運動場，借奧運主題，舉行了別開生面的選舉誓師大會，參選人穿上團服變身運動員，在助選旗幟下比拼競技，以示秉承奧運公平競賽的精神，有毅力、有決心，團結合作面對選戰。

公民黨則在銅鑼灣為3名港島區候選人舉行造勢活動。前政務司司長陳方安生到場打氣。黨魁余若薇表示，希望選民不要選出只會「唯唯諾諾」的議員，強調該黨「講程序、講機制、講法理」，呼籲市民投票支持該黨。

社民連在港島及九龍東兩區舉行誓師儀式。港島區參選人曾健成在香港仔中心宣傳，而九龍東參選人陶君行在觀塘裕民坊舉行誓師後，進行有近百人參加的大巡遊。主席黃毓民、立法會議員陳偉業及梁國雄均到場打氣。

在2007年區議會選舉受挫的民協，在油麻地榕樹頭公園舉行誓師大會。一眾候選人及助選團均穿著黃色衣服出席，眾候選人手持紙牌出場，拼出今屆民協參選口號「民協做嘢最實際」，以表示今次選舉民生事項為市民最關注的議題。主席廖成利還形容7位候選人為「七劍下天山」，又吟詩「奪兩席於西邊兮，為民生打氣」及「零突破於新西兮，為公義而發聲」來激勵士氣，並送上蒜頭給眾候選人預祝七人「當選」，希望為民協

奪得兩席。[①]

　　前線在沙田一間社區中心誓師，出席的數十名助選團穿著黃色團服，非常耀眼。參選人劉慧卿提出「香港不能褪色」爲競選口號，表示會維護弱勢社群的利益，爭取普選，監察政府。

　　選舉提名期結束後，民建聯在中環遮打花園舉行誓師大會，雖然那天烈日當空，但仍然阻擋不了 2500 名支持者對民建聯參選人的堅定支持，「您我同心，香港可以更好」、「選議員，要選民建聯」的口號聲此起彼落。民建聯的中委會與監委會成員，紛紛上前與 32 名參選人擊掌以示支持，表現民建聯上下一心，打好立法會選戰的決心。其後，32 名參選人分成 6 組，分別以別開生面的形式，例如 Rap 歌，引用時下潮語等，介紹他們這次參選的理念與期望。他們在主席譚耀宗帶領，在支持者的見證下，莊嚴地舉起右手誠摯宣誓，承諾「眞誠爲香港」，並以理性，務實態度，服務市民，監察政府，以推動香港的繁榮進步。

　　對於今屆立法會分區直選的選情，媒體和學者分析認爲，由於參選名單和人數都打破了回歸以來香港的紀錄，所以直選形勢「七國咁亂」，競爭更加激烈。比上屆增加 1 個議席的九龍西選區，14 張參選名單，平均 6 人爭奪 1 個議席。而新界西則成爲「四冠王」，包括參選名單最多（15張）、參選人數最多（46 人）、女性參選者最多及最多現任議員參選。[②]

　　這次分區直選的最大特色：

　　一是在於各主要政團，包括民建聯、自由黨、公民黨、民主黨及社民連都在 5 個地方選區派出名單參選，而這次選舉亦新人輩出，民建聯有多名新星，包括首次在立法會選舉名單中排首位的李慧琼和名單排第二位的陳克勤；工聯會九龍東的黃國健；自由黨九龍西的田北辰；公民黨香港島的陳淑莊、新界東的曾國豐及九龍西的毛孟靜；民主黨香港島的甘乃威；

① 香港《成報》2008 年 7 月 21 日。
② 香港《文匯報》2008 年 8 月 2 日。

社民連九龍西的黃毓民等。

二是多名現任議員轉戰其他界別或地區競逐連任,包括民建聯九龍西的曾鈺成轉戰港島區,工聯會王國興、公民黨的張超雄均由功能界別轉至新界西,令該選區共有 10 名議員競逐 8 個議席,意味最少有 2 名現任議員勢將「落車」。

三是出現兩大陣營內部未能成功協調的現象。泛民各自為政爭「崩頭」。2004 年立法會新界東選舉,泛民借助「七一遊行」的餘威,組成「七一連線」,企圖以 1 張鑽石名單,取得 4 個議席,可惜最終好夢落空,只能勉強取得 3 席,事後此事遭到不少學者的批評。前車可鑒,泛民今屆不再搞什麼聯合陣線,轉而「各黨自掃門前雪」,打起山頭戰來,互相責罵攻擊,爭奪票源。如在九龍西選舉論壇上,公民黨候選人毛孟靜突然向社民連候選人黃毓民「開火」,黃毓民大肆反擊,並責罵公民黨「壟斷民主」。建制派內部也未能成功協調,如九龍西選區,自由黨的田北辰與屬建制派陣營的獨立人士梁美芬分別參選,爭奪選票。還有民建聯的王紹爾突然以「獨立」身份報名參選九龍西,力撼同黨的李慧琼。兩大陣營內部的同室操戈,內訌混戰,使地區直選更為激烈。

四、政團參選成績及評析

在今屆立法會 60 個議席選舉中,政團取得了 44 席,比上屆多 1 席,佔議席總數比例 73.33%。其中分區直選為 28 席,比上屆多 1 席,佔直選議席比例 93.33%;功能界別 16 席,與上屆相同,佔功能界別議席比例 53.33%。這些議席分別是:

民建聯取得 10 席,其中直選為 7 席,功能界別 3 席。

民主黨取得 8 席,其中直選為 7 席,功能界別 1 席。

自由黨取得 7 席,全部由功能界別取得。

工聯會取得4席，其中直選2席，功能界別2席。

公民黨取得5席，其中直選4席，功能界別1席。

社民連取得3席，全部由直選取得。

民協取得2席，地區直選和功能界別各取1席。

前線在分區直選中取得1席；職工盟在分區直選中取得1席；街工取得分區直選1席；勞聯取得功能界別1席，公民起動取得分區直選1席。

各政團在分區直選中所得議席及總得票

（登記選民：3,372,007；總票數：1,515,479票，總投票率為44.94%）

政黨名稱	總得票	得票率	議席
民建聯	347,373	22.92%	7
民主黨	312,692	20.63%	7
公民黨	207,000	13.65%	4
社民連	153,390	10.12%	3
工聯會	86,311	5.69%	2
民協	42,211	2.78%	1
職工盟	42,366	2.79%	1
街工	42,441	2.80%	1
自由黨	65,622	4.33%	0
公民起動	30,887	2.03%	1
前線	33,205	2.19%	1
港人民權民生黨	1,129	0.07%	0
南方民主同盟	591	0.03%	0
合計	1,365,218	90.08%	28

（資料來源：《明報》2008年9月9日）

各政團在功能界別選舉得票結果及議席

　　功能界別議席 30 席，功能界別 60 名候選人中，有 22 人有政團背景，佔候選人的 36.6%，比上屆的 30.98% 多了約六個百分點。在 28 個功能界別中，只有 19 個功能界別有政團候選人參選。功能界別有 122,370 票，比上屆 134,935 票，少了 1 萬多票，投票率為 57.65%，比上屆的 70% 投票率少了 13 個百分點。各政團候選人參選得票結果及議席如下：

政團名稱	候選人	功能界別	所得議席	得票	界別總票	得票率
民建聯	黃容根	漁農界	1	（自動）		
	葉國謙	區議會	1	259	396	65.40%
	黃定光	進出口界	1	（自動）		
合計	**3 人**	**3 個界別**	**3**	**259**	**396**	**65.40%**
自由黨	劉健儀	航運交通	1	147	156	94.23%
	董耀中	旅遊界	0	315	883	35.67%
	林健鋒	商界（第一）	1	465	662	70.24%
	梁君彥	工業界（一）	1	（自動）		
	梁劉柔芬	紡織及制衣	1	1,255	1,966	63.84%
	張宇人	飲食界	1	（自動）		
	劉皇發	鄉議局	1	（自動）		
	方　剛	批發及零售	1	1,907	2,946	64.73%
合計	**8 人**	**8 個界別**	**7**	**4,089**	**6,613**	**61.83%**
民主黨	張文光	教育界	1	37,876	52,894	71.61%
	吳永輝	建測都市規劃	0	712	3,834	18.57%
	狄志遠	社會福利界	0	2,743	8,077	33.96%
合計	**3 人**	**3 個界別**	**1**	**41,331**	**64,805**	**63.77%**
工聯會	潘佩璆	勞工界	1	（自動）		
	葉偉明	勞工界	1	（自動）		

合計	2人	2個界別	2			
勞聯	李鳳英	勞工界	1	322	993	34.42%
公民黨	譚香文	會計界	0	4,116	13,579	30.31%
	吳靄儀	法律界	1	2,468	3,754	65.74%
	黎廣德	工程界	0	2,522	5,427	46.47%
	司馬文	旅遊界	0	81	883	9.17%
合計	4人	4個界別	1	9,187	23,643	38.85%
民協	張國柱	社會福利界	1	5,334	8,077	66.04%

（註：合計中的得票率是各政黨參與功能界別選舉所獲得的票數與這些功能界別總票數的百分比。資料來源：《明報》2008年9月9日）

　　主要政黨參選立法會的選舉成績，可以說各有勝負，喜憂參半。

　　民建聯取得10席（如果加上同為工聯會成員的3席，共13席），保住立法會第一大黨的地位，但喜憂參半。雖然4個地區的直選候選人都以最高票當選，其中新界東的劉江華及陳克勤名單，共吸10多萬票，成為5個選區的「票王」，但分區直選只得7席，比上屆少了1席，總得票只有347,373票，比上屆總得454,827票，少了107,454票,整體得票率為22.92%,比上屆的25.49%下跌了三個百分點。其主要原因是分了一部分票給了工聯會,如果把工聯會取得的86,311票計算在內，民建聯與工聯會共取得433,684票，只是比上屆少了21,143票，得票率達28.61%，反而還比上屆升了三個百分點。然而，在關鍵的香港島選區，民建聯的得票大幅下跌，更因與葉劉淑儀名單競爭，以致僅曾鈺成當選，現任議員蔡素玉不幸落敗，反而令公民黨的余若薇「漁人得利」。縱然如此，民建聯在這次選舉中，初步完成了「新老交替」的部署，年輕的李慧琼和陳克勤均成功當選，為立法會注入了新鮮血液，成為這次立法會選舉的最大「亮點」。該黨主席譚耀宗在總結時，表示滿意今屆選舉成績，認為民建聯已達到預期目標，

還有了「小小的進展」，既保住了上屆的 12 個議席數目（當中 2 人同爲工聯會成員），新人亦得以進入立法會。[1]

最意想不到的是，曾一度雄心勃勃，有意問鼎立法會第一大黨的自由黨，卻遭到了建黨以來最大的敗績。4 張直選名單，包括主席田北俊、副主席周梁淑怡以及九龍西的田北辰等全遭「滑鐵盧」；雖然正、副主席得票率大跌近半，但自由黨在九龍西擴展版圖，開拓票源 1 萬多票；有望取得旅遊界席位的董耀中敗給了謝偉俊，使自由黨的總議席數由上屆的 10 席下跌到 7 席。選舉結束後，主席田北俊表示要對自由黨此次選舉失敗負上責任，宣布辭去黨主席之職，將來只做普通黨員，並「從此退出政壇」；副主席周梁淑怡也表示，由於已無民意授權，已致信特首辭去行政會議成員，亦將逐步淡出政壇。隨著分區直選的失敗，正、副主席退出政壇，只剩下功能界別議席的自由黨，面臨著何去何從的憂慮。

分析自由黨直選慘敗的主要原因：一是長久以來忽視地區工作，脫離群衆。田北俊、周梁淑怡在 2004 年直選勝利後，就很少到區裏去，使到投過票給他們的選民十分失望。2007 年區議會選舉的失敗已是此次失敗的前兆。二是最近幾年貧富懸殊加劇，民衆對官商勾結極爲反感，「梁展文事件」和最低工資問題都令自由黨失分。三是自由黨立場模糊，左右逢源，沒能眞正代表工商業的利益，令其失去選民支持。

民主黨取得 8 席，比上屆少了 1 席。其中分區直選 7 席，港島區比上屆少了 1 席，但新界東卻多了 1 席，由立法會的第三大黨升爲第二大黨。但 5 個選區總得票 312,682 張，比上屆總得票 373,578 張（除了新界東的選票），少了 60,886 票，整體得票率 20.63%，比上屆有所下降。各選區的得票率也大幅下跌，其中重災區爲港島，今屆共取得 39,808 票，較上屆少了 91,980 票；第二災區爲新界西,減少了 32,242 票；但在九龍東今屆增加 8,027 票。曾經是「雙失議員」（失去區議會和立法會議席）的黃成智，今屆在

① 香港《文匯報》2008 年 9 月 9 日。

新界東以44,174票重返立法會。主席何俊仁表示，很高興看到黃成智和甘乃威兩名「40世代」當選，相信有助於做好年輕化及交棒的工作，更期望該黨來屆有女性當選人，但他承認今屆民主黨所得的選票較2004年少，令人憂慮，日後需要作出檢討。而未來4年將要扎實地區工作，並與反對派各政團維持更緊密的合作關係，全力改善民生，推動民主。①

　　想借此次選舉拓增席位的公民黨，首次派人出選5個區，並進攻多個功能界別。雖然贏得了具標誌性意義的香港島選區2個議席，黨魁余若薇順利連任，而新人陳淑莊成功當選。但在銳意開拓的九龍西和新界西，參選的毛孟靜和張超雄卻雙雙出局，而3名功能界別候選人會計界的譚香文、工程界的黎廣德及旅遊界的司馬文均告落選，令公民黨的議席由上屆的6席減為5席，而成為泛民主派第一大黨的意圖也隨之破滅。該黨參選人的得票率顯著減少，九龍東選區的梁家傑，雖然仍取得1席，但得票率由上屆的19.11%，跌至今屆的16.2%，得票數在區內6張名單中排第4；新界東選區的湯家驊因上屆參與七一連線的「鑽石名單」而無法估計取得多少選票，但今屆他在新界東僅取得11.07%的選票，在區內10張參選名單中排名第5，低於「全港票王」民建聯的劉江華名單，社民連的梁國雄，民主黨的黃成智及鄭家富。對公民黨在此次選舉中受挫，大量選票流失，九龍東選區的梁家傑表示，該黨未來要強化地區工作，扎根社區，這樣才能減低選票流失。黨魁余若薇也表示，該黨未來會加強地區事務。

　　標榜街頭抗爭，成立不足兩年的社民連，成為今屆選舉的「大贏家」。該黨派出6人到5個選區參選，獲得超過15萬張票，最後在3個選區取勝，包括首次參選的主席黃毓民，在九龍西選區奪得37,553票，僅次於民建聯的李慧琼名單；還有爭取連任的新界西選區的陳偉業和新界東選區的梁國雄都順利當選，梁國雄在新界東選區更取得44,763票，僅次於民建聯的劉江華名單，在區內10張名單中排名第2，即使落選的九龍東選區的

---

① 香港《大公報》2008年9月9日。

陶君行和港島區的曾健成,得票也獲近倍增長。主席黃毓民表示,今次社
民連的選舉成績總算有所交代,並要求其他泛民不要角逐功能界別。社民
連日後會「爲反對而反對」,發揮監察政府作用。

有學者評論,社民連大勝,顯示該黨獲激進選民的支持,社民連 3 人
進入議會,由於其民主立場走得較前和激進,相信會對政府及溫和民主派
構成壓力。[1]

除了以上政團外,前線的劉慧卿、民協的馮檢基、街工的梁耀忠、職
工盟的李卓人等也沿襲上屆在分區直選中各佔 1 席,但他們的得票率都大
大下降。

工聯會在此次選舉中也成爲大贏家,議席由上屆的 3 席變爲今屆的 4
席,其中分區直選取得 2 席,比上屆多了 1 席,共獲得 8 萬多票。會長鄭耀
棠表示,此次黃國健和王國興打正工聯會旗號而成功當選,令很多會員都
很雀躍,也給予工聯會很大信心,工聯會往後會有更多人參加直選。

第四屆立法會選舉結束後,社會輿論普遍認爲,各政團雖然席位互有
增減,但在立法會內的政治格局仍未打破。由民建聯、自由黨、工聯會和
堅持愛國立場的獨立人士組成的建制陣營,佔有 37 席,而民主黨、公民
黨、社民連等組成的泛民陣營,則只有 23 席,兩者的席位比例,由上屆的
34 比 26,變爲了今屆的 37 比 23;在建制陣營的 37 席中,增加的席位多屬
功能界別,直選席位沒有增加;相反,泛民陣營均在直選中佔絕對優勢,
得票率有 59%,與上屆的 60% 相比,只有輕微下跌,而建制陣營和獨立人
士的得票率,則佔 40%。雖然泛民陣營在新一屆立法會的議席減少,但由
於新晉的直選議員多走極端路線,將會影響未來 4 年的議會工作和特區政
府的施政。[2]

① 香港《明報》2008 年 9 月 9 日。
② 香港《大公報》2008 年 9 月 9 日。

第五節 〇七、〇八年選舉後的政團發展與分化整合

經過2003年的「七月風潮」及2005年政制改革爭拗後，香港社會基本形成了建制派與泛民主派兩大陣營對立的狀況，隨後在2007年與2008年的多場選舉較量中，兩大陣營激烈爭鬥，使到兩大陣營中的政團不斷分化整合與發展。

一、建制派政團的發展與分化

（一）民建聯發展迅速，成為香港當時唯一的「萬人黨」

2007年8月主席馬力病逝，由譚耀宗接任主席。2007年11月第三屆區議會選舉中，派出177人參選，其中60人首次參選。結果有115人當選，比2003年的62席增加了53席，當選率達65%，較2003年的30%大幅上升，成為第一個在香港所有18個區議會中均有議席的政黨，其中在11個區議會中成為大多數，這展示了民建聯地區工作的實力。

2008年9月的立法會選舉中，派出29人分成5張名單參選5個地區選區，取得地區直選7個議席，功能組別3個議席，加上民建聯成員王國興、黃國健、潘佩璆以工聯會名義參選，取得3個議席，共13個議席，是立法會中第一大黨。身為民建聯成員的曾鈺成，當選為第四屆立法會主席，是首位有政團背景的立法會主席。

2005年9月底，民建聯啟動「發展會員運動」的新一輪宣傳計劃，以「一個有前景的政黨——民建聯」為口號，通過電視和平面廣告的宣傳，號召更多人加入民建聯，至2007年12月，會員已增至11000多人，是香港當時唯一的「萬人黨」。

民建聯在2008年底，撥出180萬元，與上海浦東幹部學院、香港大學

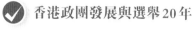

專業進修學院及英國劍橋大學合作，舉辦「青年政治專才培訓計劃」以資助形式，派送 40 位年輕黨友到上海及英國著名學府觀摩和學習，其培養新人的力度和魄力是香港其他政黨難以相比的。

（二）工聯會打正旗號參選，推動其積極參政

工聯會堅持「撐勞工，為基層」的精神，遵循「愛國、團結、權益、福利、參與」的宗旨，積極參與政治和社會事務，參與區議會和立法會選舉。2007 年 11 月區議會選舉，工聯會派人參選仍然是打著工聯會與民建聯兩塊招牌，而不是打著工聯會的牌子獨立參選，結果取得 21 個議席，比 2003 年取得的 9 個議席增加了 12 席。

2008 年 9 月立法會選舉，工聯會開始派人打正工聯會的旗號參選，改變了以往與民建聯同一張名單參選的做法。在九龍東派出黃國健名單、新界西派出王國興名單參選，結果黃國健、王國興在分區直選中取得 2 個議席，加上功能組別的兩個議席，工聯會共獲得 4 個議席，比上屆多了 1 個議席。這一勝利令到工聯會大受鼓舞，給予他們很大信心，使到工聯會決定此後將會派出更多人參與區議會和立法會分區直選。

（三）自由黨○八年選舉失利，引發退黨潮

2008 年立法會選舉時，自由黨一開始信心百倍，希望能在分區直選和功能組別選舉中取得突破，爭取成為立法會第一大黨。然而，選舉的結果是黨主席田北俊和副主席周梁淑怡，分別在新界東和新界西連任失敗。功能組別選舉方面，自由黨輸掉了旅遊界議席，總議席比上屆的 10 席還少 3 席，只有 7 席。

選舉後，身兼鄉議局主席的自由黨立法會議員劉皇發被指責，在這次選舉中沒有支持自由黨成員，而是支持同一選區的民建聯參選人張學明（身兼鄉議局副主席），劉皇發不滿，宣布退黨。2008 年 9 月 10 日，劉皇發以需要處理鄉議局重建會址為由申請退黨，並獲允許。隨後，田北俊和周梁淑怡因直選落敗而辭職。10 月，黨內由於選舉黨主席及副主席引發爭

議，權力之爭結果導致黨內3位功能組別議員林健鋒、梁劉柔芬、梁君彥宣布退黨，使到自由黨的立法會議席從7席變成3席，在立法會中排行第五，淪為小黨。後來行政長官曾蔭權重組行政會議時，沒有再委任自由黨成員進入行政會議，這是香港回歸以來，自由黨首次在行政會議中缺位。此後，自由黨中有區議員及成員先後退黨，使到其成員從2007年的1000多人大幅下降至約300人，真是元氣大傷。

（四）新政團經濟動力成立

2009年6月，退出自由黨的立法會議員林健鋒、梁君彥、梁劉柔芬、劉皇發組成新政團經濟動力，召集人為林健鋒。經濟動力口號是齊心激發無窮動力。

林健鋒指出，經濟動力是以關注本地經濟發展為主的平台，希望吸納及融合不同界別、志同道合的朋友，一起為香港未來整體發展出謀獻策。發起人之一的梁君彥也指出，經濟動力其中一個重點是集中在提升香港經濟競爭力上做多些事情，鑒於鄰近地區的競爭力日益加強，他們希望從經濟角度去看香港的民生問題、環保問題，以及如何推動香港經濟以增強香港的競爭力。[1]

二、民主派政團的整合與發展

（一）民主黨與前線合併

在2008年立法會選舉前，民主黨已與前線接觸商討合併事宜。立法會選舉結束後，兩黨合併步伐加快。2008年11月23日，前線50多名成員於油麻地總部出席特別會員大會，就是否與民主黨合併和解散前線進行表決。經過兩個多小時會議後，先以34票支持，15票反對和1票廢票，以過半票數通過與民主黨合併的議案。解散前線的議案則未獲得會章規定的八

---

① 陳麗君：《香港政黨政治與選舉制度研究》第209—210頁，中國社會科學出版社2012年版。

成與會會員支持，以 41 票贊成，12 票反對，1 票廢票，以 3 票之差遭否
決。前線召集人劉慧卿表示，她與黨內 9 位執委退出前線後，後日將正式
交表加入民主黨。

有傳媒認為，劉慧卿之所以急於與民主黨合併，是由於她在今年 9 月
立法會新界東選舉中，其得票已跌至只有 3 萬餘票，僅以 4400 多票挫敗田
北俊，在當選議員中排名最末。她的昔日風光已不再，為了使前線免於被
邊緣化以及她期望與民主黨主席何俊仁能角逐正副主席職位，於是她不顧
前線內部的反對聲音，心甘情願接受民主黨的「收編」。一方面「體面引
退」，另一方面卻等待時機，以求東山再起。劉慧卿也認為「與民主黨合
併可以凝聚更大的民主力量」。①

2008 年 12 月 15 日，民主黨召開與前線合併後的首個周年會員大會，選
出新一屆領導層。何俊仁在無人挑戰下，以九成三的信任票，即獲得 288
票當選連任主席，劉慧卿以 228 票當選為副主席，單仲偕獲 205 票，以 73
票之差擊敗鄭家富，成功連任副主席。另外，27 名中委會委員中，18 名委
員連任，9 名新委員中有 3 名是由前線加盟的成員。

會後何俊仁表示，選舉結果體現民主黨與前線合併是成功的，「無論
精神、組織、同軀殼，都完全融合埋一齊」。新一屆領導層會於本月底及
一月初舉行兩次集思會，就民主黨的路線、未來的發展路向以及籌集經費
等方面出謀獻策。他強調，未來的工作重點是加強黨內溝通，推動民主黨
在泛民當中發揮凝聚力量的作用。

劉慧卿表示，會繼續為無回鄉證的黨員爭取返大陸的權利，期望民主
黨的內地訪問團可以盡快成行，到內地與當局溝通；單仲偕則希望民主黨
利用未來兩三年時間，做好地區工作，為迎接 2011 年的區議會及 2012 年的
立法會選舉做好準備。

民主黨與前線合併後，吸納了前線近百名會員，民主黨在立法會的議

---

① 香港《大公報》2008 年 12 月 1 日。

席也由8席增加到9席。兩個組織的高層由於已合作多年，因此合併後並沒有出現問題，但兩個組織的地區人員的磨合卻遇到了問題，特別是在新界東，前線的地區人士多植根於此地區，而民主黨新界東支部早已分成主流派與改革派，如今又加上一批加入民主黨的前線新人，三者的融合問題難於解決，為3年後爭奪民主黨新界東出選名單，留下了隱憂。

2009年初，為了更好培養年輕黨員，民主黨改變以往培養年輕黨員的「師徒制」辦法，即由資深的地區黨友帶若干名新人從事地區工作，透過日常工作來實踐理論。而委派在去年競逐立法會失敗的楊森，擔任本黨黨校校長，重新設計與重整黨內培訓新人課程，特色是課程設計將明刀明槍以爭奪2011年區議會議席為軸心。課程內容包括選舉戰略、如何組織選民網絡及如何成立地區辦事處等，為2011年的區議會和2012年的立法會選舉打下基礎。

（二）社民連擴張勢力，準備組黨

社民連在2008年立法會地區直選中，取得了3個議席，成為泛民陣營中取得直選議席排第三位的政團。選舉後，該組織吸收了大批青年人加入，會員增至700多人。為此，社民連舉辦了一連兩日的「迎新營」，有130名新會員參與，主要是二十出頭的年輕人為主。主席黃毓民表示，舉辦迎新營是讓新黨友進一步認識社民連，並計劃下一步定期舉辦青年訓練班，內容包括公共政策研究、地區工作、演說技巧等，為組黨做準備。他估計社民連最快也要2010年才能組黨。

（三）公民黨選出新領導層，培育新人為2011年區選做準備

公民黨成立後，積極參與特區政治選舉，在2007年3月特區行政長官選舉中，推出梁家傑參選，結果落敗。在2007年的第三屆區議會選舉中，公民黨派出44人參選，取得8個議席；在2008年第四屆立法會選舉中，派出19人參選，取得5個議席。

2008年12月7日，公民黨舉行第3屆周年委員大會，選出新一屆執委

會成員，主席關信基、黨魁余若薇及副主席黎廣德順利連任，梁家傑代替張超雄成為新一屆內務副主席，而浸大政治及國際關係學系副教授陳家洛則接替鄭宇碩出任公民黨秘書長，在08年立法會選舉中落敗的前會計界議員譚香文等則被踢出局。新一屆執委會，還加入了陳淑莊、曾國豐、郭榮鏗等多個年輕面孔，這是公民黨自2006年成立以來首次出現領導層變動。新任秘書長陳家洛表示，公民黨未來有三大目標，分別是要強化地區服務、培訓參選團隊及增加利用新媒體與市民溝通。

　　一向以精英主義掛帥的公民黨，繼續沿用「師徒制」培育新人。其利用現任5名立法會議員，以一帶二方式，培育10名精英，這批人的「特訓」課程，基本以課堂教授形式為主，著重於民主、自由一類核心價值的理論分析，由該黨主席關信基、立法會議員梁家傑及黨魁余若薇授課，這批人將會成為2011年公民黨爭逐區議會議席的「秘密武器」。

第五章

新政團誕生與「二〇一一、一二」年選舉

（2010-2012）

　　歷史的腳步踏入2010年，香港政壇發生了重大變化。香港特區立法會於6月23日至25日經過馬拉松式激烈的辯論後，通過了2012年行政長官產生辦法和立法會選舉產生辦法。這是香港回歸後立法會首次通過政制改革方案，在香港政制發展史上是個新的里程碑。

　　隨著政改方案的通過，香港政團出現新一輪的分化組合及發展高潮，進入了政團發展的第四個階段，或分裂，或重組，或新晉，衍生出更多的政治團體。為了在新一屆議會中佔有更多的議席，各政團秣馬厲兵，準備逐鹿2011年的第四屆區議會選舉和2012年的第五屆立法會選舉。

第一節 「2012年政改方案」
與政團的分化組合及發展

2010年4月，特區政府公布了2012年行政長官產生辦法和立法會選舉產生辦法，并提交立法會表決，6月23日至25日立法會經過激烈的辯論，分別以46票贊成13票反對和46票贊成12票反對，獲三分之二多數議員投票支持，通過了2012年行政長官產生辦法和立法會選舉產生辦法。2012年政改方案的通過，促進了香港政治團體的新一輪分化、組合及發展。

一、帶「超級區議會」元素的政改方案戲劇性通過

自從全國人大常委會2007年12月29日對香港政改作出決定以來，香港社會高度關注，各派政治勢力聚焦未來政改的路線圖，紛紛拋出有利於自己的方案，冀望獲取最大的政治利益。

2009年11月18日特區政府就2012年政改問題發表諮詢文件，2010年4月公布具體方案，即2012年行政長官選舉委員會由800人增至1200人，提名門檻按比例由100人增至150人；立法會由60席增至70席，分區直選和功能界別各增5席。功能界別新增5席由區議員互選產生。

這期間贊成和反對的勢力、黨派經過激烈的較量與爭論，特別是公民黨、社民連發動「五區公投」，號召「全民起義」，令政改路上陰霾密布，大有「黑雲壓城城欲摧」之勢。然而，經過中央政府、特區政府和各派政團、社團的共同努力下，終於峰迴路轉、柳暗花明。立法會以三分之二多數議員投票支持，戲劇性通過了2012年政改方案。

圍繞政改方案，立法會內幾股力量，展開了激烈而複雜的較量。

建制陣營催生了以民建聯、工聯會等愛國政團、社團為骨幹組成的

「政制向前走大聯盟」。民建聯主席譚耀宗表明，對現存功能組別最終是改良抑或廢除，又或以民選區議員的新功能組別取代，持開放態度，例如如何保留功能組別元素、可否一人一票或一人二票，可否讓相關行業的人士以至行外人士均有一票，願意考慮。譚耀宗極力游說泛民陣營的「龍頭大哥」民主黨，支持2012年政改方案，指方案增加由民選區議員「間選」的立法會議席，為改革傳統功能組別奠定基礎。

來自立法會商界功能組別的議員、「工商界政改動力」召集人林健鋒表示，功能組別應該改良而非廢除，各個功能組別的存在有其歷史因由，體現均衡參與，工商、專業及勞工等亦各有廣泛代表性，貢獻不容抹殺。若現時便說要解決2017年、2020年的普選問題，這只是阻礙踏出政改的第一步，現最急切的是討論2012年的選舉辦法。[1]

泛民陣營出現了以民主黨為代表的「溫和派」和以公民黨、社民連為代表的「激進派」。

民主黨否決參加五區請辭，籌組「終極普選大聯盟」，採用對話方式向特區政府與中央提出三項要求：一是中央對普選作出定義；二是中央就政改設立長期溝通機制；三是2012年政改方案中的六個區議會功能組別議席採取「一人兩票」的辦法，從區議會的民選議員中提名，然後再交由全港選民選舉產生。

而社民連、公民黨卻聯合策動「五區總辭、變相公投」來推動民意，更號召所謂「全民起義」作招徠，支持他們提出的「2012雙普選」與「取消功能選舉」的主張。2009年7月底，社民連正式拋出「五區總辭、變相公投」方案。同年9月6日，公民黨拋出總辭方案。2010年1月21日公民黨、社民連正式宣布，公民黨陳淑莊、梁家傑，社民連黃毓民、梁國雄、陳偉業5人辭去立法會議員職務，引發2010年5月16日所謂「補選」鬧劇，上述5人則分別參選香港島、九龍東、九龍西、新界東、新界西五大

---

① 香港《明報》2010年3月1日。

選區，投票率只得17%，他們雖得以重新上台，但因政團杯葛、市民參與程度不高，公投鬧劇只能黯然收場。

此後，中央政府及有關部門加大與各方對話、溝通、支持政改方案通過的力度。2010年5月24日至28日，中聯辦負責人相繼與民主黨、普選聯和民協的代表坦誠晤談。6月7日，全國人大常委會有關負責人發表講話，既重申普選定義的原則立場又透示一定靈活性。特區政府行政長官及有關官員不遺餘力，多層次、多形式與民主黨溝通、協商。所有這些努力，促成民主黨不再糾纏多種訴求，而是僅集中要求2012年立法會新增5個區議會功能團體的議席，採取「一人兩票」方法來選舉產生。中央政府適時地抓住了這一重要契機，決定接納民主黨的「區議會改良方案」。於是，6月25日，立法會以三分之二多數議員投票支持，通過了2012年政改方案，使香港特區政制發展避免了重蹈2007年行政長官和2008年立法會產生辦法「原地踏步」之覆轍，朝著普選的目標邁出一大步。

政改方案由即將遭受夭折而最終戲劇性獲得通過，是各方政制發展「持份者」多邊博弈的產物，也是香港民主發展的里程碑。民建聯主席譚耀宗認為，立法會通過方案，是各方妥協的成果，體現了民主需理性、包容、尊重的重要。自由黨主席劉健儀則形容，立法會大比數通過方案，使中央政府、特區政府和香港市民三方面都是贏家，標誌著香港政制歷史邁向新的里程。民主黨立法會議員張文光指出，爭取民主的路不能只是一條，實現普選應該對話談判。如果今天我們否決了政改方案，那麼原地踏步由2004年直至2016年，一共停滯12年，其結果是社會內耗、內鬥和撕裂，是政府不能管治，是香港不能前行。[1]民主黨主席何俊仁表示，過去民主發展一直沒有「出路」，已導致不少中間派選民流失，政改拉闊了泛民光譜，過往流向建制派或其他候選人的選民回心轉意。[2]

① 香港《大公報》2010年7月5日。
② 香港《信報》2010年7月3日。

這次通過政改方案的重大意義：一是避免了香港政制原地踏步停滯不前，減少了內耗與內鬥；二是有利於政府集中精力處理與市民息息相關的經濟和民生問題，對香港長遠發展大有益處；三是將進一步改善香港與中央的關係，增加彼此之間的互信，加強良性互動，有利於「一國兩制」、「港人治港」、「高度自治」方針的進一步落實。

　　政改方案通過後，隨即開展與2012年行政長官及立法會兩個選舉產生辦法相配套的本地立法工作。

　　2011年3月3日，香港立法會以42票贊成，11票反對，三讀通過《2010年行政長官選舉（修訂）條例草案》；3月5日，立法會以43票贊成，7票反對，三讀通過《2010年立法會選舉（修訂）條例草案》，這就意味本地立法工作已經順利完成。

　　新一任行政長官選舉將於2012年3月舉行。選舉委員會的人數將由過去的800人增至1200人，其中4大界別的各組人數，均由200人增至300人。行政長官參選人必須獲得不少於150名選委會委員的提名，才有資格參選，而在選舉時，參選者必須取得600票才能當選。

　　新一屆立法會選舉將於2012年9月舉行，議席由60席增加至70席，直選維持5個選區，選出35名議員，每區增至5至9席；功能界別新增的5個「區議會（第二）界別」議席（俗稱「超級區議會」議席），以全港爲一個大選區，只有民選區議員可以參選，並必須獲得15名區議員的提名，再由320多萬名選民以1人1票形式選出。[1]

二、老政團分化、發展及新政團誕生

　　2012年政改方案的通過，成爲香港政治團體新一輪分化、組合的催化劑，也是新政團湧現的孵化器。各政團將調兵遣將，馳騁在新一屆各類選

---

① 　香港《文匯報》2011年3月6日。

舉戰場上。

（一）經濟動力欲轉戰直選

2010年6月，政改方案通過後，促使部分工商專業界議員部署轉戰直選。由四名功能組別議員組成的工商政團經濟動力亦有意擴展版圖。召集人林健鋒表示，有意搶攻其他功能組別，同時亦希望派人參與地區直選，爭取更多議席，以增強政團的影響力。

對於經濟動力研究轉戰直選，林健鋒認為，功能組別需兼顧社會的整體聲音，因為很多議題都與整個社會有關，他們不應只關注功能組別，這是大勢所趨。另一考慮是，希望藉此增加經濟動力的議席及影響力，而地區上有人認同他們的工作，故希望多點參與地區。[1]

因應立法會直選議席的增加，主攻功能界別的經濟動力開始關注地區事務，著力經營地區網絡，以收購、合併、招攬等途徑網羅區議員或有志參選人士，首要目標是瞄準2011年11月舉行的第四屆區議會選舉。結果，經濟動力派出10名參選人，其中4人成功當選區議員。

2012年10月7日，3名成功連任的經濟動力立法會議員梁君彥、林健鋒、劉皇發和石禮謙、盧偉國、張華峰及梁美芬合組新的政團——香港經濟民生聯盟（簡稱經民聯）。經濟動力並未正式宣布解散或與經民聯合併，但實際上其已停止了運作。

（二）民主黨少壯派成立新民主同盟

民主黨在政改一役，為香港民主化進程踏出實質一步。但民主黨支持政改方案通過的立場也引發黨內不滿情緒，導致接二連三的退黨事件，並直接分裂出新的政治團體——新民主同盟（簡稱新同盟）。

民主黨新界東立法會議員鄭家富，因反對民主黨支持政改方案而黯然退黨，令人愕然。鄭家富稱，「其實自己的理念與社民連更加相近，但強調在退出民主黨後，不會加入其他政黨，又或另起爐灶。」[2]

① 香港《信報》2011年2月10日。　　② 香港《明報》2010年7月23日。

新同盟成立於2010年10月2日，20名成員主要來自民主黨新界東支部被視作「改革派」的人士，包括民主黨新界東范國威等8名區議員。他們多數不同意民主黨支持政改方案的立場，指成立新同盟並不等同集體退黨的行動，表示將繼續留在黨內，維持多元聲音和民主包容的文化，強調務實本土路線。

　　到12月19日，有30名民主黨「改革派」宣布退黨，包括前民主黨副主席陳竟明、陸耀文、李偉文等7名創黨成員，以及西貢區議員范國威、張國強、梁里，大埔區議員關永業、任啓邦，沙田區議員梁永雄、容溟舟共7名區議員。退黨成員主要是新同盟的骨幹，大多是新界東支部成員，7名區議員分布於西貢、大埔及沙田區議會。

　　這是民主黨繼2002年少壯派出走後，最大規模的退黨潮。剛在民主黨改選領導層大會上連任主席的何俊仁承認，事件對黨有一定損害，但認為是政團發展的自然現象。即使支持政改方案引發退黨潮，但絕不後悔與中央談判，認為泛民中人對民主黨「會由諒解到理解，由理解到接受」。連任副主席的單仲偕則稱，民主黨尚有53名區議員，逾80名社區主任，故7名區議員離開對黨的影響不太大。另一連任副主席的劉慧卿表示，今次退黨成員大都是新界東成員，會著力加強新東地區工作，如在大埔、將軍澳等區加開辦事處。①

　　這次民主黨30名黨員退黨，相對於約700名黨員，數目上看影響不算太大，但要害在於民主黨新界東支部幾乎連根拔起，若結合早前退黨的立法會新界東議員鄭家富，這個影響就很大了。

　　直至2011年1月15日，民主黨再爆退黨潮。民主黨已有16年黨齡的創黨黨員、前沙田區區議員何淑萍等12人宣布不同意該黨對政改的立場而集體退黨，更在公開信中點名批評劉慧卿「行事霸道專橫」，並在地區工作中刻意提拔自己人打擊舊人，是「假團結、真排擠」。②

---

①　香港《明報》2010年12月20日。
②　香港《文匯報》2011年1月16日。

新同盟的成立以及民主黨接二連三的退黨事件，將直接影響2012年立法會選舉民主黨的部署，首當其衝的是新界東現任立法會議員劉慧卿、黃成智，恐怕兩位只能有一位當選。

新同盟的成立，對香港政壇產生一定影響，雖然規模比較小，但標誌著政改方案通過後，因應2012年選舉新形勢的各方勢力的洗牌活動正式開始，新同盟亦成為伴隨政改方案而來的第一個新政團。

（三）由匯賢智庫到新民黨

匯賢智庫自2006年中成立以來口碑不俗，創會主席葉劉淑儀2008年當選為立法會議員，另有2位區議員包括灣仔大坑的黃楚峰，以及東區欣藍的黃健興。外圍組織「匯賢之友」約有1600至1700人，還有一些人才加入政府，如葉劉淑儀的政策發展總監陳嶽鵬被招攬入特首辦（後為梁振英政府的政制及內地事務局副局長），令葉劉淑儀這個金漆招牌更加耀眼。葉劉淑儀還趁匯賢智庫成立4周年之際，向外界推出多位有潛質的新秀，如曾為10優「狀元」、史丹福大學碩士施俊輝（後為南區區議員、梁振英政府教育局政治助理）。

政制改革一役改變了香港政圈生態，亦擴大了參政空間，令各政團謀定而後動，重新思考發展路向。

匯賢智庫以往主要專注政策研究，是否發展為政黨，葉劉淑儀認為有三大考慮：第一是會否因而流失支持；第二是匯賢能否建立自家品牌；第三是看民調是否支持。總的傾向是考慮組黨。[1]

此時香港政圈發生了田北辰退出自由黨事件。田北辰在最低工資等政策取向與自由黨發生分歧，加上2008年代表自由黨出選九龍西落敗後，一直思考如何繼續走直選之路，這與現階段以功能組別議席為主攻方向的自由黨貌合神離，最終分道揚鑣則是遲早的事。

恰逢政改方案通過，立法會增加10個議席，而葉劉淑儀正籌組新黨，

[1]　香港《明報》2010年7月19日。

代表商界的田北辰與代表中產專業人士包括公務員群體的葉劉淑儀及前醫學會會長史泰祖醫生一拍即合，新民黨隨之應運而生。

2010 年 12 月 15 日，新民黨舉行首次會員大會，選出中央委員會成員，並選出葉劉淑儀為主席、史泰祖及田北辰為副主席，余衍深任行政總裁。2011 年 1 月 9 日，新民黨正式成立，創黨成員 266 人。新民黨以「親近民心，革故求新」為口號。立黨宗旨是於香港建設健全的民主制度，推動科技創新，以促進經濟轉型及產業多元化，同時致力縮窄貧富差距，建立更公平社會。

新民黨黨徽以 N 字為主體，N 字形似石柱，象徵致力紮好深厚根基，兩片紅色的紫荊花瓣交疊而成，寓意扎根香江，兩片花瓣如雙手緊握，則象徵新民黨會抓緊社會脈搏，親近民心。

葉劉淑儀接受傳媒訪問時說，成立政黨的原因有兩個：一是立法會通過政改；二是匯賢智庫候選人在薄扶林區議會補選落敗（2010 年 9 月 5 日補選，匯賢智庫財務顧問劉應東接替陳嶽鵬辭職出選，敗於公民黨的司馬文），在候選人拉票過程中被居民質疑匯賢智庫是智囊組織，不是政黨。[1]

新民黨取名「新民」，摘自《禮記‧大學》「大學之道，在明明德，在新民，在止於至善」，希望承傳精進日新的國粹之道，秉持香港人的拚勁精神，加入為民服務的行列，促進香港的持續革新，保持活力。

田北辰認為，新民黨之「新」有雙重意義。第一個「新」是「新選民」，新民黨希望闖出一片新天地，吸引以往對政治冷感未有登記為選民的市民，更積極關心及參與政治；加上大批已登記為選民，但對選舉心灰意懶的市民。第二個「新」是「新候選人」，相信不少「新選民」期待已久是政壇有一番新景象，渴望有經濟方面的專業人士或商界參與直選，能對香港經濟有更高瞻遠矚的看法；更相信「新選民」會特別期待高質素、

① 香港《大公報》2010 年 12 月 23 日。

年輕、有魄力的「新候選人」是政壇新星。[1]

　　新民黨的成立，既是政改方案通過的產物，也是代表香港中產階層和專業人士的新興政團。中產階層和專業人士是香港社會發展的重要力量，也是香港民主政治發展訴求最高的一個利益群體。香港政治版圖建制陣營中民建聯、工聯會，都不是以專業人士和中產階層為主體的政團，而新民黨的誕生，則填補了中產和專業人士這一階層的「空白」，成為他們的「代言人」，擴闊了建制陣營的光譜。葉劉淑儀就指出，有很多基本支持者是公務員，包括紀律部隊，並希望吸納中產、專業和工商界人士的支持；而新民黨將主力針對經濟，縮窄社會貧富距離，推動經濟轉型，將利益分多些基層。[2]顯然，新民黨為行直選之路，亦面向全民，以拓展最大限度的票源基礎，獲取更多議席，力圖在香港政治舞台上有一番作為。

　　（四）社民連分化出人民力量

　　社民連自2006年10月正式成立以來，一直由黃毓民擔任主席，至2010年1月底，第三屆第一次周年會員大會換屆，黃毓民退下火線，交由陶君行接棒任主席。副主席李偉儀和麥國風亦相繼退下，由擔任黃毓民辦公室幹事的鄧徐中、澳洲墨爾本大學畢業返港的吳文遠及有份策劃「公投」的律師王學今接任副主席，季詩傑則出任秘書長。新領導層明顯年輕化，由25歲至49歲不等，平均年齡只有34歲，九成為大專以上畢業。

　　新任主席陶君行表示，社民連未來會繼續堅持「濟弱扶傾、義無反顧」的路線，首要任務是搞好「五區公投」。

　　社民連在與公民黨策動「五區總辭、變相公投」中出盡風頭，更因其三名立法會議員黃毓民、梁國雄、陳偉業辭職再補選鬧劇，獨領風騷，傳媒曝光率很高。及至政改方案通過，令香港政治生態及選舉模式出現大轉折，社民連內部就對付民主黨、民協的取態，以及是否退出泛民區議會選

[1]　香港《信報》2010年12月24日；12月27日。
[2]　香港《大公報》2010年12月23日。

舉協調機制爭拗不斷，最終走向分裂。

有時事評議員對社民連分裂的原因做了剖析，不無道理。指社民連內部的矛盾，從一開始就已經存在，那就是黨的基礎由社會民主的左派路線所建立，卻由右派政客與幕後金主操控領導；真正的社民主義者與功利的右派政客分屬民粹與狡詐，作風本是格格不入，是水與油的關係。而社民連得以迅速發展，是黃毓民的右派民粹作風，其搶盡傳媒注意力之餘，亦吸引了大量年輕黨員，更藉五區公投將黨的發展推上高峰；但問題是黨內的左右矛盾，猶如水與油的對峙，沒可能真正協調。黃毓民是位知名度極高的名嘴，2006年開始正式參與政治，並無抗爭的往績，幾年下來被譏為只知口頭抗爭的人，卻自詡是社民連成功的主要人物；口頭社民與真正社民的不和，是遲早決裂的因素。[1]

令社民連邁向分裂之途的導火索是，是否參與泛民區選協調機制及如何應對支持政改方案的民主黨和民協。創黨主席黃毓民和執行委員任亮憲等表態，傾向退出機制，並全力狙擊民主黨和民協，副主席吳文遠和秘書長季詩傑則不主張退出，認為區議會選舉的敵人應是建制派。主席陶君行表明，已去信民主黨和民協，要求他們不要再與中央繼續「秘密談判」，若他們在限期前拒絕承諾或未有回復，社民連很大機會將退出協調機制。兩派主張令社民連陷入內訌。

到2011年初，連月來爭拗不斷的社民連終於正式分家，前創黨主席黃毓民及創黨會員陳偉業宣布退出社民連，連同一眾不滿以現任主席陶君行為首的內閣的支持者，將另組新黨，名為「人民力量」，在來屆區議會選舉中，聲言全力狙擊民主黨和民協。

2011年1月23日，人民力量成立，初時是比較鬆散的臨時性政治組織聯盟，分別由普羅政治學苑、選民力量、前線、神州青年服務社、民主陣線和社民連200多名退黨成員組成。

① 香港《信報》2010年12月22日。

2011年7月10日，人民力量正式組黨，選出第一屆執行委員會。執委會是黨的最高權力機構，主要職責是修改黨綱、黨章、選舉或罷免執行委員會委員等。第一任主席為選民力量劉嘉鴻，副主席為前線召集人甄燊港和陳志全。

人民力量是繼社民連後又一個激進的政治團體，奉行極端的激進路線。當時成立的目的之一，就是要在2011年區議會選舉中狙擊「四民」，包括民主黨、民協、民主動力（泛民區選協調者）和民建聯。

社民連分化出人民力量，既是其內部矛盾的積聚及路線策略分歧導致的結果，亦是政改方案通過後政團離合與內鬥的縮影，更是面對新一屆區議會和立法會選舉規則大變的格局而作出的應對。人民力量黃毓民、陳偉業等打著主要狙擊民主黨、民協旗號，針對兩黨參選「超級區議員」的部署，何嘗不是為其謀求順利連任立法會議員並助人民力量搶奪新的區議會、立法會議席而吸引政界眼球，增大傳媒曝光率，可謂「司馬昭之心，路人皆知」。

（五）曇花一現的工商專業聯盟

「合久必分，分久必合」是香港政改通過後，政壇出現戲劇性變動的寫照，工商專業聯盟的產生成為很好的註腳。

2011年8月21日，早前拆夥的經濟動力和自由黨，聯同專業會議成員共12名立法會議員，加上自由黨榮譽主席田北俊，共13名成員宣布合組成立「工商專業聯盟」。（簡稱工專聯）

經濟動力林健鋒任召集人，自由黨劉健儀和專業會議何鍾泰任副召集人。另設有三名榮譽主席，包括經濟動力的劉皇發、商界（二）獨立議員黃宜弘和以非議員身份加入聯盟的田北俊。

另外7名成員均為立法會議員，包括經濟動力的梁君彥、梁劉柔芬，自由黨的方剛、張宇人，專業會議的石禮謙、梁美芬、劉秀成。

工專聯成為立法會第一大勢力。召集人林健鋒表示，成員立場相近，

現在時機成熟，希望日後更團結地代表各階層，尤其是為中產、工商和專業人士發聲，避免民粹主義的激進行為加劇社會衝突。聯盟日後不會捆綁投票，但不排除發展成為政黨。

副召集人劉健儀稱，聯盟在議會手握 12 票，是一股力量和一把強大的聲音，政府不能夠忽視。他們結盟是要為大眾爭取福祉，例如為中小企、中產人士發聲。另一副召集人何鍾泰表示，專業人士和工商界的理念相近，但在某些議題上未必有一致立場，所以認同毋須捆綁投票。

自由黨和經濟動力冰釋前嫌，由分裂到再複合，能達至「破鏡重圓」，他們承認是在當前形勢要面對現實，如果各做各事、各行各路，聲音和力量會薄弱。

經濟動力的梁君彥稱，他們一早有結盟的構思，希望成為一把強而有力、代表工商專業界別和中產的聲音，想有一個新平台，不是誰吞併誰。自由黨的田北俊則表示，年初已有意和經濟動力商討合作，但由於沒可能單獨合併，且認為聯盟應有直選議員，所以成功游說專業會議（梁美芬是九龍西直選議員）另組一個新平台。①

工專聯雖是立法會內「第一大聯盟」，但不是真正意義上的政治團體，既沒有黨綱、黨紀，又不捆綁投票，只是一個鬆散的議會聯合體。聯盟主要是因應政改通過後的形勢，面對 2011、2012 年多場選舉，尤其是區議會、立法會兩場大型選舉，若要在各方政治勢力盤踞下，增強本身的影響力，結盟屬明智之舉。但因選舉競爭激烈，聯盟亦難免出現相爭，能否順利協調，則是未知之數。

果其然，在 2012 年立法會選舉中，自由黨與經濟動力在新界東地區直選及功能組別紡織及制衣界選舉中均兵戎相見，同場角逐，一較高下。選舉結束後，兩黨裂痕重現，再次各奔東西，工專聯存在約一年時間就偃旗息鼓，在香港政壇只是曇花一現而已。

① 香港《大公報》2011 年 8 月 22 日。

（六）從職工盟到工黨

2010年6月政改方案表決，職工盟立法會議員李卓人投下反對票。儘管如此，政改方案還是最終通過，令香港政治生態及選舉方式均發生重大變化，使職工盟及李卓人亦不得不謀求重新定位以及未來發展方向，由此催生了新政團——工黨。

李卓人與公民起動的立法會議員何秀蘭，正言匯社社長、前社福界立法會議員張超雄及現任社福界立法會議員張國柱等醞釀以職工盟為基礎籌組工黨，以應對「超級區議員」選舉新模式及立法會直選議席增加的新形勢。他們的如意算盤是，工黨一旦成立，最理想的選舉策略是由成員中知名度最高的李卓人轉戰「超級區議會」，然後五個直選選區，各派一人參選，以作為選舉「風車葉」，由李卓人為軸心帶動「風車效應」。

為了爭取「超級區議會」選舉的入場券，李卓人不惜「處女下海」，破天荒首次參加2011年區議會選舉，落腳元朗天水圍富恩選區，與工聯會「小花」劉桂容鏖戰，成為當屆區選的焦點選區之一。結果，「巨無霸」職工盟主席李卓人以138票之差落敗於工聯會名不經傳的「小花」劉桂容手下，無緣晉身來屆立法會超級議席選舉，亦打亂了籌組中的工黨的立法會選舉部署。

面對區選失利和香港政壇分化組合、新政團不斷湧現以及新一屆立法會選舉的形勢，李卓人等加快了籌組工黨的步伐。

2011年12月18日，工黨成立，有131個創黨黨員，並有公民起動、新世界巴士職工會、九巴員工協會、城巴職工總會等團體成員。李卓人任主席，副主席為何秀蘭、張超雄（政策）、譚駿賢（黨務）。張國柱出任紀律委員會主席（張已退出民協）。20名執行委員中，大部分屬職工盟骨幹成員。

工黨的口號是「全民起動，天下為工」，主打民主、公義、承續及團結四大主張。該黨主張社會民主主義，承認與社民連的路線相對接近，但

強調該黨會採溫和非暴力的社運模式抗爭。

工黨的誕生，既是職工盟尋求更大發展的需要，也是政改通過後香港政局及選舉新形勢下的產物。實際上，工黨與職工盟是「聯體嬰」，是為爭奪議會更多議席，爭取勞工權益更多話語權，與工聯會「打對台」，達至爭奪工運領導權的目的。李卓人宣稱，今後的工運將以「兩條腿」走路，職工盟會繼續以工會活動及組織動員的形式，爭取勞工權益；工黨則會以政治力量在議會內抗爭。職工盟與工黨之間將制訂協調機制，交流意見並解決分歧。

（七）從早餐派、泛聯盟到專業會議

專業會議是立法會中一個由無黨派議員組成的建制派功能組別鬆散政治聯盟。它的前身在港英立法局時期稱為早餐派（因該聯盟的議員都通常在吃早餐時討論政事而得名）。

2004 年第三屆特區立法會開始運作時改稱「泛聯盟」，由成功連任的立法會議員陳智思、呂明華、石禮謙、何鍾泰及首次晉身立法會的劉秀成組成，務求掃除早餐派以往的「保皇黨」形象，以及爭取在立法會取得「關鍵少數」的作用。

2008 年立法會選舉時，工業界（第二）的呂明華和保險界的陳智思不角逐連任，而其他 3 名成員石禮謙、何鍾泰、劉秀成則成功連任。2008 年 9 月起，泛聯盟在 3 名原有成員中，加入循九龍西直選首次進入立法會的梁美芬，並改組為專業會議，秘書長是石禮謙。

專業會議在立法會不是一個政黨，成員都是無黨派背景。其組織只是某幾位議員在政見上的一個結盟，而對各議員的投票意向均沒有約束力。

專業會議議員雖然表明他們不是建制派，也不是泛民主派，會站在香港整體利益的立場審議各項政策。不過，其政治立場其實都是親政府的，因此，在香港政治光譜中劃成建制派。而自從成員陳智思獲政府委任為行政會議成員後，由泛聯盟到專業會議均全力支持政府施政，而對政府政策

亦甚少投反對票。

　　面對香港回歸以來首次在立法會通過政改方案，專業會議立法會議員梁美芬表示，在過去的政改爭拗中，中央政府和特區政府與溫和反對派溝通，終於取得共識。她期望將來可建立平台，收窄香港兩個政治陣營間的差異。

　　對政改方案通過後的本地立法問題，專業會議何鍾泰、劉秀成及梁美芬與政務司司長唐英年會面討論後表示，新增的5個區議會功能界別議席，提名門檻不應超過10人，亦應該只准現任民選區議員競逐。

　　至2012年9月立法會選舉，何鍾泰、劉秀成角逐連任失敗，專業會議由4席變成2席（石禮謙、梁美芬）。10月7日，專業會議成員石禮謙、梁美芬與經濟動力等籌組成立香港經濟民生聯盟，專業會議淡出政壇。

第二節 二O一一年的第四屆區議會選舉

2011年上半年，香港的形勢瞬息萬變。先後出現了港珠澳大橋司法覆核風波、財政預算案風波、僭建風波等，之後更出現了立法會議員辭職遞補機制立法風波，這些風波嚴重打擊了政府管治的威信。7月下旬，「外傭居港權」風波的出現，引起了社會更大的不安和憂慮。雖然到9月底，港珠澳大橋司法覆核官司有了宣判結果，政府勝訴，但這一事件對香港社會造成了很大的負面影響，大橋工程因官司延誤而增加了65億元開支，建造業失業率被推高2—3%。在這種錯綜複雜的形勢下，香港社會迎來了第四屆區議會選舉。

一直以來，區議會是負責地區事務的議會，主要職能是就影響有關地方行政區內的人的福利事宜、公共設施及服務的提供和使用；為進行地區公共工程和舉辦社區活動而撥給有關地方行政區的公帑的運用等專案向政府提供意見。[1]

根據中大亞太研究所的調查，六成六的受訪選民說要解決社區問題，該找區議員而不是立法會議員，可見區議員「街坊保長」角色，自1982年成立至今已深入民心。[2]

近年區議會又賦予越來越多的政治權力，區議員之間可以互選一名代表晉身立法會，可以互選選舉委員會委員，負責選出行政長官。

今屆區議會有進一步發展，根據2011年3月5日立法會通過的《2010年立法會（修訂）條例草案》規定，立法會議席由60席增加到70席，直選和功能界別各增5席，功能界別新增的5個「區議會（第二）界別」議席，以全港為一個大選區，只有民選區議員可以參選，各民選區議員在得到15名民選區議員提名後，可以參選區議會（第二）功能界別，即俗稱「超級

---

[1] 資料來源：「2011年區議會選舉」網頁，見《文匯報》2011年10月25日。
[2] 香港《信報》2011年11月5日、6日。

區議會」，由其他未能在傳統功能界別投票的300多萬名選民投票選出，五人可晉身立法會。

此外，當選的412名民選區議員，可以透過全票方式，在當中挑選出117名代表成為新一屆選委，在2012年3月選出新的行政長官。換句話說，即每4個區議員便會有1人可以成為選委。

第四屆區議會選舉在2011年11月6日舉行。全港18區共412個選區選出412名區議員，即每個選區選出一名民選區議員。

今屆區選的提名期於9月15日開始至9月28日結束。選舉事務處接獲915個有效提名，其中76人自動當選，839名候選人競爭336個議席，平均約2.5人爭1席。[1]

區議會選舉於2011年11月6日落幕，共有約120萬登記選民投票，投票率41.4%，較上一屆38.83%略高。

一、各派政團排兵布陣，星級戰將紛紛披甲

區議會選舉對不少政黨的命運有決定性影響。因為區議會這個政治平台為各黨第二梯隊提供出路及訓練場，議席愈多，愈有利吸引年輕才俊參與，也較易處理老一輩與年輕一代的合作關係。所以，區議會議席若流失，意味失去地區政治椿腳，導致年輕才俊及地區人脈流失，以至財政收入流失，直接影響政黨未來的發展。可見，區議會是政團倚靠的地區網絡，亦是椿腳培訓之地，「街坊保長」在通渠治水之外，其實還有更大的政治任務。

故此，歷屆區選均為政團的主要角逐之地。今屆區議會的含金量增大，區議員在政治舞台上的角色越來越吃重，各路諸侯大舉出擊，星級人馬及「強龍地膽」紛紛下海，搶奪超級議席及選委委員的提名權和「入場券」。

---

[1]　香港《星島日報》2011年11月3日。

今屆區選 915 名候選人中，有政團背景者達 613 人。

建制陣營派出近 300 人上陣（單計算民建聯、工聯會、自由黨、經濟動力、新民黨），有星級元老出山參選，有力爭連任的「地區通」，亦有不少是初試啼聲的年輕生力軍。①

民建聯聲勢最為浩大，今屆派出多達 182 名候選人出選，其中 115 名現任區議員角逐連任，50 人則首次披掛上陣，已有 36 人自動當選（其中 4 人具有民建聯與工聯會雙重會籍）。副主席劉江華、李慧琼、張國鈞及立法會黨團召集人葉國謙均披戰衣，以「實事求是，為你做事」為競選口號，覆蓋 18 區的 182 個選區。主席譚耀宗坦言，民建聯選情嚴峻，期望今屆選舉能超越上屆的 115 個區議會議席。

工聯會派出 48 人參選 14 區中的 48 個選區，其中現任區議員 21 人角逐連任，有 5 人自動當選（其中 4 人與民建聯身份重疊），「九東票後」、前立法會議員、副會長陳婉嫻「重出江湖」。工聯會參選口號為「撐勞工、為基層」，主攻議題是：「為勞工基層做實事，不將勞工議題政治化，切實為打工仔爭取公平回報」。②會長鄭耀棠表示，上屆工聯會有 21 席，今屆以 24 席為目標，坐擁 26 席非常好，而 28 席更加不得了，最重要有勇無懼。③

工聯會與民建聯今屆出現協調不成功的事例。西貢尚德區 6 人競爭 1 個議席，其中民建聯陸惠民與工聯會簡兆祺「撞區」。有地區人士透露，陸已 71 歲，原本在上屆與簡協議，今屆讓位予對方，但最終陸仍參選，結果造成建制派「內鬥」。④

自由黨派出 24 人參選 16 區（除觀塘、離島外）中的 24 個選區，其中自動當選 3 人。最有看頭的是該黨力捧的新星陳浩濂，挑戰港島中西區山頂選區公民黨現任議員兼立法會議員陳淑莊。

① 香港《文匯報》2011 年 11 月 2 日。
② 香港《大公報》2011 年 11 月 3 日。
③ 香港《文匯報》2011 年 11 月 5 日。
④ 香港《明報》2011 年 11 月 1 日。

　　新民黨首次派出12人參選。副主席田北辰為打響頭炮，親自出擊荃灣
愉景選區，挑戰上屆自動當選的民主黨現任區議員王銳德。主席葉劉淑儀
稱，不少黨友在反對派及建制派「6：4黃金定律」（支持度）的典型示範
區參選，陷入多人角力的大混戰，對年資淺的新民黨來說選情非常艱苦，
但有信心在只有1位區議員黨友的基礎上，今屆能有所進賬。①

　　經濟動力首次派10人出選，立法會議員林健鋒坦言，萬事起頭難，但
服務社區最重要真心實意，而非只懂空談。經濟動力以入黨半年的離島長
洲南區參選人鄺官穩的選情最激烈，鄺上屆曾以獨立身份在當區落敗，但
仍繼續服務社區，今次捲土重來將與民主黨的郭卓堅等「5人混戰」。②

　　公民力量派21人出擊沙田和西貢，其中4人自動當選，劉江華以民建
聯、公民力量雙重身份出選沙田田心區，其對手是獨立人士孫燦培。

　　勞聯派2人出選，李詠民出戰深水埗南昌南區，譚金蓮出戰油尖旺大
南區。

　　由公民黨、民主黨、民協、街工和職工盟組成的泛民區選聯盟，五黨
共有235名候選人，當中有87名現任區議員。聯盟強調，經協調後泛民沒
有「自己人打自己人」。③負責泛民主派區選協調的民主動力鄭宇碩指，
泛民若能維持現有87席區議會數目，已經很理想。④

　　民主黨共派132人參選，只有1人自動當選（葵青荔景的周亦希），當
中46人爭取連任。⑤民主黨的區選口號是「衝破僵局，邁向普選」。有5
名立法會議員披掛上陣，包括何俊仁、李永達、涂謹申、黃成智、甘乃
威；多達36個選區被人民力量狙擊，其中主席何俊仁在屯門樂翠選區被人
民力量立法會議員陳偉業空降挑戰。面對人民力量的狙擊，民主黨選舉委
員會主席楊森說，選民不接受「空降」而無實際政績的候選人，只要投票
率高，人民力量的影響輕微。⑥

---

① 香港《文匯報》2011年11月2日。　　　　④ 香港《經濟日報》2011年11月1日。
② 香港《文匯報》2011年11月2日。　　　　⑤ 香港《明報》2011年11月3日。
③ 香港《信報》2011年11月1日。　　　　　⑥ 香港《成報》2011年11月1日。

公民黨派出 42 人出選，11 人尋求連任，能否保住現有 12 個席位，主席陳家洛坦言「悲觀」。[1]立法會議員陳淑莊繼續出戰中西區山頂，角逐連任；立法會議員湯家驊，空降沙田第一城，對手是競逐連任的獨立人士黃嘉榮。副主席黎廣德在南區海灣區，挑戰競逐連任的自由黨馮仕耕。公民黨力捧的新貴郭榮鏗，空降南區海怡東區，力撼現任區議員林啓暉。

民協派 26 人出戰區選，其中 14 人競逐連任。民協亦是人民力量重點狙擊的對象，特別在九龍西，人民力量總出選人數達 20 人，除 4 人和公民黨或民建聯對撼，狙擊民主黨和民協的分別有 6 人和 10 人。深水埗是民協「票倉」，有 9 名現屆區議員，是區內議席最多的單一黨派，但該區今屆成為被狙擊的重災區，民協出選的 14 人中，7 人受狙擊，當中 5 人為現任區議員，包括馮檢基。民協主席廖成利預計，人民力量的「拔筍（筍指民協的標誌）行動」成功率可能達一半，即民協被狙擊的 12 名參選人中，有 6 人可能戰敗，而馮檢基的選情最高危。[2]

街工派 6 人出選，除 1 人參選元朗晴景區外，其餘集中在葵青區參選，包括立法會議員梁耀忠在葵芳區角逐連任。

職工盟派 3 人出選，最矚目的是立法會議員李卓人，首次出戰區議會選舉，「空降」元朗富恩區挑戰「工聯小花」劉桂容。

除上述泛民區選聯盟的 5 個政團外，還有人民力量、社民連、新民主同盟未參與協調，他們的參選部署如下：

人民力量共派 62 人出選 15 個區的 62 個小選區，以「狙擊民主黨，踢走保皇黨，制裁偽民派」為口號。其中 36 人重點狙擊民主黨，9 人狙擊民協，2 人與公民黨，1 人與獨立泛民對壘。人民力量的布陣對於泛民來說，是有相當針對性的，與泛民對撼的選區，佔人民力量自己整體參選人數的77%，另外，與民主黨對撼的選區，佔民主黨總參選人數 132 的 27%，至於

① 香港《經濟日報》2011 年 11 月 2 日。
② 香港《明報》2011 年 11 月 3 日。

對民協，更高達其總參選人數26的35%。①

社民連派28人參選，重點在東區、觀塘、黃大仙、油尖旺出戰。以立法會議員梁國雄（長毛）空降中西區觀龍挑戰葉國謙，最吸引眼球。曾健成（阿牛）、陶君行等4人角逐連任，以「沒有抗爭，哪有改變」為口號，與人民力量互相協調，分工合作，共同狙擊支持政改方案的黨派。

新民主同盟派10人出選，其中7人是現任議員，主要參選區沙田、大埔、西貢。新同盟是去年政改令民主黨分裂的產物，新界東少壯派范國威、關永業等退出民主黨「另起爐灶」，今次區選可說是首場試練，前民主黨立法會議員鄭家富為他們出選落區站臺，希望增加勝算。

二、地區社團候選人參選概況

選舉事務處資料顯示，今屆區選300多名候選人報稱獨立或無申報政治聯繫，但有地區社團打正旗號公開支持部分候選人。

在九龍區動員力極強的九龍社團聯會，表面上無派員參選，實質上支持38名候選人出征。如在九龍區派出28人參選的民主黨，其中15名候選人遇上打正旗號來自民建聯及工聯會的候選人，同時有11位候選人面對報稱獨立，但獲九龍社團聯會支持出選的對手。②

同樣在新界區實力強勁的新界社團聯會則支持30名獨立候選人參選，如公民黨區選「明星」湯家驊殺入沙田第一城，對手黃嘉榮就是新界社聯支持；何俊仁參選的對手之一沈錦添也是新界社聯重點支持的對象。③

港島區的隱形建制派也不少，支持他們的組織卻非新界社聯或九龍社聯，而是某個地區的團體，如10名在中西區報稱獨立的議員中，7人是中西區發展動力成員。④

① 香港《明報》2011年11月2日。　　　③ 香港《文匯報》2011年10月15日。
② 香港《蘋果日報》2011年11月3日。　　④ 香港《蘋果日報》2011年11月3日。

三、「超級區議員」之爭及焦點選區

今屆區議會選舉之所以受到政團的高度重視，皆因其結果影響深遠，尤其是明年立法會選舉的成敗得失，將與之直接掛勾。各政團群起而出，推出星級立法會議員，力爭多取議席，爲明年逐鹿立會選戰早作部署。最重要的是，首先個人贏得區議員席位，其次黨友也能取得不少於 15 個議席，作爲提名的入場券，才能染指立法會「超級區議員」的選舉。

在「超級區議員」效應下，今屆參加區選的現任立法會議員破記錄達17人，其中 10 人原區爭取連任（包括民主黨何俊仁、李永達、甘乃威；民建聯葉國謙、黃容根、李慧琼；民協馮檢基、街工梁耀忠、公民黨陳淑莊、專業會議梁美芬）；2 人轉區作戰（民主黨黃成智及人民力量陳偉業）；4 人較明顯爲部署爭取「超級區議員」選舉入場券（職工盟李卓人、公民黨湯家驊、民建聯劉江華、民主黨涂謹申）；1 人爲社民連梁國雄狙擊葉國謙而參選。

焦點選區首推屯門樂翠區，由兩位超級政治明星兼立法會、區議會「雙料議員」何俊仁和陳偉業以及獨立候選人沈錦添對壘。政改一役令民主黨與激進民主派分裂，人民力量要民主黨「票債票償」，由 1985 年開始鎮守荃灣區議會的人民力量立法會議員陳偉業，放棄在荃灣麗興選區「冧莊」，轉區至屯門樂翠區狙擊何俊仁。

同樣有兩名立法會議員對壘的選區是港島中西區的觀龍。民建聯葉國謙面對社民連「長毛」梁國雄「空降」挑戰，有信心可以連任。葉國謙自1991 年開始擔任觀龍選區區議員，在歷屆區選中一再遭到不同「空降」候選人狙擊，於 2003 年以 64 票之差飲恨，敗於何秀蘭手下。但葉在 2007 年面對「空降」候選人何來挑戰下，成功收復失地。今屆「長毛」梁國雄打著「吐氣揚眉靠自己」旗號「空降」挑戰，葉國謙從容面對。①

---

① 香港《頭條日報》2011 年 11 月 4 日。

　　深水埗麗閣區亦是競爭較激烈的選區，合共有4人混戰，除爭取連任的民協立法會議員馮檢基外，有第三度挑戰馮檢基的工聯會范國輝，人民力量的趙植東及獨立人士鍾詠淵。身兼工聯會與民建聯成員的范國輝，上屆只以85票之差，敗給馮檢基，范今次捲土重來，並胸有成竹。而馮檢基則指選情混亂被人「撬票」，「佢（人民力量）唔使贏，只要搶走我百多票我就會輸」。[①]

　　爲了爭取「超級議席」的入場券，今屆區選吸引多名政治明星參選。

　　公民黨立法會議員湯家驊空降沙田第一城，與業委會主席黃嘉榮對壘。

　　職工盟立法會議員李卓人首次下海，與首披戰衣的「工聯小花」劉桂容激戰元朗富恩區。雖然對手是「政治新丁」，但李卓人也不敢鬆懈，李不諱言：「選舉唔選過，永遠唔知結果，唔會話自己贏硬。」[②]

　　前立法會議員、工聯會「票後」陳婉嫻重出江湖，與民主黨的林偉基及人民力量的「維園阿哥」任亮憲對壘黃大仙龍上區。陳婉嫻今次參選長年服務的龍上區，有如「重返娘家」，不會掉以輕心，對於任亮憲「下戰書」空降狙擊，嫻姐處之泰然，強調會做好自己，以實績贏取市民認同。

　　灣仔大坑亦是選情較爲激烈的選區之一。民主黨在上屆失去議席，今屆派出副主席單仲偕挑戰新民黨現任區議員黃楚峰，但同時面臨人民力量主席劉嘉鴻及獨立人士沈四海針對性狙擊。單仲偕對於選情表示「好難講」，上屆民主黨只輸112票，今屆又有兩個人狙擊，眞是不知結果。黃楚峰認爲與對手單仲偕之間的勝算是「五五波」，對手知名度好高，又是民主黨副主席，選情很緊湊。[③]

　　民主黨立法會議員黃成智在北區彩園出選，挑戰民建聯的現任議員蘇西智，另一候選人爲人民力量的區維綱。黃與蘇兩人自1994年開始，幾乎

① 香港《新報》2011年11月6日。　　　　③ 香港《新報》2011年11月6日。
② 香港《頭條日報》2011年11月1日。

每8年便對決一次，兩次皆為蘇西智險勝。今次黃成智再次挑戰蘇西智，蘇表示票數會相當接近，一不留神便有機會慘遭「滑鐵盧」，需謹慎應戰。①

民主黨立法會、區議會「雙料議員」李永達在葵青荔華區出選，謀求連任，遭到民建聯「小花」朱麗玲挑戰，同時受到人民力量「慢必」陳志全夾擊。

公民黨的陳淑莊是一個身兼立法會議員及區議員的「雙料議員」，今屆遭到自由黨新星陳浩濂的強力挑戰。山頂區的選民多為中產階層及有錢人，過去一直被視為自由黨「橋頭堡」，2007年，陳淑莊擊敗尋求連任的自由黨區議員林文傑。②自由黨今次矢志收復失地，強勢搶攻，榮譽主席田北俊、副主席周梁淑怡等高層親身站臺，全力助選。政壇新人陳浩濂則表示，很難評估自己勝算，強調自己在該區出生，亦在中半山區長大，不希望令居民、黨友、家人和朋友失望。看來，今次山頂選區戰果，將會是公民黨自由黨兩大黨支持度的寒暑表。③

專業會議及西九新動力的梁美芬以現任立法會議員身份，繼續出選九龍城黃埔東選區，遭到民主黨的黃碧雲，以及人民力量的歐陽英傑挑戰，選情激烈。面對兩位挑戰者，梁美芬強調：「我與自己的成績比賽，以打破自身紀錄為目標，繼續重視地區工作。」④

四、選舉結果分析

第四屆區議會選舉於2011年11月6日落幕，共有約120萬登記選民投票，投票率41.4%，較上一屆38.83%略高。

選舉結果公布後，有人歡喜有人愁，但選舉從來都是獲勝利者接受歡

---

① 香港《大公報》2011年11月4日。
② 香港《信報》2011年11月1日。
③ 香港《東方日報》2011年11月4日。
④ 香港《頭條日報》2011年11月4日。

呼喝彩，失敗者痛定思痛，問責承擔。

（一）各主要政團參選成績

各主要政團參選第四屆區議會成績表

序號	政團	參選人數	參選的區議員	當選議席	當選率
1	民建聯	182	115	136	74.70%
2	工聯會	★48	21	★29	60.40%
3	自由黨	24	6	9	37.50%
4	新民黨	12	1	4	33.30%
5	公民力量	#21	14	#15	71.40%
6	經濟動力	10		4	40%
7	新論壇	2	2	2	100%
8	勞聯	2		1	50%
9	西九新動力	23		20	86.90%
建制	合計	305		201	65.90%
1	民主黨	132	46	47	35.60%
2	公民黨	41	11	7	17.10%
3	民協	26	14	15	57.70%
4	社民連	28	4	0	0
5	人民力量	62	3	1	1.60%
6	街工	6	3	5	83.30%
7	職工盟	3	0	0	0
8	新同盟	10	7	8	80%
泛民	合計	308		83	26.90%

　★工聯會48名參選人中有18人同時具有民建聯身份；工聯會29名區議員中有18人具有民建聯身份。

　#公民力量劉江華同時具有民建聯、公民力量身份。

　（資料來源：綜合《文匯報》、《明報》、《星島日報》、《蘋果日報》（2011.11.7-9.）等。）

　　從上表可見，在新一屆區議會412個民選議席中，有政團背景的議員近300席，其中建制派政團佔201席，佔總議席比例48.8%；泛民主派政團佔83席，佔總議席比例20.1%。建制政團獲取近一半的民選議席，比泛民政團取得的議席多了一倍有多；如果加上報稱獨立以及獲地區社團聯會支持的候選人所獲取的議席，建制陣營應可取得三分之二以上的民選議席，

掌握了區議會的控制權。

（二）選舉結果呈現幾個特點

1、建制政團大勝，政治明星全線告捷

民建聯派出 182 人參選，一舉奪得 136 席，較上屆增加 21 席，其中 36 人是自動當選，總當選率是 74.7%，佔全部議席的三成三。總得票數是 28 萬張，得票率是 52..7%。4 名出戰區選的立法會議員劉江華、李慧琼、葉國謙、黃容根全部當選；全港「票王」由北區的劉國勳奪得，獲 4791 票。民建聯成為今次區選的大贏家，也再次奠定了該黨在區議會「第一大黨」的堅實地位。

民建聯主席譚耀宗表示，每個議席都得來不易，候選人都踏實地做了大量社區工作，才能獲得市民支持。115 名爭取連任的區議員，有 109 人成功當選，連任比率有九成幾，絕對不是靠抹黑得來。①

工聯會首次獨立參選區議會，派出 48 人參選，共 29 人取得議席（其中 18 人同時是民建聯成員），當中 5 位是自動當選，成功率為六成。其中在黃大仙龍上選區的陳婉嫻更成為今屆區選的「票後」，獲 3456 票，而元朗富恩選區的新星劉桂容，更擊敗政治明星職工盟的立法會議員李卓人。

工聯會會長鄭耀棠對戰果感到鼓舞。他表示，工聯會今屆區議會選舉是以工聯會的旗號參選，打破過往「抬轎」的角色，亦打響工聯會的招牌，為下一步參選打下強心針，故積極考慮派人出選立法會的直選、超級區議會議席及勞工界功能組別。②

自由黨今次派出 24 人參選，結果有 9 人當選，包括 6 名爭取連任的區議員，另 3 人是首次參選，包括成功擊敗公民黨立法會議員陳淑莊的新星陳浩濂。主席劉健儀表示，自由黨在今屆區選的總得票有 23,000 多票，較上屆為多，對成績感到欣慰，認為自由黨的溫和務實路線，獲中產階層支持，並加

---

① 《香港商報》2011 年 11 月 8 日。
② 香港《頭條日報》2011 年 11 月 8 日。

強了地區工作，積極聯絡拉票，動員新選民支持，反映策略成功。①

　　新民黨成立不足一年，今次區選「初試啼聲」，派出12人參選，贏得4個議席，除了灣仔大坑區的黃楚峰成功連任外，田北辰、謝子祺、黃卓健都是第一次參選獲勝。在南區海怡西挑戰民主黨馮煒光的施俊輝，亦僅以12票之差落敗。副主席田北辰指，新民黨出選的8個區，投票率都高於總投票率，反映新民黨有能力開拓新的票源，對中產選民的吸引力較大。②

　　公民力量派出21人參選，奪得15個議席；經濟動力派10人出選，奪得4個議席；勞聯派2人出選，奪得1席；新論壇派2人出選，奪2席；西九新動力派23人出選，奪得20個議席，其中政治明星、立法會議員梁美芬擊敗民主黨黃碧雲的挑戰，成功連任。

　　2、泛民主派成為大輸家，議席萎縮

　　泛民在今次區選變為大輸家，整體議席由106個減少至83個，其中泛民「龍頭」民主黨派132人出選，只得47席，比上屆少12席，但如果扣除選前已退黨及在補選中喪失的9個議席，實際上只減少了3席，得勝比率為三成五，但黨內多名重量級候選人紛紛墮馬，包括爭取連任的李永達、立法會議員黃成智、副主席單仲偕均告落敗。

　　民主黨主席何俊仁形容選戰艱辛，承認選舉結果不理想，但民主黨得票較上屆多32,000張，反映市民對民主黨的信任。而對於建制派表現愈來愈成熟，力量比以往凌厲，需認真反省及深思。③

　　公民黨在區選慘敗，派出41人參選，僅7人當選，比上屆減少1席，當選率跌至一成七，總票數流失多達3000票。陳淑莊和湯家驊不敵對手而落敗。公民黨黨魁梁家傑承認，支持外傭居港權及港珠澳大橋訴訟的確為選情帶來負面影響，將責任歸咎於政敵抹黑，以至「一鋪清袋」，呼籲泛民陣營要「痛定思痛」，重回談判桌，部署明年的立法會選舉。④

①　香港《頭條日報》2011年11月8日。　　③　香港《頭條日報》2011年11月8日。
②　香港《星島日報》2011年11月8日。　　④　香港《頭條日報》2011年11月8日。

民協在今屆區選派出 26 人參選，獲得 15 個議席，較上屆減少 2 席，但總票數比上屆增加 11，000 票，身兼立法會議員的馮檢基亦在深水埗連任。民協主席廖成利形容成績勉強合格，認爲雖被人民力量狙擊，腹背受敵，今次是絕處逢生，是歷史上最嚴峻的考驗。[1]

　　社民連在今屆區選「一鋪清袋」，28 名候選人全軍盡墨，包括主席陶君行、曾健成、麥國風及古桂耀 4 名現任區議員悉數落敗，「四大皆空」，慘被「剃光頭」。陶君行承認選舉策略失誤，即日辭去主席一職。他認爲，隨著該黨近年一再被邊緣化，抗爭路線又未取得主流社會認同，相信候選人背負的政治代價是落敗原因。社民連失去所有區議會議席，只剩梁國雄一名立法會議員，面臨泡沫化危機。

　　人民力量在今次區選打正「要僞民主派票債票償」的旗號，派出 62 人出選，在 40 多個選區與民主黨及民協候選人對撼，僅得麥業成在元朗鳳翔區成功連任，保住 1 席，以慘敗收場。人民力量立法會議員黃毓民承認狙擊行動失敗，但強調不會改變路線，只會調整抗爭形式。[2]

　　新同盟在今次區選大顯身手，派 10 人出選，包括 7 名爭取連任的區議員，最終力克對手，8 人當選，包括范國威等。

　　街工成績也不俗，派 6 人出選，5 人勝出。立法會議員梁耀忠認爲，街工勝出的關鍵在於花大量時間做地區工作。

　　總體來看，泛民各黨在區選取得的議席萎縮，由上屆 106 席跌至只有 83 席，跌幅逾兩成。民主黨有 46 人競逐連任，成功當選的只有 33 人，流失了 13 席。公民黨原有 12 個議席，最終輸掉差不多一半，只剩下 7 個議席。民協比上屆減少 2 席。社民連則由 4 席變爲 1 席不保。人民力量由 3 席變爲 1 席。職工盟繼續「捧蛋」。只有新同盟和街工有進帳，但改變不了泛民政團的區議會議席萎縮的事實。

① 《香港商報》2011 年 11 月 8 日。
② 香港《太陽報》2011 年 11 月 8 日。

3、區議會政治版圖維持現狀，建制派掌握區議會主導權

全港18區區議會中，自2007年區選結束後已全數被建制派主導，36位正副主席中僅得1名泛民成員。

今屆區選，由於建制派奪得大部分區議會議席，在全港18個區議會中繼續取得主導權。18區區議會的民選議席中，泛民主派在17區都淪為少數，灣仔區徹底淪陷，泛民黨派一席不保，僅葵青區比建制派多1席，即泛民派有15席，建制派有14席，預計加入委任區議員後，該區亦會失守。而在油尖旺、北區及離島區均只剩下各一位泛民議員，分別為民主黨的涂謹申、羅世恩及公民黨的容詠嫦。

經過今屆區選，泛民在多個區議會的議席減少了，其中灣仔區原本只剩下社民連麥國風，但他今次亦被白韻琹踢出區議會，令民主派全面清倉。原來有10名泛民區議員的黃大仙，在社民連陶君行、民主黨老將徐百弟等落敗後，減至只得7席。至於東區方面，泛民議席亦由9席減至6席。

過去唯一能與建制派一較高下的民協「老巢」深水埗區，隨著民協譚國僑、公民黨王德全等落敗，原本該區共13名泛民主派議員，銳減至只得7席。

因此，建制派將全面掌控區議會，18個區議會主席、副主席席位及特首選舉委員會中的121個區議會議席，亦將成為建制派陣營的囊中物，區議會的政治版圖與上屆相比，沒有改變。

（三）區議會選舉的啟示

今屆區議會選舉結果，有三點重要啟示：

1、選民重視候選人的實幹政績，不希望區議會選舉政治化

今屆區選共有17名立法會議員下區參選，竟然有7名立法會議員墮馬，全部屬泛民議員，說明選民多注重候選人的地區工作實績，而非重視候選人的知名度，更不希望區議會選舉政治化。落選的多名明星級候選人，包括公民黨的湯家驊、陳淑莊，民主黨的李永達、單仲偕及黃成智，

職工盟的李卓人等，缺乏地區工作或政績不足，有的「空降」參選，有的雖是區議員卻疏忽長期服務街坊，而他們的對手卻大部分是名氣不大卻有地區服務實績的候選人。如工聯會劉桂容擊敗職工盟「巨頭」李卓人，自由黨的陳浩濂重挫公民黨明星陳淑莊，民建聯朱麗玲擊敗民主黨前主席李永達，新民黨黃楚峰打掉民主黨副主席單仲偕等。這些擊敗政治明星的候選人，不靠名氣，而是靠扎根社區，辛勤耕耘，當然受到選民的認同。

2、選民不接受激進路線，希望候選人以理性溫和態度服務市民

今屆區選選民不接受激進路線，持激進路線的候選人幾乎全軍盡墨。如社民連派出 28 人參選，其中包括 4 位現任區議員，全部落選。主席陶君行從 1991 年當選區議員後保持 20 年席位，今屆敗走麥城。人民力量亦派 62 人出戰，結果只得 1 席。社民連和人民力量的激進路線和暴民政治，衝擊社會秩序，對青少年造成負面影響，自然不受選民歡迎。2010 年公民黨與社民連策動極端激進的「五區公投」，亦已拋棄了其溫和包裝。公民黨現任立法會議員陳淑莊、湯家驊以至副主席黎廣德全線「崩盤」，只保住 7 個區議會議席。

區議會選舉重實幹、非政治化和不接受激進路線的性質，決定了選民希望候選人以理性溫和態度服務社區，這樣才能得到市民的支持。

3、高投票率有利泛民主派的定律被打破

今屆區議會選舉，投票率高達 41.4%，較上屆多了 2.57%，但結果仍然是泛民主派失利。

有學者對泛民政團的得票率作過統計：民主黨、公民黨、社民連的得票率分別由 49.6%、38.4%、33.2% 跌至 43%、35.1%、23.3%，即分別下跌了 6.6 個百分點、3.3 個百分點、9.9 個百分點，並對三個具體選區作過分析：中西區山頂投票率由上屆 36.7% 上升至 46.7%，但陳淑莊得票只增加了 25 張，陳浩濂較上屆的林文傑多了 826 張票；在葵青荔華，投票率高達 52.9%，但李永達只多了 233 票，對手朱麗玲多得 1038 票；九龍城黃埔東投

票率亦逼近5成，民主黨黃碧雲多了271票，而梁美芬升幅更高，多得510票。[1]

民建聯取得136席，比上屆增加21席，得票率超過五成二。主席譚耀宗認為，推翻了「高投票率對民建聯不利」的慣性說法，而且現任區議員的連任率高，反映黨員們有踏實做好地區工作。[2]

今次區議會選舉結果表明，以往投票率越高越有利於泛民主派的定律已被打破，只要有扎實的地區工作、為市民大眾服務的實績，就較大機會能獲取區議會議席。

（四）選舉結果影響立法會選舉部署

2012年政改方案通過，規定只有民選區議員才有資格參選超級區議員，並須得到15名民選區議員提名。各大黨派都派出重量級人物爭逐入場券，惟公民黨陳淑莊、湯家驊等合適人選都落敗，而且該黨只取得7個區議會議席，與15個提名的最低門檻相距超過一半。另一銳意以工黨名義角逐超級區議會的職工盟立法會議員李卓人亦「空降」參選落敗，令兩黨的超級區議會選舉部署全面落空。

而民主黨主席何俊仁、立法會議員涂謹申及民協前主席馮檢基均取得參選超級區議員的入場券。民主黨47個區議員足夠提名何、涂兩人「入閘」，民協剛好取得15個區議員提名，毋須像公民黨要向其他泛民「乞求」提名。

這次區選結果亦對立法會地區直選有指標性作用。如新界東增加2席，引來各黨爭奪。自由黨田北俊銳意重返新界東出選，但該黨區選成績不佳，除1人自動當選外，其餘5人參選全軍盡墨，而且得票率極低，或會影響田北俊大計，會否考慮轉戰其他選區如港島（增加1席）。

相反由民主黨分裂出來的新同盟，派10人參選竟有8人當選，共取得

<hr>

[1]　香港《文匯報》2011年11月8日。
[2]　香港《星島日報》2011年11月8日。

約2萬5千票，絕對有本錢在新界東自組名單參選。

由4席增至5席的九龍東，原先估計新增1席是陶君行的囊中物。但他領導的社民連在今屆區選全軍覆沒，陶本人亦遭滑鐵盧，未必有足夠地區樁腳支持他晉身立法會，這會促使民建聯考慮在九龍東分拆名單或支持友好人士出選，連同工聯會一起為建制派力爭3席。

另外，新民黨首度打正旗號參選區議會即連取4席，副主席田北辰更打敗盤踞荃灣愉景選區10多年的民主黨王銳德，令田北辰可在參加新界西直選或超級區議會二擇其一，勢必牽動該黨以及整個建制派的立法會選舉部署。

第三節　第四任行政長官
選舉委員會選舉及行政長官選舉

香港政壇踏入選舉周期，選舉一場緊接一場，區議會選舉甫落幕，2011年第四任行政長官選舉委員會選舉隨即揭開序幕；緊跟其後的是第四任行政長官選舉，可謂是好戲連場。

按照特區政府制訂、立法會通過、全國人大批准的「三部曲」產生的政改方案，第四任行政長官選舉委員會由800人增至1200人，增幅達到50%。工商金融、專業界、勞工社會服務及宗教、政界等四大界別各增加100席。選委會委員任重道遠，既負責提名及投票選出下任行政長官，同時也有份參與選出新一屆港區人大代表。所以，不難想像，新一屆選舉委員會將成為政壇爭奪的「新焦點」。

一、1200人組成的行政長官選舉委員會選舉

新一屆選委會由四大界別的38個界別分組組成，代表不同行業、專業、勞工、社會服務團體及區域組織。四大界別各增加100個議席，其中，選委會內第一、第二和第三界別不增設新的界別分組，現有32個界別分組的議席以現時的名額按比例增加。

而第四界別新增的100席，75席將分配予民選區議員，令區議會界別分組議席達121個，分為港九共59個議席和新界62個議席，並保留「全票制」，只有民選區議員才可在該界別登記為投票人、提名候選人和獲提名為候選人。其餘25席，10席給予立法會議員，10席給予全國政協委員，5席給予鄉議局。在2012年2月新一屆選委會任期開始後，暫時設立10個「特別委員」議席，分別分配予全國政協委員、鄉議局和區議會，以填補

在2012年10月前,立法會議席尚未由60席增至70席的差額。[1]

選委會選舉定於2011年12月11日舉行,約25萬名合資格已登記的投票人將會選出新一批選委。除了全國人大界別分組、立法會界別分組和宗教界界別分組外,其他各界別分組的委員均會在是次選舉中,由每個界別分組的投票人選出。

提名期由2011年11月8日開始,至15日結束。各大政團及界別團體紛紛派員出戰選委會,一派群雄逐鹿景象。

選舉事務處公布,2011年選舉委員會界別分組選舉(除區議會及宗教界界別分組外),在提名期內收到1451份提名表格,其中有2名候選人於提名期結束前撤回提名;而在會計界,高等教育界,以及體育、演藝、文化及出版界,各有1份提名因有關人士並非登記為地方選區的選民,被選舉主任裁定為無效,因此,有效提名候選人1446人。由於有11個界別分組共277名候選人自動當選,毋需舉行選舉,而需要競逐的界別分組共22個,共645個席位,候選人共1169人。[2]

由於體育、演藝、文化及出版界分組屬下的文化小組只有1份名單報名參選,因其中1人被裁定提名無效,令有效提名的候選人只有14人,少於該小組編配的15人。而《行政長官選舉條例》並無條文要求當局進行補選,因此,令選委會人數由原定1200人減至1199人,以投票選出下屆行政長官。[3]

今屆選委會報名參選人數創新高,總數較上屆的1107份提名多了300多份,除因為組成人數增加400人外,亦因為選委會一直被視為提名委員會的雛形,是各界別人士爭奪2017年普選行政長官提名資格的「熱身賽」,關係到普選行政長官時提名委員會的組成。

選委會戰況激烈。競爭最激烈的是醫學界,共有83人報名爭奪30席,

① 香港《大公報》2011年11月16日。　③ 香港《成報》2011年11月19日。
② 香港《文匯報》2011年11月19日。

平均2.8人爭一席位，比率爲各界之冠；其次爲社福界，共有164人報名爭奪60席，平均2.7人爭一席；建築、測量及都市規劃界，以及中醫界較上屆新增10席，上屆分別只得42人及39人報名參選，今屆卻急增至78人及72人參選，力爭30席，平均2.5人爭一席，選情緊張。

選委會選舉與區議會、立法會選舉不同，各政團雖派人參選，但並未大張旗鼓以政團名義動員、宣傳，多是以界別團體或個人專業資格參與競逐。而區議會界別分組則有較多政團同場角逐。

各政團參選選委會的人數，截至11月15日報名的統計，民建聯29人，自由黨16人，工聯會3人，新民黨1人，民主黨19人，公民黨14人，民協2人，新民主同盟2人。[①]

由於區議會選舉於2011年11月6日舉行，選舉委員會區議會界別分組提名期延至11月18日開始至24日結束，共收到132份提名表格。經選舉主任裁定後，其中1份提名因候選人提交的選舉按金出現問題，因此，提名被選舉主任裁定爲無效。所以，區議會界別分組的有效提名共爲131份。

今屆區議會選委界別分組席位由上屆42席大幅增至121席，其中港九各區議會佔59席，新界各區議會佔62席，由全港412名民選區議員以全票制產生。區議會選委可謂「大戶」，戰況較往年激烈。

在今屆區議會選舉大舉取下136席的民建聯，在港九區議會界別及新界區議會界別分別派出25人及27人，合共52人出選。民建聯主席譚耀宗表示，今次會按各黨在18區所得議席數目比例分配進行協調，該黨與其他黨派不會進行聯合拉票或宣傳活動，「大家各有各做」。

在今屆區議會擁有29席的工聯會，派出15名資深區議員報名參選，期望能在港九、新界兩個區議會界別分組各取5席，共取10席。

有4個區議員的新民黨，亦冀在今次選舉分一杯羹，在兩區各取1席。

另有3名自由黨區議員參選港九各區議會界別。

[①]　香港《星島日報》2011年11月16日。

馮煒光和區諾軒等6名民主黨區議員，聯同公民黨區議員司馬文，報名參選被視爲「建制派陣地」的選委會區議會界別。區諾軒直言，在全票制下，泛民無機會勝出，參選是希望帶出區議會改革議題，包括立即取消區議會委任議席及當然議員等。①

總括而言，泛民公布派出逾190人參與選委會各界別的分組選舉，當中以社福、法律、教育和高教界四個界別有最多泛民人士參選，佔約150人。大部分參選人士均無政黨背景，只屬與泛民友好的獨立人士。負責協調的公共專業聯盟主席莫乃光指出，希望爭取最少150人當選，以提名泛民候選人參選特首。但他表示泛民選情嚴峻，指建制派今次分開大量名單參選，可能分薄泛民票源。②

2011年12月11日，香港特區第四任行政長官選委會選舉舉行，有約65,500名選民投票，較上屆多約9300人，投票率亦較上屆高0.09%，約27.5%。有1300名候選人參與了24個界別分組766個席位的競逐。

新一屆選委會組成，包括投票選出的24個界別分組的766名選委，加上11個界別自動當選的277名選委、60名宗教界別自行提名產生的選委、31名全國人大代表（原有36席，因5人身兼立法會議員而懸空），及60名立法會議員爲當然委員，共計1194人。

建制陣營在今屆選委會選舉中成績喜人，一舉囊括900多個席位，順利掌控了特首選舉的主導權。

多個政團在今屆選委會選舉的「中選率」有所增長。

民建聯有147名成員當選，當中主要是區議會界別的議席數目有所增加。

工聯會共有58名成員當選選委，除了全國人大代表、工聯會會長鄭耀棠及4名立法會議員是當然委員外，44人在勞工界當選，奪得該界別60個

① 香港《明報》2011年11月23日。
② 香港《星島日報》2011年11月14日。

議席中逾7成席位，9人則在區議會界別當選。

自由黨在今屆選舉中強陣出擊，共有26名成員當選，榮譽主席田北俊在商界（一）報捷，成界內票王；副主席周梁淑怡的參選名單，在批發零售界取得10多個議席，她也成為界內票後。

新民黨只有7個議席，除主席葉劉淑儀、副主席田北辰為當然選委外，灣仔區議員黃楚峰因得票低只能成為特別委員；還有一些成員在各自專業界別當選，如副主席史泰祖等。

泛民陣營今屆協調名單中共有195人，其中172人當選，當選率達88.2%，較上屆的82%高。連同不在協調名單中的各界別友好，以及20名立法會議員當然選委，泛民共奪取205席，以150票保送候選人「入閘」綽綽有餘。

泛民在法律界、高教界、教育界、資訊科技界及會計界五個組別共派出108人參選，全數當選；社福界取得60席中的59席，唯一失守的是工程界，由公民黨副主席黎廣德牽頭的8人名單，只有2人勝出。[1]

選舉委員會名單出爐後，隨之而來的是行政長官選舉工程走上大直路，競爭進入白熱化。

二、「唐、梁、何」之爭的第四任行政長官選舉

雖然第四任行政長官選舉2012年3月才舉行，但「猜領袖」遊戲早於2008年已開始見諸報章。有報道稱，主管香港事務的中央官員，近月就下屆特首的人選展開「摸底」工作，並曾向行政會議成員及資深政界人物，就行政會議召集人梁振英的管治能力諮詢意見。文中也提到特首熱門人選，如政務司司長唐英年、財政司司長曾俊華，以及行政會議成員陳智思。[2]

---

① 香港《蘋果日報》2011年12月13日。
② 香港《信報》2008年2月5日。

特首選舉「跑馬仔」角逐，吸引傳媒的高度關注。《明報》於2009年8月開始委託香港大學民意研究計劃做特首熱門候選人唐英年、梁振英、梁家傑的民意調查。至2010年5月已做了4次民調，結果，唐英年由首次調查時「高開」40.7%，跌至最新一期32.9%；梁振英則由極低的8.8%支持度，在大半年內翻一番至16.2%；梁家傑由17.5%攀升至28%。①

到2010年中，政改方案通過後，有關「疑似」候選人唐英年、梁振英等各類「跑馬仔」消息不絕於耳。

由浸會大學香港過渡期研究計劃於2010年11月底至12月初進行的民調顯示，支持前立法會主席、人大常委范徐麗泰「去馬」出選的聲音較唐、梁兩名熱門人選更高。

研究計劃將唐英年、梁振英、范太以及梁家傑一併列出，結果高達60%被訪者表示支持范太出選，唐英年緊跟其後得53%，梁家傑和梁振英分別得45%和37%支持。

而各大政團的支持者對4位「疑似」候選人的支持度各有不同。超過六成的民主黨及社民連（未分裂前）支持者與逾七成民建聯擁躉一樣，支持范太「去馬」；唐英年同樣獲得超過七成民建聯擁躉支持，但公民黨及社民連的支持者對他無甚好感，僅得民主黨58%的支持；梁振英獲53%民建聯擁躉支持，但泛民主要政團的支持者大多數反對他參選；梁家傑獲黨友及社民連支持者力挺，亦有逾半民主黨擁躉支持，但民建聯支持者對他再參選的態度就相當負面，超過60%認為他不應出選。②

新民黨主席葉劉淑儀亦被視為下屆特首的「黑馬」。有葉太身邊人士透露，葉太過去一直就重組政府管治架構、管治理念及經濟方面也做了不少功夫，爭取機會參選特首，就算不能參選，也希望有所作為。③

踏入2011年中，特首「跑馬仔」愈跑愈熱鬧，成為城中熱門話題，泛

① 香港《明報》2010年7月13日。
② 香港《信報》2011年2月22日。
③ 香港《信報》2011年8月6日、7日。

民主派不甘全程被動，醞釀推出候選人，不讓唐英年、梁振英、范徐麗泰3名熱門人選專美。

如何產生泛民候選人？政壇透露，黎智英和陳方安生這兩名泛民政團視爲元老級的人物，月前與民主黨主席何俊仁及核心成員單仲偕飯局密商，兩名元老力勸何俊仁放棄出選，支持公民黨余若薇出戰建制派，民主黨內部反彈甚大，罵聲四起。

民主黨人不滿兩元老挺余若薇出選，是因爲公民黨梁家傑在2007年已獲得機會代表泛民陣營參選特首，2012年特首選舉的泛民候選人，爲何仍由公民黨「祆莊」？而且，余若薇已退任公民黨黨魁，身份有變。民主黨當然要首先考慮支持自己的黨魁出戰。①

因此，民主黨主流意見傾向「去馬」參選特首，人選以黨主席何俊仁「衆望所歸」。但民協馮檢基和公民黨梁家傑亦對參選特首躍躍欲試，民主黨副主席單仲偕表示，會與民協和公民黨協商，或先舉行初選，揀出一名代表泛民「應戰」的特首候選人。②

特首選戰到了2011年11月份以後，踏入「表態期」，競爭者開始明朗化。

范徐麗泰以年齡原因，正式宣布不再爭取參選，認爲無辦法有信心到2017年都可以履行行政長官這個職責。范徐麗泰退出特首戰場，令特區最高權力之爭形勢更爲明朗化。

11月26、27日，唐英年、梁振英先後正式宣布參選，爲第4任行政長官選舉揭開了序幕，「雙英」對陣之勢亦趨形成。

有傳媒委託香港大學民意研究計劃進行的民調顯示，唐英年、梁振英正式宣布參選後，兩人支持度的差距仍然相若，由10月份的分別14%和29%，變至最近的23%和47%。調查發現，若受訪者只可以在梁振英和唐英

---

① 香港《明報》2011年6月27日。
② 香港《明報》2011年5月29日。

年選其一的話，有近53%會支持梁，而唐的支持者只佔26%；若加入何俊仁供選擇，則梁、唐、何的支持度分別爲47.3%、23.8%和3.7%，這說明梁振英的支持度較唐英年多出逾一倍，梁已大幅拋離唐。①

至12月11日行政長官選委會選舉塵埃落定，各方有意參選特首者對選委委員的分布了然於胸。外間估計梁振英在專業界別有不少支持者，應可取得逾150張提名票「入閘」，但支持票暫時仍落後於估計有逾300票的對手唐英年，與有逾200票的泛民參選人相若。各位競逐者加快了競選工程的步伐。

民主黨主席何俊仁與早前宣布參選的民協立法會議員馮檢基，參加了2012年1月8日泛民舉行的初選民意調查。結果由何俊仁代表泛民參加特首選舉。

但佔初選結果一半比重的民調顯示，有約六成受訪者表明不支持何俊仁及馮檢基參選特首。今次初選，泛民也不見得團結，其中工黨沒有參與投票，人民力量更是多次衝擊投票。②

特首選戰全面開打，雖然有多人表態角逐，但衆所周知，最終誰能成爲香港之首，似乎不出唐、梁兩人之爭！兩人由粉墨登場再糾纏逾月至搏槌較量，這一場「雙英戰」，已進入「最後較量」階段。

「雙英」出身大不相同，一個是富家之後，另一個就自命基層，兩人的參選大會，從大會布置用色至講稿演辭到參選口號，都各有特色。

唐英年刻意搶閘，比梁振英早一天宣布參選，唐營並安排不同界別的明星級人物輪流出場表態挺唐，營造壓倒對手的氣勢。梁振英也毫不示弱，除了暗示前特首董建華站在他一方，還針對唐能力稍遜的弱點，措辭尖銳地駁斥只要有能人相助，蠢人也可當特首的說法。③

唐英年宣布參選的重要場合，選在深水埗（後來因人多擠迫及受到狙

① 香港《東方日報》2011年12月9日。　　　③ 香港《明報》2011年11月27日。
② 香港《東方日報》2012年1月9日。

擊，臨時移師金鐘地鐵站出口），是爲了表示自己雖然出身富裕家庭，但心繫基層市民，當選特首後會致力幫助低下階層。隨後，唐的參選大會移師至會議展覽中心新翼舉行。

而會展正是對手梁振英宣布參選的場地，但唐英年似乎不怕「撞場」，反選了會展內更大更寬的三樓展廳，足以容納近千名來「撐場」的支持者，似乎想在人數上「小晒冷」，好贏聲勢，先取一仗。

唐英年的參選口號爲「明天在你我，We are tomorrow」，而整個競選工程則會以紅藍綠作主色。據唐英年解釋，紅色代表溫暖感性；藍色代表理性務實；綠色代表環保。

梁振英在會展舉辦參選大會，多達200人出席「撐場」。梁公布其競選班底，以「齊心一意撐香港」爲口號。梁強調，香港需要新希望、新氣象及新的價值觀，認爲香港不需要大變，要穩中求變。

梁振英大打溫情牌，稱自己出身基層，包括自小與家人共住警員宿舍，含淚憶述「紮腳」母親穿膠花等情節，令人動容。梁表示，作爲基層子弟，對香港懷有感恩和報效的心，並強調以自己成長經歷體會到香港「人窮志不短」精神，逐步攀升成國際一流城市，

梁振英參選大會採用淺綠色的布景板，以深橙及淺綠爲競選主色調，除有現代化的感覺外，亦帶有積極向上的精神。

爲爭取社會各界與選委委員的支持，唐英年、梁振英、何俊仁相繼發表參選政綱，在多範疇進行比拼，主要有：

在政改及管治架構方面：

唐英年提出2016年取消區議會委任議席，以最開放態度就2017年特首選舉的提名機制立法；增設副政務司司長及副財政司司長，重設工商及科技局及增設文化局等。

梁振英提出擴大2016年立法會功能組別選舉的選民基礎，討論2017及2020的特首及立法會的普選安排；增設副司長，重設工商及科技局，及增

設文化局等。

　　何俊仁提出2016年立法會選舉減少功能界別議席，增加直選議席，並取消分組點票安排，不遲於2020年取消所有功能界別議席，全面取消區議會委任及當然議席；廢除副局長及政治助理。①

　　在經濟政策方面：

　　唐英年提出以全民就業為目標，大力發展6大優勢產業，5年內創造10萬個職位，扶助中小企，確保獲得適當融資，提供稅務優惠等。

　　梁振英提出由特首領導，建立跨部門機構發展經濟和統籌發展策略；加大力度協助香港各產業及港商，加快拓展內地市場；拓展核心商業區以外的地區，包括九龍東、北區和新界其他有發展潛力的新區。

　　何俊仁提出放棄積極不干預政策；落實公平競爭法，防止財團壟斷；扶助中小企，增加本土就業機會。

　　在社福政策方面：

　　唐英年提出合資格長者發放每月3000元退休津貼，成立社會共融委員會，訂立扶貧策略，落實殘疾人士2元乘車優惠，研究推行交通津貼雙軌制等。

　　梁振英提出增設特惠生果金，有需要長者每月可獲約雙倍津貼，考慮合併長者綜援金和生果金計劃，探討優化強積金計劃等。

　　何俊仁提出重設扶貧委員會，訂立貧窮線，建立累進稅制，拉近貧富懸殊。②

　　比較各人政綱，在政改方面唐英年、梁振英較為審慎，循序漸進；而何俊仁則顯激進，體現了各人的政治立場。在經濟及社福政策方面，三人大同小異，各有特點，但共同點都想打福利牌，唐、梁政策取向亦較具體，連方向及數字都有交代。

① 香港《明報》2012年2月15日。
② 香港《明報》2012年2月13日。

　　梁振英的政綱屬「斬件式」發布，而房屋政策更是重點之一，他早在2011年底已率先公布。梁的房屋政策主要在訂明建屋量，如未來5年擬建7.5萬個公屋單位；興建居屋。

　　而唐英年的政綱在2012年2月中才公布，足足遲梁振英兩個多月，外界因此認為唐的房屋政策比梁「去得更盡」，即是在75,000個公屋單位外，另加建4萬個資助單位。[1]

　　實際上梁振英更顯得勤力，以「一張橙，一支筆，一本簿」下區聽意見為賣點，進行「全民寫政綱」活動。他在提名期展開前稱，自己過去兩個月推出政綱諮詢稿，落區62次聽取市民意見，目前已接獲近600份意見書，未來兩三星期會整理，完成政綱起草工作。[2]

　　在唐、梁、何為主要競爭對手的特首選舉中，政團發揮了重要作用。

　　民建聯舉辦多次工作坊，邀請各位參選人介紹參選政綱，闡述治港理念；而參選人亦主動拜訪民建聯、工聯會等有關政團，爭取支持。

　　擁有147名選委的民建聯，於2012年2月13日召開中委會特別會議，決定將行政長官的提名與最後投票分開處理，並容許黨內選委自由提名自己認為合適的人選，但黨常委、立法會議員、監委會主席楊孫西及會務顧問共23名選委將不參與提名。

　　就民建聯在投票時的取態，譚耀宗強調，唐英年、梁振英都是合適人選，都是可以接受的，下一步再看清楚各參選人的政綱、理念和各方面情況，整體考慮最終的人選，其中政綱、民望均會是考慮重點。[3]

　　在特首提名戰中，工聯會的提名取向備受關注。該會表明，只會提名在標準工時問題上明確表態的特首參選人。手握60張選委票的工聯會，直至2012年2月20日開會決定，除理事長、立法會議員等19名領導層外，其餘41名選委都可以自由提名特首參選人。會長鄭耀棠表示，領導層不方便

① 香港《信報》2012年3月2日。　　　　③ 香港《文匯報》2012年2月14日。
② 香港《明報》2012年2月13日。

表態，故決定不提名，但他相信工聯會選委中，沒有人提名唐英年，「他危機處理有問題，相信工會屬會好難提名他」。自工聯會決定讓選委自由提名後，部分選委已即時提名了梁振英。

從2012年2月14日開始至2月29日結束，爲行政長官選舉提名期，特首選戰風起雲湧，峰迴路轉。

首先「搶閘」報名的是民主黨主席何俊仁，他手握183張提名票，獲選舉事務處確認候選人資格，但未能全取205名泛民選委提名。

街工立法會議員梁耀忠拒絕提名何俊仁。他批評泛民參選「毫不起眼」，不能有效將民主理念講出來，無助推動民主。

作爲今屆特首選舉首名候選人，何俊仁強調會將學術自由、反對地產霸權等重大議題帶回選舉。他批評唐英年和梁振英互相抹黑，如「打泥漿摔角」，令人失望。①

唐英年原計劃2月22日報名，取其「2‧22」日子的好意頭，但突然於2月20日，臨時通知選舉事務處，當日下午4時攜379個提名（有1個提名無效），正式報名參選特首。

前段時間，傳媒揭發唐英年九龍塘約道5A號和7號大宅有僭建物，唐最初否認，後又承認並表示道歉，令唐的誠信備受質疑，唐太太事後一力承擔責任，唐英年被指責「無膊頭、無腰骨」，加上唐被曝有「婚外情」等緋聞，令其民望再度受挫。

唐英年承認，無論面對感情或是僭建等負面新聞時，都沒有好好處理，預計未來將繼續有針對他的負面消息，但他會付出百倍努力，勇敢面對，希望特首選舉重回正軌，大家應該比拼經驗，比拼理念，比拼政綱。

對於唐英年報名參選，各政團反映不同，差異甚大。

民建聯主席譚耀宗表示，民建聯147名選委中，約20多人提名了唐英年，但該黨遲些才討論投票取向，屆時中委會將全面考慮形勢。

① 香港《明報》2012年2月15日。

工聯會會長鄭耀棠認為，從政者必須檢點，因為揭發不好的事，是選舉過程，最重要是從政者須「洗白白」，檢點言行；相信工聯會沒有選委提名唐英年。

自由黨主席劉建儀指黨內提名和投票的取向未必一致，強調黨內要討論後才會決定投票意向，但不會收回早前交給唐英年的62份選委提名。而榮譽主席田北俊稱唐英年在僭建風波「處理好差」，雖然自由黨已給予提名唐參選特首，但表明若投票當日唐仍不為市民接受，自由黨將不會投票給他。

工黨主席李卓人批評唐英年不堪入目，誠信破產，厚顏無恥，堅持參選如同攬港人去跳海。

公民黨黨魁梁家傑認為，唐英年在醜聞纏身下仍堅持去馬，反映唐背後的既得利益集團亦不欲他倒下，質疑唐是否有退選的自由。

有學者分析，唐英年突然報名參選，此舉是想短期內穩住大局，以免支持他的選委「跳船」撤回提名，快刀斬亂麻，但指唐將繼續受到鋪天蓋地攻擊，即使當選特首，管治也會很困難。

2月23日，一度被指要取得150票「入閘」有難度的梁振英，手握293張提名票報名參選特首，最終獲選舉事務處確認292張有效提名，較唐英年少86票，正式成為第3名特首候選人。

綜合3人的提名分析，提名梁振英的選委相對平均分布4個界別；取得378個提名的唐英年，在商界及政界取得壓倒優勢；而何俊仁在商界「零提名」，但在專業界取得的提名勝過唐、梁。

1193名選委中，扣除唐、梁、何3人所獲得提名，餘下只有338名選委，有學者估計曾表示有意參選的曾鈺成及葉劉淑儀各要取得150個提名有難度。

梁振英報名後發表講話，稱目標是要團結各個界別，各個地區和各個階層的香港人，共同為香港創出一番新氣象。

梁重申一貫立場：行政長官選舉應該是一場君子之爭，是比理念、比政綱和比能力的選舉；希望能夠和全港七百萬人一齊，穩中求變，齊心一意撐香港。

梁表示對選舉結果有信心，但會戰戰兢兢，克勤克業，對大家的提點和批評，會虛心接受和認真反省。①

梁振英的參選過程亦荊棘滿途。早前有傳媒報道「西九漏報利益事件」，指梁振英在2002年西九規劃比賽中，一直支持馬來西亞建築師楊經文的作品，但這支參賽隊伍向當局提出的文件中，列出戴德梁行做物業顧問，而身為戴德梁行亞太區主席的梁振英沒有申報。

梁振英否認有隱瞞，認為他作為戴德梁行的亞洲區主席和股東，是眾所周知的事。假如自己在評審過程中有任何偏幫，有關馬來西亞公司絕不會主動列出戴德梁行為其顧問。對於立法會設專責委員會調查「西九事件」，梁振英亦從容面對。

至2月29日提名期結束前，曾鈺成表示考慮參選時間短促，政綱未完全準備好，亦未有機會認真與公眾接觸，要參選確有一定難度，故宣布不參選。而葉劉淑儀亦因不夠提名宣布棄選。由此，唐英年、梁振英、何俊仁3人競逐第四任行政長官的格局形成。

唐、梁、何3人早前雖已取得足夠的提名成為特首候選人，但在提名期最後一天，3人都到選舉事務處補交提名；唐英年補交13個提名，但一個提名無效，令唐最終獲得有效提名390個；梁振英同樣補交13個提名，令梁有效提名數增至305個；何俊仁補交5個提名，其有效提名數增至188個。

根據行政長官選舉條例規定，在3月25日選舉日，倘沒有人在第一輪投票中取得過半數選委票，最低票數的1人將首先被淘汰，餘下2人會進入決勝的「單一輪投票」，若屆時仍沒有候選人取得過半數選委支持，就會

① 香港《大公報》2012年2月24日。

「流選」，選舉程序就要重新開始。

下一次投票會於3月25日的42天後重選，即5月6日舉行，其間會重啓提名期，參選人要重新遞交150個或以上選委提名，才可以成爲行政長官選舉候選人。

選舉管理委員會抽籤定出3名候選人在選票上的次序，梁振英是1號，何俊仁爲2號，唐英年爲3號。

「唐、梁、何」「三雄爭霸」的特首戰進入了白熱化的新階段，尤以唐梁對決成爲選戰主軸。

表面看，唐英年稍佔優勢，提名票超逾梁振英80多票，問題是自由黨曾公開表示要看一看，想一想，不一定把票投給唐英年，自由黨及其聯繫票高達60多張，一旦「變節」，影響將非常之大。

特別是民建聯與工聯會沒有提名的票，總數逾120張之衆，屆時投向梁振英的可能性較大，大有後來者居上之勢，唐英年選情較嚴峻。

唐、梁加快了競選工程的步伐。

3月6日，唐英年在競選網頁上載了向選委發出的「經驗是一切」公開信，感謝各選委一直以來與他「風雨同路，不離不棄」，並細說自己加入政府工作後，與公務員全方位合作，推動施政，包括在出任財政司司長、政務司司長期間所做的工作，強調「實踐與經驗」是下任行政長官的必備條件，而自己是「最合適的人選」。

同日，梁振英正式發布名爲「行之正道，穩中求變」的競選政綱總輯，其中提出多項新建議，包括答應2016年取消區議會委任議席，盡快實施15年免費教育，成立專責委員會，研究推動標準工時立法工作，檢視最低工資立法的成效等；承諾當選會繼續維護法治、推動民主發展、提高管治、拓展經濟、改善民生等，與全港市民建立更繁榮、更公義、更進步的香港。①

---

① 香港《文匯報》2012年3月7日。

3月16日晚8時，由11間電子傳媒合辦的特首選舉論壇開場，這場選舉辯論有多間電視台全程直播，讓七百萬港人直擊3位候選人的表現。

　　歷時兩小時辯論，在開場的政綱介紹環節上，唐英年表示，代表一條機遇和信心的路，反覆強調自己有經驗和政績，確保香港有自由，有法治，無腐敗，無黑金，無恐懼。梁振英強調，治港理念是行之正道，穩中求變，施政綱領是發展經濟，壯大中產，扶助基層，請大家齊心一意擔起這頭家。

　　辯論最精彩為後半段的「自由搏擊」環節。民望高企的梁振英未有以唐英年感情缺少做「武器」，只大打「斯文波」，主攻唐英年的庸碌無能，指他任職政府九年，卻毫無建樹，而且不熟悉政府政策，例如人口督導委員會未出報告。

　　反而選情一直落後的唐英年，未有理會行政會議保密制的守則，竟選擇在辯論中段拋出兩顆秘密炸彈，大爆高層會議內容，直指梁振英曾要求硬推《基本法》23條，並建議向示威者施放催淚彈及出動防暴警員。唐又爆出，2003年時商業電台續牌，梁振英於行會內力主將商台牌照縮短至3年，暗批梁扼殺言論自由，未有捍衛本港核心價值。

　　何俊仁對兩位建制派候選人的批評毫不留情，大打「民主」和「人權」牌。與唐、梁不同，何未知是否因知道自己沒得勝機會，笑容比較少，質詢內容亦較以往狠得多。

　　有線電視在論壇進行期間進行民調，957位受訪人中，44.2%認為梁振英表現最好，認為唐英年和何俊仁表現最好的分別為14%和23%。假若他們可以投票的話，42%支持梁振英，支持唐英年和何俊仁的分別為14%和18%，亦有18%投白票。[①]

　　選舉論壇結束後翌日，梁振英舉行記者會，否認唐英年指控，指唐英年捏造事件，無中生有，並批評他不惜違反高官必須遵守的保密原則，違

---

① 香港《東方日報》2012年3月17日。

背政治道德抹黑對手。梁表示唐英年已涉作虛假陳述，觸犯選舉條例，現正研究向選舉事務處投訴。

多名當時出任主要官員的行會官守成員都認為唐英年的說法有違保密原則。2003 年時任公務員事務局局長的王永平指，他從未在公開場合聽過類似言論，不評論可信度，直言無論唐英年的指控「有與無」，都披露了政府機密，亦違反了做官員的基本守則。2003 年時任保安局局長的葉劉淑儀則表明沒有印象有人曾說出有關言論，批評唐英年做法無分寸、不可信。2003 年時任教育統籌局局長的李國章，力證梁振英從未在行會內提出過上述說法，即使討論商臺續牌事宜也不涉言論自由。①

唐英年拋出指控梁振英的兩顆「深水炸彈」，震動香港政壇。有政治學者評論，唐英年的指控，犯了兵家大忌。因為他是競選人，有利益衝突之嫌，取信程度將有折扣；加上梁振英選擇用《選舉法》來作回應，予人印象是：唐不但「不擇手段」，還有犯法之嫌。所以，唐的指控是否幫他抬高民意支持度，也就成疑了。

最要緊的是，唐英年選擇的兩項「揭密」，實在是他的「政治自殺」。要想當特首的人，竟然自己示範不遵守行會保密守則這個機制，此例一開，誰又敢在最高決策機構中暢所欲言，決策須要集思廣益，討論問題可以多方論證，一旦作出決策，會議記錄也不會寫明誰說了什麼，更何況行政會議不會因言入罪。②

由此看來，唐英年競選特首道路上凶多吉少，勝利的天平逐步向梁振英方面傾斜。

隨著投票日的臨近，各政團和界別紛紛表態挺梁。

工聯會宣布 60 名選委全投梁振英。會長鄭耀棠批評唐英年涉密是不投票給他的轉捩點。

---

① 香港《文匯報》2012 年 3 月 18 日。
② 香港《信報》2012 年 3 月 20 日。

建制派最大票倉民建聯 3 月 23 日召開中委會，一致決定 147 張選委票全投梁振英。主席譚耀宗表示，梁的政綱與民建聯想法相近，加上民意調查顯示有 67% 市民接受梁振英當選，最後決定民建聯選委一致投票予梁振英。

五大商會之一，過往被視為唐英年票倉的中華總商會，23 日開會後決定 18 票全數支持梁振英（原有 10 票提名唐英年），會長蔡冠深稱認同梁振英的治港理念及穩中求變的施政原則。

醫學會宣布 15 票全投給梁振英。會長蔡堅表示，業界所進行的民調顯示，三成六支持梁振英，故跟隨業界意願投票。

有 57 票提名梁振英的漁農界，決定全數 60 票亦投予梁振英。

新民黨開會討論後決定，除了 3 位需要跟隨界別意向投票的選委外，建議其餘 4 名選委，包括主席葉劉淑儀、副主席田北辰及 2 名區議會界別選委投票給梁振英。

鄉議局早前 28 票全提名唐英年，開會後決定不捆綁投票，主席劉皇發稱提名不代表投票，說會支持有理念、對新界事務有正確處理和有民望的候選人，預料有相當部分選委轉投梁振英。

至投票前夕，有報章分析三名特首候選人最新得票形勢，梁振英 529 票，唐英年 287 票，何俊仁 160 票，民望領先的梁振英當選在望。[1]

此時，梁振英民望仍然最高。有線新聞臺委託香港大學民意研究計劃進行的滾動調查公布，投票日前最後一輪結果：1 號特首候選人梁振英支持度 35%，3 號特首候選人唐英年有 19%，梁、唐差距是 16 個百分點，2 號特首候選人何俊仁有 14%。有 60% 的人表示接受梁振英當選特首。[2]

2012 年 3 月 25 日上午 9 時至 11 時，備受矚目的香港第四任行政長官選舉投票於會議展覽中心新翼三樓大會堂舉行。1193 名選舉委員會委員中的

---

① 香港《東方日報》2012 年 3 月 25 日。
② 香港《文匯報》2012 年 3 月 25 日。

1132人以無記名投票方式進行投票。

　　投票結束經點票後，選舉主任宣布：在1050張有效票中，1號梁振英獲得689票，2號何俊仁得76票，3號唐英年得285票。由於梁振英取得超過600張有效選票，根據行政長官選舉條例相關規定，梁振英當選第四任行政長官人選。

　　根據基本法的規定，行政長官通過選舉或協商產生，由中央人民政府任命。第四任行政長官的任期由2012年7月1日至2017年6月30日。

　　今次特首選舉委員會選委共1193人，投票1132人，無投票61人，投票率為94.89%，較上屆2007年特首選舉的投票率99.12%少4.23個百分點。有效票1050張，無效票82張，其中75張白票，5張無明確選擇（問題票），2張有文字（問題票）。

　　有分析指梁振英於今屆特首選舉的得票率比以往低，是因為是次選舉的競爭異常激烈，各候選人都「遍體鱗傷」，甚至有建制派於選舉中產生分裂的傳言。

　　梁振英發表當選宣言，明顯有意修補建制派的裂痕，更提出大和解的言論，「選舉期間，戰況激烈，難免火花四起。選舉已經結束，合作應該馬上開始。衷心希望大家可以團結包容……從今天開始不再有『唐梁何營』之分，只有『香港營』，所有港人都是我陣營的人。會以謙卑感恩的心，肩負未來5年成為特首的責任」。[①]

　　唐英年在記者會上發表落選宣言，講到支持者在巨大壓力下對他不離不棄，唐一度哽咽，難忍男兒淚，隨即要求「大家可以難過，但不必悲傷」；強調落敗並非終結，明確表示未來會在不同崗位服務市民，希望支持者能與新一屆政府合作，並寄語梁振英用心執政，令香港走向良政善治。[②]

---

① 《香港商報》2012年3月26日。
② 香港《大公報》2012年3月26日。

梁振英當選特首,各政團反應各異。

民建聯發表聲明祝賀梁振英當選。主席譚耀宗指出,選舉難免產生矛盾及爭議,希望梁振英能夠凝聚各階層,民建聯會一如以往,發揮監察政府的功能。

工聯會冀梁振英知人善任。副會長陳婉嫻希望唐、梁兩派和好,希望梁的胸襟能夠闊一些,用所有可以用的人才。副會長黃國健亦期望梁修補與各界關係,但驚訝何俊仁僅獲得70多票。

新民黨亦祝賀梁振英當選,主席葉劉淑儀和副主席田北辰表示,選舉結果反映梁振英具有一定的民意基礎,希望梁能做一個團結香港社會的行政長官,並任用包括唐營的支持者在內的各方面人才。

自由黨表明不支持梁振英,數名高層投白票。主席劉健儀對梁當選感到失望和心痛,期望梁不要損害香港的核心價值以及營商環境。

經濟動力立法會議員林健鋒,期望梁振英細心聆聽各界聲音,了解市民對香港前途有何看法。

民主黨則指選舉被操控,擔心未來五年本港社會珍視和追求的民主、自由、平等的核心價值,將被完全蠶食。

公民黨亦指今屆選舉難逃「三低(低票、低民意、低凝聚力)」宿命,相信唯有用一人一票普選特首,才能得到市民及各黨派信任,處理深層次矛盾。

社民連、人民力量。工黨、公民黨、民陣等不但在選委投票場地會展外抗議,更預告周日(4月1日)在維園集會,發動遊行,抗議梁振英當選。

激進團體人民力量、社民連對梁振英當選感到憂慮。人民力量主席劉嘉鴻認為,梁日後會打壓本港的核心價值,阻止集會或言論等公民權利。社民連成員黃浩銘擔心,梁上台後會大力打壓異見,以鐵腕手法管治香港,引起更多政治檢控。①

---

① 香港《成報》2012年3月26日。

　　峰迴路轉的第四任行政長官選舉戰經過幾個月的激烈交鋒後，終於塵埃落定。

　　梁振英後來居上，反敗爲勝，體現其競選工程遠比唐英年成功。梁振英以直選形式操作其選舉工程，不斷落區收集民意，撰寫文章宣揚其理念，主攻如房屋等民生議題。到選戰眞正開打時，貧窮、社會兩極化、靑年人缺乏社會流動機會、樓價過高、打擊「雙非」孕婦等議題，始終是其主打專案。在發表參選宣言時，梁也是通過穿膠花紮腳媽媽的故事，力圖爲自己建立一個由基層打拚，奮發向上的形象。由此逐步累積民意支持，其民望由最初落後，逐步攀升至所有參選人之首。

　　因此，梁振英勝在不理會外面環境是好是壞，憑著「獅子山下」的精神，鍥而不捨，奮力向前，直至奪標爲止，充分體現其基層出身、全靠努力拚搏的香港精神。

第四節 二〇一二年的
第五屆立法會選舉

2010年政改方案通過後的第五屆立法會選舉於2012年9月9日舉行，這是香港回歸以來競爭最激烈的選舉。

新一屆立法會共有70個議席，地區直選與功能界別各增5席，即各佔35席；引起群雄逐鹿，戰況激烈。

在「一人兩票」的新安排下，全港已登記的346萬名選民可以在地區直選中投一票，其中322萬名選民同時在新增的5個俗稱「超級議席」的區議會（第二）功能界別投一票。

此次選舉的提名期由7月18日開始至31日結束，爲期兩周，參選人數創新高，共有287人競逐，其中地區直選吸引67張名單216人參選，比上屆的53張名單141人參選，多12張名單及75人；「超級議席」7張名單18人角逐；傳統功能界別有53人報名參選，是自2000年以來最少人參選的一屆。2008年參選人數有61人，2004年有71人，即使是2000年也有57人參選，都要較今屆爲高，這種情況與地區直選背道而行。①

在287名候選人中，有政團背景的達70張名單共210人（其中地區直選179人）。

2012年9月9日，第五屆立法會選舉投票日，全港約有183萬名選民投票，投票率爲53%，比上屆的45.2%多了8個百分點。在地區直選中，投票人數較上屆多了31萬，達到183萬張票；在超級議席選舉中，投票人數約167萬，投票率51.9%；傳統功能界別選舉約有15萬人投票，投票率69.65%。

今屆參選功能界別的候選人雖不及上屆多，但自動當選的議員卻是歷

---

① 香港《信報》2012年8月4日、5日。

屆之冠，達16人。這16人除了10位是現任議員連任外，其餘6人，包括郭偉強、鄧家彪、潘兆平、廖長江、吳亮星以及易志明，均屬首次晉身立法會的「新丁」。

而今屆由功能界別議員轉戰地區直選的名單也是歷屆最多，包括葉偉明、潘佩璆、謝偉俊、劉健儀、張文光共5人。

一、各政團在分區直選中的布局

分區直選35席的分布為：香港島新增1席至7席，九龍西維持5席，九龍東新增1席至5席，新界西新增1席至9席，新界東新增2席至9席。

建制「龍頭」政團民建聯共派14張名單53人參選，其中地區直選派9張名單出征。創黨主席曾鈺成與東區區議會主席鍾樹根各領一軍出戰港島；副主席蔣麗芸頂替轉戰「超區」的李慧琼參選九龍西；現屆議員陳鑑林繼續出九龍東謀求連任；最積極進取的是新界西，主席譚耀宗、元朗區議會主席梁志祥及荃灣區議員陳恒鑌分別擔旗出征；新界東則由現任議員陳克勤及新星葛珮帆分拆名單參選。

民建聯今屆地區直選採取分拆名單出選策略，對此，譚耀宗坦言，今屆由以往每區只派一隊人參選的做法改為分拆參選，並非與其他建制派政團商討得出的結果，而是環境所迫。他稱近年政制不斷發展，來屆議會新增10個議席，加上有不少政團湧現並希望獨立參選，民建聯無權阻止別人參選，只有積極應對，分拆名單是較可行的做法，他承認此舉有一定風險，對該黨是一大挑戰，但如果不分拆，可以增加議席的機會更少。①

民主黨共派11張名單39人參選，其中地區直選派8張名單出戰。副主席單仲偕出選港島區，得到前副主席楊森「抬轎」排名單第二「保駕」。創黨黨員黃碧雲參選九龍西，填補轉戰超級區議會的涂謹申騰出的位置，

① 香港《信報》2012年7月11日。

同樣由資深議員張文光排名單第二,希望可為黃碧雲吸票。九龍東由胡志偉領軍出戰,希望接過現任議員李華明退下火線的1席。新界西派2隊出戰,由現任議員李永達「冧莊」爭取連任;另一張名單領軍人由轉戰「超區」的主席何俊仁換上知名度較低的陳樹英披甲。在新界東則首次分拆3張名單參選,副主席劉慧卿繼續出選謀求連任;另一現任議員黃成智帶新人出選,希望成功連任;民主黨「第二梯隊」的蔡耀昌再領一軍以4人名單出戰,期望為民主黨奪多一席。

工聯會以獨立旗幟參選,共派7張名單25人出戰,其中地區直選派4張名單角逐。工聯今次候選人均沒有其他政黨身份,其中有12人已退出民建聯,令工聯會參選議題更加鮮明,以「參政為勞工」作為出發點,及以「為勞工、撐基層」為口號。現任議員王國興由新界西移師港島區,夥拍勞工界議員潘佩璆等參選,希望在港島爭取「零的突破」,為工聯帶來新的進帳。現任議員黃國健繼續出戰九龍東競逐連任,意圖保住工聯會的根據地。麥美娟接替王國興在新界西披甲上陣,力爭鞏固工聯在新界西的「橋頭堡」,穩住一席。現任勞工界議員葉偉明轉戰新界東,期望為工聯開拓版圖,爭奪直選議席。

公民黨在上屆立法會直選取得4席,今屆雄心勃勃,共派6張名單11人參選,其中5張名單複蓋5區,且派「政治明星」余若薇及陳淑莊分別排名單第二,意圖在新界西及港島區多奪議席。出戰港島區的是前黨主席陳家洛、現任議員陳淑莊,希望奪2席。上屆落敗的毛孟靜捲土重來,繼續參選九龍西,以圖「一雪前恥」。現任議員梁家傑帶譚文豪在九龍東競逐連任。新界西,由吸票能力最強的余若薇「空降」,與郭家麒合組名單,期望在混戰中攫取2席。現任議員湯家驊繼續出戰新界東,謀求連任。

自由黨今屆共派6張名單11人參選,其中地區直選2張名單出戰。榮譽主席田北俊捲土重來,夥拍副主席周梁淑怡再戰新界東,希望「穩奪一席,放眼兩席」。主席劉健儀則由航運交通界轉戰直選,首度領軍角逐香

港島議席。田北俊希望自由黨總目標爭取6席。

　　工黨在2011年12月成立後首次參選立法會，共派4張名單8人出選，其中3張名單角逐地區直選。李卓人以往都是以職工盟秘書長名義參選，今次以工黨主席身份出戰新界西謀求連任，李表示，職工盟將以其屬會網絡支持工黨參選。新界東則由前社福界議員、工黨副主席張超雄帶隊出戰。現任議員、工黨副主席何秀蘭仍在港島區角逐連任。

　　新民黨打正旗號首次參選立法會，派2張名單共7人出戰地區直選。主席葉劉淑儀夥拍黃楚峰等參選港島區，以「講眞話、做實事」爲競選口號。葉太強調，首要目標是爭取連任，坦言今年選舉競爭相當激烈，全港各黨派都會力爭議席數量「最大化」，自己不能掉以輕心，必須開拓新票源，希望能吸納中產、外籍人士、少數族裔及年輕選民的支持。[1]新界西由副主席田北辰領軍組4人名單出戰。

　　人民力量派5張名單共15人出戰地區直選，5區全線參選繼續狙擊民主黨。兩名立法會議員黃毓民、陳偉業分別領軍出選九龍西、新界西，以圖連任。主席劉嘉鴻組3人名單出選港島區，劉表示，與社民連雖在政治上有重疊之處，但在經濟立場、支持者分布以至組織背景都有分歧，會積極開拓年輕選民的選票。[2]九龍東派黃洋達出戰。同時申報人民力量和前線的陳志全在新界東參選。人民力量與民主黨火併，成爲多個選舉論壇的焦點。

　　上屆立法會選舉中，新成立的社民連是唯一走激進路線的政團，隨著人民力量應運而生，激進票源分散。今屆社民連派4張名單共4人單打獨鬥出戰4個選區（除九龍西外）。主席梁國雄繼續循新界東出選，爭取連任。前主席陶君行上屆選舉在九龍東排第五，無緣晉身立法會，今次捲土重來，劍指九龍東新增1席。副主席吳文遠參選港島區。吳表示社民連和

① 香港《文匯報》2012年7月19日。
② 香港《星島日報》2012年8月31日。

人民力量的票源不重疊，社民連的支持者多為35歲以下，但人民力量的主要支持者傾向中年。在民生和經濟方面，兩黨是南轅北轍，社民連是明顯左派，人民力量則較保守右傾。[1]曾健成則跨區出擊新界西，以圖博一博。

民協為支持馮檢基在超級區議會穩奪1席，本在新界西及九龍東分別派出主席廖成利及許錦成出戰。兩人更已報名參選，但到最後關頭，民協卻選擇變陣，收回廖成利及許錦成的提名，改為只派譚國僑1張名單參選九龍西，而廖成利則排名單第二，許錦成則跟隨馮檢基參選超級區議員。

經濟動力共派4張名單12人參選，其中1張名單就排足9人出戰新界東，人選是原自由黨成員、大埔委任區議員邱榮光，與田北俊構成直接競爭，兩者票源極相近，一樣是針對中產及鄉事票源。兩派曾一度協調，但經濟動力拒絕撤兵，堅持邱榮光有足夠支持取得一席。[2]

新論壇派2張名單共3人參選，其中地區直選1張名單，出選新界東的龐愛蘭同時申報公民力量／新世紀論壇。龐愛蘭上屆以新論壇名義參選獲2萬多票飲恨，今屆捲土重來，與公民力量結盟意圖增強奪位實力，希望東山再起。

街工現任議員梁耀忠繼續在其「老巢」新界西出選，競逐連任；而梁美芬則以西九新動力的新招牌出選九龍西。

新民主同盟在區選初試啼聲後，由范國威領軍，排足9人名單出戰新界東。新同盟成立雖不足兩年，但地區勢力強勁，而且得到上屆選舉有4.1萬票的鄭家富力撐，成為民主黨在新界東不容忽視的新對手，特別是同為北區、大埔拉票區域的黃成智名單，將與范國威成為競爭最激烈的對手。

總的來看，今屆地區直選選戰慘烈，歷屆罕見，表現在：

（1）地區直選參選名單歷屆之最，競爭最激

① 香港《星島日報》2012年8月31日。
② 香港《星島日報》2012年8月31日。

　　回歸以來每屆立法會地區直選名單都出現遞增的情況，1998年有28張名單，2000年有35張名單，2004年有37張名單，2008年增至55張。而今屆地區直選參選名單達67張，參選人數共216人，是歷屆之最，刷新了歷史記錄。

　　由於今屆參選的人數多，競爭是歷屆最激烈的，平均超過6人爭1個席位。在5大選區中，新界東競爭最激烈，今屆增加了兩個議席，達9席，以至各方勢力爭相在該區「搶灘」。該區不僅參選名單最多，達19張，而且參選人數也最多，達74人，平均8.2人爭1個議席。新增1席至5席的九龍東，今次吸引了10張名單，21人參選，平均4.2人爭奪1席，是參選人數最少，競爭最不激烈的區。

　　（2）兩大陣營之間及陣營內部搶票激烈

　　由於選情激烈，兩大陣營之間不僅利用多場選舉論壇和傳媒宣傳互相攻擊、抹黑，打擊對方，爭奪選民，而且兩大陣營內訌也特別嚴重，同一陣營的黨派出現互相指責，打擊別人，爭奪選票的現象，這是往屆少見的，如泛民陣營的人民力量狠打民主黨，指責民主黨支持政改方案是「出賣選民」，令民主黨的民望急跌，選情出現危機；公民黨在新界西大打「告急」牌，企圖奪得兩席，搶票目標對準民主黨候選人，最終取得7萬多票，只能奪得1席，浪費了3萬多票，反而造成民主黨候選人得票急跌，最後1席未取。而建制派陣營中的自由黨候選人劉健儀在地區直選港島區的選舉論壇上，攻擊新民黨候選人葉劉淑儀，企圖搶奪對方的票源；一向關係良好的工聯會與民建聯也鬧分歧，前者公開抨擊後者「鎅票」。

　　（3）新舊候選人紛紛「告急」，打「告急」牌是歷屆最多

　　今屆立法會選舉與往屆比較，選情特別混亂。選舉前的滾動式民意調查顯示，不少候選人名次上落變化甚大，加上參選人數多，政黨分拆名單多等因素，令選情激烈，結果難於預測，加強了各黨派落選的危機感。因此，兩大陣營中幾乎參與地區直選的候選人不管是新人，還是舊人，紛紛

「告急」，打的「告急」牌是歷屆最多，如參選「超級議席」選舉的明星陳婉嫻、李慧琼、劉江華、涂謹申、馮檢基、何俊仁，地區直選的原立法會議員王國興、黃國健，新人胡志偉、葛珮帆、毛孟靜、陳家洛等，紛紛打告急牌，令不少選民把準備投給「穩勝」的大熱門候選人的票，轉投給告急者，結果令一些大熱門的候選人落選。

今屆地區直選為何是回歸以來最激烈的一次呢？究其原因主要是：

一是立法會直選議席增至35席，吸引各個政團爭位，引發激烈競爭。

二是多個政團的第一代都已50至60多歲，需要大力培養新人，實現新老交替。

三是隨著社會多元化發展，社會期望立法會中有更多新思維和新聲音，因此，有很多首次參選立法會的年輕新丁也希望透過參選進入立法會，在未來的立法會發聲。

二、首飲「頭啖湯」的超級議席選舉

毋庸置疑，今屆立法會選舉的焦點肯定是「超級區議會」議席之爭。

所謂「超級區議會」，是指在立法會功能界別中新增區議會（第二），設五席，候選人必須是現任民選區議員，並由15名民選區議員提名，然後由現時在功能界別沒有投票權的登記選民，以一人一票選出；說它是「超級」，是因為該五席將由整個香港特別行政區的單一選區以名單比例代表制選出，合資格登記選民共3,219,731人，因此，將大大增加2012年立法會選舉的民主成分。

超級議席選舉，吸引全港各方眼球。新增五席則成為各主要政黨的兵家必爭之地，共有7張名單18人角逐，即民建聯劉江華、李慧琼兩張名單，民主黨何俊仁、涂謹申兩張名單，工聯會陳婉嫻名單，民協馮檢基名單，獨立人士白韻琹名單。七雄逐鹿，鹿死誰手，未可知也。

　　民建聯擁有134名區議員，派出兩位現任議員劉江華和李慧琼分隊轉戰超級，力爭取得2席。

　　副主席劉江華獨領名單由新界東轉戰超級。他是以打造清晰鮮明的個人形象，同時倚靠原有的地區組織班底助選，配合新晉年輕專業會員的創意宣傳，在危機中出奇制勝。劉的拉票策略是主攻新界東和新界西。[1]

　　民建聯另一副主席、新任行政會議成員李慧琼，率領一隊從九龍西轉戰超級。李團隊排足5人名單：李慧琼、洪連杉、陳學鋒、朱立威、顏汶羽。李慧琼是專業會計師，2004年加入民建聯曾鈺成團隊出選九龍西；2008年出戰九龍西當選，並成為「票後」，今屆以新「三料議員」身份（行政會議成員、立法會議員、區議員）為民建聯披甲問鼎超級議席。李坦言，今屆超選非常艱難，首先是選民超多，要爭取300多萬選民的支持，選舉工程亦較地區直選更加複雜。李慧琼團隊的拉票策略是主攻九龍西、九龍東和港島。[2]

　　民主黨擁有47名區議員，是泛民中唯一可派兩張名單出戰超級的政團。民主黨派何俊仁、涂謹申各組3人名單，分途出擊超選。現任議員、主席何俊仁，帶鄺俊宇、林紹輝由新界西轉戰超級。另一現任議員涂謹申率趙家賢、區諾軒由九龍西轉戰超級。

　　何俊仁形容超級議席競爭激烈，亦是民主派及建制派在價值觀的對決，由300多萬名選民投票決定香港是否要維護核心價值。[3]何俊仁與涂謹申的拉票策略同民建聯「如出一轍」，何團隊主攻新界西、新界東；涂團隊主攻九龍西、九龍東、港島。

　　工聯會擁有34名區議員（其中20名兼具民建聯身份），派榮譽會長陳婉嫻夥拍兩名區議員梁子穎和黃潤昌，出戰超級。陳婉嫻上屆立法會選舉退下火線，今次寶刀出鞘，重出江湖問鼎超級議席，眾望所歸。多年來致

① 香港《文匯報》2012年7月10日。　　　③ 香港《星島日報》2012年7月24日。
② 香港《文匯報》2012年8月6日。

力「撐勞工，爲基層」的工聯會，今屆以被譽爲「票後」的星級人馬陳婉嫻「一帶四」的風車策略帶動四區直選去爭取勝利。陳婉嫻坦言，今屆始終是工聯會首次樹立旗幟參選，確實非常艱巨，特別是工聯會勢不做「假大空」的選舉，內部總會出現磨合困難的日子；但工聯會卻很喜歡打硬仗，最重要是希望藉選舉壯大工聯會，實現勞工基層期望。[1]

民協擁有 15 名區議員，剛好可提名 1 張名單參選超級。現任資深議員馮檢基帶黃大仙區議員許錦成披甲上陣。馮檢基坦言，冒著「滅黨」危機出戰超級議席，旨在向選民提供多一個選擇，亦希望爲泛民力爭更多議席。民協將打著「企硬不保皇」的旗幟出征。[2]

人稱白姐姐的灣仔區議員白韻琹不甘寂寞，孤身一人加入超級戰團，白曾在商業電台、新城電台主持「盡訴心中情」節目，有一定知名度。今次參選超級議席，白韻琹聲稱獲 17 個民選區議員提名，是爲了打破政黨壟斷。[3]

各方虎視眈眈的超級區議會選舉布局明朗化，「七雄爭霸」首飲「頭啖湯」。有實力角逐的是民建聯、民主黨、工聯會、民協四大政團的六張名單，即 6 人爭 5 席，獨立人士白韻琹背後無大黨支持，取得議席機會甚微。

有分析指，若以 2008 年立法會選舉投票率推算，151 萬投票選民中，泛民所有名單得票近 87 萬，佔約 59%，建制派所有名單得票約爲 62 萬左右，佔約 41% 左右，由於超級區議會以全港單一選區投票，理論上全港得票較多的泛民候選人，取得 3 席機會較大。而建制派總票盤比泛民少了 25 萬票，要取 3 席是艱難的。

由於超級議席選舉以全港爲單一選區，傳媒青睞有加，輿情持續升溫，市民關注日甚，加上政治氣氛波譎雲詭，選舉形勢千變萬化，六虎相爭，誰能入局，有待揭盅。所以，超級區議會議席的爭奪成爲今屆立法會

① 香港《文匯報》2012 年 8 月 3 日。　　　③ 香港《明報》2012 年 7 月 20 日。
② 香港《蘋果日報》2012 年 7 月 31 日。

選舉的焦點。

三、傳統功能界別選舉概況

新一屆立法會功能界別選舉，相對地區直選及超級區議會選舉的戰火連天，顯得較為平靜。但某些界別也烽煙四起，會計界、工程界各有4人競爭，而金融服務界則有5人角逐，超過10個政團染指19個界別，意圖爭奪更多議席。

今屆53位候選人，其中16位在無對手下，於14個界別中自動當選。包括自由黨3席：航運交通界易志明，批發及零售界方剛，飲食界張宇人；經濟動力3席：鄉議局劉皇發，商界（第一）林健鋒，工業界（第一）梁君彥；民建聯2席：進出口界黃定光，區議會（第一）葉國謙；工聯會2席：勞工界郭偉強、鄧家彪；勞聯1席：勞工界潘兆平；獨立5席：保險界陳健波，地產及建造界石禮謙，商界（第二）廖長江，工業界（第二）林大輝，金融界吳亮星。

政團人士參與競逐的有八個界別：

公民黨派黎廣德、郭榮鏗分別出選工程界和法律界。

工程界除黎廣德外還有3名候選人：尋求連任的現屆議員何鍾泰，工程師學會前會長盧偉國，工程師陸宏廣。

法律界與郭榮鏗對撼的是前律師會會長王桂壎。王桂壎是前律師會會長，手執包括高浩文資深大律師、梁定邦資深大律師及律師會前會長黃嘉純等400多個業界提名。郭榮鏗是公民黨新星、大律師，得到法律界前議員吳靄儀支持。

自由黨派鍾國斌繼續出戰紡織及制衣界。鍾國斌上屆以獨立人士身份參選，取得逾700票，與以1200票當選的梁劉柔芬相距不算太遠，今屆獲自由黨力撐，有實力爭奪該議席。

民主黨派吳永輝參選建築、測量及都市規劃界,與建築師劉秀成、測量師謝偉銓同場角逐。

民建聯派新生代何俊賢接替黃容根參選漁農界,對手是經濟動力成員陳美德。

工黨派張國柱出戰社會福利界,對手是來自建制背景的新家園協會香港服務總監、資深社工陳義飛。

新世紀論壇派馬逢國出選體育、演藝、文化及出版界,對手有報稱港人民權民生黨的蕭思江、藝術家周俊輝。

教協派總幹事葉建源出戰教育界,對手是教育評議會副主席何漢權。民主黨成員、教協會長馮偉華本來已報名參選,但突以身體檢查報告顯示其前列腺癌指數迅速上升為由宣布退選,改由教協理事葉建源代替參選。葉建源表示會完全接收馮偉華的政綱及選舉班底,但暫時不會考慮像馮偉華般加入民主黨。①

沒有申報政治聯繫或報稱獨立參選人的有六個界別:金融服務界、會計界、資訊科技界、醫學界、 旅遊界、衛生服務界。

其中參選人數最多的首推金融服務界,共有5人落場角逐:張華峰、李君豪、鄧予立、林德明、甄文星。

會計界被視為競爭較激烈的界別之一,有4人角逐:陳普芬、林智遠、梁繼昌、黃宏泰。競爭主要在林智遠與梁繼昌之間展開。會計界選民多達2.5萬人,界別內有近5成選民均為40歲以下。無論林智遠或梁繼昌,均力爭年輕選民支持,年輕人取態將成為兩人勝負關鍵。②

① 香港《文匯報》2012年7月26日。
② 香港《經濟日報》2012年8月30日。

四、立法會選舉結果評析

政改方案通過後的首次立法會選舉塵埃落定，選舉結果如下：

2012年立法會當選議員名單（70人）

建制陣營當選議員　43人				泛民陣營當選議員　27人			
政治聯繫	議席	地區直選當選人	功能組別當選人	政治聯繫	議席	地區直選當選人	功能組別當選人
民建聯	13	曾鈺成、★鍾樹根、陳鑑林、★蔣麗芸、譚耀宗、★陳恒鑌、★梁志祥、★葛珮帆、陳克勤	李慧琼# ★何俊賢、葉國謙、黃定光	民主黨	6	★單仲偕、★黃碧雲、★胡志偉、劉慧卿	何俊仁#、涂謹申#
工聯會	6	王國興、黃國健、★麥美娟	★陳婉嫻#、★郭偉強、★鄧家彪	公民黨	6	★陳家洛、★毛孟靜、梁家傑、★郭家麒、湯家驊	★郭榮鏗
自由黨	5	★田北俊	★鍾國斌、★易志明、方剛、張宇人	人民力量	3	黃毓民、陳偉業、★陳志全	
新民黨	2	葉劉淑儀、★田北辰		工黨	4	何秀蘭、李卓人、★張超雄	張國柱
經濟動力	3		劉皇發、林健鋒、梁君彥	社民連	1	梁國雄	
專業會議	2	梁美芬、	石禮謙	民協	1		馮檢基#
新論壇	1		★馬逢國	街工	1	梁耀忠	
勞聯	1		★潘兆平	公專聯	2		★梁繼昌、★莫乃光
獨立	10	謝偉俊	梁家騮、★姚思榮、★謝偉銓、★張華峯、陳健波、★吳亮星、★廖長江、林大輝、★盧偉國	新同盟	1	★范國威	
				獨立	2		★葉建源、李國麟

　　註：★為今屆新當選的議員，共35人；當選議員名字後有「#」的是「超級議席」。

（資料來源：香港選舉事務處　參見《大公報》、《明報》、《東方日報》等，2012年9月11日。）

過去三屆立法會地區直選建制與泛民議席及票數變化

建制	2004年		2008年		2012年	
	選票	議席	選票	議席	選票	議席
民建聯	402,420	8	347,373	7	366,140	9
工聯會	52,564	1	86,311	2	127,857	3
自由黨	118,997	2	52,611	0	48,702	1
新民黨	未成立	---	74,084 #	1	68,097	2
西九新動力	未成立	---	19,914	1	34,548	1
其他人士	90,821	1	21,531	0	129,470	1
建制派總得票	664,802	12	601,824	11	774,814	17
泛民						
民主黨	542,464 ★	8	345,897	8	247,220	4
公民黨	未成立	---	179,090	4	255,007	5
職工盟/工黨	45,725	1	42,366	1	112,140	3
民協	74,671	1	35,440	1	30,624	0
街工	59,033	1	42,441	1	43,799	1
社民連	未成立	---	153,390	3	87,997	1
人民力量	未成立	---	未成立	---	176,250	3
其他人士	383,495	7	103,673	1	83,133	1
泛民總得票	1,105,388	18	902,297	19	1,036,170	18
總投票人數	1,784,406		1,524,249		約183萬	
登記選民	3,207,227		3,372,007		3,466,201	
投票率	55.63%		45.20%		53%	

註：★2004年民主黨在新界東與其他反對派合組鑽石名單參選，獲168,833票

#新民黨的前身匯賢智庫的得票

（資料來源：香港選舉事務處　參見《文匯報》、《明報》、《星島日報》等，2012年9月11日至13日。）

　　從上表可見，在70個議席中，建制派佔43席，而泛民派則取得27席，比例約為62%比38%，與上屆議席比例相若。其中地區直選35席，建制派取得17席，比上屆多6席，泛民取得過半數的18個議席；在傳統功能組別30席，建制派取得24席，泛民則取得6席，比上屆多2席。在新增全港投票的超級議席選舉的5個議席中，泛民奪得3席，建制派取得2席。

　　從以上選舉結果來看，建制和泛民兩大陣營互有消長，互有得失，有幾方面表現引人注目。

（一）建制派在地區直選中取得歷屆最好成績

（1）民建聯是地區直選的最大贏家。

　　建制派地區直選議席大幅增加，由上屆的11席增加到17席。其中民建聯在今屆立法會選舉與工聯會分家後，仍能單獨取得9席，所有分區直選9張名單排頭位者均順利當選，加上功能組別4個議席，共取得13席，繼續居立法會內第一大黨的地位；同屬建制派的工聯會直選議席由2席增至3席，加上功能組別3個議席，共取得6席，升為立法會中第二大政團，與民主黨和公民黨並列；自由黨直選議席從失到得，取得1席；新民黨由1席增至2席；其他團體及獨立人士取得2席。建制派在地區直選中取得近一半議席，這是香港回歸以來，歷屆立法會地區直選中，建制派取得的最好成績。

（2）投票結果打破兩個定律

　　一是打破了「投票率高，建制派危」的政治定律。過去有一種流行看法，即投票率高對反對派有利而對建制派不利。從今屆立法會選舉結果來看，這個定律已經被打破。在新增10個議席中，建制派取7席，泛民則只佔3席。而在70個立法會議席中，建制派共獲得43席，超過61%。在高投票率的情況下，建制派取得好的戰績，說明高投票率對建制派不利的「魔咒」已經不靈了。

　　二是泛民派與建制派得票比例打破「六四黃金比例」。從往屆立法會選舉看，地區直選選票泛民派與建制派比例，基本遵從「六四黃金比

例」，即泛民陣營的選票佔六成，建制派陣營則佔四成；今屆立法會選舉，泛民本想通過發動反國敎行動來推高投票率，左右選舉結果。然而，選舉結果顯示，雖然兩大陣營的議席比例上無變化，但在地區直選投票率高於上屆的情況下，投票人數較上屆多了31萬，達到181萬張有效票，泛民得到約103萬票，較上屆的約90萬票多了13萬票，得票率爲56%，低於2008年的59%和2004年的61%；而建制派在地區直選中總得票率較前進步，取得77萬4千多票，較上屆60多萬票增加了約17萬票，增幅比泛民大，得票率達到43%，較上屆的36%和前屆的37%都要高。在超級議席選舉中，投票人數約167萬，投票率51.9%，除了約8萬張白票外，有效票數約159萬票，泛民獲得50.77%票數，有80.74萬票；而民建聯加上工聯會獲得72.30萬票，得票率爲45.47%，可見，泛民在超級議席選舉中並沒有絕對優勢，傳統的「六四黃金比例」已被打破。

建制派取得佳績的原因：

一是建制派運用選舉策略較爲成功。首先，是民建聯吸取上屆立法會地區選舉不分拆名單參選，造成高票少議席的敎訓，今屆在港島、新界東及新界西分拆多張名單參選，結果大獲全勝。其次，是建制派內部配票較爲成功。主要體現在多個地區選區中成功取得了最後或尾二的名單，例如，新界西最低得票當選的3張名單，分別是民建聯的陳恒鑌、工聯會的麥美娟和民建聯的梁志祥，以10萬5千票取得3席；九龍東的謝偉俊、九龍西的梁美芬以及港島的王國興，都是以最低票數取得這些議席。

二是建制派地區樁腳扎實，有穩固的基本盤支持。回歸15年來，建制派默默耕耘，努力做地區工作，令地區選票基本盤穩固。在去年的區議會選舉中，建制派議席數量大幅上升，顯示了建制派地區樁腳的威力及成熟度日益拋離泛民主派，這成爲建制派在選舉中的優勢。在今屆選舉中建制派的基本盤大幅增長。以兩個建制派主要政團計算，民建聯得票由上屆34萬7千多票增加至今屆36萬6千多票；工聯會由上屆8萬6千多票增至今屆

12萬7千多票。建制派總得票由上屆60多萬票增至今屆77萬多票。

　　三是在香港社會政治氣氛濃厚，國民教育議題過度政治化的壓力下，建制派能團結一致，變壓力為動力，積極面對泛民主派攻勢，全力拚搏，爭取選民支持，終於打贏這場選戰。

　　（二）泛民在地區直選失利，但守住了立法會超過三分之一議席的關鍵少數

　　泛民陣營在今屆地區直選總席位增加5席的情況下反而比上屆取得的議席還少1席，總共只取得18席，差點失去直選組別的多數優勢。這對一直強調和重視地區直選的泛民陣營來說，確實是個嚴重的失利。然而，泛民陣營內部來看，這次選舉是有人歡喜有人愁。

　　（1）地區直選真正遭遇極大挫折的是民主黨。泛民的大佬民主黨今屆立法會選舉議席從上屆的8席跌至6席，在地區直選中只取得4席，較上屆減少3席，當中新界西全軍盡墨。民主黨得票率約一成三，為247,220票，比上屆的34萬5千多票少了近10萬票，主席何俊仁即日為黨的選舉失利辭職。

　　（2）泛民中激進民主派勢力增長。今屆立法會選舉激進政團議席增加，如激進人民力量的議席由上屆的2席增至3席；逐漸趨於激進的公民黨共取得6個議席，其中地區直選增加1席，達到5席；具有激進傾向的工黨也取得4個議席，比上屆增1席；激進的社民連保住原有的1席。這4個激進政團共擁有14個議席，佔立法會總議席的五分之一，佔泛民陣營總席位的一半多，在地區直選中的得票率近三成半，達到64萬票，遠高於泛民陣營中非激進勢力的得票率。這顯示泛民陣營中激進民主派勢力加強，對今後立法會的運作乃至整個香港的政治環境將會有不小的衝擊。

　　（3）泛民在多個傳統功能組別成功搶灘。泛民在傳統功能組別選舉中除保住教育界、法律界、衛生服務界及社會福利界原有的4個議席外，還取得會計界、資訊科技界的2個議席，合共奪得6席，比上屆多2席。在

「超級議席」選舉的5個議席中，泛民也奪得3席。

（4）泛民守住了立法會超過三分之一議席的關鍵少數。泛民在今屆立法會的70席中雖僅取得27席，仍屬少數派，但在需要三分之二或以上票數才能通過重大議案審議表決時，泛民仍掌握著足夠的否決權，並以一票之差維持住分組點票下直選組別的多數優勢。

泛民為什麼會在地區直選中失利？其原因：

一是內部四分五裂，互相攻擊搶票。泛民中以人民力量和社民連為代表的激進力量與民主黨、民協代表的溫和力量矛盾重重，互相攻擊，導致內部四分五裂，互相搶票。

二是配票失利。泛民利用傳媒勢力發起煽動輿論，極力號召支持泛民的選民，投票給某些告急的泛民候選人。在羊群心理下，部分選民失去了個人獨立思維判斷，聽從傳媒的煽動指示，進行了一場配票遊戲，結果泛民在新界西及港島配票失誤，導致民主黨失去議席，而公民黨卻浪費了幾萬選票。

三是民主黨誠信破產，流失票源。去年區選，泛民陣營中民主黨取得的成績，比其他泛民政黨都好，民主黨認為這是支持政改方案的原因。然而在今屆立法會選舉前，為爭取更多選民支持，民主黨透過傳媒對兩年前支持政改方案一事向市民道歉，以博取部分選民的同情，這種出爾反爾的行為，令很多支持者感到痛心和失望。加上民主黨內多位核心成員被傳媒揭發漏報利益醜聞，也使民主黨誠信破產，流失票源。

（三）新一屆立法會的「黨派格局」，令政府管治面臨更大挑戰

進入新一屆立法會的黨派數目增至17個，包括8個建制派黨派及9個泛民黨派。建制派黨派是民建聯、工聯會、自由黨、新民黨、新世紀論壇、勞聯、經濟動力及專業會議；泛民黨派是民主黨、公民黨、工黨、人民力量、民協、社民連、新民主同盟、街工及公共專業聯盟。

在泛民的27位議員中，溫和派的民主黨及民協的議員只有7位，激進

派人民力量、社民連及公民黨的議員有11位，中間派工黨、街工及公共專業聯盟的議員有7位。由於一直以來作為泛民最大政黨的民主黨，在今屆選舉中失利，議席及得票率都被公民黨趕上，失去了泛民主流領導地位，使到泛民陣營進入群龍無首之局面。泛民陣營的四分五裂，各黨派對政改立場及政府施政的分歧，令到在未來的政改諮詢中達成共識十分困難。

建制派在立法會中雖然佔據43席的穩定多數，但實際上議席比上屆更分散，其中傳統愛國愛港的民建聯13席，代表基層勞工利益的工聯會6席及勞聯1席，代表工商界利益的自由黨5席、經濟動力3席及專業會議2席，代表專業中產利益的新民黨2席及新世紀論壇1席，此外，還有多達10名代表不同界別利益的獨立建制派議員。這些政治力量在愛國愛港的立場上是一致的，但是代表的階級和階層利益卻不一致，有的甚至是對立的。因此，在一些具體的政策問題，尤其是經濟民生問題上，常常難以取得一致。對待特區政府的態度也很不一樣，回歸15年來，特區政府施政阻力重重，雖然在立法會中建制派議員佔有過半數議席，但政府提出的許多經濟民生法案卻被拖延及擱置，例如中央屠宰、種族歧視立法、僱傭修訂條例及競爭法等，其中很主要的原因就是建制派陣營各黨派欠缺共識。

面對新一屆立法會的「黨派格局」，特區政府要爭取建制派議員的護航，推動跨黨派合作的難度越來越大。而泛民陣營中激進民主派勢力的加強，反映了社會上一部分市民政治取態極端化仍在發展。他們不願以傳統的較溫和的手段爭利益，而是要以更激進的手段爭利益，使得議員選擇對抗政府多於尋求與政府合作，這些都令特區政府管治面臨更大挑戰。

（四）晉身立法會「新人」是歷屆最多，議政水準有待提升

立法會選舉結果顯示，晉身今屆立法會的「新人」是歷屆最多，達到議員的一半，即35人，其中有7人是捲土重來，重新入局的「舊人」，包括陳婉嫻、單仲偕、田北俊、張超雄、郭家麒、吳亮星、馬逢國。首次入局的「新人」有28人，其中最年輕的是漁農界的何俊賢和勞工界的鄧家

彰，同是32歲。這些「新人」雖然有部分是現任區議員，有多年區議會的工作經驗，但是立法會的工作範疇與區議會有很大差別，立法會要處理香港社會的一系列重大的政治和經濟民生議題，立法會中的鬥爭更加激烈，需要議員有較高的素質和能力，去應對和處理複雜的政治經濟民生議題。因此，不論是那個陣營的議員，都要提升議政水準，才能適應未來香港政治發展的需要。

第六章
「佔中」、「政改」影響下的政團發展
（2013-2015）

　　隨著 2012 年 9 月第五屆立法會選舉結束以及同年 12 月港區全國人大代表產生後，香港政壇開始聚焦新一輪的政制改革，即如何實現 2017 年香港普選行政長官和 2020 年普選立法會。圍繞「雙普選」，2013 年至 2015 年香港社會發生了始料不及、驚心動魄的「佔領中環行動」和「政制改革方案」觸礁這兩件大事，對香港政制及政團發展造成了重大影響，從而對 2015 年至 2017 年的各類選舉也產生重要影響，使到香港政團發展與選舉進入到第五個階段。

第一節 「佔中」折射出的政團眾生相

「佔領中環行動」最早是由香港大學法律學院副教授戴耀廷於2013年1月初提出，至2014年12月15日警方在銅鑼灣順利清場結束，擾攘近2年，其間經歷了發表信念書、舉辦「商討日」、「全民公投」、「佔中」預演，建制政團成立「保普選反佔中」大聯盟、全國人大常委會公布「8・31決定」等大事，「佔中」與「反佔中」兩大勢力展開激烈較量，特別是2014年9月28日開始至12月15日結束長達79日的佔領金鐘、旺角、銅鑼灣行動，以強勢登場，以潰敗落幕，「佔中」最後鎩羽收場，而這歷史過程中折射出來的政團眾生相值得回味。

一、「佔中三子」發難，泛民政團推波助瀾

2013年1月初，戴耀廷在報刊發表文章提出召集1萬人「佔領中環」，目標是令中央政府兌現讓港人普選行政長官和立法會的承諾。戴坦言，今次拋出「佔領中環」的方案是「出口術」，「由一月六日的文章已經開始左」，希望藉打「政治社會心理戰」，迫使北京政府落實真普選，又明言已經做好入獄的心理準備。[1]

其後，戴耀廷於1月16日在《信報》發表《公民抗命的最大殺傷力武器》，進一步提出「公民抗命」的概念，要有「包括意見領袖在內」的「一萬人以上」，「違法」、「非暴力」、「長期」地「佔領中環要道」，「癱瘓香港的政經中心，迫使中央政府改變立場」。戴耀廷又於1月30日在《信報》發表《非暴力公民抗命「佔領中環」》，進一步鼓動市民故意犯罪佔領上環，癱瘓中環作為經濟命脈的正常運作，又呼籲示威者癱瘓警署，以致警隊無法正常工作，以逼使政府落實「雙普選」承諾，

① 香港《星島日報》2013年2月25日。

「佔中」自此成為輿論界、政界廣泛討論並逐步付諸行動的命題。

「佔中」發起者除戴耀廷外,還有陳健民和朱耀明。

陳健民曾是普選聯學者中的牽頭人之一。他坦言,香港一直在空轉,如果制度不改,誰做特首也不會做得好,所以如北京再來一個假普選,「我好可能會真的上街」,即使要他組織帶頭,也義不容辭。[1]

朱耀明牧師原出任泛民政改新平台真普選聯盟(簡稱真普聯)的副召集人,但他表明,自己無意出任該職,已決定選擇跟戴耀廷一起,參與「佔領中環」行動。他強調,參與爭取民主已20至30年,一直未有結果,今次會以最後一次參與的動力,以個人身份加入行動,並專注從不同群組,宣揚「佔領中環」行動。

戴耀廷提出的「佔領中環」構想,獲多個泛民政團力撐。繼公民黨表明願參與,以此作為爭取普選的最終選擇後,民主黨也稱原則上支持有關構想,更答允在地區協助宣傳「佔中」行動所傳遞的訊息,務求將以法達義的精神,在各區遍地開花。

因此,泛民政團對戴耀廷「佔中」方案持同意、支持態度,並對「佔中」從構想轉變為行動,起了推波助瀾的作用。

民主黨政制小組2月18日邀請了戴耀廷深入介紹計劃,副主席蔡耀昌透露,與會的20名黨員,多數都支持以此方法爭取普選,認為戴方案較為學術,民主黨有的是地區網絡,可協助構思如何把這方案落地宣傳,向普羅街坊介紹,待泛民新政改平台誕生,也可以研究如何與戴合作推動爭取政改。

民主黨主席劉慧卿在該黨3月1日舉辦的春茗上指出,中委會昨晚開會,黨友們指要在民主路上盡力爭取,包括用「公民抗命」的方法,像港大法律學者戴耀廷的「佔領中環」行動。

公民黨黨魁梁家傑表明政府若到最後關頭仍拒絕落實真普選,該黨將

---

① 香港《星島日報》2013年2月4日。

參與戴耀廷倡議的「公民抗命」運動。梁家傑認為，「佔領中環」作為爭取真普選的策略手段，沒有問題，「否則我們還有什麼揸手？」，他會與執委會研究邀請戴耀廷與他們商討計劃。

民協立法會議員馮檢基認為，「佔領中環」的前提，是泛民所有成員都共同進退，因為到了政改關鍵時刻，他們已沒有再分裂的條件，而且為了讓泛民團結，他們願意放下過往「又傾又砌」的說法。①

社民連主席梁國雄與戴耀廷就「佔中」展開對談。梁建議先行五區公投作前哨戰，如超級區議員何俊仁辭職，便可啟動全港公投。戴說，不少人抗拒政黨領導佔領中環，若以公投開始運動，猶如把兩者聯繫。梁卻認為，這正好是放下紛爭的時機，若何俊仁辭職，便能化解民主黨早年不參加五區公投，在泛民裏衍生的連串恩怨②梁國雄的獻策成為戴耀廷「佔中」四部曲之一。

戴耀廷連同何俊仁3月20日重新擬定了之前提出的「佔領中環」策略，並公布了新的所謂「佔領中環」四部曲，聲稱唯有採取這些行動香港才有機會實行普選。值得注意的是，「四部曲」把「公民抗命」、「佔領中環」行動改為最後一著，前三步則是所謂「審議日」、「萬人公投」以及「何俊仁辭職，引發變相公投」。此舉立即引起多方關注。

2013年3月27日，「佔中三子」 戴耀廷、陳健民及朱耀明在教堂舉行記者會，正式發表「佔中」信念書，表示這個運動的目標是要爭取2017年普選特區行政長官。

信念書將行動改名為「讓愛與和平佔領中環」，稱行動雖違法但絕非暴力，提出了3個信念：1.香港的選舉制度必須符合國際社會對普及和平等的選舉要求；2.透過民主程序議決香港選舉制度的具體方案；3.爭取在香港落實民主普選所採取的「公民抗命」行動。

① 香港《星島日報》2013年2月19日。
② 香港《明報》2013年2月24日。

儘管戴耀廷為「佔中」披上「讓愛與和平」的外衣以爭取道德高地，但其暴力違法的本質還是難以掩蓋的。朱耀明就透露，會考慮把參加者的年齡限制，由原來提出的40歲或以上，下降到18歲或以上。這實際上為不諳世事的青少年學生充當後來暴力「佔中」的急先鋒和主力埋下了伏筆。

信念書的發布使「佔中」由概念向醞釀具體行動發展。

按照戴耀廷對「佔中」的設計，其中一個環節是「商討日」。

「佔中三子」分別在2013年6月、9月和2014年5月舉辦了三階段大型「商討日」活動。

2013年6月9日，「佔中」運動在香港大學舉行第一次「商討日」，約700人參加。首個「商討日」歸納出要加強宣傳論述、變成全民運動等七大要點，為下一階段「佔中」運動做好準備。戴耀廷要求參加「商討日」人士簽署意向書，表示認同「佔中」的基本信念。

從2013年9月至2014年3月，多個團體、政黨分別舉行多場第二次「商討日」。2014年3月9日，「佔中」組織者在香港中文大學舉行「和平佔中商討日（二）」總結及前瞻大會，邀請已簽訂了「和平佔中」意向書的市民參加，商討特首普選方案的「最重要原則」，將「佔中」推向全民參與。

2014年5月6日，戴耀廷等人在香港中文大學、北角等地舉行第三次「佔中商討日」。其中最重要的一項議程是，要求參與者從15個符合國際標準的政改方案中，選出3個「入閘」港大民調6月22日電子公投方案。結果，前3名出線的方案都包含「公民提名」因素，均為激進方案，而溫和方案無一例外落選。

有關政團在「佔中」投票立場取態迥異，人民力量及社民連呼籲支持者改投人民力量方案；民主黨及公民黨批評人力及社民連未有如承諾支持「三軌方案」，民主黨何俊仁形容真普聯內成員「貌合神離」。真普聯召集人鄭宇碩承認日後合作互信、尋求共識仍有很大困難。

在全力動員之下，三次「商討日」的出席人數都沒有達到戴耀廷及其支持者將產生 1 萬名參與者共同立場的設想，第一次 700 人，第二次 1500人，第三次 2500 人。

在「商討日」舉辦期間，泛民政團及其頭面人物不但積極參與、簽署承諾書，而且下區推廣，並以各種行動推動「佔中」。

公民黨主席余若薇在首個「商討日」表示，「佔中」是目的非手段，建議參加者要有心理準備最終要「佔領中環」，更指不要花太多時間討論政改方案，否則就會喪失道德力量。

公民黨黨魁梁家傑與傳媒茶敘時表示，該黨不會排除任何有效爭取真普選的方法，認為「佔領中環」與公投沒必然衝突。

民主黨於 8 月 22 日成立「和平佔中」工作組，9 月起舉辦多場政改諮詢會，推廣「佔中」，並計劃 10 月中於九龍東舉辦第二次商討日，初步撥款40 萬元，在各區推廣「佔中」工作。

2014 年 2 月 5 日，民主黨在中環舉行和平「佔中」誓師大會，45 名成員率先表態投身「佔中」，包括歷任主席組成「佔中」「先鋒」名單，前黨主席李柱銘亦加入。主席劉慧卿警告，若普選莊嚴承諾落空，民主黨必定全力參與「佔中」，為香港爭取普選。

人民力量立法會議員陳偉業為「佔中」獻策，他於 2013 年 7 月 17 日接受明報訪問時表示，構思發動 2000 人開展「城市游擊戰」，在長江中心外等 3 個地點人為製造壞車，以及在港鐵系統內虛報事故令列車停駛，「我們不是搞革命，而系透過非暴力不合作運動製造不便，迫使中央給予香港真普選」。

值得引起關注的是，工黨主席李卓人、「佔中」推手之一的朱耀明及「真普選聯盟」召集人鄭宇碩，於 2013 年 10 月跑到台灣與著名「台獨」大佬、民進黨前主席施明德座談「求教」。台灣民進黨創黨成員、台獨理論大師林濁水則應邀到港出席論壇，宣傳其「台獨」理論，其間稱會支持

「佔中」。

2014年2月，民主黨約40名黨員及義工一連兩天在烏溪沙舉辦「佔中」訓練營，透過有「台獨」背景的「華人民主書院」，邀請「台獨」分子教授所謂「非暴力抗爭經驗」，為「佔中」演習，包括一旦被抬走或被毆打時的應對方法。

2014年3月18日，台灣發生大學生「佔領」立法院的「太陽花學運」，對「佔中」起了示範效應。後來成為「佔中」急先鋒和組織者的香港專上學生聯合會（簡稱學聯）、「學民思潮」（激進中學生組織，於2011年5月29日成立，召集人黃之鋒，組織宗旨是反對政府設立德育及國民教育科）均認為，台灣學生的「佔領」行動，對香港學生未來的「公民抗命」及「佔中」都有啟發性。「佔中三子」之一陳健民更公然稱，可能會「效法」台灣學生「佔領」立法會。

隨後發生的「佔中」導火索就證實了這一點。2014年9月28日，學生組織突然衝擊和「佔領」「公民廣場」事件，就與「太陽花學運」如出一轍。

2014年6、7月間發生的「6.22公投」和「佔中」預演，加快了「佔中」由醞釀準備期向爆發期演變的步伐。

2014年6月10日，國務院新聞辦公室發布《「一國兩制」在香港特別行政區的實踐》白皮書，全面宣示了中央對「一國兩制」和《基本法》的立場，首次提出「一國兩制」的根本原則和宗旨是「維護國家主權、安全、發展利益」，聲明這是對「包括行政長官、主要官員、行政會議成員、立法會議員、各級法院法官和其他司法人員等在內的治港者」的基本要求。同時白皮書強調：「行政長官和立法會普選制度必須符合國家主權、安全和發展利益……符合香港特別行政區作為直轄於中央人民政府的地方行政區域的法律地位，符合香港基本法和全國人大常委會有關決定的規定，經普選產生的行政長官人選必須是愛國愛港人士」。[1]

① 香港《文匯報》2014年6月11日。

　　白皮書的發表引發泛民的不安和反彈。「佔中三子」之一陳健民對媒體回應稱：如果高度自治受到威脅，相信會有更多的香港人支持民主運動。一時間，香港社會內部「反中」情緒越燒越熱，泛民趁勢舉辦非法的「佔中公投」，產生出虛假民意，幻想逼迫中央讓步。

　　2014年6月20日至29日，香港大學民意研究計劃進行對政改方案的「全民公投」，分為電子投票和實體票站投票。6月22日在全港設立15個實體投票站，並在6月29日增至21個投票站供市民投票。由於部分港人對白皮書發表的反彈，「6.22公投」聲稱動員出了78萬人投票。但網上投票系統其實漏洞百出：一部電腦就可以多次投票，可以冒用他人的身份證投票，可以利用軟件編造大量身份證號碼投票等。製造誇張的投票數字，目的是要將民意綁架到「佔中」與「公民提名」的戰車上。

　　必須指出的是，「公投」屬於一種憲制性安排，香港不是一個國家或獨立政治實體，無權創制「公投」制度。「佔中公投」是違法違憲的，是一場誘騙民意的政治鬧劇，為激進反對派發動「佔中」，反對政改製造虛假民意。

　　「七一遊行」是度量每年泛民動員能力的重要指標。2014年7月1日遊行，主辦單位民間人權陣線聲稱有51萬人參加，警方指最高峰為9.86萬人。[1]

　　在遊行終點，學聯在中環發起了「公民抗命後續行動」，即「預演佔中」的和平靜坐集會。學聯不提前向警方申請，從7月2日零點開始，通宵佔據中環遮打道直到早晨八點，高峰期有1200人參與靜坐。警方多次警告集會非法，直至凌晨近3時開始清場，共拘捕511人，當中包括3名立法會議員：民主黨前主席何俊仁、工黨主席李卓人及街工梁耀忠。受「佔中」預演影響，中環遮打道及昃臣道封閉，多條巴士路線改道，港鐵中環站部分出口也要關閉，直到清場行動結束，交通才陸續恢復正常。

---

① 香港《明報》2014年7月2日。

與此同時，一批「學民思潮」成員，也在七一當晚10時半發起遊行後續行動，由遮打道遊行到特首辦。召集人黃之鋒稱，有1500人包圍特首辦，要求落實公民提名。黃之鋒指，希望通過這次集會證明，「公民抗命」可以符合非暴力原則。

　　「雙學」（學聯、學民思潮）發動的「佔中預演」，是自2013年1月「佔領中環」發起以來，所煽動的以「公民抗命」爭取普選的行動理念第一次被實踐。由「佔中三子」發難，泛民政團及其頭面人物推波助瀾，並積極參與，「佔領中環」運動由概念、策劃到醞釀、預演，逐步走向了爆發。

二、建制政團反制，「保普選反佔中」大聯盟應運而生

　　早在戴耀廷提出「佔領中環」後，建制政團及其代表人物已表明反對「佔中」的態度。

　　民建聯於2013年3月底用電話訪問約1000名市民，有超過六成市民表示，擔心行動癱瘓中環，經濟蒙受重大損失，甚至引發激烈衝突，建議有關人士三思，進行理性討論。這是建制派首次就「佔領中環」進行的民意調查。

　　民建聯主席譚耀宗在2013年4月17日的《文匯報》，發表題為《社團領袖談普選：「佔中」不和平逆民意還要繼續嗎？》的文章，表示反對「佔中」。

　　工聯會立法會議員黃國健在2013年4月22日接受《文匯報》專訪時直指，「佔領中環」具脅迫性，有如在正式討論政改前亮出一把「衝鋒槍」，只想強迫對方接受自己一套的普選模式。他呼籲反對派「懸崖勒馬」，切勿玩火。

　　行政會議成員、新民黨主席葉劉淑儀2013年5月21日接受《文匯報》

訪問時形容，泛民策動「佔中」，等同玩「高危、高風險」的遊戲，威脅稱倘中央政府不接受他們的方案，他們就不惜「佔領中環」放「核彈」，希望泛民不應只看自己的選舉利益，而應通過溝通達成普選的共識。

隨後葉劉淑儀多次重申該黨反對「佔領中環」，認為「佔中」言論已大大破壞香港在國內外的形象，影響投資者信心，呼籲泛民議員能多與中央政府溝通，不要採取對抗的方式。葉太並撰文抨擊「佔中」搞手鼓吹的「6.22公投」。她在2014年6月20日的《星島日報》發表《假大空的「六二二」》一文，指出「所謂的全民投票日，只是假話、大話、空話，根本沒有經過任何科學的抽樣程序，投票結果只能反映參加者的集體意願，代表性不能與科學化的民調相提並論，更絕不能與全港市民的聲音畫上等號」。

香港經濟民生聯盟（2012年10月成立，簡稱經民聯）立法會議員、法律學者梁美芬，在2013年2月25日《大公報》發表《鼓吹「佔領」傷民主精髓》文章，指出戴耀廷身為法律學者，居然鼓動市民故意犯罪佔領中環，最終迫使別人接受他們提出的民主方案，這是極不負責任的行為，也是非常危險的。

行政會議成員、經民聯副主席林健鋒5月21日接受《文匯報》訪問時，批評戴耀廷「知法犯法，教壞學生」，強調「公民抗命」不應該影響市民的正常生活，更指「公民抗命」行動會衝擊法治的崇高地位，影響香港經濟活動。

自由黨黨魁田北俊於2013年7月8日，在中環皇后像廣場召開記者會，表示對「公民抗命」活動有保留，擔心主辦單位無法控制運動，認為若必須「佔領」，亦應到政府總部、特首辦等地方「佔領」，不應選擇香港經濟心臟地帶的中環。

面對「佔中三子」的發難，「佔中」行動的蔓延，香港有識之士「反佔中」的情緒日益高漲，並組織起來展開反制行動。

2013年8月8日，資深傳媒人周融、中文大學政治及行政學系客座教授鄭赤琰、嶺南大學公共政策研究中心主任何濼山等六人宣布成立「幫幫香港出聲行動」（簡稱幫港出聲）組織，目標聚集10萬人發聲制止「佔中」。周融直指行動是維護香港穩定安全，若有人想搞亂香港，即對方是邪，「幫港出聲」是正，又形容「佔中」是將把刀架在我們頸上，為何你爭取民主要恐嚇我們？

隨著「6.22公投」、「七一佔中預演」，「佔中」行動咄咄逼人，建制陣營開始實施反制措施。

2014年7月3日，由周融牽頭的「保普選反佔中大聯盟」（簡稱「大聯盟」）成立，發起人包括工聯會理事長吳秋北、中華廠商聯合會會長施榮懷，成員包括各愛國政團、工會、社團、商會等組織，涵蓋面甚廣。發起人表示，成立大聯盟的目的是讓市民有一個發聲的平台。

從7月19日起，「大聯盟」正式在全港設約400個街站，發起了為期一個月的反對「佔領中環」街頭及網上簽名行動，反應空前熱烈。特首梁振英及部分問責官員、行政會議成員以個人名義簽名支持反「佔中」，政界、學界、工商界、專業界、勞工、基層、社團等界別，紛紛簽名反對「佔中」。到8月18日，簽名人數突破了150萬人，創下香港有史以來簽名行動的紀錄。

8月17日，「大聯盟」舉行「8.17和平普選大遊行」。遊行籌委會發言人、新界社團聯會理事長兼民建聯副主席陳勇表示，根據團體上報的數字，報名參加遊行的人士達126,300人。民建聯、工聯會、新民黨、經民聯等政團，各大商會、工會、社團、教聯會等團體，打出各自旗幟，數以萬計市民，以及官員、行政會議成員等，於烈日當空下高呼反對「佔領中環」，「要求落實2017年普選特首」等口號，參加遊行。「大聯盟」估計遊行人數為19.3萬，警方數字則顯示從維園出發人數為11.18萬。

　　建制陣營進行的反「佔中」簽名和「8.17和平普選大遊行」兩大行動，充分反映了廣大香港市民希望依法落實普選，希望和平穩定發展的心聲，傳遞出香港社會最真實、最強大的民意，令「佔中」策劃者感到了巨大壓力，也揭示出泛民最害怕沉默大多數站出來發聲，打破了泛民利用各種遊行示威製造的民意假象。

三、「佔領行動」79天落幕，政團呈現眾生相

　　面對規模巨大的反「佔中」民意，「佔中」組織者感受到了來自各方面的壓力，特別是全國人大關於政改的「8·31決定」出台後，「佔中三子」為首者戴耀廷承認「佔中」策略性目標失敗，但仍然不願放棄「佔中」，而激進學生組織學聯、學民思潮逐步接過活動主題，終於爆發了長達79天的「佔領行動」。

　　2014年8月31日，全國人大常委會正式通過《關於香港特別行政區行政長官普選問題和2016年立法會產生辦法的決定》（以下簡稱「8·31決定」），為2017年特首普選設下框架。該決定規定，提名委員會要按照第四任行政長官選舉委員會的規定組成，維持1200人不變，提名委員會提名產生2至3名行政長官候選人，每名候選人均須獲得提名委員會全體委員半數以上的支持。[1]

　　全國人大「8·31決定」的出台，在香港泛民中引起巨大反響。「佔領中環」組織者發布新聞稿：今天對話之路已經走盡，「佔中」必定發生。9月9日，「佔中三子」戴耀廷、陳健民及朱耀明，連同一批支持者「剃頭明志」，抗議人大常委會就政改「落閘」決定[2]。9月14日，又發起黑布遊行，表達不滿。立法會中的23名泛民議員，堅稱會發揮立法會內1/3的關鍵少數票，集體否決普選方案。

① 香港《文匯報》2014年9月1日。
② 香港《蘋果日報》2014年9月29日。

2014年9月22日，學聯發起一連五天的罷課集會，要求全國人大常委會收回決定，要求眞普選。集會表示有來自全港25間大專院校1萬多名師生及市民參加，創下香港有紀錄以來最大規模的罷課抗爭。

　　9月26日，學民思潮也發起中學生罷課，估計有1200人參加當晚在政府總部外面的罷課集會。深夜，黃之鋒突然號召學生沖入政府總部東翼迴旋處（即「公民廣場」），與警方對峙並推撞，場面混亂。9月27日下午，警方開始清場，共拘捕74人，包括學聯秘書長周永康、副秘書長岑敖暉和學民思潮召集人黃之鋒。學聯及學民思潮趁人潮越來越多，在當晚8時至11時發起集會，宣布參與人數爲8萬人，要求釋放被拘捕的學生。

　　9月28日凌晨1時40分，戴耀廷等一衆「佔中」推手宣布正式啓動「佔領中環」行動[1]，改變了原定10月1日啓動的時間和地點，聲稱以「佔領」政府總部爲起點。

　　隨著「佔中三子」宣布啓動「佔中」，形勢急劇變化。組織者號召更多市民前往政府總部回應，警方施放胡椒噴霧驅趕，示威者則使用雨傘抵擋，並用雨傘攻擊警員。28日下午，示威者已超過3萬人，堵住和佔據金鐘兩條主要馬路。警方防線受到一些全身武裝起雨傘、口罩、保鮮袋的激進派示威者不斷衝擊，警方開始施放催淚彈，試圖驅散示威者，控制場面。至29日凌晨，整個驅散行動警方共使用87顆催淚彈，有接近100名示威者受傷，當中有26人送院。[2]

　　「佔領行動」在組織者極力動員及網絡號召下，以及「催淚彈」效應，激發了示威者反彈，「佔中」從金鐘擴散至旺角及銅鑼灣，一度蔓延至尖沙咀。由於「佔領」旺角、銅鑼灣及尖沙咀行動有許多是市民和學生自發的，有示威者開始不承認「和平佔中」，也不承認「雙學」或「佔中三子」有權指揮行動，加上《時代雜誌》等外國媒體陸續稱此「佔領」運

①　香港《蘋果日報》2014年9月29日。
②　香港《蘋果日報》2014年9月29日。

動為「UmbrellaRevoLution」（雨傘革命）或「Umbrella　Movement」（雨傘運動），因此兩個稱呼當時均獲得集會人士接受。

違法「佔中」規模迅速擴大以後，特區政府開始改變初期全面壓制的對策。

特首梁振英除繼續表明「佔中」的違法性質及其危害外，還委派政務司司長林鄭月娥為首的「政改三人組」等與學生團體對話，得到社會主流各界的良好反應。同時，警方暫時停止大規模驅散佔據道路的示威者。

示威者乘機「佔領」並鞏固了幾個比較集中地區的部分道路，主要是金鐘、銅鑼灣、旺角。示威者開始只是佔據馬路堵塞交通，其後在「佔領」的公共道路上設置路障、架設帳篷乃至生活設施，試圖長期「佔領」。這種偏離原先設計的「佔領」模式也因此給市民的生活帶來了極大的不便，市民無奈忍受交通受阻之苦，商戶生意一落千丈，各行各業對「佔中」怨聲載道，各界社會團體和市民紛紛表達反「佔領」和支持警方執法清場的態度。

10月12日，「藍絲帶運動」、「正義聯盟」及「撐警大聯盟」發起「撐警清場大遊行」，逾2200名市民參加遊行，並高呼「支持警察、嚴正執法」及「還我香港、還我旺角」等口號，要求警方盡快清場。

10月25日至11月2日，已有1000餘個團體或個人參與發起和聯署的「保普選反佔中」大聯盟，又開展了一次聲勢更加浩大的「反暴力、反『佔中』、保和平、保普選」的大簽名行動，一共收集到了183萬多個簽名。這是香港有史以來最大規模的群眾簽名行動，如實表達市民對於政改、「佔中」的看法，傳遞的民意更直接、更全面、更可信，反映港人反對通過非法暴力手段爭取政制訴求，更迫切希望「佔中」早日停止，還路於民。

在社會各界的壓力下，「佔中三子」的戴耀廷及陳健民於10月28日宣布返回大學任教。隨著反「佔中」的浪潮不斷高漲，非法佔據金鐘、旺角、銅鑼灣街道的示威者開始急速減少。據《文匯報》統計，至11月9

日，在上述三地搭建的帳篷只剩下 1600 多個，較高峰期減少逾三成，其中最大的金鐘「佔領」區，至少有一半以上的帳篷「無人住」，只是在擺「空城計」。

與此同時，許多受影響的社會團體和企業紛紛入稟法院，申請禁制令要求「佔領」人士讓出道路。香港高等法院早在 10 月 20 日就曾頒布臨時禁制令，並於 10 月 27 日、11 月 10 日、11 月 20 日三次宣布延長旺角和金鐘的禁制令，並表明警方有權拘捕違令者。這表明，示威者佔據馬路已無正當性和理由，清場已是時間問題了。

11 月 26 日，執達主任在警方協助下，旺角彌敦道的「佔中」路障基本被清除。警方拘捕了阻撓執法的近 150 人，其中包括學聯副秘書長岑敖暉、學民思潮召集人黃之鋒、社民聯副主席黃浩銘等。

12 月 3 日，「佔中」3 名發起人戴耀廷、陳健民、朱耀明聯同陳日君等數十名參與「佔中」人士到警署自首。以「佔中」發起人自首為標誌，「佔中」的最初宣導者與學生組織正式分道揚鑣，「佔中」也開始黯然收場。（2019 年 4 月 9 日，香港西九龍裁判法院裁定戴耀廷、陳健民、朱耀明「串謀作出公眾妨擾」罪名成立；邵家臻、陳淑莊、李永達等 6 人「煽惑他人作出公眾妨擾」罪名成立。2019 年 4 月 24 日，西九龍裁判法院判處戴耀廷、陳健民、朱耀明入獄 16 個月，邵家臻、李永達等判囚 8 個月，陳淑莊押後至 6 月 10 日判刑）

12 月 11 日下午，警方在執達主任早上完成金鐘禁制令清障行動後，展開金鐘佔領區全面清場行動。共拘捕了 209 人，包括周永康、黎智英、余若薇、李柱銘、涂謹申、何俊仁、單仲偕、陳偉業、梁國雄、梁家傑、毛孟靜、何秀蘭、楊森、李永達等人。至此，被非法「佔領」長達 75 天的中區主幹線終在晚上恢復通車。

12 月 15 日，警方直接動員 800 名警力完成銅鑼灣清場行動。隨著銅鑼灣最後一個「佔領」區順利清場，加上立法會示威區亦完成清場行動，長

達79天的「佔領行動」終於落幕，「佔中」最終失敗。

在「佔領行動」期間，泛民與建制政團及其代表人物呈現出截然不同的眾生相。

10月3日晚，公民黨黨魁梁家傑在金鐘佔領現場發表講話，呼籲在場集會者召集更多人出來，守護金鐘的主場。

10月6日，作為「飯盒會召集人」的梁家傑，在立法會協調23名泛民議員時，對「佔領行動」表態，擬將街頭的「佔領」精神延伸到議會，以作長期抗爭。

公民黨主席余若薇在「佔中」行動發生後，多次出現在「佔領」現場，為學生等示威者鼓勁打氣。直至12月11日，警方在金鐘的清場行動中亦拘捕了余若薇、梁家傑等公民黨頭面人物及其成員。

民主黨在「佔中」爆發前的9月27日，舉辦派發「佔中」物資活動，為參加「佔中」的黨友準備「佔中」必需品，包括眼罩、毛巾、T恤等，並成立「佔中後援會」，支援「佔領」行動。前主席何俊仁在10月6日就公開表示，他們主要負責支援工作，給予參與者精神及物資支持等。

同時，民主黨亦直接參與「佔中」行動。9月28日，「佔中」宣布啓動後，主席劉慧卿、前主席何俊仁、工黨立法會議員張超雄以及「真普聯」召集人鄭宇碩企圖強行向政府總部外的集會現場運送音響器材，被警方帶走。[①]在12月11日警方在金鐘清場行動拘捕人員中，民主黨頭面人物最多，包括創黨主席李柱銘、前主席楊森、李永達、何俊仁，立法會議員單仲偕、涂謹申等人，而在12月3日「佔中三子」等自首人士中，民主黨自首人士最多，達14人，包括立法會議員胡志偉、副主席蔡耀昌等。

工黨是「佔中」行動的積極參與者之一。工黨主席、職工盟主席、立法會議員李卓人最早提出封堵政府總部大樓。9月28日「佔中」發生後，李卓人在現場負責組織工黨成員參與「佔中」，並策劃動員職工盟發起罷

① 香港《東方日報》2014年9月29日。

工進行聲援。9月29日，李卓人批評警方使用催淚彈，號召市民罷工、罷市及罷課。[1]工黨另一立法會議員張超雄，9月30日撰文呼籲社會各界支持社工參與罷工。文章稱，9月29日逾2000位社工罷工是前所未見，應該一鼓作氣，協助推動整場「不合作」運動。

社民連主席梁國雄在「佔中」開始前的學生集會階段就積極活動，當學生衝擊政府總部前面廣場時，現場有社民連梁國雄、公民黨陳家洛、工黨李卓人、何秀蘭、民主黨胡志偉、新同盟范國威、教育界葉建源等立法會議員。當中梁國雄更是第一批沖入政府總部東翼前地的示威者。在9月28日「佔中三子」剛剛宣布啓動「佔中」時，曾有學生不滿「佔中」運動騎劫學生活動而想撤退，梁國雄當場下跪，希望大家無論現在「佔中」是否由學聯主導，大家都要留下不要走，否則就是放棄一星期以來的努力，就是認命。[2]此後，「佔中」期間梁國雄也多次出現在「佔領」現場，直至12月11日金鐘清場時被拘捕。

人民力量的立法會議員黃毓民、陳偉業在旺角等地和網絡上呼籲支持者參加「佔領」，以保護學生為名，聲言要戰鬥到底；在立法會提出鼓吹港人「全民制憲」的議案，配合「佔中」行動。立法會議員陳志全在金鐘集會場地宣布，擬在立法會會期重開時全面抵制政府施政。他稱要在各個大小會議中展開議會抗爭，癱瘓政府運作，直至訴求獲得回應為止。人民力量還呼籲所有泛民議員加入「全面不合作運動」，迫使特區政府低頭，否則難以向在街頭抗爭的學生和市民以至歷史交代。

熱血公民創立人之一的黃洋達，9月28日「佔中」剛爆發不久時，熱血公民及黃洋達就發布消息，呼籲市民擴大運動「佔領」街道。黃洋達稱，要支持學生，就必須將運動擴大，將學運升級成全民佔街行動，他呼籲各個政團繼續在不同地方發動集會，在包圍網外反包圍，以政府總部為

---

① 香港《文匯報》2014年10月14日。
② 香港《東方日報》2014年9月29日。

中心將集會範圍進一步擴散至整個金鐘，擴散至中環。此外，熱血公民在「佔領」行動期間設立物資站，提供後勤支援；亦加強輿論宣傳，旗下的網媒「熱血時報」知名度大增，其臉書專頁「贊好」數字增至25萬。

在「佔中」的不同階段，建制派政團及其代表人物都在不同場合做出聲明和呼籲，表態支持中央政府和特區政府，支持警方執法，反對暴力行為，促進運動和平收場。

積極發聲支持全國人大政改決定。8月31日，民建聯發表聲明，對「8·31決定」表示歡迎及支持，形容這是香港憲政改革的重要一步。人大常委會的決定為普選行政長官訂立清晰原則及基本要求後，將有利社會集中討論和凝聚共識。[①]在「佔中」發生後，民建聯主席譚耀宗說，要求人大常委會改變「8·31決定」不切實際，重申現時學生提出的「公民提名」不符合基本法，呼籲年輕人應考慮是否改變目前以「佔領」方式表達意見的抗爭方式。工聯會會長林淑儀表示，中央政府支持香港2017年實現普選特首，實為「開閘」，而並非一些人認為的「落閘」，是民主的重大進步。工聯會理事長、「大聯盟」發言人吳秋北批評，學聯現時要求全國人大常委會撤回香港政改決定，這是不切實際的。新民黨、經民聯、自由黨等建制政團都表達了支持「8·31決定」的態度。[②]

明確表達反對「佔中」，支持警方執法的態度。民建聯主席譚耀宗批評「佔中」危害他人安全，呼籲示威者不要被激進分子利用，應立即離開「佔領區」，保障自身安全，又促請警方倘在清場時遇到違法行為，必須果斷執法。工聯會立法會議員王國興指，反對派只對警員個別事件大做文章，「佔中」對市民的影響和對憲政的危害卻隻字不提。新民黨主席葉劉淑儀表示，「佔中」和罷課只代表少數人的聲音，「佔中」更極大傷害香港形象。該黨會繼續支持「反佔中」行動，向社會解釋「佔中」的負面影

---

① 香港《文匯報》2014年9月1日。
② 香港《文匯報》2014年9月1日。

響。副主席田北辰謂「佔領行動」將警民關係及警隊士氣推到穀底，情況令人擔心，支持警方嚴正執法。經民聯主席梁君彥呼籲年輕人勿被激進分子利用，希望他們冷靜思考，和平退場。10月18日，立法會41位建制派議員聯署重申，支持警方在必要時採取更有力的措施，以保護市民安全，維護公共秩序。在法院頒布禁制令後，民建聯、工聯會、新民黨及經民聯等多個建制派議員發表聯名聲明支持禁制令，稱法庭在裁決中強調，法治是香港的其中一個重要基石，而法治要求任何人都必須遵守法律，不能只憑個人選擇決定是否守法。

抵制反對派提出「梁振英下台」的「佔領」訴求。10月2日，立法會主席曾鈺成表示，相信中央不會因香港大規模示威而要梁振英下台，不會容許特區政府倒台。民建聯主席譚耀宗出席電台節目時表示，學聯要求行政長官梁振英下台、撤回人大決定、公民提名及重新開放公民廣場等訴求叫價太高，恐怕難於做到。工聯會、經民聯、新民黨等政團亦表明支持梁振英及特區政府履行職責的態度。

在立法會開展鬥爭，表達反對暴力的立場。10月10日，立法會內務委員會通過在立法會大會提出引用《權力及特權條例》（下稱特權法）調查非法集結的背後策劃及其資金來源等。[1]多名建制派議員認為，「佔中」是回歸後首次罕見大規模非法集結，藉癱瘓交通威脅特區政府與中央政府讓步，其組織動員能力更超乎想像，被質疑是「港版顏色革命」。10月30日，立法會繼續討論，引用特權法調查「佔中」事件。梁君彥指出，「佔領」行動是回歸以來最大型的集體違法行動和危機，批評示威者長期堵路，令香港陷入「無政府狀態」。他形容，暴力場面愈來愈激烈，與所謂「和平抗爭」背道而馳，已超出可容忍限度。民建聯等建制派議員均表明支持梁君彥的議案，反對黃毓民的議案。11月19日，在發生蒙面暴徒夜砸立法會事件之後，建制派41名議員發表聯合聲明，強烈譴責暴徒造謠衝擊

---

① 香港《文匯報》2014年10月11日。

立法會，批評「佔領」行動導致暴力行動升級，所謂「和平佔中」的說法已徹底破產，而所有策劃、組織、協助和煽動「佔領」行動的政黨、團體、個人必須立即宣布停止「佔領」行動，並要求警方嚴正執法，將所有違法者繩之於法，包括煽動示威者犯法的「佔中三子」。

綜觀「佔中」全過程，「佔中」是幕後的策劃者、組織者、發動者、教唆者以爭取「眞普選」爲名，以「公民抗命」爲由鼓動學生、市民上街舉行非法集會，佔據馬路，癱瘓交通，癱瘓中環；試圖把運動搞成「雨傘革命」。「佔中」是有部署、有計劃、有組織的大規模違法行動，矛頭直指特區政府及中央政府，挑戰全國最高權力機構權威。反對派在外國勢力的介入及支持下，想借這一次機會一鼓作氣主導香港政改，奪取香港的管治權，架空中國對香港的主權。

「佔中」最後能順利和平結束，最基本的因素是香港民情民意的變化，而中央、特區政府和愛國愛港陣營一致發出了維護香港法治、保持香港繁榮穩定和依法漸進推進香港民主發展的主流聲音，是「佔中」得以妥善解決的關鍵。中央及有關部門在「佔中」開始前後多次重申國家對港的一貫政策和支持，指出「佔中」的非法性質和對特首及特區政府依法處置事件的信任，並在國家層面堅決反對外國介入。中央的聲音是這次事件得以妥善解決的基礎和保障。特首梁振英及管治團隊，在中央支持下，依法有理有節地處置事件，使這場社會運動在沒有大規模流血衝突的情況下和平收場。愛國愛港陣營包括港區人大、政協代表、建制派政團、社團等在「佔中」的不同階段、不同場合，做出聲明和呼籲，表態支持中央政府和特區政府，反對暴力行爲，形成強大的民意基礎，促成「佔中」和平落幕。

第二節 兩大陣營角力，政改方案「觸礁」

2013年12月4日，特區政府發表《2017年行政長官及2016年立法會產生辦法諮詢文件》（以下簡稱「諮詢文件」），正式啓動新一輪的政改諮詢，至2015年6月18日，政改方案在立法會被否決，特首普選的進程被泛民主派立法會議員所打斷。

一、新一輪政改方案面面觀

2013年12月4日，政制諮詢專責小組主席、政務司司長林鄭月娥在立法會大會上宣讀7頁紙的聲明，並隨即公布諮詢文件，正式開展爲期5個月的第一階段公衆諮詢。

其後，林鄭月娥聯同兩位專責小組成員律政司司長袁國強、政制及內地事務局局長譚志源舉行記者會，親自向傳媒及公衆解釋諮詢文件的內容。政府即日也設立了網頁及派發小冊子，介紹這次政改諮詢文件的內容。

根據基本法及全國人大常委會2004年解釋，林鄭月娥在諮詢文件中詳細介紹了政改的「法定五部曲」：

1、由行政長官向全國人大常委會提出報告，提請全國人大常委會決定兩個選舉產生辦法是否需要進行修改；

2、全國人大常委會決定是否可就產生辦法進行修改；

3、如全國人大常委會決定可就產生辦法進行修改，則特區政府向立法會提出修改產生辦法的議案，並經全體立法會議員三分之二多數通過；

4、行政長官同意經立法會通過的議案；以及

5、行政長官將有關法案報請全國人大常委會，由全國人大常委會批准或備案。

　　林鄭月娥指出，希望各界討論普選時必須考慮三方面：一是方案須符合基本法和人大常委會相關解釋和決定的要求；二是方案有機會能得到立法會議員三分之二通過、香港市民支持、全國人大常委會批准或備案；三是方案在實際操作上切實可行。

　　諮詢文件已提出特首普選產生辦法共7個重點諮詢議題，包括提名委員會人數和組成、選民基礎、產生辦法、提名行政長官候選人的程序、2017年行政長官的投票安排、任命行政長官的程序與本地立法的銜接，及行政長官的政黨背景。

　　2016年立法會產生辦法的3個重要諮詢議題則包括：立法會議席數目和組成、功能界別的組成和選民基礎，及分區直選的選區數目和每個選區的議席數目。

　　因此，林鄭月娥強調，香港已經正式進入迎接普選的「大直路」，各界需求同存異，「一步一步收窄分歧，一點一滴凝聚共識」，達至普選目的。①

　　第一階段政改諮詢於2014年5月3日結束。特區政府政改諮詢專責小組在諮詢期內共出席了226場座談會及研討會，收到約13萬份政改意見書，不同政黨與政治陣營提出各式各樣的方案及意見，在政改立場上各說各話，但在特首普選7大重點議題亦形成主流意見。

　　議題一：提名委員會的人數和組成

　　主流意見：1、維持選委會四大界別組成提委會，體現均衡參與。

　　民建聯方案建議，提委會應參照選委會的現行組成方法，即分為四大界別及比例相同。主席譚耀宗認為，提委會由四大界別組成，包括商界、政界和基層等，如同社會縮影。工聯會則傾向一套謹慎、穩妥的特首選舉方案，認為提委會應維持現時的四大界別。經民聯立法會議員梁美芬聯同8位學者組成「華人學術網絡」的政改方案亦同意提委會沿用四大界別。

① 香港《文匯報》2013年12月5日。

工商界主流意見也認為，歷屆特首選舉成功實踐說明，由四大界別組成的選委會能代表各階層及各界別香港市民的利益，能夠維持香港的精英管治，保持香港繁榮穩定。

2、如何體現廣泛代表性要求各師各法，但一般認同提委會人數應在1200至1600人之間。

議題二：提名委員會的選民基礎

主流意見：1、認同應擴大提名委員會選民基礎，加強廣泛代表性。

自由黨的政改建議提到，提委會選民基礎應擴大，選民人數需增加，但必須確保選民在其界別內具有代表性。

2、如何擴大提委會選民基礎各有主張，包括將公司票轉為個人票，加入更多行業會員作為選民等。

新民黨的建議提出，選民基礎應該擴大，方法包括將公司票轉為董事票；金融服務界由交易所參與者擴大至非參與者；批發及零售界加入美容美髮商會的會員作為選民等。

不過，有工商界團體認為，各公司結構不同，身份較難界定，情況複雜，不應一刀切實行。

議題三：提名委員會的產生辦法

主流意見：提委會委員產生辦法沿用選委會做法維持不變，確保制度穩定性。

民建聯、新民黨、鄉議局、港區省級政協委員聯誼會、香港中華出入口商會、香港各界婦女聯合協進會、香港僑界社團聯會等多個政團和團體提交的政改意見均指出，提委會的組成應按照現行選委會四個界別分組的組成框架設計，選委會直接過渡到提委會。

新世紀論壇則建議，目前選委會四大界別1200人產生辦法不變，但同時新增300個名額，通過隨機抽樣方式產生，讓委員可涵蓋年輕人、家庭主婦、退休人士及不同行業等人士。

議題四：提名委員會提名行政長官候選人的程序

主流意見：1、提委會是唯一提名機構，提名特首候選人須反映提委會作爲「機構提名」的「集體意志」。

2、不接受「公民提名」、「政黨提名」等任何繞過提委會、削弱提委會提名權力的違法方案。

3、特首參選人須得到提委會過半數支持才能「出閘」。

4、「出閘」人數應有限制，以2至4人爲宜。

民建聯、工聯會、鄉議局、港區省級政協委員聯誼會、「關注香港事務社團聯席」、新界社團聯會、香港客屬總會、香港各界婦女聯合協進會等各界政團和社團的政改建議一致強調，特首候選人提名程序應根據基本法，提委會是負責提名特首候選人的唯一提名機構，參選人均須依基本法經提委會提名程序「入閘」和「出閘」，反對基本法內沒有提及的任何提名方式，包括「公民提名」及「政黨提名」。

香港大律師公會的政改意見書也明確指出，基本法規定提名委員會是唯一的提名機構，提委會不能「被迫、被強制」提名一些拿到足夠選民支持的人，要強制提委會必須提名某個候選人並不符合基本法第四十五條。

在提委會如何以民主程序提名特首候選人，大部分提交的政改意見強調「民主程序」是少數服從多數，明確要求提委會過半數支持某參選人的「出閘」門檻，確保候選人能得到普遍階層信任。

至於特首候選人「出閘」人數以2至4人爲宜。政界方面，民建聯建議2至4人，工聯會建議2至3人，新民黨建議3至4人，經民聯建議2至4人。商界和地區社團方面，香港中華總商會建議2至3人，香港中華出入口商會建議2人，香港廣東社團總會建議3人爲宜，九龍社團聯會發起九龍區內9個大型團體聯署建議2至4人。

議題五：普選行政長官投票安排

主流意見：採用「過半數」和「兩輪投票」安排，特首候選人須獲過

半數有效選民投票支持，如首輪投票未有候選人獲過半數支持，頭2名最高票數者須在第二輪投票決定由誰當選。

民建聯、工聯會、新民黨、自由黨均認為，為確保特首得到大部分選民支持，候選人在普選時，應獲得過半數投票選民支持，才被視為當選，建議採用兩輪投票制，若在第一輪投票中沒有候選人獲得過半數有效票，得票最高的2名候選人進入第二輪選舉，得票最多者視為當選。

議題六：任命行政長官的程序與本地立法的銜接

主流意見：1、應以「重選」處理「守尾門」情況，「遞補機制」只會出現遞補特首候選人認受性不足問題。

2、安排重選避免「守尾門」的憲制危機。

3、「守好前門」比「守尾門」更重要。

中央對特首當選人具有實質任命權，特首通過選舉產生須由中央政府任命成為特首是法律規定的必經程序。即中央政府有權任命，也有權不任命。

為免引發不任命的憲制危機並確保當選特首具認受性，各政改建議紛紛提出修例安排即時重選。民建聯、工聯會、中國和平統一促進會香港總會、香港廣東社團總會和新界社團聯會的方案便強調，若當選人不獲中央任命，須重新啟動選舉程序及相關安排。

議題七：行政長官的政黨背景

主流意見：應維持現有選舉條例中有關特首沒有政黨背景的規定，確保特首能對中央和特區整體利益負責，不為立法會或其他組織操縱。

部分意見則提到長遠仍須研究如何發展特首和政黨的關係，特首有政黨背景可令行政和立法機關正常化。民主黨、學聯和學民思潮等泛民政黨和團體，亦建議修例取消行政長官候選人政黨背景的限制。①

除上述主流意見外，政改專責小組亦收到不同團體和個人的意見書，

① 香港《文匯報》2014年5月12日。

由最開放的公民提名，到偏重提名委員會角色的方案，林林總總，百花齊放，較有代表性的為下列幾個方案：

由鄭宇碩任召集人的真普選聯盟（包括26名泛民立法會議員），提出「三軌方案」：1、公民提名：1%選民聯署；2、政黨提名：立法會直選中獲得5%有效票數的政團，可單獨或聯名提名1名候選人；3、提名委員會提名，提委會組成愈民主愈好。民主黨主席劉慧卿和工黨的何秀蘭強調支持真普聯「三軌方案」。

由學者方志恒、張達明牽頭的18學者方案提出，必須獲2%至3%（7萬至10萬選民）推薦，然後再獲得八分之一提委支持，提委維持1200人，取消團體票改為個人票。

由陳方安生任召集人的香港2020方案提出，獲10%至25%（140至250名）提委支持可成為候選人；提委會人數增至1400人，取消團體票，其中第四界別（主要為政界）加入317名直選代表。

公民黨湯家驊方案提出，獲約10%至13.2%（150至200名）提委支持可成為候選人；提委會人數增至1514人，9個界別團體票改為個人票，第4界別加入所有民選區議員。

港大學者陳弘毅方案提出，12.5%提委可推薦1人予提委會投票，得票最多5人成為候選人；第1、第3界別團體票改為個人票，第4界別加入所有民選區議員。[①]

顯然，公民提名、政黨提名是違反基本法的方案；而八分之一或十分之一等提名門檻並沒有反映提委會作為「機構提名」的「集體意志」，即提委會的集體提名權；由團體票轉為個人票則有違均衡參與的原則。

① 香港《明報》2014年4月23日。

二、全國人大常委會「8‧31決定」一錘定音，奠定政改法制軌道

2014年8月31日，第十二屆全國人大常委會第十次會議審議了香港特區行政長官梁振英2014年7月15日提交的《關於香港特別行政區2017年行政長官及2016年立法會產生辦法是否需要修改的報告》。

會議認為，實行行政長官普選，是香港民主發展的歷史性進步，也是香港特別行政區政治體制的重大變革，關係到香港長期繁榮穩定，關係到國家主權、安全和發展利益，必須審慎、穩步推進。

鑒於香港社會對如何落實香港基本法有關行政長官普選的規定存在較大爭議，全國人大常委會對正確實施香港基本法和決定行政長官產生辦法負有憲制責任，有必要就行政長官普選辦法的一些核心問題作出規定，以促進香港社會凝聚共識，依法順利實現行政長官普選。

全國人大常委會根據《中華人民共和國香港特別行政區基本法》、《全國人大常委會關於基本法附件一第七條和附件二第三條的解釋》和《全國人大常委會關於香港特區2012年行政長官和立法會產生辦法及有關普選問題的決定》的有關規定，全票（170票）通過了《關於香港特別行政區行政長官普選問題和2016年立法會產生辦法的決定》，決定如下：

（一）從2017年開始，香港特別行政區行政長官選舉可以實行由普選產生的辦法。

（二）香港特別行政區行政長官選舉實行由普選產生的辦法時：

1、須組成一個有廣泛代表性的提名委員會。提名委員會的人數、構成和委員產生辦法按照第四任行政長官選舉委員會的人數、構成和委員產生辦法而規定。

2、提名委員會按民主程序提名產生二至三名行政長官候選人。每名候選人均須獲得提名委員會全體委員半數以上的支持。

3、香港特別行政區合資格選民均有行政長官選舉權，依法從行政長官候選人中選出一名行政長官人選。

（三）行政長官普選的具體辦法依照法定程序通過修改《中華人民共和國香港特別行政區基本法》附件一《香港特別行政區行政長官的產生辦法》予以規定。修改法案及其修正案應由香港特別行政區政府根據香港基本法和本決定的規定，向香港特別行政區立法會提出，經立法會全體議員三分之二多數通過，行政長官同意，報全國人民代表大會常務委員會批准。

（四）如行政長官普選的具體辦法未能經法定程序獲得通過，行政長官的選舉繼續適用上一任行政長官的產生辦法。

（五）香港基本法附件二關於立法會產生辦法和表決程序的現行規定不作修改，2016年香港特別行政區第六屆立法會產生辦法和表決程序，繼續適用第五屆立法會產生辦法和法案、議案表決程序。在行政長官由普選產生以後，香港特別行政區立法會的選舉可以實行全部議員由普選產生的辦法。在立法會實行普選前的適當時候，由普選產生的行政長官按照香港基本法的有關規定和《全國人民代表大會常務委員會關於<中華人民共和國香港特別行政區基本法>附件一第七條和附件二第三條的解釋》，就立法會產生辦法的修改問題向全國人民代表大會常務委員會提出報告，由全國人民代表大會常務委員會確定。①

全國人大常委會通過的「8‧31決定」，一錘定音地否定和排斥了泛民打著「國際標準」旗號兜售的各種非法主張，明確了制定行政長官普選辦法的法律框架，為香港社會下一步政改諮詢理性討論凝聚共識奠定法制軌道，也為特區政府未來提出普選法案提供憲制性法律規範。

建制政團及社會各界普遍支持「8‧31決定」。

8月31日，民建聯發表聲明，對人大常委會有關香港政改的決定表示

---

① 香港《文匯報》2014年9月1日。

歡迎及支持。他們形容，這是香港憲政改革的重要一步，人大常委會的決定為普選行政長官訂立清晰原則及基本要求後，將有利社會集中討論和凝聚共識。

民建聯認同，必須堅持行政長官須由愛國愛港人士擔任的原則，以符合行政長官既要對特區負責，也要對中央政府負責的規定。人大常委會通過的決定，將能夠為此提供恰當的制度保障，提委會人數、構成和產生辦法，須按照第四任行政長官選舉委員會的安排，此舉能充分體現廣泛代表性及均衡參與的原則。①針對特首候選人必須獲得提委會過半數提名支持，能夠確切反映提委會的集體意志，體現少數服從多數的原則，並確保候選人在不同階層都獲得支持；將特首候選人數目定於2人至3人，也是穩健和合理的做法。同時，認同2016年立法會產生辦法和表決程序不作修改，並期望於2017年落實普選行政長官後再進行全面檢討。

工聯會會長林淑儀表示，全國人大常委會具有很高的法律地位，所做出的決定是合法的，並且是最高的法律決定，希望香港市民能夠認清這一點，並在今後凝聚共識，順利推進香港民主進程。工聯會支持實現一人一票特首選舉，亦希望政改方案能夠在立法會順利通過。

新民黨主席葉劉淑儀表示，努力爭取社會各界支持全國人大常委會的決定，希望政改方案能夠獲得立法會通過，讓全港市民在2017年能夠一人一票普選特首。新民黨全面認同，人大常委會是國家最高權力機構，該機構已經作出的決定，不可能因為「佔中」、罷課等違法活動而改變。

經民聯認為，全國人大常委會的決定符合國家主權、發展利益、「一國兩制」及香港的法律地位。副主席林健鋒表示人大常委會的決定是「開閘」，而不是「落閘」，經民聯支持這個決定。

自由黨亦支持全國人大常委會的決定。榮譽主席田北俊重申，自由黨希望政改不會原地踏步，這也是底線，即使意見不被接納，也會支持方案

---

① 香港《文匯報》2014年9月1日。

通過。

全國人大「8・31決定」的出台，在香港泛民主派中引起巨大反響。「佔中」組織者就人大決定發布新聞稿：今天對話之路已經走盡，「佔中」必定發生。9月9日，「佔中三子」戴耀廷、陳健民和朱耀明，連同一批支持者「剃頭明志」，抗議人大常委會就政改「落閘」決定。9月14日，又發起黑布遊行，「佔中三子」、民主黨創黨主席李柱銘、前任主席何俊仁、公民黨梁家傑、工黨李卓人、社民連梁國雄等泛民政團代表人物「打頭陣」，聲援學生罷課抗議政改「落閘」。立法會中的23名泛民議員，堅稱會發揮立法會內三分之一的關鍵少數票，在普選方案交由立法會表決時，集體否決這個方案。

面對香港的政改形勢，國家領導人重申，中央對香港的基本方針政策沒有變，也不會變；強調「三個堅定不移」；全國人大常委會決定具有最高法律地位，為普選奠定「不可撼動」的憲制基礎。

2014年9月22日，國家主席習近平會見了以董建華為團長的香港工商專業界訪京團。習主席表示，全國人大常委會的決定及香港基本法的規定，為香港落實普選建築了堅實的法治軌道，這是憲制性法律，必須得到尊重及嚴格遵守。中央政府將堅定不移貫徹「一國兩制」方針和基本法，堅定不移支持香港依法推進民主發展，堅定不移維護香港長期繁榮穩定。[1]

全國人大委員長張德江於2014年9月16日和9月19日，分別會見香港工聯會訪京團和香港新民黨訪京團。張委員長指出，全國人大常委會的決定對普選特首的核心要素作出了明確規定，具有最高法律地位，為普選奠定「不可撼動」的憲制基礎；香港的三大任務是「落實普選，發展經濟，改善民生」。[2]

中央涉港部門主要官員在不同場合分別解讀全國人大「8・31決定」，

---

[1] 香港《文匯報》2014年9月23日。
[2] 香港《文匯報》2014年9月17日、9月20日。

強調中央政府支持香港普選。

國務院港澳辦主任王光亞，9月15日會見新民黨訪京團時強調，中央政府堅定不移支持香港2017年普選特首，呼籲泛民主派回到正軌，依照香港基本法及全國人大常委會的決定，他們一樣有發展空間；建議香港多培育一些真正為香港謀福利、說真話的政治家。①

全國人大常委會副秘書長李飛，9月1日在香港特區政府和中央政府駐港聯絡辦聯合舉辦的全國人大常委會決定簡介會上發表講話，詳細解讀和宣講人大決定的內容，指出：這是香港民主發展歷程中的一項重大決定，是「一國兩制」偉大實踐歷程中的一項重大決定，是維護香港當前和未來大局穩定、維護廣大香港居民和各國投資者根本利益的一項重大決定，意義重大而深遠。並強調：決定體現了中央對香港特區政治體制的決定權，為實現行政長官普選奠定了法律基礎，有利於創造嶄新的社會政治生態。②

中央政府駐港聯絡辦主任張曉明，9月3日在香港青年聯會第22屆會董會就職典禮上發表「怎麼看全國人大常委會的普選決定」的演講，指出全國人大決定對香港民主發展、對「一國兩制」成功實踐具有歷史意義和重要影響，起碼有三方面的作用：一是立牌指路，點出正道，防止偏離「一國兩制」；二是定紛止爭，「剪布」、「開閘」放開普選；三是扶正祛邪，凡是要講是非，講原則，講規矩。③

國家高層領導及涉港部門官員的表態，充分體現了中央政府支持香港普選的信心和決心，奠定了香港政制發展的法制軌道。

① 香港《文匯報》2014年9月16日。   ③ 香港《文匯報》2014年9月4日。
② 香港《文匯報》2014年9月2日。

三、泛民立法會議員捆綁否決政改方案，打斷「雙普選」進程

香港特區政府於2015年1月7日發表《行政長官普選辦法諮詢文件》，就2017年特首普選辦法正式啟動為期兩個月的第二輪公眾諮詢，為2015年第二季度向立法會提交政改方案，完成政改「第三部曲」積極準備。

在香港基本法及人大常委會「8‧31決定」的基礎上，諮詢文件重點提出四大議題：（一）提名委員會的構成及產生辦法；（二）提名委員會提名行政長官候選人的程序（提名階段）；（三）行政長官普選的投票安排（普選階段）；（四）行政長官普選的其他相關問題。其中最受關注的包括是否降低「入閘」門檻低至100名提委推薦「入閘」，但「出閘」必須過半數提委支持。

領導特區政府「政改三人組」的政務司司長林鄭月娥，2015年1月7日在立法會宣讀啟動第二輪政改諮詢的聲明。她強調，2017年普選特首是廣大市民的期待，也是500萬合資格選民的權利，不應讓這個機會輕輕溜走，「2017年香港政制發展向前走一大步，抑或是原地踏步；行政長官由500萬選民，抑或是1200人選出，這個歷史性的決定就掌握在各位議員手中。」她呼籲各位議員和市民抓緊普選機會「2017，機不可失」。（諮詢文件就以這句話作為標題）①

特區政府於2015年6月17日，正式向立法會提交《行政長官產生辦法決議案》，該議案主要是通過《中華人民共和國香港特別行政區基本法附件一香港特別行政區行政長官的產生辦法修正案》，主要內容包括：

（一）從2017年開始，行政長官由一個有廣泛代表性的提名委員會按民主程序提名後普選產生，由中央人民政府任命。

---

① 香港《文匯報》2015年1月8日。

（二）提名委員會委員共1200人，由四大界別各300人組成，每屆任期5年，架構與現有行政長官選舉委員會相同。

（三）不少於120名且不多於240名提委可以聯合推薦產生一名行政長官參選人，每名提委只可推薦一人。提名委員會從上述獲推薦的參選人中，以無記名投票方式提名產生二至三名行政長官候選人。每名提委最少須投票支持兩名參選人，最多可投票支持全部參選人。每名候選人均須獲得提名委員會全體委員半數以上的支持。

（四）香港特別行政區依法登記的合資格選民，從提名委員會提名的行政長官候選人中，以無記名投票方式選出一名行政長官人選，具體選舉辦法由選舉法規定。

2015年6月18日，香港特區立法會表決政改決議案。因建制派議員溝通錯誤、策略失敗，結果在8票贊成，28票反對之下，戲劇性地以大比數的差距被否決，令各界感到意外。

建制派有關議員解釋，這是為了等候抱恙的經民聯議員劉皇發趕返投票，因此31名建制派議員拉隊離席，冀阻延會議，拖延時間。立法會主席曾鈺成因見連自己在內有38名議員在席，符合35人開會的要求，故未有暫停會議，繼續表決。

結果，留下的9名建制派議員，其中8人投票贊成（自由黨5人、工聯會陳婉嫻、工業界林大輝、保險界陳健波），勞聯潘兆平沒有投票；而泛民27名議員連同醫學界梁家騮則「一票不走」都投下反對票，成為香港回歸以來三次政改表決最低支持票的一次，而政改決議案亦因未夠全體議員三分之二支持而遭否決。

立法會主席曾鈺成對政改方案被否決表示十分遺憾。他稱現時的結果令人詫異，但他非常理解、明白建制派議員希望等候劉皇發而欲拖延時間，但稱建制派有多種方法可令表決時間延後，若他們多個人發言，便不會發生現時結果。

　　事後，建制派議員為未能投票兩度集體致歉。經民聯林健鋒稱欲藉休會時間讓劉皇發趕回投票，並對溝通不足致歉；民建聯黨團召集人葉國謙主動表示，個人要負好大的責任，自己原本打算以「技術性處理」，即是使各建制派議員即時離開會議廳，促使會議法定人數不足而延遲表決，好讓劉皇發能夠參與，但由於他未能與建制派議員好好溝通而失敗告終。

　　傳媒對此事歸結為「等埋發叔（劉皇發）」、「建制甩轆」。

　　如何看待表決結果？民建聯「大佬」譚耀宗承認建制派有責任，被問及歷史記錄是只有8人投支持票，會否有負支持政改的市民，譚稱期望大家全面地看這段歷史，理解整個投票過程，而非只看投票記錄。

　　特首梁振英就強調，42名建制派議員過去支持政改方案毫不動搖，立場堅定，值得肯定。他批評28位投反對票的議員否決大多數市民的意願，令500萬合資格的選民不能在下屆特首選舉行使民主權利，立法會普選的時間表更無從說起，對此表示極度失望。

　　事實上，即使建制派議員不「甩轆」，全體42人投支持票，也改變不了決議案被否決的命運（因需47票才能達至三分之二多數支持）。因為，投票前泛民主派議員3次捆綁宣誓要加以否決，所以，表決的結果應在意料之中。

　　結論是，泛民立法會議員捆綁否決政改方案，打斷了香港邁向「雙普選」的歷史進程。

第三節 新一波政團組合
「傘後組織」粉墨登場

在2012年9月第五屆立法會選舉後，立法會內的「政治板塊」有所改變，出現了一些新的政治平台。特別是歷經「佔中」、「政改」這些重大事件，一批激進勢力抬頭，紛紛籌組「傘後」團體甚至「港獨」組織，以便在新一屆的區議會選舉和立法會選舉中搶奪議席，搶佔話語權。

一、經濟動力、專業會議合組為香港經濟民生聯盟

經濟動力、專業會議及自由黨等12名工商專業界議員，在上屆立法會期間曾組成鬆散組織工商專業聯盟。第五屆立法會選舉後，原各有4席的經濟動力及專業會議分別只剩下3席和2席，自由黨反而由3席增至5席。因此，「工專聯」只能無疾而終，代之而起的將是一個新的政治平台。

2012年10月7日，經濟動力成員梁君彥、林健鋒、劉皇發及專業會議成員石禮謙、梁美芬，與新加入立法會的工程界議員盧偉國和金融服務界議員張華峰共7人，宣布籌組成立「香港經濟民生聯盟」（簡稱經民聯）。

經民聯主席梁君彥強調，他們希望匯聚一班背景相若、理念相近的議員，加強合作，發揮團結力量，並貫徹「是其是，非其非」的立場，為溫和、沉默的大多數發聲，為香港做實事。

梁君彥表示，經民聯的口號是「工商帶動經濟，專業改善民生」，並承諾他們會以發展香港經濟、改善民生，及捍衛香港核心價值為己任，會爭取盡早落實雙普選。

2012年12月18日，經民聯正式舉行成立慶祝酒會，並公布組織架構及

顧問團成員。聯盟由梁君彥擔任主席，林健鋒和張華峰擔任副主席，劉皇發任榮譽主席，林建嶽則任監事會主席。顧問團主要成員有馬時亨、陳永棋、施榮懷及胡定旭等。

主席梁君彥在酒會致辭時表示，聯盟會以經濟為本，以民生為綱，兼顧投資與就業，推動民主，創造商機；又宣布未來會積極開拓地區工作，聆聽各區市民的意見，也會努力向特區政府反映市民意見。

首次擔任政治團體監事會主席的林建嶽表明，自己會身體力行，親身參與聯盟的工作，希望有更多工商界和專業界的朋友支持這個聯盟，可以為香港發聲。林建嶽表示，此次擔任監事會主席，不是代表個人，而是代表一班工商界、專業界的朋友支持這個聯盟。

經民聯在酒會上還首次展示他們的新標誌和新會歌。

主席梁君彥介紹，新標誌以方形圖案為主，象徵社會，其中白色的部分代表著香港經濟民生的力量，凝聚各界力量，憑著這股朝氣和動力，推動社會發展。他又透露新標誌是由一知名設計師義務協助設計，惟因未有得到有關人士的同意，不便公開。新會歌則邀請到知名音樂人雷頌德和夏至作曲和填詞，名為《跟你同行》。①

經民聯的成立，使該黨成為繼民建聯（13席）之後，在香港立法會內的第二大黨，成為香港政壇代表工商專業的新興政治力量。經民聯在立法會擁有7個議席，比工聯會的6席還多1席，有資格推薦成員晉身行政會議，其後，副主席林健鋒加入行政會議。

隨著經民聯的發展，聯盟架構增補了立法會議員盧偉國為副主席，立法會議員石禮謙任秘書長。

2015年區議會選舉，經民聯獲得10個議席。

2016年立法會選舉，經民聯以反對香港獨立作為參選綱領，結果獲得7個議席。主席梁君彥參選香港立法會主席並正式當選後，辭去經民聯主

① 香港《文匯報》2012年12月19日。

席,改任榮譽主席,盧偉國成為新任經民聯主席。

二、新民黨與公民力量結盟

新一輪政團組合的模式是新民黨與公民力量的結盟。

新民黨成立以來,在立法會有政治明星葉劉淑儀及田北辰,卻「有頭無腳」,地區組織能力薄弱;而公民力量則「有腳無頭」,地區勢力雄厚,主要集中於新界東,離不開區議會層面,多次派人參選立法會也飲恨而回。

公民力量當年由劉江華一手創立,地區網絡扎實,現時約有18名區議員,分別屬於沙田及西貢區議會,其中召集人何厚祥更是沙田區議會主席。劉江華兼任民建聯副主席的同時,仍戴著公民力量的帽子,正是因為公民力量在新界東有一定實力;但2012年劉江華轉戰超級區議會議席落敗,後加入特區政府,擔任政制及內地事務局副局長。自此,「後劉江華」時期的公民力量要繼續發展,只能考慮選擇與同聲同氣的建制政團合併或結盟。

新民黨希望走獨立中產專業路線,籌組及成立之初,憑著人氣回升的葉劉淑儀,加上有一定知名度的田北辰和史泰祖,吸引不少傳媒注意力。至2012年立法會選舉,葉劉淑儀和田北辰奪得2個議席,但整體來說,新民黨仍只依靠政治明星效應,未能建立地區力量,要在各黨各派已布滿「地頭蟲」盤踞的地區開拓票源,說易行難。因此,合併或結盟成為政黨壯大擴展的現成捷徑。

2014年2月12日,新民黨正式宣布與公民力量(以下簡稱公力)結盟。

公力的17名民選區議員和2名委任區議員及核心成員均加入新民黨,令新民黨的區議員由原來12名增至31名。新民黨2名立法會議員、12名區

議員及核心成員亦加入公力。

　　兩者結盟後，領導人交叉任職。新民黨主席葉劉淑儀獲委任為公力會長，常務副主席田北辰出任公力榮譽主席；公力執委會主席、沙田區議員潘國山獲委任為新民黨副主席。

　　葉劉淑儀形容雙方「水乳交融」，是次為策略性結盟，並期望將來可緊密合作。由於公力已有20年歷史，成員有歸屬感，故無必要取消公力。她指出，是次結盟可擴大該黨在新界東的網絡，又指長遠而言，該黨希望在立法會五大選區中均有代表。

　　潘國山則表示，公力一直只著重地區服務，組織較鬆散，也較少關心政治議題。結盟後，新民黨的智庫平台可提升公力地區服務的品質，更可透過新民黨將地區聲音帶入立法會，互補不足，發揮協同效應。他們會積極考慮派人參選立法會新界東選舉。

　　至於2013年才加入公力的立法會工業界議員林大輝，及另一公力區議員龐愛蘭（上屆出戰立法會新界東選舉落敗）未有加入新民黨。潘國山指，林大輝希望保留獨立身份，在做事時掣肘較少，故仍在考慮中，而龐愛蘭則因覺得自己不適合加入政黨而未有加入新民黨。葉劉淑儀則笑言，公力個別成員是否加入新民黨，可按「民主程序」自行決定。

　　就公力為何不與關係友好的民建聯結盟，潘國山坦言，他們和民建聯在地區服務方面一直有競爭，而公力與新民黨在縮窄貧富差距、優質民主的理念較為接近。①

　　新民黨與公力結盟是香港政圈中值得關注的動向。新民黨是全港性的政黨，公力則是沙田區的地方實力派，在新界東有豐厚地區人脈，兩者結盟，政治發展上互補性強，背後的動力則有強烈的選舉考慮。沒有人懷疑，劍指新一屆區議會及立法會選舉兩場大戰，甚至參與2017年特首選舉，是新民黨與公力結盟的主要目的，期望能夠達到一加一大於二的效

---

① 香港《文匯報》2014年2月13日。

果，特別是實現奪取立法會新界東議席的目標。

三、民建聯完成新老交替，主要政團領袖女性化

民建聯自 1992 年 7 月 10 日成立以來，歷任主席曾鈺成、馬力、譚耀宗均為男性。民建聯每兩年換屆一次，踏入 2015 年，民建聯將會選出新一屆領導層。領導民建聯 8 年的黨主席譚耀宗（2007 年接替辭世的馬力），早於上屆已明言希望有新人接替他出任主席一職。

2015 年 1 月，民建聯召開中委會會議，譚耀宗及另一名副主席蔣麗芸分別表明不會參選下屆中央委員會選舉，意味著兩人會退任主席及副主席，顯示民建聯領導層將會「大換血」。

民建聯人士預料，現任副主席、行政會議成員、立法會議員、區議員李慧琼接任呼聲最高。李慧琼在回應是否角逐主席時表示：做好準備，勇於承擔，不會逃避。創黨主席曾鈺成亦開腔支持李慧琼。民建聯會務顧問葉國謙認為，譚耀宗退下來的做法很好，一個有生命力的政黨需要保持後繼，才能顯示政黨可以繼續發展，相信黨內能勝任的年輕一輩大有人在。

民建聯現有 5 名副主席，包括李慧琼、蔣麗芸、張國鈞、彭長緯及陳勇，如果李慧琼當上主席，蔣麗芸又不再角逐，即意味會出現兩個副主席空缺。有分析認為，立法會新界東議員陳克勤和青年民建聯主席周浩鼎是接任民建聯副主席的熱門人選。

陳克勤是兩屆立法會議員，更曾任特首辦特別助理，無論是議會或特區政府架構都十分熟悉，當上副主席對民建聯的發展會帶來正面作用。

周浩鼎擁有律師資格，過去一段時間經常以青民主席身份代表民建聯參與不同政策的辯論，打破了過往的被動策略，且訓練有素，特別在香港電台節目《城市論壇》上打出了知名度，相當適合民建聯培養新一代政治人才的條件。

　　2015年3月底，民建聯完成新一屆中委會選舉，之後選出中常委。4月17日，中常委協商選出民建聯新一屆領導層，李慧琼成為新一屆民建聯主席，張國鈞、彭長緯、陳勇、陳克勤、周浩鼎任副主席。譚耀宗任民建聯會務顧問，繼續關心支持黨務，協助李慧琼順利接棒。

　　民建聯今次換屆，引起香港政圈矚目。年僅41歲的李慧琼接替65歲的譚耀宗，擔任香港最大政治團體（超過2.7萬名會員）及立法會第一大黨（擁有13席）民建聯的「掌舵人」，成為民建聯成立23年來首任女主席，也是最年輕的一位。加上不到40歲的陳克勤和周浩鼎進入新的領導層，新一屆中委的平均年齡為46歲，民建聯核心層實現了年輕化，是歷來最年輕的領導班子，完成了新老交替。

　　對於民建聯的交接班，政壇普遍反映正面。有學者認為，目前真正做到換血的政黨仍然不多，指譚耀宗已是上世紀80至90年代的議員，除了李慧琼形象較後生和專業，很多政黨暫時未有新人能成為政黨中容易被人辨識的政治明星。[1]另有學者認同，相比起其他政黨，民建聯較有紀律，有資源，新舊人交棒的安排做得最好。[2]

　　隨著李慧琼出任民建聯主席，在這個立法會選舉周期（2012.9.——2016.9.）期間，香港政團呈現一道獨特的風景線，即主要政治團體領袖女性化。香港女性直接參與政治選舉一向較少，現屆立法會70名議員中，只有11名是女性，惟香港不少政團均由女性「擔大旗」，這期間有9名女性擔任政團主席（或會長），比男性更多。民建聯前主席譚耀宗就認為由女士出任主席是潮流。

　　這段期間出任女主席較早的是：2010年12月15日開始任新民黨主席的葉劉淑儀，至今一直擔任主席一職；2012年12月則誕生了3名女主席，包括公民黨主席余若薇，自由黨主席周梁淑怡，民主黨主席劉慧卿。

[1]　香港《明報》2015年1月28日。
[2]　香港《信報》2015年1月29日。

2013年4月,建制派的主要政團之一的工聯會,由女性林淑儀擔任會長;同年7月,曾參選港姐並入圍五強的袁彌明出任人民力量新主席,帶有娛樂性。袁彌明就笑言,香港人睇娛樂版多過睇港聞版,認為藝人多些參與社會討論,反而是好事。

2015年至2016年,除了李慧琼任民建聯主席外,還有莫嘉嫻出任民協主席,工黨也換上新面孔,由胡穗珊接任主席。

至此,在2016年9月新一屆立法會選舉開鑼前,一共產生了9位主要政治團體的女領袖(見下表),確實也是香港政團發展史上的一段佳話。

香港主要政團女領袖一覽表

(2012年9月——2016年9月)

政團	領袖	任職時間	備註
新民黨	葉劉淑儀	2010年12月15日	
公民黨	余若薇	2012年12月	
自由黨	周梁淑怡	2012年12月	
民主黨	劉慧卿	2012年12月	
工聯會	林淑儀	2013年4月	
人民力量	袁彌明	2013年7月	
民建聯	李慧琼	2015年4月	
民 協	莫嘉嫻	2016	
工 黨	胡穗珊	2016	

四、主張走第三條道路的民主思路和新思維

隨著新一屆區議會選舉和立法會選舉的臨近,香港政壇出現一些打著中間溫和旗號,主張走第三條道路的論政平台或參政組織,如民主思路和新思維。

民主思路(Path of Democracy)

於2015年6月8日正式成立。召集人是與公民黨越走越遠的立法會議員湯家驊。另有4名聯席召集人,分別為專責研究的港大政治與公共行政學系教授陳祖為和城大公共及社會行政學系教授葉健民,以及專責倡議的

港大政治與公共行政學系導師賴卓彬和三十會理事劉培榮，秘書長則是城大公共政策學系高級特任講師張楚勇。榮譽顧問包括前公務員事務局局長王永平、前監警會主席翟紹唐，總幹事一職由中大客席講師袁彌昌出任。

民主思路理事會有18名成員，主要來自學界和法律界，包括中大經濟系教授宋恩榮、港大經濟學講座教授王於漸等。

湯家驊解釋新智庫平台的命名，指出「民主」是各成員共同目標，「思」代表智庫是「思想型群組」，「路」則是各人認同有必要尋找第三條出路。

湯家驊聲稱，新平台的名稱和口號採用「修補裂痕重新上路」，強調新平台的成員，全部都是關心香港前景的有心人，大家均不願意見到政改失敗、「一國兩制」的實踐被拖垮，各成員希望能夠透過大家的努力，如何在民主道路上繼續走下去這個問題上，尋找出一套共識，開拓「第三條道路」。

湯家驊又稱，民主思路未來將有四大研究範疇，包括「一國兩制」、民主發展、管治質素和社會公民。期望能透過這個新平台，實現組織「建立民主、發展善治」的願景，令香港得以在民主發展、「一國兩制」之路重新出發。[1]

民主思路在香港政局「二元對立」之外，宣稱走中間溫和路線，為社會修補裂痕，願望是好的，但能否行得通，需要未來的實踐去檢驗。

民主思路成立時是個論政平台，至於會否派員參政，湯家驊指出，現時言之尚早，但會持開放態度。其後，民主思路派人參選2016年立法會選舉，反映它亦過渡為參政組織。

新思維

於2016年1月3日正式成立，並召開首次會員大會，選出第一屆執委會，由前民主黨黨員狄志遠擔任主席，姜炳耀、廖添誠及前新民黨成員鄭

---

① 香港《文匯報》2015年6月9日。

成隆出任副主席，黃俊琅任秘書長，黃錦輝任司庫。另外，有22名執委會委員，包括前民主黨立法會議員黃成智。新思維共有62名成員。

狄志遠表示，香港一直以來都講求理性務實，過去兩年社會有很多紛爭對抗，結果兩敗俱傷，指新思維是回應社會而成立，認為社會可以有第三條道路，通過溝通對話尋求共識，重拾理性務實。

狄志遠強調，新思維走中間路線，有不同政治理念的成員，「是社會的縮影」，期望藉此建立廣闊強大的政治光譜。對於會否和同樣走第三條道路的民主思路有衝突，狄志遠稱與民主思路召集人湯家驊有交流，認為雙方理念雖相近，但民主思路屬智庫，而新思維則期望參政，方針有所不同，願意繼續保持交流。[1]

新思維是個新的政治團體，在2015年9月宣布籌組時，狄志遠、黃成智就不諱言，新思維會積極考慮參加各個選舉，包括因公民黨立法會議員湯家驊請辭引發的新界東立法會補選，認為是一個予人認識新思維的好機會。而黃成智本人及葵青區議員周奕希亦積極考慮參與11月舉行的區議會選舉。

2016年1月7日晚，新思維舉行成立典禮暨籌款晚宴。特區行政長官梁振英、政務司司長林鄭月娥、財政司司長曾俊華等獲邀擔任主禮嘉賓，立法會主席曾鈺成、多名特區問責局長及政黨代表出席，民主黨只派出副主席羅健熙到場。創黨主席狄志遠致辭時指出，新思維主張走中間路線，他明白選擇這條路線是最難行的，希望能夠成功走出第三條路；新思維的口號就是「出發喇！」，希望香港政壇能夠「重新起步」。[2]

新思維與民主思路一樣，主張走中間路線，反映香港政壇部分溫和、理性人士，不滿政改方案被否決、社會嚴重撕裂的現實，組成新的政治平台，期望行「第三條道路」，在各個選舉中給選民多一個選擇，但效果如何，有待觀察。

① 香港《大公報》2016年1月4日。
② 香港《文匯報》2016年1月8日。

五、「傘後組織」粉墨登場

「佔中」期間被外媒標榜的「雨傘運動」結束後，有不少新的政治組織成立，統稱為「傘後組織」，其中青年新政、本土民主前線、香港眾志較為人熟悉。

青年新政

簡稱青政，於2015年初成立，召集人為28歲的梁頌恆，有過百名成員，年齡介乎20至30歲。青政以「公平公義，港人優先」為原則，主打「本土路線」，成立目的包括最終做執政黨、2019年區選18個區均有議席等。

梁頌恆說本土路線是以港人利益優先，冀成為保皇黨和反對派外的第三勢力，以改變香港的政治生態，又會延續「雨傘運動」精神。

青政會積極派員參選區議會和立法會選舉。除了針對建制派外，也希望針對「賣港賊泛民政黨」。梁頌恆稱，積極考慮出選中西區觀龍選區，挑戰現任區議員、民建聯立法會黨團召集人葉國謙。社區主任游蕙禎則考慮出選九龍城黃埔東選區，與現任區議員、經民聯立法會議員梁美芬競爭。[1]

本土民主前線

簡稱本民前，於2015年1月成立，由黃毓民的狂熱支持者及一班激進網民組成，多次參與打擊水貨客行動，發言人為黃臺仰。

黃臺仰表示，本民前大部分成員均在佔領時期認識，也是一眾走得較前的行動者，彼此因理念相同而聚在一起。現有50名成員，年齡層面闊，由未成年尚在讀書至40多歲。大家在佔領完結後，有感維護本土利益的政黨、團體較少，所以希望成立新組織，用自己的力量去推動市民了解香港的問題及對香港人的身份認同。[2]

---

① 香港《文匯報》2015年3月30日。
② 香港《蘋果日報》2015年3月4日。

表面上，本民前打出所謂「本土」的旗號，但實際上是激進組織。「佔中」期間已多次發動暴力衝擊行動，後又採取暴力手段驅趕水貨客，直至2016年春節期間發動「旺角暴亂」，對香港社會構成很大危害。

本民前派員參加多個選舉，雖在區議會選舉中全軍盡墨，但在2016年2月28日立法會新界東補選中，其成員梁天琦取得6萬多票，令政壇矚目。

香港眾志

簡稱眾志，於2016年4月10日成立，由前學聯秘書長羅冠聰及前學民思潮發言人黎汶洛分別擔任主席和副主席，前學民思潮召集人黃之鋒和發言人周庭則任秘書長和副秘書長。

羅冠聰指眾志創黨成員約20至30人，均由內部邀請加入，現階段只會招收義工，直到立法會選舉後再招收正式成員。前學聯秘書長周永康沒有入黨，但表明肯定會助選。

黃之鋒表示，眾志以「民主自決」為綱領，爭取手法包括直接行動、策動公投和非暴力抗爭，會以香港為本位，實踐「自發、自立、自主、自決」等理念，希望以「公民聯署」和「公民提案」方式，打破政黨和政治素人的隔閡。①

眾志計劃參加9月舉行的立法會選舉。主席羅冠聰考慮出選港島區，常委兼演藝學院電影電視學院院長舒琪，亦考慮在港島區參選；副主席黎汶洛則考慮出選九龍東。

青政、本民前、眾志是「佔中」之後，在香港出現的一股激進本土勢力，他們的部分理念與鼓吹「港獨」的非法成立的「香港民族黨」相同。

2016年3月，剛大學畢業不久的陳浩天，企圖成立主張「港獨」的香港民族黨，但被政府公司註冊處拒絕他們以「香港民族黨」註冊。然而，陳浩天不顧反對，在3月28日非法成立香港民族黨。青年新政召集人梁頌恆出席了香港民族黨成立的記者會，他後來辯解說，自己來是要了解情況

①　香港《信報》2016年4月11日。

的；而本民前的梁天琦也表示，認識民族黨部分成員，也支持他們在選舉中推進港獨議程。這些說明了他們與港獨理念是一致的，在未來選舉中將會互相配合，大肆鼓吹港獨，這對香港社會將是極大的危害，反港獨鬥爭將刻不容緩。（2018年9月24日，香港特區政府保安局局長作出命令，禁止「香港民族黨」在香港運作。）

第七章

「二〇一五、一六、一七」年的各類選舉

（2015-2017）

　　從 2015 年 11 月開始至 2017 年 3 月止，香港政壇又踏入一個新的選舉周期。其間經歷了 2015 年 11 月的第五屆區議會選舉、2016 年 9 月的第六屆立法會選舉、同年 12 月的第五任行政長官選舉委員會選舉、2017 年 3 月的第五任行政長官選舉，各派政治勢力大展拳腳，奮勇搏殺，重塑了香港新的政治版圖。

第一節 二〇一五年的第五屆
區議會選舉

2015年11月22日舉行的第五屆區議會選舉，是違法「佔中」行動及政改方案被否決後的第一次全港性大型選舉，引起各方政治勢力的普遍關注。經過這兩場政治巨浪，各派政團實力的此消彼長，香港的政治版圖變化與否，都會通過此屆區議會選舉呈現出來。

一、委任議席取消，參選人數創新高

第五屆區議會選舉登記選民人數約爲369.4萬人，全港議席總數458席，其中民選議席431席，當然議席27席。

今屆區選焦點之一是取消委任議席，66位現任委任議員欲連任就必須參與直選，最終報名參選的僅有13人。

區選提名期從2015年10月2日開始至15日結束，共接獲951人報名，但其中8人申請退選。因此，431個直選議席共有943位候選人競逐，再創新高。有66人自動當選，少於上屆區選的76人，自動當選比率約爲15%，需競爭的365個選區共877名候選人角逐，平均約2.4人爭1個席位。

自動當選的66人中，63人爲現任議員，只有觀塘秀茂坪中選區的民建聯張培剛、元朗十八鄉中選區的梁明堅及九龍城太子選區的丁健華爲新人。66個自動當選選區分布全港16區，只有中西區及深水埗區無人自動當選。最多人自動當選的地區爲觀塘區，有11人，其次是東區，有10人，排第三則是元朗區，有9人。

自動當選名單中，有29人爲報稱獨立或無政治聯繫的人士，包括前民

主黨成員周奕希，但並無泛民人士。以政團計，民建聯有最多人自動當選，達20人，佔自動當選名單約三成；新民黨有7人；工聯會有6人，自由黨有2人，新社聯2人。[1]

在943名候選人中，有政團背景者達517人（含青年新政9人，未包括其他「傘兵」）。

今屆區議會選舉約有146萬名選民投了票，投票率高達破紀錄的47%，創下歷史新高，比2003年「七一」大遊行後那屆區選的44.10%還要高。

二、傳統政團的參選部署

民建聯是參選人數最多的政團，共派171人出戰。其中111名現任區議員角逐連任，36人首次參選。參選成員平均年齡約為45歲，35歲或以下有51人，最年輕參選者僅24歲；擁有大學或以上學歷程度佔109人，均創歷屆新高，凸顯年輕化及專業化。3名委任議員轉戰直選，包括副主席周浩鼎出選東涌南選區，黃國恩轉戰黃大仙東美和陳博智轉戰西貢富藍；民建聯另一副主席、現任北區委任議員陳勇則不參選。[2]民建聯另有10名現任區議員交棒予新人。5名立法會議員李慧琼、葛珮帆、陳恒鑌、鍾樹根及梁志祥在本身選區角逐連任，而立法會黨團召集人葉國謙則在中西區觀龍退下火線，交棒予其助理楊開永。

民建聯今屆參選人數少於上屆的182人，主要是與民建聯、工聯會進一步分家有關。工聯會定位在基層，在勞工、民生議題上走得更前、態度更激；民建聯則欲跨階層，特別是吸納中產，因此與工聯會的立場有一定分別。

第一次領軍參與大型選舉的新任主席李慧琼表示，民建聯繼續以「實

① 香港《星島日報》2015年10月16日。
② 香港《文匯報》2015年10月2日。

事求是，為您做事」為競選口號，以「是其是，非其非」的信念、「社區無小事」的態度，積極監察特區政府施政，為廣大市民服務，期望所有過往反對拉布、反對「佔領」、希望社會向前走的市民支持民建聯，爭取最佳成績，愈多人當選愈好。①

工聯會是建制陣營中參選人數排第二多的政團，共派51人出戰，比上屆多了3人。其中6人自動當選，包括兩名立法會議員麥美娟及郭偉強。工聯會立法會議員黃國健認為，工聯會目標是保住現有議席，評估有兩、三區現任議員選情有危機，亦有數區有機會成功搶灘。

工聯會區選布陣較矚目的是：立法會「超級議員」陳婉嫻不再參選，意味著她2016年立選不再競逐連任超級議席，代之而起的是現任立法會議員王國興到東區小西灣參選。工聯新「小花」陳穎欣，到民協老巢深水埗麗閣選區挑戰馮檢基，陳穎欣掛工聯會、民建聯「雙牌頭」出戰，以吸引更多支持。②

新民黨共派42人參選，其中7人自動當選。由於該黨與公民力量結盟後，致使出選成員激增，較上屆多出30人，包括28位現任議員及14位社區發展主任。他們更集中火力，分別出選港島6個選區、新界西13個選區及新界東23個選區。主席葉劉淑儀指，該黨參選者平均年齡為42歲，最年輕的27歲，包括3名律師、2名會計師以及教師、社工及資深區議員。葉劉強調，該黨致力培育政治人才，很多年輕人來自各種專業，有知識、有學歷，是「經驗與朝氣的結合」及「新舊結合」。她續稱，新民黨服務宗旨是「講真話做實事」，提出競選口號「反拉布，穩經濟，重建設，振人心」。

副主席田北辰指出，新民黨的參選區其中一區與經民聯相撞，估計是次競逐連任的現任議員成功率有90%，而挑戰區選的新人則會有70%的機

① 香港《文匯報》2015年10月2日。
② 香港《明報》2015年10月9日。

會。另一副主席潘國山則表示，今次是公民力量與新民黨結盟後，首次參加區議會選舉，公民力量一直扎根新界東，故派出23人出選，包括自己會出選沙田田心選區，競逐連任。[①]

自由黨派出20人參選，其中2人自動當選。參選人數少於上屆的24人，其中8人競逐連任，8人首次參選，平均年齡為44歲，最年輕參選人是25歲。參選區域分布於港島4區，九龍3區及新界4區共11個區。前教育局政治助理楊哲安出選南區薄扶林，挑戰當區區議員、報稱獨立民主派的司馬文。自由黨青年團主席李梓敬是該黨著意培養的接班人，出戰深水埗又一村。自由黨榮譽主席田北俊稱，希望今次選舉可贏得15席，有足夠票讓黨員出選明年立法會選舉的超級區議會議席。[②]

自由黨在五區與建制派其他政團「撞區」。在元朗瑞華及北區聯和墟，自由黨與民建聯撞區；在北區禦太與工聯會撞區；在西貢欣英及寶林，則與新民黨撞區。[③]

經民聯派16人參選，當中13人是競逐連任。經民聯副主席林健鋒表示，經民聯現在有20多名區議員。上屆立法會選舉時，經民聯雖未成立，但已銳意在地區擴張勢力，並在地區吸納獨立議員加入該黨。今屆區選，經民聯在多區向建制其他黨派示好，如郭振華讓出深水埗又一村選區給自由黨李梓敬；沙田碧湖現任議員劉偉倫，報名時棄用經民聯招牌；沙田禾輋邨及錦英的候選人同樣沒有申報與經民聯的聯繫。[④]

經民聯參選者最矚目的是「雙料議員」梁美芬，在九龍城黃埔東遭到青年新政游蕙禎及無黨派羅錫明的夾擊。

建制派其他政團參選情況：

西九新動力派6人參選，現任立法會議員梁美芬以西九新動力/經民聯「兩頂帽」名義，出戰原區黃埔東競逐連任。

① 香港《文匯報》2015年10月1日。　　③ 香港《星島日報》2015年10月16日。
② 香港《文匯報》2015年10月3日。　　④ 香港《星島日報》2015年10月16日。

　　勞聯派2人參選，社工陳萬聯應在葵青葵芳出選，挑戰街工現任立法會議員梁耀忠；現任議員李詠民繼續出戰深水埗南昌南，意圖連任保位。

　　新論壇派1人參選，現任議員劉定安出選觀塘寶樂區，競逐連任。

　　創建力量由九龍東獨立區議員組成，今屆區選派出22人參選，其中17人爭取連任。但各參選人報名時均未以創建力量名義出選，而以獨立或九龍社團聯會支持身份出戰。[①]

　　協調泛民參選的民主動力聯同多個泛民政團及部分傘後團體組成「泛民區選聯盟」，公布213位推薦候選人名單。參與民主動力協調的包括民主黨、公民黨、工黨、社民連、民協、街工、新民主同盟7個政團及至少5個傘後團體。

　　民主黨是泛民龍頭，擁有最多區議員，採取「精兵制」，派95人參選，較上屆少37人。其中39人競逐連任，24人首次參選，平均年齡41.8歲，最年輕的僅21歲。該黨以「為香港搏盡」為區選口號，在全港18區都派員出戰，以葵青區派13人參選為人數最多，其次為中西區及沙田區，分別為10人和9人。民主黨副主席尹兆堅稱，今次區選最理想能保住現有議席，冀有10%議席增長，但選情艱巨，除和建制派競逐議席的同時，更要面對多個「傘後組織」如青年新政、北區動源、青發關注組等撞區「鎅票」。[②]

　　民主黨選舉委員會主席單仲偕公布，有10個民主黨候選人選情特別嚴峻，包括副主席尹兆堅、總幹事林卓廷、立法會議員涂謹申、莊榮輝等。因此，民主黨在投票前兩天舉行催票活動，呼籲選民集中票源投票予民主黨及泛民協調名單上的候選人。[③]

　　公民黨派25人參選，較上屆的41人顯著減少。主席余若薇表示，該黨實行「精兵制」，有意參選者在黨內長期地區工作評估中有表現，才可考

① 香港《文匯報》2015年10月9日，2015年10月30日。　　③ 香港《明報》2015年11月21日。
② 香港《文匯報》》2015年10月2日。

慮出選，期望公民黨區選中能在現有的7席上更進一步。①現任立法會議員陳家洛出選海怡東，明顯是為參選立法會「超級議席」鋪路，爭奪入場券。公民黨九龍東支部副主席、飛機師譚文豪出戰觀塘麗港城，也是梁家傑刻意培養的接班人。青年公民主席鄭達鴻出選東區丹拿。曾是山頂區議員的副主席陳淑莊則不出選。

以深水埗作老巢的民協派25人參選，其中11人出戰深水埗，立法會「超級議員」馮檢基繼續出戰麗閣保位，莫嘉嫻則在九龍城馬頭圍出選競逐連任。民協參選人的年齡平均為37歲，副主席譚國僑指參選名單為近屆最年輕，認為參選人年輕化，反映年輕一代對參與政治的興趣日增。譚又形容選舉將關係到該黨的生死，民協要藉區議會鞏固地區樁腳，才有機會在明年立法會選舉中保住一席，作「一人黨」的突破。②民協25名參選人中，其中13人角逐連任，另有7人首次參選，目標是取得多於現時的15個議席。

新同盟派16人出選，多於上屆的10人。其中6人是現任區議員，包括立法會議員范國威，8人首次參選，平均年齡為32歲，全部有大學學士或以上學歷。任職社區主任的王珮芝是僅有女將，出戰荃灣綠楊區。新同盟上屆得勝率高達八成，范國威稱今屆新人較多，不敢期望過高，料得勝率未必如從前。除繼續在北區深耕細作，將開拓荃灣等區，盼突破「地區政黨」標籤。另將小心處理本土議題，避免被「光復」等行動污名化。③

工黨首次在區選打正旗號，派12人出選，選區主要位於新界。主席李卓人形容佔領運動及政改表決對該黨選情有利，因為一向不支持該黨的會繼續不支持，但首次投票的年輕人或會因理念相近而投票於該黨。副主席譚駿賢稱，在泛民協調機制下，剩下來可讓工黨挑選的區，難度系數很高，但就對工黨「零的突破」有信心，絕不視之為練兵之戰。焦點包括工

① 香港《明報》2015年9月25日。　　　　③ 香港《明報》2015年9月29日。
② 香港《明報》2015年9月29日。

黨唯一區議員郭永健能否保住議席。而譚駿賢則出選屯門友愛北，挑戰民建聯資深區議員陳雲生，以求為工黨帶來新的進賬。

街工派6人參選，主要集中在其老巢葵青區。立法會現任議員梁耀忠繼續在葵芳區出選，競逐連任。黃潤達、梁志成、周偉雄、梁錦威4名現任區議員，分別在各自選區出戰爭連任，唯有女將、新人梁靜珊出選葵盛西邨，挑戰工聯會現任議員劉美璐。

社民連派5人參選，與上屆28人參選相比是天壤之別。引人注目者是曾健成（阿牛）繼續出戰東區樂康選區，意圖擊敗現任議員李進秋。曾健成2003年、2007年區選都在樂康勝出，但2011年選舉則以45票之差，被首次參選的李進秋打敗。曾健成表明有信心今次能「復仇」，因過去4年未有停止地區服務，但仍擔心被同樣打著爭取真普選的另一對手倫文傑「鎅票」，相信到最後一刻仍未知鹿死誰手。[1]

沒有參與泛民區選聯盟的其他政團參選情況：

人民力量上屆區選派62人參選，主打追擊民主黨，今屆風光不再，只派9人出選。主席袁彌明在南區海怡西捲土重來，挑戰新民黨現任議員陳家珮（2014年3月補選時勝出）。人民力量另一成員譚得志出選東區小西灣，狙擊工聯會現任立法會議員王國興，以圖在當區「地頭蟲」朱日安與王國興協調不成功而雙雙出戰下，坐收漁人之利。

熱血公民一早表明不參與泛民協調機制，派6人參選。其中5人與民主黨撞區，更指名狙擊三名民主黨明星候選人。包括鄭松泰在屯門樂翠戰民主黨主席何俊仁；黃潤基在南區利東一戰民主黨副主席區諾軒；蔡文龍在南區利東挑戰民主黨另一副主席羅健熙。

新思維派3人參選，其參選人不在「泛民區選聯盟」名單之中。「雙失議員」黃成智上屆區選敗於蘇西智，立選又再敗一城，今屆區選轉戰北區新增選區粉嶺南，與獨立人士何樹光對壘。另一成員黃晉靈參選北區粉

---

① 香港《明報》2015年11月10日。

嶺市，挑戰現任議員、獨立彭振聲。陸偉良則到荃灣新增選區馬灣對撼新民主同盟譚凱邦和新民黨黃超華及獨立曾文典（荃灣郊區西現任議員），陷入「四爭一」混戰之中。

除上述政團外，還有形形色色的團體派人參選。如上屆曾參選區議會但落敗的土地正義聯盟成員朱凱迪今屆捲土重來，聯同中文大學地理及資源管理系副教授姚松炎與打鼓嶺坪輋保衛家園聯盟成員張貴財，組成「城鄉共生連線」，分別出選競逐元朗八鄉南、南區置富及北區沙打議席，期望把社區自主、城鄉共生的訊息帶入地區議會，打破地區政治壟斷。①

針對內地遊客的光復團體北區水貨客關注組梁金成「空降」北區彩園，挑戰現任議員蘇西智；城邦派香港城邦皇室中出羊子（原名鍾銘麟）參選油尖旺櫻桃區，與民主黨林浩楊及九龍社聯支持的鍾澤暉對壘。中出羊子是鍾銘麟其中一個網名，為了在選舉中「博出位」，特意更改身份證上的姓名，吸引市民注意，也可看到香港選舉的另類現象。

三、「傘兵」湧現，空降參選

違法「佔中」行動催生了大量傘後團體，這些團體紛紛派人空降（俗稱「傘兵」）參選，因此，「傘兵」湧現選戰成為今屆區議會選舉的焦點之一。

據不完全統計，16個傘兵組織派34人參選，再加上無黨派17人，共有51名傘兵出現在今屆區議會選舉戰場上。（見下表，資料來源《蘋果日報》2015年10月18日；10月16日；10月4日）

---

① 香港《星島日報》2015年10月8日。

傘兵參選一覽表

傘兵組織	參選人數	傘兵組織	參選人數
青年新政	9	荃灣民生動力	1
屯門社區關注組	4	天水圍民生關注平台	1
沙田社區網絡	2	長沙灣社區發展力量	1
慈雲山建設力量	2	荃灣社區網絡	1
灣仔廣義	2	西環飛躍動力	3
灣仔好日誌	1	北區動源	1
青發生活關注組	1	沙田新幹線	1
埔向晴天	1	無黨派	17
東九龍社區關注組	3		
總數			51

　　傘兵參選大戶是青年新政，共派9人出戰區選。青政宣布以「香港人，一齊贏一次」為口號，派出9名社區主任分別出戰中西區、油尖旺、九龍城及葵青區。召集人梁頌恆指，為堅持無篩選的區議會選舉，拒絕與泛民協調出選，有信心至少奪得4個議席。他認為葵青的青衣南及長安較多年輕選民，有信心取勝，而油尖旺的大南及九龍城的黃埔東、黃埔西也是他們必爭之地。[1]梁頌恆出選中西區觀龍，瞄準葉國謙退選而交棒新人機會，與葉的弟子楊開永對決；游蕙禎空降黃埔東與立法會議員梁美芬對撼；鄺葆賢則到黃埔西挑戰區議會主席劉偉榮。

　　屯門社區關注組的4名傘兵均對撼現任區議員。其中陳詩雅在興澤區對工聯會的徐帆，何偉祺在富泰區對工聯會的陳文偉，周啓廉在湖景對民建聯的梁健文，韓禮賢在山景對獨立吳觀鴻。

　　東九龍社區關注組的3名傘兵集中在觀塘區出選。陳澤滔出戰康樂區，挑戰現任的獨立區議員馬軼超；黃子健在樂華北與獨立議員馮錦源對壘；鄭國俊在秀茂坪南與獨立的陳耀雄及民主黨的計明華同場競逐。

　　在灣仔區出選的灣仔廣義區麗莊在司徒拔道選區出選，挑戰現任議員

① 香港《蘋果日報》2015年9月21日。

獨立黃宏泰；灣仔廣義召集人梁柏堅則出戰大佛口選區，挑戰民建聯現任議員李均頤；而灣仔好日誌的楊雪盈到大坑選區挑戰新民黨的王政芝。[1]

另有西環飛躍動力派3名傘兵硬撼中西區建制派現任區議員。劉偉德出選大學選區挑戰現任議員獨立陳捷貴；葉錦龍在石塘咀選區挑戰現任議員獨立陳財喜；而伍永德則在西營盤選區挑戰民建聯現任議員盧懿杏。[2]

此外，還有埔向晴天的劉勇威出選大埔舊墟及太湖，挑戰民建聯現任區議員張國慧；沙田新幹線的黎梓恩出選沙田王屋區，與自由黨現任區議員梁志偉對撼。

傘兵空降落點全部都有建制或泛民對手，當中30區單挑建制，有6區與泛民撞區，這些選區的現任議員均為建制派，以觀塘秀茂坪南為例，建制派上屆以超過6成選票當選，傘兵與泛民撞區下要反勝建制將更困難。[3]

由違法「佔中」衍生的傘後組織派出數十人參選區議會，這對香港政治生態的影響將不可忽視。以「政治素人」身份出選的傘兵動向亦引人關注，尤其是對撼一些重量級人物的選情。如傘兵徐子見臨報名截止前才空降東區漁灣，挑戰民建聯「雙料議員」鍾樹根，引起政壇矚目。同樣，民建聯主席李慧琼在九龍城土瓜灣北原有機會自動當選，但在截止報名前一天有傘兵沈泰鋒空降挑戰。有意競逐超級議席的民建聯副主席周浩鼎，出選的離島東涌南一樣有傘兵王進洋參選。這些都成為了今屆區選引人注目的看點。

四、「超級區議員」選情及焦點選區

2012年立法會選舉循區議會（第二）功能界別晉身立法會的5名超級區議員涂謹申、李慧琼、馮檢基、陳婉嫻、何俊仁，今屆區議會選舉除陳

① 香港《蘋果日報》2015年10月16日。
② 香港《蘋果日報》2015年10月4日。
③ 香港《蘋果日報》2015年10月18日。

婉嫻不參選外，其餘4人均原區參選，意圖連任，爲來年再次競逐立法會超級議席爭奪入場券。

民主黨的何俊仁參選的屯門樂翠區，是今屆區議會選舉最多人混戰的選區，共6人爭奪1席。前律師會會長何君堯、熱血公民鄭松泰、快信社會服務團的前民主黨黨員阮偉忠、上屆參選落敗的沈錦添以及無黨派張永偉同場角逐，挑戰在該區連任多屆的何俊仁。雖然面對左右夾擊，何俊仁強調任內一直頻密進行地區工作，對爭取連任有信心，相信選民有智慧作出選擇。①

民協前主席、「雙料議員」馮檢基，在深水埗麗閣區競逐連任，既要面對以工聯會、民建聯「雙牌頭」出選的「小花」陳穎欣挑戰，又要應付前黨友兼徒弟、曾在麗閣擔任10年區議員的黃仲棋「鎅票」，令該區成爲今屆區選最受矚目的選區之一。已在麗閣服務長達3屆的馮檢基形容今次是「被夾擊最厲害一次」。馮不諱言，若黃仲棋鎅300票或以上，自己連任機會極微，強調選情嚴峻。②

民主黨「雙料議員」、超級議席「票王」涂謹申在原區參選，即在油尖旺奧運選區參選，以圖連任，藉此取得來屆立法會超級議席的入場券。涂的對手是報稱獨立人士、得到九龍社聯支持的高曉榮。身兼維港關愛協會主席的高曉榮表示，他在奧運已居住超過六年，投身地區工作亦近兩年，一直以來用心去做。對於要挑戰超級區議員涂謹申，他坦言，「好多人話我傻，但我有信心，街坊好支持眞正服務、做民生的人。」③涂謹申認爲相信憑過往在區議會「做足100分」，選情仍可看好。至於是否參選2016年立法會超級議席，他說仍未決定。④

民建聯主席、「雙料議員」李慧琼繼續參選九龍城土瓜灣北，本以爲

① 香港《蘋果日報》2015年10月9日。　③ 香港《大公報》2015年10月8日。
② 香港《蘋果日報》2015年10月9日。　④ 香港《信報》2015年10月8日。

會在無對手下自動當選，但「傘兵」沈泰鋒卻在截止報名前夕空降，而報稱香港關注會的選舉常客林依麗，亦到該區湊熱鬧參選，但預料他們均不能撼動李慧琼。

工聯會由於「雙料議員」陳婉嫻不參選區議會，派闊別區議會 8 年的工聯會立法會議員王國興（曾任東區和富區議員），重出江湖，出戰東區小西灣選區，預料如果王國興獲勝將接替陳婉嫻出戰「超區」。工聯會副會長黃國健指出，「如果嫻姐不參選，我們都要有一定分量的人準備，目前最重要是王國興勝出區選，把超區的入場券拿到手。」[①]王國興的對手有人民力量的譚得志和未申報政治聯繫的柴灣區街坊福利會理事長朱日安。小西灣區是民建聯、工聯會長期經營的選區，陳靄群（以民建聯名義出選）自 1994 年港英第五屆區議會選舉成功當選議員後，歷經特區第一、二、三屆區議會選舉均獲勝連任，至 2011 年第四屆區選更自動當選，實力雄厚，故王國興成功接棒機會很大。

除上述超級議席選情外，還有一些全港矚目的焦點選區。

南區海怡東選區。公民黨立法會議員陳家洛「空降」，硬撼擔任當區區議員 16 年的獨立人士林啓暉，並與人民力量主席袁彌明牽頭成立的海怡關注組成員區元發同場角逐。陳家洛屈尊選區議會，明顯是為公民黨參選立法會超級區議會鋪路。

灣仔樂活選區。現任議員、已年逾 70 歲的白韻琹，不再競逐連任，改由其丈夫、立法會議員謝偉俊「代妻出征」，同區對手是上屆落敗的社民連副秘書長麥國風以及報稱獨立的港人民權民生黨的蕭思江。謝偉俊表示，白韻琹因年紀、腳痛、身體問題不宜再參選，決定臨危受命，並非為轉戰超級區議會而鋪路。[②]

九龍城黃埔東選區。經民聯「雙料議員」梁美芬在原區競逐連任，遭

① 香港《文匯報》2015 年 10 月 4 日。
② 香港《明報》2015 年 10 月 15 日。

到青年新政「傘兵」游蕙禎的挑戰，對手還有未申報政治聯繫的羅錫明。梁美芬上屆區選受到民主黨黃碧雲及人民力量歐陽英傑的挑戰，最終憑2200多票成功連任。今屆爭取第二度連任的她，坦言不怕競爭，以前「已經歷過狙擊，希望今屆選舉可以給予選民一個優質的選舉文化，候選人可帶正面東西給居民，不像以往有滋擾和抹黑的情況發生。」[1]

沙田頌安選區。民建聯「雙料議員」葛珮帆在原區競逐連任，遭到工黨立法會議員張超雄助理葉榮挑戰。本身為傷殘人士的葉榮今次參選，強調傷殘人士一樣可以服務到社區同街坊，稱過去三年都在頌安服務。爭取連任的葛珮帆表示，自己在頌安區已服務八年，相信市民會見到他們用心用力的一面。民建聯主席李慧琼等陪同葛到沙田政府合署報名參選，李直言對選情不容樂觀，又指民建聯面對嚴重抹黑，加上政改被否決和鉛水事件都可能影響選情。[2]意味著葛珮帆連任路上有暗湧。

本屆區議會選舉還有一些選區比較矚目。

全港競爭最激烈的兩個選區都位於屯門，樂翠和富新各有6名候選人混戰，戰況激烈；新增的西貢軍寶區，吸引5人競爭1席。中西區的西環選區現任議員、民建聯副主席張國鈞，遭到民主黨的莊榮輝再度挑戰。莊榮輝是最有韌力的參選人之一，今屆是他連續第4屆在中西區出選。2003年起他每屆都獲得起碼1200票，但就分別以相差7票、148票和24票落敗，今屆莊榮輝捲土重來，再在西環區與張國鈞一較高下，以圖一雪前恥。

另外，有兩個選區的現任議員是全港最長勝的議員。一是東區阿公岩選區的獨立杜本文，二是屯門三聖選區的新民黨蘇炤成。他們是由1982年香港首屆區議會成立起一直連任至今的區議員。杜本文一直在阿公岩出選，至今33年，今屆仍在該區爭取連任。蘇炤成1991年前在屯門東南出選，1994年後改為屯門三聖區，今屆更以新民黨名義出戰該區，謀求連

---

① 香港《頭條日報》2015年10月6日。
② 香港《星島日報》2015年10月8日。

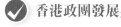

任。他們的參選事例也是香港選舉史上的佳話之一。①

五、選舉結果分析

第五屆區議會選舉結果於 2015 年 11 月 23 日揭盅，有 146 萬選民投票，投票率約 47%。

（一）各主要政團選舉成績

第五屆區議會選舉各政團參選成績表

政團	參選人數	參選的區議員	當選議席	當選率
民建聯	171	111	*119	68.40%
工聯會	51	29	29	56.90%
新民黨	42	28	26	61.90%
經民聯	16	13	#10	62.50%
自由黨	20	8	9	45%
新論壇	1	1	0	
勞聯	2	1	1	50%
西九新動力	6	4	3	50%
建制合計	309		195	63.10%
民主黨	95	39	43	45.30%
公民黨	25	7	10	40%
民協	25	13	18	72%
新同盟	16	6	15	93.80%
社民連	5		0	
人民力量	9	1	1	11.10%
街工	6	5	5	83.30%
工黨	12	1	3	25%
熱血公民	6		0	
傘兵	*58		9	
泛民合計	257		104	40.46%

經民聯 10 席中有 4 人同時具有西九新動力身份。

★也有數據統計傘兵約 51 人。

---

① 參見韓成科、林健忠、李曉惠編著《香港特區選舉制度與競選工程》，新民主出版社有限公司 2015 年版，第 402 頁－第 503 頁。

（資料來源：綜合《文匯報》、《蘋果日報》、《星島日報》、《明報》、《東方日報》、《信報》等，2015年11月24日至26日）

（二）區議會選舉結果評析

1、建制、泛民議席均有上升，但建制派仍力保區議會主導權

今屆區選在投票率和投票人數創新高的情況下，競爭空前激烈。建制陣營議席穩中有升。建制政團囊括195席，其中民建聯獲得119席，與上屆實際所得議席相同（扣除部分與工聯會雙重會籍），繼續蟬聯區議會第一大黨。民建聯150名須競選的候選人中共取得30.9萬票，較上屆增長約2.7萬票。工聯會取得29席，與上屆相同，總票數為95,583票，高於上屆。

新民黨與公民力量結盟後取得26席，比現有議席減少4席，但總票數達75,793票，排行建制第三。經民聯首次打正旗號出戰贏10席，其中立法會議員梁美芬頂住「傘兵」游蕙禎猛攻，成功連任。自由黨取得9席，與上屆議席數一樣，但得票上升，共獲25,157票。雖建制政團議席比上屆減少6席，但加上地區團體支持以及親建制的獨立人士獲取的議席（如上屆以新論壇名義出選的陳捷貴、陳財喜成功連任），總議席逾300席，佔全部民選議席七成，力保區議會的主導權。

泛民陣營共取得104席（含「傘兵」9席），其中民主黨取得43席，比上屆少4席。何俊仁、陳樹英、尹兆堅等資深議員雖連任失敗，但有12名新人勝出。

公民黨取得10席，比上屆多3席。民協取得18席，比上屆多3席，但4名競逐連任的資深議員馮檢基、莫嘉嫻、秦寶山、任國棟落敗；而6名新丁中有4人當選。新同盟取得15席，比上屆多7席，是今屆區選得勝率最高的政團，達93.8%，16人出選僅1人落選。街工取得5席，與上屆議席數持平。工黨取得3席。初出茅廬的「傘兵」取得9席。雖然泛民政團議席比

上屆增長21席，維持全港區議會約24%席位，但未能改變區議會的政治版圖。

總的來看，建制、泛民兩大陣營議席均有上升，但在全港431個民選議席中，建制派在取消委任議席後，仍能掌握區議會的控制權，區議會的政治力量版圖沒有大變。

2、投票人數、投票率創歷史新高

今屆區議會選舉約有146萬名選民投了票，投票率高達破紀錄的47%，創下歷史新高，比2003年七一大遊行後那屆區選的44.10%還要高。這屆區選投票率，與立法會選舉的投票率不相伯仲，如超過了2008年立法會選舉的投票率45.20%。

投票率創新高大致有三個原因：

一是選民登記人數增加，客觀上推高了投票率。2015年地方選區約有369萬名選民，當中包括約26.1萬新登記選民，扣除離世及取消登記的選民後，選民淨增約18.2萬人。新登記選民以18至20歲的年輕人最多，共43,289人，佔56%。而66至70歲組別增加3.71萬人，高達18%。無論是「首投族」還是「銀髮族」都大幅增加，在客觀上給高投票率創造了條件。

二是雙方陣營投票意欲都在增加。本屆選舉是2014年「佔中」之後的首場政治選舉。對泛民陣營而言，急欲借一次選舉來證明「佔中」是成功的、正義的；而對於建制陣營來說，早就對「佔中」、否決政改「忍氣吞聲」，希望用選票進行「懲罰」，「票債票償」，因此，必然會推高投票率。

三是對地區選舉以及本區利益關注度的大幅提升。隨著回歸以來四屆區議會選舉的進行，區議會本身的政治性角色、所擁有的權力的不斷增強，以及區議員在很大程度上影響選民的切身利益，因此，大幅提升選民對區選的關注度，也是投票率推高的因素。

回歸後歷屆區議會選舉投票情況

年份	選區	候選人	自動當選	登記選民	*投票人數	投票率
1999年 第一屆	390	798	76	2,832,524	826,503	35.82%
2003年 第二屆	400	838	74	2,973,612	1,066,373	44.10%
2007年 第三屆	405	907	41	3,295,826	1,148,815	38.83%
2011年 第四屆	412	915	76	3,560,535	1,202,544	41.49%
2015年 第五屆	431	943	68	3,693,942	1,468,000	47%

★註：不包括已自動當選選區的選民

（資料來源：選舉事務處，參見《大公報》2015年11月23日）

3、「傘兵」及激進本土力量異軍突起

今屆區選約有50多名「傘兵」空降各區參選，取得9席，共得約7萬多票。傘兵落區大多不足一年，卻異軍突起，打敗不少資深議員甚至是明星議員。

報名期最後一天才報名的獨立傘兵徐子見，擊敗民建聯明星「雙料」議員鍾樹根，政壇為之震動。青年新政鄺葆賢空降九龍城黃埔西，擊倒九龍城區議會主席、西九新動力的資深議員劉偉榮。還有5名傘兵成功擊敗現任區議員當選，分別是獨立的王振星、東九龍社區關注組的黃子健、埔向晴天的劉勇威、沙田新幹線的黎梓恩及沙田社區網絡的黃學禮。另外，灣仔好日誌的楊雪盈，打敗新民黨在灣仔大坑參選的女將王政芝。基督徒社關團契的杜嘉倫，在元朗錦綉花園擊敗了當27年資深議員的邱帶娣。

其他傘兵的得票亦不容小覷，大部分傘兵得票過千。如青年新政另一女將游蕙禎獲2041票，以300票之差敗於經民聯現任「雙料議員」梁美芬。青年新政召集人梁頌恆空降民建聯「大佬」葉國謙長期經營的地盤觀龍區，雖敗於葉的徒弟楊開永，但亦取得1569票，不能忽視。

主打「本土議題」和「反大陸化」的激進本土勢力代表新民主同盟，今屆區選表現突出。新同盟是第二次派人參選區議會，上屆只得8席，今屆卻翻倍勝出15席，16名參選人中只有1人落敗，勝出率達93.8%，為各政團之冠。新同盟召集人陳竟明表示，對戰果感高興，相信報捷與得到年輕朋友支持、「首投族」和佔領運動有關[1]。新同盟亦首次突破新界東選區，譚凱邦在新界西馬房區當選。

「傘兵」首次進入區議會的議事堂，以及激進本土勢力的冒起，意味「佔中」結束後，香港政壇出現了新的政治力量。有學者估計「首投族」及30歲以下的年輕人票佔了總票數的兩成，即約15萬之眾。雖然實際數字有待求證，但年輕人的投票率大幅上升應該屬實，亦因此改寫了區選的紀錄，結果令傘兵一族異軍突起。[2]這對未來的立法會選舉將產生重大影響。

4、泛民和建制都有重量級人物落敗

今屆區選有多名立法會議員落敗，包括馮檢基、何俊仁、陳家洛、鍾樹根、葛珮帆。民協馮檢基在深水埗地區工作了30年，亦是連任了3屆麗閣區議員，今屆卻手執2432票，以99票之微敗給工聯會、民建聯25歲「新丁」陳穎欣。民主黨何俊仁在屯門樂翠區的六人「泥水戰」中屈居第二，以1736票輸給獲2013票的獨立候選人何君堯，失落緊守16年的議席。公民黨政治新星陳家洛挑戰南區海怡東已做四屆議員的林啓暉，以相差335票敗於林啓暉。民建聯盤踞東區區議會24年的鍾樹根，以相差163票敗給名不見經傳的傘兵徐子見。民建聯另一政治明星葛珮帆，由2007年起當選沙田頌安區議員，今屆意外以130票之差，敗給工黨殘疾參選人葉榮。

除了上述明星級人物墮馬外，泛民、建制亦有多名「次重量級」人馬

---

① 香港《星島日報》2015年11月24日。
② 香港《東方日報》2015年11月24日。

也以落選告終。

泛民落選者包括：民主黨副主席尹兆堅、老將陳樹英、徐生雄；公民黨譚文豪；人民力量主席袁彌明；社民連曾健成（阿牛）。

建制落選者包括：民建聯老將黃容根、郭必錚、陳雲生；與新民黨結盟的公民力量陳國添。

多個政團「大佬」及資深議員落敗是今屆區選的特別現象，不少沒有深厚地區經驗的新人反而成績不錯，反映與「首投族」渴求改變有很大關係，資深候選人包括立法會議員等身份，或許成為一種負累，而「新人、政治素人」勝出也會加快政黨的新陳代謝。

（三）區選戰果對立法會選舉的影響

1、超級議席選舉布局將會「大洗牌」

立法會「超級區議會」界別的5個議席，必須先取得區議員這張入場券才能參選，但民主派兩名現任超級議員何俊仁、馮檢基都敗選，而工聯會現任超級議員陳婉嫻放棄參選區議會，鐵定無緣再戰超選。故超級議席選舉將會出現「大洗牌」現象，幾大主要政團將會重新布局。

建制派多名立法會議員今屆參選區議員，都順利勝出。如民建聯李慧琼、工聯會王國興、新民黨田北辰、獨立謝偉俊。盛傳會參選「超級區議會」的民建聯副主席周浩鼎及一眾明日之星如張國鈞、劉國勳等，亦成功當選。從區選結果來看，建制派對超區議席的布陣可有更大彈性。

泛民除何俊仁、馮檢基落敗外，公民黨陳家洛敗選，轉戰超區美夢落空。民主黨涂謹申、副主席羅健熙及上屆超選排何俊仁名單第二的鄺俊宇均成功連任，預料民主黨繼續以兩張名單出選。公民黨沒有政治明星獲得入場券，是否派二流人物出戰超區具不明朗因素。民協、新同盟各獲18個和15個區議會議席，都可單獨提名1人參選超區，兩黨很大機會遣將叫陣，出戰超區。

2、地區直選部署亦將出現較大變數

今屆區選共有5名立法會議員落馬，影響他們參選立法會的機會。

建制方面：民建聯鍾樹根、葛珮帆落敗，令兩人出戰立法會有阻力。新民黨田北辰進可攻超區，退可守新界西，但田明言轉戰超區無著數。獨立謝偉俊選情與田北辰相近，若謝選超級，將牽動九龍東選情，建制能否保住「3：2」優勢，變數極大。

泛民方面：民主黨何俊仁、副主席尹兆堅、資深區議員陳樹英都在區選落敗，令該黨新界西直選部署添不明朗因素。公民黨副主席陳淑莊極可能重返港島參選，陳家洛要競逐連任立法會困難很大。喪失超區入場券的民協馮檢基矢言一定不會退休，轉戰直選機會極大，但明言不會重返九龍西。

3、本土意識及「傘兵」冒起將對立法會選情帶來重要影響

近年本土意識冒起，以「守護本土」爲訴求的新同盟在今次區選成績亮麗，16人參選，15人勝出，更加刺激了一些政團的胃口，他們紛紛表示要吸納本土元素或納入政綱。由於立法會選舉涉及大選區，主打全港的政治及政策性議題。預料本土意識將會成爲立會選戰的重要議題，各黨派如何論述和操作「本土」，涉及如何造勢以爭奪選民。因此，該議題將會持續發酵，對立法會選情構成重要影響。

「傘兵」成功進入區議會的人數雖然不多，但受到年輕求變的選民歡迎，成爲政壇的新勢力。社會自「佔中」之後被撕裂，支持與反對兩邊都在區議會選舉踴躍投票，推高了投票率，而年輕首投族在立法會選舉將會更加積極，預料立選投票率也會進一步被推高，即「傘兵」進入立法會的機會亦甚高。因此，「傘兵」冒起將對立法會選舉結果帶來重要影響，或會使立法會政治版圖「三足鼎立」。

第二節 二〇一六年的第六屆立法會選舉

第六屆立法會選舉於 2016 年 9 月 4 日舉行。今屆選舉是在「佔中」及政改挫敗後舉行的第一次立法會選舉。本來，立法會選舉年的規律是政治爭拗多，社會氣氛熾熱，今次選舉又是幾大主要政團立法會議員的新老交替、「世紀大換班」的位置之戰，再加上本土激進、港獨勢力的冒起，故是次選舉形勢嚴峻，參選政團最多，競爭最激烈。

針對有立法會選舉參選人以「港獨」為政綱，違反了基本法的規定，選舉管理委員會於 2016 年 7 月 14 日宣布「新安排」，要求每名參選人都必須簽署確認書，確定他們清楚明白基本法內所有條文，特別是香港是中國不可分離的部分；基本法的修改不得與國家對港既定的基本方針政策相牴觸。[1]

根據選舉事務處公布，2016 年地方選區登記選民約 377 萬，較上屆立法會選舉增加近 30 萬人，創歷年登記選民新高。因應各區選民變化，香港島由 7 席減少 1 席變為 6 席；九龍東維持 5 席；九龍西由 5 席增加 1 席變為 6 席；新界東維持 9 席；新界西維持 9 席。地區直選總議席數仍為 35 席。[2]

2016 年 7 月 16 日至 29 日，為第六屆立法會選舉提名期。選舉事務處收到破紀錄 154 份提名，後因有 6 張名單持港獨立場，1 張名單不夠提名人數被取消參選資格，最後確定 147 份有效名單，比上屆 127 份多，共 289 名有效候選人，參選人數為歷屆之冠。其中 82 份來自地區直選。63 份來自功能界別（傳統界別 54 份，超級議席 9 份），均比上屆參選名單要多，創歷史新高。[3]

在 147 份名單共 289 名候選人中，主要政團佔 83 份名單共 213 名候選

① 香港《文匯報》2016 年 7 月 16 日。
② 香港《蘋果日報》2016 年 7 月 16 日。
③ 香港《東方日報》、《星島日報》2016 年 7 月 30 日；香港《文匯報》2016 年 8 月 7 日。

人。

2016 年 9 月 4 日，第六屆立法會選舉投票日，全港共有約 220 萬人投票，比上屆多了 37 萬，是歷屆最多，投票率達 58.23%，創歷史新高；超級議席選舉約有 198 萬人投票，投票率 57.09%；傳統功能界別選舉約有 17 萬人投票，投票率 74.33%。

一、各政團重兵主攻分區直選

選舉是政團生命線、誰獲得議席最多，誰在議會就最有發言權，誰的叫價力就最高。因此，打贏選戰是政團的第一要務，特別是含金量高的分區直選議席及超級議席更是各政團首選的爭奪之物。為此，各大小政團摩拳擦掌，密鑼緊鼓地展開競選工程，重點放在主攻 35 席的分區直選及全港單一選區產生 5 個席位的「超級議席」上。

據不完全統計，主要政團參與分區直選達 53 份名單共 170 人。

各政團根據各區選民人口及議席數目的變化，在排兵布陣方面均煞費苦心，權衡再三，力求擺出最佳陣容，力爭議席最大化。

吸取上屆經驗教訓，主要政團持穩健策略，採取較為保守的出選陣容。

各政團參選部署如下：

擁有 13 個議席的第一大黨民建聯，主席李慧琼坦言，若以選票數目衡量，上屆取得 13 席有幸運成分，今次不少德高望重的元老退居二線，為民建聯選情帶來不少風險，故民建聯的選舉策略是「保 11 衝 12」。前主席譚耀宗亦表示，民建聯如果過於進取或得不償失，故採取相對穩健的策略目標「保 11 席，增至 12 席」。

在今屆立法會選舉中，民建聯共派出 56 人參選，其中地區直選 7 張名單，共 44 人。港島區出 1 張名單，由副主席張國鈞領軍，加上鍾樹根、鍾嘉敏等；九龍東派柯創盛、黎榮浩、張琪騰出選；九龍西派蔣麗芸、葉傲

冬、陳偉明、邵天虹、張德偉出選；新界東，由陳克勤、葛珮帆兩位現任議員繼續分兩隊出選；新界西，民建聯則採守勢，由三個議席縮爲兩張名單出選，老將譚耀宗退出戰團，現任立法會議員陳恒鑌、梁志祥各領1隊出選。

民主黨在現屆立法會佔6席，今屆決定派出23人參選，意圖奪7席。民主黨形容今次選戰是創黨21年來最嚴峻的挑戰及考驗，多名退下火線的老將劉慧卿、何俊仁、單仲偕及李永達排第二或第三爲新人「抬轎」，冀混戰中穩住票源，完成世代交替。創黨主席李柱銘認同選情嚴峻，勉勵參選人堅守原則，否則會流失最忠實的支持者。

民主黨採取穩健策略，在地區直選中，五區各派1張名單，共20人出選，由兩名老將帶3名新人領軍參戰。港島區許智峯領軍，單仲偕排第二壓陣。九龍東由胡志偉競逐連任。九龍西派黃碧雲競選連任。黃碧雲在2015年區選時，率先揭發鉛水問題，致滿城「談鉛色變」，著實撈了不少分，增加了連任的本錢。新界東派新人、總幹事林卓廷領軍出選，主席劉慧卿在參選名單上排第二，爲其撐場。新界西派副主席尹兆堅披甲出戰，尹兆堅剛在區議會選舉中落敗，由前兩任主席何俊仁、李永達分別在名單上排第二、第三雙保險「抬轎」。

公民黨出11人參選，目標保住現有6個議席。其中地區直選5張名單，共9人出選。主席余若薇形容選情嚴峻、複雜，承認擔心泛民在5區互相搶票，會令對手漁人得利，故採取與上屆進攻隊形不同的「保守」排陣策略。

港島區由上屆名單排第二的副主席陳淑莊領軍出戰，取代「被勸退」的陳家洛。九龍東派新人飛機師譚文豪出選，而黨魁梁家傑排第二爲譚「抬轎」，希望力保譚躋身立法會。現任議員毛孟靜繼續角逐九龍西議席，尋求連任。

新界東由立法會新界東補選上位的楊岳橋繼續「冧莊」。楊接收湯家

驟歷年積累的資源及在泛民各黨擁戴下勝出新界東補選後,意圖挾取勝餘威再下一城,為公民黨保住1席。新界西由現任立法會議員郭家麒繼續出戰。今屆「冇咗余若薇,郭家麒靠自己」,郭對今屆選情感到擔心,因泛民在新西參選部署碎片化,選民隨時改投其他邊緣泛民名單,令其選情變得「大大鑊」。

工聯會期望在今屆立法會保住現有6席,更想再上層樓奪得7席,故決意派23人出戰,其中地區直選4張名單,共17人出選。會長林淑儀表示,今屆立法會選舉選情激烈、複雜及難打,但對選舉有信心,認為可「保6爭7」。理事長吳秋北坦言,此次選舉工聯會形勢嚴峻,但他強調,工聯會將繼續腳踏實地為民請命,就勞工及民生的議題不斷爭取,真心實意地為市民服務,相信市民是能感受到的。

港島區由勞工界議員郭偉強夥拍理事長吳秋北上陣。九龍東派現任議員黃國健繼續出選,期望順利連任。新界東派出「雙料議員」鄧家彪參戰,希望贏取議席,實現「保6爭7」目標。新界西,由現任立法會議員麥美娟角逐連任。工聯會唯一未派人出選的是九龍西區。4年前,工聯會曾在該區讓路,今屆九西議席由5席增到6席,工聯會原希望參與角逐,但榮譽會長鄭耀棠解釋,會內衡量過在九龍西不夠票,故不派人參選。

由職工盟演變而來的工黨派4張名單,共9人參選今屆立法會地區直選。現任直選議員李卓人、何秀蘭及張超雄分別在新界西、港島、新界東出戰,意圖保住現有議席。主席胡穗珊落戶九龍東力爭第4席。

新民黨三軍出動,派出三隊合共20人出戰。主席葉劉淑儀及常務副主席田北辰,分別在港島區及新界西競逐連任;義務法律顧問、大律師容海恩則領軍出戰新界東,這是新民黨成立後首度遣將出選該區。葉劉淑儀期望一擊即中,繼上屆派田北辰進佔新界西後,今屆能夠染指新界東,全取3席。

新民黨以「我哋一齊贏返香港」為競選口號。葉劉表示,新民黨本著

培育年輕政治人才的使命，希望帶動更多年輕人參政，今屆除了自己和田北辰，其他參選成員均不超過40歲。她解釋要贏回香港的原因，是由於目前社會、經濟、政治發展均不理想，甚至是倒退、停滯不前，目標是帶領團隊爭取立法會3席，將理性、務實的聲音帶入議會。

自由黨在立法會擁有5個議席，包括4個功能組別議席及田北俊1個直選議席。今屆選舉高調出擊，派6張名單共7人參選，希望奪取7席，重拾昔日光輝。

榮譽主席、69歲的田北俊夥拍李梓敬出選新界東，田排名單第二位「抬轎」保送李上位，並宣稱奪取2席。田北俊坦言，自己贏不到的機會是大的，但並非絕對沒有機會，如取得7.5萬票，仍有機會全取2席。

經民聯在現屆立法會擁有7席，是立法會第二大黨，今屆首次以政黨名義出選，以「促經濟、惠民生、撐香港」為選舉口號，派7張名單共12人參選。在地區直選只派出現任議員梁美芬名單共6人出戰九龍西力爭連任。梁同時以西九新動力名義出選，並以「堅守崗位、撥亂反正、香港再向前」作競選口號，並以「行公義、做實事」作競選團隊座右銘，希望運用自己兩屆議會的實戰經驗、法律專業知識，以及多年來的地區服務，令議會重回正軌，讓香港重新向前發展。梁美芬認為今屆選舉競爭激烈，有不同形式的人參選，挑戰不容低估，相信票源會與中間或溫和泛民候選人重疊。

現屆只有1席的民協采進取策略，派出了3張名單共5人出選，其中馮檢基、譚國僑2張名單分別在新界西及九龍西出選，何啟明名單出超選。

隨著「本土派」、「港獨派」冒起，昔日大打激進牌的社民連及人民力量失去部分市場，尤其是年輕人的捧場，為了重奪這部分選票，兩個政團宣布組成選舉聯盟（人社聯盟）出擊今屆選舉，正所謂「分久必合」。

社民連／人民力量以「敢抗命、堅抗爭、沒有抗爭哪有改變，抗命力量遍地開花」為口號，派出6張名單共8人出戰今屆立法會選舉。

社民連「長毛」梁國雄和人民力量「慢必」陳志全分別參選新界東競逐連任。社民連主席吳文遠出選九龍西；人民力量劉嘉鴻及主席袁彌明出擊香港島；人民力量譚得志出選九龍東。社民連副主席黃浩銘則由現任議員人民力量的陳偉業「抬轎」出戰新界西。

新民主同盟派2張名單共11人參選，現任立法會議員范國威等8人角逐新界東謀求連任，關永業等3人則出戰超區。范在2012年立選得到鄭家富的支持，最終憑28,000多票擊敗方國珊奪取新界東最後一席，「搶車邊」入局有幸運成分。但今屆臨提名前傳出鄭家富再戰新東直選，將令泛民陷入混戰，首當其衝的是其舊黨友范國威。

街工今屆派出2張名單共4人出選，1張是梁耀忠名單出選超級議席，1張是黃潤達名單共3人在新界西出選。自1998年開始，梁耀忠一直循新界西參選立法會，2012年更以4萬3千多票成功連任，因此若9月再循新西出線，「冧莊」機會甚大。不過，任何政治組織都希望能爭取更多議席，故梁耀忠打算轉攻超級區議會，讓出新界西的參選機會給黨友黃潤達。接替梁耀忠於新界西擔大旗、披甲上陣的黃潤達，現年36歲，是街工葵青區區議員，以「基層自主、共抗霸權」為口號，希望繼承梁耀忠上屆4萬多票的八、九成票源當選，他指以往多做幕後及地區工作，冀藉今次選舉讓街坊多認識他，從而保住街工議席。

熱血公民/普羅政治學苑/香港復興會（簡稱「熱普城」）派5張名單共9人參選。

現任九龍西議員、普羅政治學苑主席黃毓民，與熱血公民黃洋達、鄭錦滿、鄭松泰及香港復興會主席、鼓吹城邦論的陳雲根（陳雲）等組成「熱普城」選舉聯盟，出選全港五區，以「五區公投，全民制憲」作政綱。

黃毓民繼續出戰九龍西爭取連任；黃洋達上屆參選九龍東，只差約2000票便可當選，今屆捲土重來；陳雲根出選新界東；鄭錦滿出選港島；

鄭松泰出選新界西。

民主思路標榜中間溫和路線，派2張名單共2人出選。召集人湯家驊2015年宣布辭去立法會議員一職時，曾承諾不會重返議會，故不會排在名單後抬轎。

民主思路理事麥嘉晉出選新界東；理事黃梓謙則出戰港島。麥嘉晉及黃梓謙以「讓香港重新選擇，讓香港重見希望」作選舉口號，主打重啓政改和重整議會的綱領，表明反對梁振英連任。麥嘉晉對選情充滿信心，相信選民已逐漸認識民主思路的理念。麥與黃梓謙都說，若一旦落敗，會繼續在民主思路推動政策工作，並推動政制和民生發展。

新思維同樣標榜走中間路線，派1張名單共3人參選。原擬派主席狄志遠出戰九龍西和副主席廖添誠出戰新界東，但到提名期開始及舉行誓師大會後，原擬出選新界東的副主席廖添誠、姜炳耀及8名黨員稱「道不同不相爲謀」，宣布退黨，主要原因是新思維試圖勸退廖添誠出戰新界東。

狄志遠和副主席鄭承隆解釋，認爲新思維資源、人手不足，加上新界東已有另一中間路線政團民主思路參選，故希望收窄戰線，集中力量搶佔九龍西一席。狄表示，取消參選新界東是新思維單方面決定，並非與民主思路協調的結果。鄭認爲，新思維是「細黨」，要面對現實；但承認今次大規模退黨，對新思維無論感情或人力上都有打擊，領導層已作出「最壞的打算，最好的準備」，相信不會影響九龍西選情。①

今屆立法會選舉很熱鬧，除了上述主要政團外，不少團體都積極行動，派人參選。

正義聯盟黨主席李偲嫣出戰新界東；愛港之聲主席高達斌出戰九龍東。高達斌與李偲嫣同樣以支持梁振英連任爲旗號，希望吸納「梁粉」支持。

至於2016年4月新成立、表明「反港獨、反暴動、反拉布」的組織「香港政研會」，派2張名單出選。關新偉、高志強名單參選九龍西；高

---

① 香港《明報》2016年7月23日。

志輝、鄧德成名單則參選新界西。

由青年新政與傘後團體東九龍社區關注組、天水圍民生關注平台等組成選舉聯盟，派出4隊人馬共6人參選。青年新政25歲的游蕙禎出戰九龍西，青政召集人梁頌恆及本土民主前線李東升出戰新界東，以便替補被取消資格的本民前梁天琦；29歲的黃俊傑、王百羽（天水圍民生關注平台）出戰新界西；東九龍社區關注組陳澤滔出戰九龍東。選舉聯盟以推動建立香港民族和前途自決為主要綱領，目標是取得2席，希望在2021年讓港人「自決公投」香港2047年後的前途。

由學民思潮、學聯「雙學」骨幹組成的香港眾志派出主席、前學聯秘書長、23歲的羅冠聰出選香港島。

以港獨作號召的香港民族黨，25歲召集人陳浩天報名參選新界西，宣稱參選是為了宣傳港獨，拒簽確認書，報名後仍支持港獨，被選舉主任撤銷參選資格；理由為：陳浩天「主張支持並推動香港獨立」，與《基本法》制定目的及部分條文「互不相容」，因此，「陳實際並不、亦無意擁護《基本法》」。[1]陳浩天參選資格被否決，成為今屆參選立法會眾多候選人提名無效第一人，也是回歸以來首次有參選人因違反《基本法》導致提名無效。

參加新界東立法會議席補選並獲6.6萬票的本土民主前線梁天琦「食過返尋味」，再次報名出戰新界東。梁天琦是鼓吹港獨的代表人物，為了符合參選資格，企圖使用欺詐手段，突然「轉軚」簽署擁護基本法、效忠香港的確認書，更聲言放棄港獨立場，宣稱進入立法會的目標比起手段更為重要。結果，被選舉主任裁定其提名無效，指出梁天琦沒有提出充分理由或證據，說明傳媒報道他主張「港獨」是失實或與事實不符，故不能信納他真正改變其「港獨」立場，梁實際上並不、亦無意擁護《基本法》。[2]

① 香港《星島日報》2016年7月31日。
② 香港《信報》2016年8月3日。

除陳浩天、梁天琦被拒「入閘」參選外，表明要求香港回歸英國的保守黨賴綺雯（報名參選香港島）、國民香港（城邦派）中出羊子（本名鍾銘麟，報名參選新界西）、主動去信選舉主任表明會推動港獨的沙田區議員陳國強（報名參選新界東）、香港民進黨的楊繼昌（與本土力量何志光合組名單排第二選九龍西）、全民在野黨的李懇俠（報名參選新界東，但法定提名人數不足），其提名都被裁定無效。除李懇俠外，其餘6人均因主張「港獨」被取消參選資格。①

今屆立法會選舉，有政團背景的參選人居多，但也有不少無申報政治聯繫的獨立參選人，是歷屆參選人最多的一次選舉，讓本來就「政黨林立」，建制派、泛民派、本土派、港獨派已經內內外外「混戰不堪」的形勢亂上加亂，熱鬧非凡。

今屆立法會選舉共接獲154張提名表，其中89張屬地區直選，較上屆增加三成三，再創歷史新高。後因6張名單持港獨立場、1張名單不夠提名人數被取消參選資格，仍有82張名單分別競逐5個地方選區的35個議席，平均2.34張名單爭1席，競爭頗為激烈。

從各政團參選部署及選舉策略來看，今屆立法會地區直選呈現出以下特點：

第一，政團參選格局碎片化。今屆立法會地區直選候選人派系林立。兩大陣營內部政團參選格局碎片化，尤其是泛民主派內部碎片化更為嚴重，超過24個黨派派人參選，除了傳統政團，如民主黨、公民黨、工黨、民協、社民連、人民力量、街工、新民主同盟等派人參選外，還有「本土派」、「自決派」等組織，如青年新政、香港眾志、熱血公民、普羅政治學苑等也派人參選；而建制派除了民建聯、工聯會、新民黨、自由黨、經民聯等傳統政團派人參選外，香港政研會、愛港之聲等組織也派人參選。還有自稱中間派的民主思路、新思維也派人參選。由於參選政團是歷屆最

① 香港《文匯報》2016年8月1日，8月6日。

多，令到政團參選格局碎片化。

第二，參選政綱及口號激進化。香港政治形勢從「佔中」之後，泛民經過多次精心策劃和運作，不斷地刺激香港社會，令到本土自決勢力急劇冒起。這股激進政治力量的代表積極參選今屆立法會。在參選人報名參選時，由於特區政府通過簽署確認書的方法來對「港獨」勢力進行防範，令到「港獨」主張得到一定程度的遏制。於是，這股激進勢力在參選過程中，沒有直接地提出「港獨」口號，而是打著「本土自決」的旗號，以爭取部分激進市民的選票。他們提出一些激進政綱和口號，如「光復香港、時代革命」，「香港民主自決」等，甚至有個別參選人，如東九龍社區關注組成員陳澤滔、熱血公民的鄭錦滿在電台選舉論壇上，公開主張港獨，反對實施「一國兩制」。[1]顯然，由於今屆立法會選舉有激進的「本土自決」勢力參與，令到參選政綱及口號更爲激進，這是香港社會政治極端化的反映 。

由於今屆立法會選舉選情嚴峻、複雜，不確定因素增多，選舉結果難以預料。建制、泛民參選均有碎片化跡象，尤以激進泛民、本土自決派嚴重。世代更替之聲不絕，傳統泛民和建制政團相繼換血，不少直選名單均以黨內較年輕新人排頭位出戰，而由元老「抬轎」，反映選情有危機。此外，多個新興政團湧現，部分傘後組織區選初試啼聲，今屆立選成為眞正檢驗實力的戰場；打著中間路線旗號的組織能否分一杯羹，有待驗證。

二、七黨塵戰「超級區議會」，九隊博弈爭奪五議席

上屆立法會選舉新增的區議會（第二）功能界別，俗稱「超級區議會」，共有 5 個席位，地位重要，是面向全港市民的立法代表，成為立法會選舉兵家必爭之地，亦是立選主戰場之一。

① 香港《東方日報》2016 年 8 月 9 日。

　　上屆超級區議會選舉，泛民派出3張名單出戰全勝。民主黨涂謹申、何俊仁及民協馮檢基獲3席，共取得80.7萬張選票，得票率約51%，民建聯李慧琼、工聯會陳婉嫻各取1席，加上意外墮馬的劉江華及白韻琹，共取得逾78萬票，得票率約49%。這是兩大陣營得票率最接近的一次選舉。

　　超級區議會選舉以全港為單一選區。今屆全港合資格選民為3百77萬9千多人，扣除28個傳統功能界別選民23萬9千7百24人外，「超區」選民人數為3百47萬3千7百多人，比4年前增加約25萬人。18至30歲的選民佔17.24%，31至50歲的選民佔29.32%，51至65歲的選民佔32.42%，66歲或以上的選民佔21.02%。①

　　由於超級區議會選舉有300多萬選民，因得票高，認受性大，泛民與建制都想力爭多些議席以展示民意傾向。故各政團都集重兵於「超區」戰場，意圖染指含金量最高的「超區」議席，爭奪全港市民最高的認受性。

　　「超區」參選人需有一定的全港知名度才較有勝算，而且在配票方面要做到最好才能達至目標。現擁有議席的民主黨、民建聯、工聯會、民協均派人參選，逐鹿「超區」，希望重拾輝煌；同時，亦吸引公民黨、街工、新民主同盟紛至沓來，加入戰團，意圖分一杯羹。

　　七黨鏖戰派出九隊共21人博弈，爭奪5個議席，平均1.6張名單爭1席，競爭較上屆激烈。

　　民建聯派出主席李慧琼、副主席周浩鼎各領一軍，共9人出戰超級區議會。

　　李慧琼上屆以「票後」光環拿27.7萬票奪得議席，晉身立法會中的「超級區議員」。今屆仍以上次班底為基礎，由蕭嘉怡替換秘書長陳學鋒，洪連杉、朱立威、顏汶羽繼續排入團隊名單，是各政團超級戰陣唯一排滿5名戰將的團隊。在9張超區名單中，競逐連任的李慧琼名單取得最多提名，合共有30個。李慧琼以「放下對立、走出困局」、「為香港創出

---

① 香港《信報》2016年7月30日、31日。

路」為選舉口號，指出香港近年政治爭拗不斷，社會對立分化，希望各方回歸理性務實，以求同存異、不分背景黨派的精神溝通協商，為香港長遠發展放下對立，聯手走出困局。

周浩鼎在新界東補選失敗後重整旗鼓，另率一軍代表民建聯再戰江湖。周浩鼎的團隊包括李世榮、林琳和巫成鋒。四人合稱為「琳鋒鼎李」，平均年齡為33歲，有朝氣有活力。周浩鼎主打政綱為反壟斷，不滿港鐵及領展「賺到盡」，同時反港獨、反同性婚姻；又多番批評立法會「拉布」，希望爭取不滿議會亂象的市民支持。

工聯會派現任立法會議員王國興，由港島區直選轉戰超級區議會。王的團隊由莫建榮、黃宏滔、劉桂容組成。王國興團隊以「工聯會爭工道，為民生，堅守香港信念」為競選口號，強調工聯會團隊全心全力為打工仔及基層拚搏，「希望新一屆立法會反拉布、反綁架、反黑金、反浪費，為大家守護香港」。

多個泛民政團均覬覦超級議席，某些獨立區議員亦趨之若鶩，為爭取足夠區議員提名票已鬥得火紅火綠。最終協調不果，5個泛民政黨派出6張名單參選，「七國咁亂」，同路人紛紛舉兵搶食，沙塵滾滾，危機重重。

按照「超選」的遊戲規則，要提名區議員出選超區，除了一個區議員當候選人外，還要多15個提名人，即最少要有16名區議員才能派出1隊名單。

民主黨有42名區議員，足夠派出2隊人馬參選。今屆派上屆以逾30萬票榮膺票王的涂謹申，繼續出選爭取連任。另一名代表民主黨出選的是33歲的元朗區議員鄺俊宇。

涂謹申表示，超區選戰只能靠選民智慧，他們身經百戰，知道如何做可令民主派保3席。他又指，自己與一同競爭的黨友鄺俊宇吸納不同票源，自己以經驗作賣點，可與鄺協調。涂謹申強調，一眾新人中，鄺俊宇因撰寫愛情小說在網絡爆紅，較有實力爭勝，希望選民支持他們這個新舊配。

　　鄺俊宇以「年輕、但夢想不輕」為口號，相信超區的投票意向將奠定民主運動的世代交替，他將以網絡作選戰平台「搏盡」新世代的選票。

　　民協有18名區議員，亦能繼續派人出選。

　　馮檢基在區議會選舉慘被「拔筍」（竹筍是民協黨徽的俗稱），未能取得競逐連任的入場券。民協改派深水埗區議員、年僅27歲的何啓明出戰。何啓明以「港人自主」為其中一個參選口號，指自己是各參選人中唯一一個敢說「自主」議題，「相信憑理念可突圍而出」。

　　新民主同盟原有15名區議員，加上前民主黨西貢區議員林少忠的加盟，剛好湊夠16名區議員提名參選「超區」，於是派大埔區議員關永業及沙田區議員許銳宇、西貢區議員黎銘澤出選「超區」。關永業以「港人優先、務實本土、為下一代負責」為口號，信心十足，稱只要配票得宜，泛民可於5席中奪4席。

　　街工只有5名區議員。63歲老將梁耀忠憑著資深議員身份四出拉票，靠其多年累積的政治資本，吸納「傘兵」及「散兵」票，湊夠15張提名票，以志在必得姿態落場角逐。梁表示，將以「為民主、為基層」和資深議員身份作賣點，多到基層地區拉票。

　　公民黨派荃灣區議員、58歲的陳琬琛出戰超區。陳琬琛表示，自己在地區服務30多年，再加上公民黨的號召，相信即使在多個泛民政黨競爭下，參選超區仍有一定勝算。

　　面對泛民陣營碎片化參選超區的形勢，幕後操盤者曾想協調3隊名單出選，但「好夢成空」。

　　香港大學法律學院副敎授戴耀廷提倡「雷動計劃」，拋出協調方案，呼籲泛民政黨參與初選，以民調及投票等方式，甄選3人出選。

　　泛民政團對此協調計劃並不熱衷。民主黨不諱言，無理由要他們讓出議席，堅持要出2隊。新同盟表明不參加雷動計劃，指協調初選有先天不公平，對新政團不利。關永業直言，不用靠人，有足夠提名票參選，能給

予選民一個屬溫和本土派的選擇。

「雷動計劃」超區協調難產,最終胎死腹中。說到底,選戰是殘酷的,政黨之間的競爭更是零和遊戲,不是你萎縮就是我消亡,其他黨派沒有義務為別人抬轎,更不會傻到白白將開拓版圖的機會拱手相讓。

民主黨實行分區拉票策略,鄺俊宇力爭新界西、九龍東及九龍西泛民支持者,尋求連任的涂謹申則主攻新界東及港島區的泛民選民,冀民主黨兩張超區名單一同當選。

鄺俊宇對爭超區最後1席有信心,指自己民調支持率不斷上升,最有力挑戰周浩鼎,相信是民主黨與民建聯的新生代、即他與周浩鼎之爭。

民主黨主席劉慧卿及多名立法會前議員聯手為鄺俊宇催票,希望泛民選民支持鄺俊宇保住泛民在超區的3席。

公民黨亦不甘示弱,動員5個地區直選候選人齊集銅鑼灣,掛上陳琬琛名字的彩帶群星拱照為其助選。陳直認自己對選民來說比較陌生,但承諾一旦當選,若遇上惡法,考慮辭職發動變相公投,讓全港選民一人一票表態。

民建聯主席李慧琼上屆立法會超區選舉,是建制陣營的「票王」,今屆連任勝算較大。建制派超區第2席究竟是花落王國興還是周浩鼎,很難預料。

有人分析,若泛民在超區上演大混戰,相互之間不棄保,建制的3張名單全中也不是沒可能的。被視為與泛民爭奪最後1席的民建聯周浩鼎則強調,泛民和建制之「六比四」基本盤沒有改變,泛民票源始終佔多,不認為泛民混戰有利建制派搶攻3席。周表示,沉默大多數的投票率難料,只能盡量爭取多一些市民支持。

超選5席花落誰家,視乎泛民、建制兩大陣營配票技術、策略運用等選戰手段,誰高人一籌,誰笑到最後。

誰知,超級區議會選舉風雲突變,離投票日前兩天,選情發生極大變

化，泛民主派候選人不約而同突然「集體棄選」。

9月2日晚，公民黨候選人陳琬琛率先召開記者會，表示自己勝算不高，所以爲保住泛民超區三席而決定棄選，呼籲支持者改爲支持其他泛民候選人。同一時間，民協參選超區的何啓明亦宣布立即停止選舉宣傳，呼籲支持者改爲支持具勝算的候選人，變相「棄選」。這2人宣布「棄選」決定前後相隔不足兩小時。

至於新民主同盟超區候選人關永業，雖然於陳琬琛及何啓明宣布棄選後一度表明不會棄選，但翌日隨即宣布棄選。他解釋早前表示不棄選的決定惹來對新同盟內部的攻擊，故最終決定棄選。

顯而易見，泛民主派候選人「集體棄選」事件，是一起有組織、有預謀的選舉工程，是「雷動計劃」之下的一個組成部分，意圖以利益交換的手段去達到「配票」的目的。連關永業都不得不承認，多名泛民候選人棄選是民調機構、傳媒及政黨「有默契進行一個棄保工程」，形容昨日（指9月3日）是其「從政生涯最黑暗一日」。[①]

泛民主派在超區選舉的名單由六隊銳減至3隊，天平已經向有利於他們的選情傾斜，由於泛民主派與建制派的基本盤仍處於「六四之比」，故選舉結果維持上屆「3比2」的議席格局已基本確定。

三、傳統功能界別選舉較往屆激烈

今屆立法會選戰，地區直選和超區選舉固然是狼煙滾滾，傳統功能界別選情同樣充滿硝煙。儘管今屆參選人數與上屆同爲55人，但自動當選的參選人只有12人，較上屆少4人，側面反映功能界別競爭趨向激烈。其中社會福利界更有5人參選，出現「爭崩頭」的局面。

28個傳統功能界別中，共有選民23萬9千7百24人，除10個界別12人

---

① 香港《星島日報》2016年9月4日。

自動當選外，其餘18個界別有競逐，吸引43人下場角力。[1]

功能界別最矚目的競爭，是「歡喜冤家」經民聯和自由黨的明爭暗鬥，這兩個商界政黨都是功能界別的「大戶」，兩黨議席的得失，將直接影響他們在商界的領導地位及議會實力。[2]

經民聯分別在6個界別參選，已有3個界別自動當選，即地產及建造界石禮謙，工業界（第一）梁君彥，鄉議局劉業強（接替其父劉皇發）；再加上地區直選的梁美芬，該黨主席梁君彥希望能保住現屆7個議席。

代表香港總商會的立法會商界（一）向來是工商界在議會的橋頭堡，在過去多屆選舉，此界別的選情都平淡如水，惟今屆卻硝煙四起，皆因現任議員、經民聯副主席林健鋒遭到自由黨山頂區議員、39歲陳浩濂的挑戰。

回歸後曾出任商界（一）議員的包括自由黨田北俊及經民聯林健鋒；而林在2004年接任此議席時仍是自由黨員，及至2008年10月，林健鋒連同梁君彥、梁劉柔芬等退出自由黨，另立經濟動力，及後易名經濟民生聯盟，故這次商界（一）選戰被認為是自由黨「復仇戰」，要重奪曾屬於他們的議席。

經民聯另外出選的2個界別分別是工程界和金融服務界。

工程界現任議員、副主席盧偉國競逐連任，其對手是程明達及陸宏廣，梁君彥承認因有兩名對手互相鎅票，盧的選情比較穩定。

出戰金融服務界的現任議員、副主席張華峰亦謀求連任，同樣有兩名對手爭奪。

自由黨出戰5個功能界別，包括4席爭取連任，並派新人陳浩濂強攻商界（一）的經民聯林健鋒。上屆該黨有3席自動當選，但今屆4個競逐連任或交棒的議席都要競選，其中最有危機的將是航運交通界。爭取連任的易

① 香港《信報》2016年7月30日、31日。
② 香港《星島日報》2016年8月17日。

志明，遇到了原國泰港龍行政總裁丘應樺的挑戰。[1]

自由黨主席鍾國斌繼續循紡織及制衣界出選謀求連任。今屆挑戰他的是樂亞國際前主席楊詩傑。

自由黨飲食界現任議員張宇人遭到「傘兵」伍永德的挑戰。

自由黨副主席邵家輝接替方剛出選批發及零售界，受到民主黨南區區議員區諾軒的挑戰。[2]

民建聯共派3人出戰功能界別。

進出口界現任議員黃定光無人挑戰，第4度自動當選。

區議會（第一）現任議員葉國謙退出江湖，接替葉的是北區區議員劉國勳。該界別共有431名選民，為18區勝出的區議員，民建聯坐擁119名區議員，劉國勳獲得超過200個區議員的提名或支持同意書，當中包括16個區議會主席，結果，劉國勳自動當選。

有競爭的是漁農界。現任議員何俊賢受到退出民建聯參選的原議員黃容根的挑戰。

公共專業聯盟派莫乃光、梁繼昌2人出戰。

資訊科技界現任議員莫乃光角逐連任，受到「政界素人」、軟件行業協會主席楊全盛的挑戰。不可忽視的是，該界別選民人數由上屆約6,700人，今屆增近8成至逾12,000人，大多數新增選民，都是有美國背景、入會手續簡單的電機電子工程學會，該學會上屆僅得300名選民，今屆增至6,000名，佔選民數目一半，增幅更高達20倍。[3]該學會是支持莫乃光的，顯然有利於莫的選情。

會計界現任議員梁繼昌謀求連任，遭到澳洲會計師公會大中華區前會長陳弘毅的攔截。

公民黨現任議員郭榮鏗繼續出選法律界，受到律師會大中華法律事務

① 香港《信報》2016年5月30日。　　③ 香港《星島日報》2016年6月23日，8月16日。
② 香港《大公報》2016年7月17日。

委員會委員、女律師文理明的挑戰。文理明指出，業界有意見認爲郭榮鏗未能很好地代表法律界在議會中發聲，反而經常被公民黨的決定左右。文強調，自己的優勢是沒有政黨包袱，能夠理性客觀地做判斷，對事不對人。郭榮鏗除了其黨友余若薇、吳靄儀等人支持外，還得到民主黨創黨主席李柱銘出席其競選啓動禮。李柱銘說，會和郭榮鏗站在同一陣線面對任何來自建制的挑戰。①

新世紀論壇的現任議員馬逢國，在體育、演藝、文化及出版界爭取連任的路上遭遇狙擊，挑戰者爲音樂製作人周博賢。周指香港政壇需要大執位，不滿馬逢國在版權法爭議中未有積極幹旋，坦言這場仗極難打，需要一個奇跡。馬逢國表示，自己努力履行議會職責，立法會出席率高達99.27%，在版權修訂條例的拉布戰裏，全力以赴爲業界發聲，獲得業界的支持。

教協現任議員葉建源競逐連任教育界議席，受到教聯會副主席、福建中學（小西灣）校長蔡若蓮的挑戰。教育界強弱分明，蔡若蓮難以扳倒葉建源，因教協在會員數量方面遙遙領先，有逾9萬名會員，教聯會則有3萬餘名會員。②

工聯會派陸頌雄和觀塘區議員的何啓明（與民協超區參選人何啓明同名同姓）出選勞工界，一如上屆自動當選。

勞聯現任議員潘兆平繼續出戰勞工界，同樣未遇對手，自動當選。

在其他功能界別中獨立人士混戰，社福界最烈。

醫學界現任立法會議員梁家騮不競逐連任。公共醫療醫生協會前會長陳沛然和私人執業的精神科醫生黃以謙同場角逐，爭奪醫學界議席。

衛生服務界現任議員李國麟和旅遊界現任議員姚思榮競逐連任，同樣遇到同行的落場挑戰。

① 香港《明報》2016年7月16日。
② 香港《明報》2016年7月19日。

　　建築、測量、都市規劃及園境界今屆再次有三人競爭。上屆險勝的現任議員謝偉銓，遇上林雲峯及姚松炎的挑戰，爭取連任的謝偉銓形容選舉形勢是三足鼎立。

　　社會福利界是競爭最激烈的界別，由於現任議員張國柱退出江湖，吸引葉建忠、邵家臻、曾健超、關銳煊、黃成智5人落場廝殺。該界別是泛民橋頭堡，一直以來被視為泛民票倉，過往多屆選舉，泛民背景候選人得票遠遠拋離建制背景候選人。今屆5人混戰，是競爭最大的界別，也是回歸以來最多人參選社福界的一次。社福界有近1.4萬名選民，過去亦曾出現多於1名泛民和獨立人士對撼，但泛民都可穩守社福界議席。今次5位參選人皆稱泛民，背景相近，大混戰變數甚大，看最終議席花落誰家。

　　除上述有競爭的界別外，獨立人士自動當選的還有四個界別。

　　保險界、商界（第二）分別由現任議員陳健波和廖長江「冧莊」連任。

　　工業界（第二）由廠商會副會長吳永嘉接替林大輝出任。

　　金融界由中銀香港董事會秘書、曾任南洋商業銀行副總經理的陳振英繼任吳亮星議席。

四、立法會選舉結果評析

　　2016年9月4日，第六屆立法會選舉投票日，全港共有約220萬人投票，比上屆多了37萬，是歷屆最多，投票率達58.23%，創歷史新高。

　　9月5日，公布選舉結果如下：

2016年第六屆立法會當選議員名單(70人)

政治聯繫		議席	地區直選	功能組別
建制派 (41人)	民建聯	12	★張國鈞、★柯創盛、蔣麗芸、陳恒鑌、梁志祥、葛珮帆、陳克勤	李慧琼#、★周浩鼎#、何俊賢、黃定光、★劉國勳
	工聯會	5	郭偉強、黃國健、麥美娟	★何啓明、★陸頌雄
	新民黨	3	葉劉淑儀、田北辰、★容海恩	
	經民聯	7	梁美芬	盧偉國、林健鋒、張華峰、★劉業強、石禮謙、梁君彥
	自由黨	4		張宇人、易志明、鍾國斌★邵家輝
	勞聯	1		潘兆平
	新論壇	1		馬逢國
	獨立	8	謝偉俊、★何君堯	姚思榮、陳健波、廖長江、★吳永嘉、★陳振英、★陳沛然
泛民 (22人)	民主黨	7	★許智峯、黃碧雲、胡志偉★尹兆堅、★林卓廷	★鄺俊宇#、涂謹申#
	公民黨	6	陳淑莊、毛孟靜、★譚文豪郭家麒、楊岳桥	郭榮鏗
	工黨	1	張超雄	
	社民連	1	梁國雄	
	人民力量	1	陳志全	
	街工	1		梁耀忠#
	教協	1		葉建源
	公共專業聯盟	2		梁繼昌、莫乃光
	獨立	2		李國麟、★邵家臻
本土自決派 (7人)	青年新政	2	★梁頌恒、★游蕙禎	
	香港眾志	1	★羅冠聰	
	熱血公民	1	★鄭松泰	
	小麗民主教室	1	★劉小麗	
	獨立	2	★朱凱迪	★姚松炎

備註：★為今屆新當選議員，共26人；當選議員名字後有#的是「超級議席」。

（資料來源：香港選舉事務處 參見《香港商報》、《文匯報》、《星島日報》、《信報》等，2016年9月6日）

從上表可見，在新一屆立法會70個議席中，建制派佔41席，傳統泛民佔22席，激進本土、自決派佔7席，比例約為59%比31%比10%。與上屆相比，建制比例由62%下降3個百分點，非建制比例則由38%上升3個百分點。

其中地區直選35席，建制派取得16席，比上屆減少1席。泛民取得13席，激進本土、自決派取得6席，即非建制共19席，比上屆多1席；在傳統功能組別選舉30席，建制派取得23席，比上屆減少1席，泛民取得5席，激進本土自決派取得2席，即非建制共7席，比上屆多1席；在超級區議會選舉5席中，建制派取得2席，泛民奪3席，與上屆持平。

從以上選舉結果來看，香港政治格局發生重大變化，由建制、泛民「兩元格局」向建制、泛民、激進本土自決派「三足鼎立」發展。

（一）建制、泛民、激進本土自決派「三足鼎立」的格局基本形成

首先，建制派比上屆雖減少2席，但仍維持立法會主導地位。面對後「佔中」的嚴峻、複雜的選舉形勢，以及反對派操弄集體棄選等種種不利因素，建制派仍取得41席的較佳戰績，繼續穩守立法會多數的優勢。民建聯共奪12席，繼續是立法會第一大黨；經民聯取得7席，與上屆持平，為立法會第二大黨；工聯會5席，新民黨3席，自由黨4席。建制陣營穩守基本盤，共奪41席，維持立法會主導地位。

其次，傳統泛民議席減少，議會勢力收縮。在激進本土、自決派衝擊下，傳統泛民只得22席，比上屆減少5席，議會勢力收縮。民主黨7席，成為泛民最大黨，也是與經民聯同屬立法會第二大黨。公民黨6席。工黨

受到重挫，由上屆4席變為今屆「一人黨」。街工、人民力量、社民連亦淪為「一人黨」的相同命運。黃毓民、馮檢基、范國威等相繼落馬，造就了民協、新民主同盟在議會內被「滅黨」。傳統泛民議席大幅減少，風光不再。

再次，激進本土自決勢力冒升，形成新的政治板塊。激進本土自決派從傳統泛民政團鏟走大量選票，這是戴耀廷「雷動計劃」配票所賜，在地區直選奪得6席，在功能組別取1席，共獲7席。其中青年新政2席，香港眾志1席，熱血公民1席，朱凱迪、劉小麗及姚松炎各1席。①激進本土自決勢力這一新興板塊，在地區直選總得票達41.1萬，得票率達19%，與傳統泛民的得票率29%，已相差不遠，足可分庭抗禮，不可忽視這股新的政治力量。②

（二）政治生態日趨惡化，「六四定律」將會較長時期存在

首先，政治生態日趨惡化。香港社會經歷「佔中」、政改、旺角暴亂，立法會新界東補選以及今次立法會選舉一系列事件，政治對抗不斷升溫，自決、港獨思潮不斷蔓延，政治生態日趨惡化。此次進入議會的激進本土、自決派，其中羅冠聰任主席的香港眾志，鼓吹透過「公民投票」，「民主自決」模式來決定香港未來前途；青年新政鼓吹「香港民族、前途自決」；以無黨籍身份當選的本土派社運人士朱凱迪，也提倡民主自決，聲稱以民主模式帶領香港走出自己的路。值得注意的是，激進本土勢力與校園及社區聯繫密切，已經公然在校園宣揚「港獨」的學生組織「學生動源」，就與激進本土勢力有千絲萬縷的關係。可以預見，自決、「港獨」思潮在立法會內外遙相呼應，必將令香港的政治生態日趨惡化，「一國兩制」將會受到更為嚴峻的挑戰。

其次，建制派、泛民主派兩大陣營得票比例打回原形，「六四定律」

① 香港《星島日報》2016年9月6日。
② 香港《明報》2016年9月6日。

將會較長時期存在。一直以來，建制派與泛民主派的得票比例大約是4：6之比，到2012年立法會地區直選，建制派得票達到43%，高於2008年的36%，泛民主派得票率約為56%，中間派約佔1%；在超級議席選舉中，建制派得票率達49.3%，泛民主派得票率50.7%，是兩大陣營得票率最接近的一次選舉，也打破了傳統的「六四黃金比例」。但今屆立法會選舉雙方陣營得票率又打回原形，回復「六四」之比。在地區直選中，建制派獲87萬票，得票率40%，較上屆43%低3個百分點；泛民主派獲118.9萬票，得票率達55%；中間派獲約10萬票，約佔5%。而最具標誌意義的是，超級議席選舉中，建制派獲801,797票，得票率只有41.98%，而泛民主派獲1,108,171票，得票率達58.02%。[1]代表建制派出選的是民建聯、工聯會，代表泛民主派出選的是民主黨、街工，還有投票前兩天「集體棄選」的公民黨、民協及新民主同盟。雙方陣營的得票差距近31萬票，得票率差距達16個百分點，更能反映「六四比例」的事實。

---

① 香港《文匯報》2016年9月6日。

過去兩屆立法會地區直選建制與泛民議席及票數變化

		2012年		2016年	
		選票	議席	選票	議席
建制派	民建聯	366,140	9	361,617	7
	工聯會	127,857	3	169,854	3
	新民黨	68,097	2	167,589	3
	自由黨	48,702	1	21,500	0
	經民聯(西九新動力)	40,265	1	49,745	1
	★獨立建制派	129,470	1	100,711	2
	總得票	**780,531**	**17**	**871,016**	**16**
★★中間派		22,192	0	108,250	0
泛民主派	民主黨	247,220	4	199,876	5
	公民黨	255,007	5	207,885	5
	工黨	112,140	3	101,860	1
	民協	30,624	0	33,255	0
	街工	43,799	1	20,974	0
	社民連	87,997	1	70,935	1
	人民力量	101,064	3	85,084	1
	新民主同盟	28,621	1	31,595	0
	#獨立民主派	112,492	1	28,257	0
	青年新政			68,568	2
	熱普城			154,176	1
	香港眾志			50,818	1
	##本土自決派			135,862	2
	總得票	**1,018,964**	**18**	**1,189,145**	**19**
	總投票人數	約183萬		約220萬	
	投票率	約53%		58.23%	
	登記選民	約347萬		約377萬	

備註:★獨立建制派包括:謝偉俊、何君堯、陳強、龐愛蘭、高志輝、侯志強等

★★中間派包括:方國珊、王維基、林依麗、民主思路、新思維等

#獨立民主派包括:徐子見、譚香文、司馬文、鄭家富、朱韶洪等

##本土自決派包括:朱凱迪、劉小麗、梁金成、陳澤滔、何志光等

過去兩屆立法會超區選舉建制派與泛民主派議席及票數變化

		2012年		2016年	
		選票	議席	選票	議席
建制派	民建聯	476,875	1	568,561	2
	工聯會	246,961	1	233,236	0
	其他	61,321	0		
	總得票	784,392	2	801,797	2
泛民主派	民主黨	545,308	2	735,597	2
	公民黨			28,311	0
	民協	262,172	1	17,175	0
	街工			303,457	1
	新民主同盟			23,631	0
	總得票	807,480	3	1,108,171	3

（資料來源：參見《明報》2016年9月6日；《文匯報》2016年9月6日。）

隨著激進本土、自決勢力的登堂入室，政治生態日趨惡化，預料兩大陣營「六四定律」將會較長時間地存在，泛民強建制弱的格局短期內不容易打破。

（三）泛民主派政團「碎片化」，政府管治面臨更大挑戰，行政、立法關係更趨緊張

上屆立法會17個政團擁有議席，今屆議會政團總數仍維持17個，但政團格局重新洗牌，出現新的變數。

首先，建制政團數維持不變，泛民主派政團「碎片化」。建制派政團與上屆數目一樣，仍是7個，即民建聯、工聯會、新民黨、經民聯、自由黨、勞聯、新論壇共獲32席。泛民政團數目維持上屆10個不變，但重新洗牌。民主黨、公民黨、工黨、人民力量、社民連、街工、公共專業聯盟照舊，民協、新民主同盟、普羅政治學苑被踢出局，代之而起的是青年新政、香港眾志、熱血公民，他們共獲取29席。新入局的激進本土自決派議員，幾乎就是一人一黨，山頭多而分散，表明泛民組織形式上「碎片化」，這必然帶來議事的碎片化。其內部互相不服，各行其是，將使到立

法會更難形成共識。政府推行政策,通過法案將阻力重重,困難更大。

其次,激進泛民與激進本土自決勢力合流,衝擊議事堂將頻頻發生,議會拉布、流會更常態化。激進泛民代表社民連梁國雄、人民力量陳志全在今屆選舉中保住議席;這些拉布常客與標榜本土自決、勇武抗爭的勢力將會合流,衝擊、大鬧議事堂將會頻頻發生。上屆立法會不是拉布就是流會,不是爆粗就是擲物,早就為人詬病,今屆立法會恐怕只會變本加厲,進入前所未見的多事之秋。因此,特區政府的管治將面臨更大挑戰,施政恐怕比之前更舉步維艱,行政立法關係更趨緊張。

(四)各主要政團新老交替基本完成,議會呈現年輕化現象

今屆立法會選舉是回歸以來各主要政團新老交替最集中的一次選舉,新一屆立法會年輕化成為主要特色。

首先,主要政團順利完成新老交替。各參選政團共有13個議席交接(未算功能組別),其中9個成功交棒,民建聯、民主黨和公民黨三大政團更是做到100%成功交接。民建聯創黨元老曾鈺成、譚耀宗、陳鑑林退下火線,分別由張國鈞、周浩鼎、柯創盛等新人成功接棒。民主黨劉慧卿、何俊仁、單仲偕、李永達不再參選,代之而起的是林卓廷、鄺俊宇、許智峯、尹兆堅等年輕人,這些新人在老人「抬轎」下也順利入局。公民黨沒有大幅接班,主要是梁家傑交棒於譚文豪並順利完成,陳淑莊則是「翻炒」接替了棄選的陳家洛而已。但泛民中型政黨的新老交替失敗。社民連黃浩銘、街工黃潤達和民協何啟明都無法繼承陳偉業、梁耀忠和馮檢基的席位。自由黨亦未能成功交接,田北俊交棒李梓敬失敗,丟失唯一的直選議席。主要政團的新老交替基本完成,預示著新一代的政團領袖登上政治舞台,肩負著薪火相傳並重塑政黨形象的重任,開啟香港政壇新的一頁。

其次,議會呈現年輕化現象。本屆立法會組成一大特點,就是不少在政壇浸泡多年的老人退出了立法會舞台。他們或者是因為年紀原因,主動為本政團年輕人讓位,如曾鈺成、譚耀宗、劉慧卿、何俊仁等;或者是選

舉失利而出局，如李卓人、馮檢基、黃毓民、何秀蘭等。取而代之的是一批沒有議會經驗的新生代進入，新丁總數達到26人，換血比例高達37%。過去多年政壇被指青黃不接，議員平均年齡由1998年約47歲升至2012年的54歲，今屆由於後起之秀眾多，平均年齡大幅回落至46歲，比上屆年輕近10歲。[①]今屆26名新人中，以香港眾志羅冠聰最年輕，以23歲之齡打破民主黨涂謹申在1991年以28歲當選立法局議員的紀錄；今屆立法會超過三分之一新人取代老將粉墨登場，令立法會面貌一新。新生代能否順利接班、傳承，要在立法會的實地戰場上接受歷練和考核，新人事能否為立法會帶來新作風，只能拭目以待。

（五）對特首選舉構成較大壓力

第五任特首選舉與上屆不同，是在立法會選舉之後舉行。在第六屆立法會選舉中，專業界別功能議席幾乎全線淪陷為泛民之爭。在9個界別中，泛民繼續在會計、法律、資訊科技、教育、衛生服務界5個界別成功連任；社會福利界由邵家臻取代張國柱，而姚松炎則在建築、測量、都市規劃及園境界搶灘成功，擊敗謀求連任的謝偉銓。泛民總體上拿下7席，建制派只能保住工程界1席，而醫學界則由陳沛然奪得。

泛民在大多數專業界別中得票和得票率比上屆都有攀升。升幅最高的首先是會計界，增加4430票，升17.2%；其次是資訊科技界，增加3425票，升6.79%；再次是建築、測量、都市規劃及園境界，增加1027票，升12.55%。[②]值得留意的是，傳統功能組別有23萬多選民，專業界別功能議席選民則是香港的中產、專業精英，是支撐整個體制的支柱之一，如今這些議席建制派幾乎全線失守，泛民得票又有所飆升，反映他們有能力搶奪更多的特首選委會席位，從而影響新一屆特首選舉，對特首選舉構成較大壓力。

---

① 香港《信報》2016年9月10日。
② 香港《明報》2016年9月8日。

果然，在2016年12月11日的特首選委會選舉中，泛民取得了近300個選委會席位，加上泛民的立法會議員人數，泛民在特首選委會1194個委員中有325人，比上屆的205人多了120人。2017年3月26日舉行的第五任行政長官選舉中，建制派支持的候選人林鄭月娥雖獲得777票當選特首，但泛民支持的候選人曾俊華和胡國興也分別獲得了365票和21票。他們的得票數多過上屆泛民支持的候選人的得票數，這表明了立法會選舉結果對隨後的特首選舉有重要的影響。

第三節 第五任行政長官選舉委員會
與行政長官選舉

　　時光飛逝，轉眼又快到第五任行政長官的選舉了。2016年9月立法會選舉剛塵埃落定，12月的第五任行政長官選舉委員會已經敲響戰鼓；隨後於2017年3月的第五任行政長官選舉也已戰雲密布，香港政壇又熱鬧起來，選戰劇目一幕接著一幕上演，令香港市民目不暇接，大飽眼福。

一、第五任行政長官選舉委員會的選舉

　　今次行政長官選舉，由於政改沒有落實，依然沿用「選舉委員會」方式，由1200位選委代表香港社會各界別的委員投票選出。

　　2016年12月11日，第五任行政長官選舉委員會界別分組選舉舉行，有10萬7千8百41名合資格選民投票，投票率創歷史新高，達46.53%。

　　今屆選委會原有1200席，扣除身兼立法會議員及港區人大代表的田北辰、馬逢國及廖長江，以及被褫奪立法會議席的青年新政梁頌恆和游蕙禎，另有一名自動當選但被取消資格的進出口界人士，選委席位減至1194席。

　　在1194席中，除自動當選及當然選委外，餘下733席由1239人角逐，平均約1.7人競爭1席。

　　選委會分成四大界別38個分組。選舉結果顯示，建制陣營的基本盤保持不變，取得超過870席，佔選委會總人數約四分之三，並在傳統優勢界別盡取議席，包括多個工商界別、漁農界、勞工界、體育演藝文化及出版界、區議會及鄉議局等。①

---

① 香港《文匯報》2016年12月13日。

在政團方面，民建聯最少取得72席，工聯會64席，新民黨24席，自由黨20席。民建聯、工聯會這兩個建制龍頭政團的候選人當選率高達98%，兩者至少取得136席，無疑成為特首選舉的風向標。

在界別方面，建制派力拒泛民主派總動員襲擊，如在體育、演藝、文化及出版界的文化小組、批發及零售界和區議會分組界別中，都令泛民主派「捧蛋」。

其中，文化小組今屆出現競爭，由全國政協委員、八和會館主席汪明荃及藝術發展局主席王英偉等牽頭組成的15人團隊「文化共融」，面對由音樂人周博賢及灣仔「傘兵」區議員楊雪盈等組成的泛民團隊「文化同行」的挑戰，最後汪明荃的「文化共融」團隊全取小組中的15席。

一直是建制派天下的批發及零售界，今屆有民主黨南區區議員區諾軒及其友好意圖涉獵，但兩人低票落敗。

在區議會界別，泛民的「民主動力」派出9名區議員出戰「港九各區議會」界別，沙田泛民主派區議員陳國強也循「新界各區議會」界別出選，最後也是難敵建制派的候選人而落敗。

泛民主派今屆出乎意料取得至少325席，較上屆約205席大增120席，理論上可提名2人入閘選特首（150票可提名1人）。泛民選前組成聯盟「民主300+」，共有325人勝出，佔選委會總數的27%，為香港回歸以來最高。

泛民主派獲取議席主要來自專業界別。除了傳統上佔優勢的法律界（全取30席）、社福界（全取60席）外，多個界別對比上屆亦取得好成績：全取各30席的有教育界、高等教育界、資訊科技界；而衛生服務界由上屆5席變全取30席，會計界由上屆9席變26席，工程界由上屆2席擴至15席，建築、測量、都市規劃及園境界更由上屆1席躍至25席，醫學界由上屆2席變19席；在中醫界更是「零的突破」，有3名獨立民主派候選人當選。

泛民兩大政團，民主黨取得30席，公民黨取得25席。對於民主派應否派人參選特首，當選法律界選委的公民黨主席梁家傑稱，不能排除任何可能，形容特首選舉是政治博弈，「人一步，我一步」。[①]

泛民主派雖然取得至少325席，但建制派仍穩佔800多席，屬於選委會中的主流，足夠提名5名候選人，若能團結投票，足夠以601票選出特首。因此，建制派可以主宰特首人選，泛民未必可以「造王」（影響特首選舉結果）。

二、二○一七年的第五任行政長官選舉

每一任行政長官選舉前，特首疑似參選人都是媒體關注的重點新聞。早於2016年立法會選舉期間，已有財政司司長曾俊華和立法會主席曾鈺成表態有可能參選新一任行政長官，令到特首「跑馬仔」行情升溫。

曾鈺成自稱是「備胎」，表明如無更好的人出來參選特首，他會考慮角逐。但他重申，政務司司長林鄭月娥及財政司司長曾俊華，都較他適合當特首。

隨後，退休大法官胡國興、新民黨主席葉劉淑儀、立法會議員梁國雄、政務司司長林鄭月娥先後表態參選特首；而現任特首梁振英因家庭原因則宣布不角逐連任。

2016年12月11日，當第五任行政長官選舉委員會選舉結束後，特首選戰步伐明顯加快。政務司司長林鄭月娥、財政司司長曾俊華向中央政府請辭獲得正式批准後，全力備戰特首競選工程。

2017年2月14日至2月28日是特首選舉提名期，梁國雄、葉劉淑儀因提名票不足，先後宣布棄選，退出特首選舉，這使到選舉形勢進一步明朗。

---

① 香港《明報》2016年12月13日。

在民建聯、工聯會、經民聯以及工商界、基層、政界等大力支持下，林鄭月娥拿到580張選委提名票，以大熱姿態「入閘」角逐特首寶座。

而泛民主派不少選委並沒有支持相同政治立場的同道中人「長毛」梁國雄參選，反而推舉長期擔任重要公職，具有建制派背景的曾俊華、胡國興入閘。結果，泛民主派操縱「民主300+」選委，策略性分別提名保送曾俊華、胡國興參選，曾俊華獲160張提名票，胡國興獲180張提名票雙雙成功「入閘」，取得競逐特首的入場券。

提名期結束後，三名候選人林鄭月娥、曾俊華及胡國興在競選階段均全面闡述各自的政綱，出席各種選舉論壇，並展開電視直播的選舉辯論。

到了選舉的衝刺階段，各個政團，多個陣營相繼表態，支持心儀候選人的意向。

兩大建制政團，包括坐擁過百票的民建聯及手握64票的工聯會都呼籲選委全投林鄭月娥。

民建聯中央委員會討論後，表明將一致支持林鄭月娥成為下任特首。民建聯主席李慧琼表示，香港目前面對不少政治、經濟及民生的挑戰，亟需要一名擇善有為的特首，切實解決深層次社會問題。他們認為，林鄭月娥有豐富的行政管理經驗，勇於擔當，及有積極運用公共資源解決社會問題的決心，並吸納了不少民建聯的意見作為政綱，故林太是最符合他們對新特首的期望。

工聯會宣布，呼籲選委投票支持林鄭月娥。工聯會會長林淑儀認為，林鄭月娥有往績、有能力、有魄力、有民眾支持，並能駕馭複雜局勢，較其他候選人更適合擔任下屆特首。

經民聯主席盧偉國指出，經民聯早前已與多名參選人會面，分析他們的理念和政綱，最後決定提名予林鄭月娥；觀察候選人在選舉論壇的表現、政綱以及整個競選過程，林鄭月娥整體表現比較出色，亦相信她的未來管治班子較有實力，故看好林太能夠贏得特首之位。

　　新民黨主席葉劉淑儀未有透露投票取向，但她接受電視台訪問時大贊林鄭月娥的辦事能力高，最符合中央提出的四大條件，相反曾俊華雖然民望高，但政綱不夠實在，相信新民黨的選委會以此爲指標投票。

　　而新民黨副主席田北辰則傾向支持曾俊華。他說，林鄭月娥若與曾俊華的民望未有收窄，難以說服自己支持林太，並強調新民黨其他選委不會捆綁投票。

　　自由黨榮譽主席田北俊、周梁淑怡及黨魁鍾國斌表明會支持曾俊華。周梁淑怡表示，曾俊華懂得團結各方意見，包括議會和公務員體系，求同存異，領導團隊解決矛盾和紛爭。鍾國斌表示該黨不會捆綁投票。自由黨主席張宇人指出，他及飲食界17名選委整體考慮後，決定投票支持林鄭月娥，並稱有理由相信自由黨整體有較多人會投票給林鄭月娥，因爲自由黨給林鄭的提名票遠超過曾俊華。

　　新世紀論壇立法會議員馬逢國表示，會支持林鄭月娥。

　　工商界紛紛表態支持林鄭月娥。六大商會：中華總商會、香港工業總會、地產建設商會、中華出入口商會、香港總商會、中華廠商會，一致支持林鄭月娥，讚揚她熟悉政策，熱愛香港，獲中央信任，有能力、有擔當。林鄭月娥在涵蓋工商界各行業的選委會第一界別中，取得逾200張提名票，佔界別總票數近七成。

　　鄉議局（27票）、漁農界（60票）、全國政協小組（51票）等亦表態，票投林鄭月娥。擁有18票的金融服務界，有17名選委發表聲明會投票予林鄭月娥，包括1名原提名曾俊華的選委倒戈支持林鄭。批發及零售界選委、自由黨前主席方剛表示，除了周梁淑怡支持曾俊華外，其餘17名選委相信都會投票予林鄭月娥。體育小組15票，演藝小組14票亦會全數支持林鄭月娥。馬逢國相信，有15票的文化小組大部分都傾向支持林太。

　　泛民主派處心積慮部署「造王」攪局，採取「棄胡保曾」的策略。

　　在競選期間，爲了增加曾俊華勝選的可能，泛民主派動用傳媒和民調

等所有選舉機器，開足馬力，為曾俊華保駕護航。大搞違法、侵犯私隱的「特首民間投票」，為曾俊華度身定做得票遙遙領先、把林鄭月娥遠拋身後的所謂高民望，企圖對選委形成巨大的民意壓力。

踏入選舉的衝刺階段，泛民主派「造王」不再「猶抱琵琶」，而是明刀明槍堆票給曾俊華。

包括公民黨、民主黨等在內的「民主300+」內不同政團和界別組合，陸續上演「轉舵神劇」，聲稱要把票全投給曾俊華，連提名胡國興的也要轉投曾俊華。他們聲稱，儘管曾的政綱未完全符合要求，但這是「策略性」決定，目的是要阻止林鄭月娥當選，要選擇「最能夠抵抗西環（指中聯辦）」的人當特首。泛民主派這番說話，終於揭開了自己的策略底牌，就是要借特首選舉對抗中央，從而試圖加劇香港和中央的對立，加劇香港政治光譜的對立，結果當然是加劇香港社會的撕裂。

公民黨是泛民中首個表態全投曾俊華的政黨。公民黨執委會決定，該黨25名選委一致投票予候選人曾俊華。主席梁家傑表示，黨員都認為不論在會面還是辯論表現，曾俊華都比胡國興優勝。

公民黨部分選委有提名胡國興入閘，包括創黨主席關信基的高教界選委「高教界民主行動」亦有部分提名胡國興，但在投票這關鍵一刻就立即「歸隊」，宣布30名高教界選委將票投曾俊華。

泛民另一大黨民主黨亦宣布該黨7名立法會議員將全投曾俊華，及推薦民主黨另外23名選委票投曾俊華。主席胡志偉承認，另一特首候選人胡國興的政綱最符合他們的心意，但為免社會「撕裂延續」，故決定「集中票源」云云。

「民主300+」選委開會後聲稱，他們一致決定不投票給林鄭月娥，而大部分選委將投票給曾俊華。負責統籌「民主300+」的立法會議員莫乃光聲言，已表態的選委中有98%支持曾俊華。

泛民主派採取「棄胡保曾」策略，令到候選人胡國興受到傷害。因為

提名階段支持他入閘的泛民選委，絕大多數已經公開表示棄他而去。對此，胡國興憤憤不平，質疑泛民主派是否將他作爲「棋子」，稱他們不應該叫「民主派」，不如稱爲「策略派」。胡官的話，確實點出了泛民主派的不堪。

雖然曾俊華手握泛民大部分鐵票，但敗局已定。

林鄭月娥已獲表態支持的選委近400票，加上未正式表態的港九新界區議會、港區人大代表、出版小組、中國企業協會等鐵票，林太已順利跨過601票的當選門檻，林太陣營估計她能以逾700票，有望在首輪投票勝出。

2017年3月26日，香港特區第五任行政長官選舉舉行，1194名選委中的1186人投票，其中有23張白票及廢票，即有效選票爲1163張。2號候選人林鄭月娥以777票，擊敗1號候選人曾俊華（365票）及3號候選人胡國興（21票），成爲香港特區第五任行政長官當選人，也是香港回歸20年以來首名女特首。

林鄭月娥取得777票當選特首，遠高其提名時所得的580票，多約200票。政界人士分析，林鄭月娥基本沒有「走票」，除了把提名票轉化爲真實投入票箱的選票，連建制陣營於提名時被指扣起約150票，包括民建聯、工聯會超過一半選委、出版小組等選委，全數「歸隊」全投林鄭。此外，還有部分在「西瓜靠大邊」效應下的游離票，加入支持林鄭行列。有林鄭陣營中人形容，林鄭的得票高於750票已屬「收貨」，可見基本上穩住建制派及大部分工商界的選委支持。

而提名階段取得160票的曾俊華，在「民主300+」約300名泛民選委支持下，其陣營於選前傳出已掌握約400票，力爭有建制派最少200票「倒戈」支持「逆轉勝」。最終結果不似預期，曾俊華除了約300張泛民鐵票支持外，其餘的60票來自自由黨、工商界等選委，另有約10票宗教界選委「過票」支持，但是基於曾營最期望撐林鄭的工商界大規模「轉舵」一幕

並沒有發生，曾俊華得票最終連衝擊400票都失敗，只取得365票。

今次選舉「大輸家」是退休法官胡國興。他於提名階段獲泛民策略性支持，以180張提名票「入閘」，但於競選末段被泛民「用完即棄」，泛民大批選委紛紛「跳船」轉投曾俊華，胡國興最終在零星泛民，包括一批社福界選委及部分「同情票」支撐下，僅取得21票，是回歸以來得票最低的特首候選人。

林鄭月娥高票當選第五任行政長官人選，民建聯、工聯會、經民聯、新民黨等多個政團均表示衷心祝賀。

民建聯主席李慧琼表示，林鄭月娥以777票高票當選，反映她得到不同界別的選委支持，恭賀她當選新一任行政長官，期望她能擇善有為，廣納賢能籌組班子，提出施政方針解決問題。

工聯會會長林淑儀表示，林鄭月娥脫穎而出是實至名歸，讚揚她有往績、有能力、有魄力、有民眾支持，在今次選舉中勝出，表明香港各界對她長期服務社會的充分肯定，亦反映出林鄭月娥的施政理念獲社會廣泛認同。

經民聯表示，林鄭月娥長期服務市民，對工作充滿熱誠，擁有豐富的行政經驗，施政能力強，故她當選屬實至名歸，希望她要加強社會的凝聚力，重新實現「香港營」。

新民黨主席葉劉淑儀表示，林鄭月娥獲高票當選是意料中事，反映她得到建制派及商界支持。葉劉淑儀指出，經過「佔中」及政改被否決後，香港局面撕裂，認為林鄭日後施政有挑戰，希望她在上任後，改善與立法會的關係，慢慢修補撕裂。

對今屆特首選舉結果的評析：

第一，林鄭月娥的高票勝選，實現了中央對香港特首人選提出的四大標準，包括「愛國愛港、中央信任、有管治能力、港人擁護」。選舉結果表明，林鄭月娥是全面符合中央要求的特首當選人。

第二，林鄭月娥的高票勝選，實現了愛國愛港力量的大團結。上屆特首選舉有唐營、梁營之爭，建制陣營撕裂嚴重；今次林鄭月娥以整體約六成半得票率的777票當選，遠比主要對手曾俊華多出逾一倍票數，林鄭月娥在建制派選委中獲得近九成支持，反映愛國愛港力量在選舉中實現了大團結。

第三，林鄭月娥的高票勝選，有利於加強與政黨的溝通協商，共組管治聯盟。今次特首選舉，除自由黨某些核心人士外，建制派政團一面倒支持林鄭月娥，但泛民政團亦全力支持曾俊華，反映兩大政治力量的對立。為了改善這種狀況，林鄭月娥政府應設立與立法會各政黨派別的對話溝通平台，建立協商機制；加強與自由黨、民主黨這兩個關鍵少數的聯繫，視不同議題加強合作；在以建制派人士為主體的政府問責官員中吸納溫和民主派核心人士加入管治團隊，共組管治聯盟，有利於改善行政與立法關係，破解政府管治困局。

2017年4月11日，國務院總理李克強代表中央政府，頒發任命林鄭月娥為中華人民共和國香港特別行政區第五任行政長官的國務院第678號令。至此，林鄭月娥正式成為香港特區第五任行政長官。

2017年7月1日，國家主席習近平親臨香港監誓，林鄭月娥及其管治團隊正式宣誓就職。

結語

結　語

　　光陰似箭，日月如梭。香港回歸祖國22年來，風雨兼程，砥礪前行。香港特區政府在「一國兩制」「港人治港」「高度自治」方針下，堅持依照《基本法》施政，實現了香港經濟平穩發展，推動民主政制穩步向前發展。

　　香港回歸後，隨著選舉政治的發展，政治團體獲得了較大的發展空間。

　　政治團體存在和發展的意義在於參與政治，而選舉是政團參政不可缺少的途徑。選舉是政治團體的生命。如果一個政團成立後，不參與民主選舉或在民主選舉中不能取得議席，這個政團的生存將面臨著十分危險的境地。香港立法會、區議會的選舉制度本身就為政團提供了選舉平台以及參政路徑，而這種選舉平台以及參政路徑，為政團的發展創造了有利條件。香港回歸以來，政團積極參與了四任行政長官選舉（2002年、2007年、2012年及2017年）、六屆立法會選舉和五屆區議會選舉的一系列選舉活動。政團對選舉的參與主要表現為：

　　（1）開展選民登記，組織票源。香港市民對參與選舉的熱情一般不高，自從有選舉政治以來，每次立法會分區直選的投票率都沒有超過60%。區議會直選的投票率更低，一般不超過50%。因此，單靠政府的一般性動員，是很難提高市民的投票率的。為此，政團積極開展選舉動員，鼓勵選民進行登記，參與選舉，以提高投票率。

　　（2）推舉候選人，以政團知名度與候選人個人形象吸引選民。香港的立法會和區議會選舉，大多數候選人都有政團背景，由不同政團推舉出來的，只有少部分是獨立候選人。其實有個別獨立候選人，也是有政團資源支持的。

（3）發表參選政綱，以政治主張吸引選民，爭取選票。香港各政團的政治主張都不相同，在每次選舉前夕，政團往往會根據當時社會的熱點和高度關注問題，提出自己的參選政綱，以迎合選民的需要，吸引選民，達到贏取更多議席的目的。

（4）以各種手法競選，參與各種選舉宣傳和造勢活動，使選舉活動不斷升溫，吸引更多選民投票，以奪取議席。

（5）籌措選舉經費，為參選人提供經濟保障。

在各類選舉中，政團往往會根據不同的選舉採取不同的選舉策略，令參選成績各不相同。這些選舉策略主要有：（1）政團有明確的政治定位，立場鮮明；（2）有明確的選舉議題和競選政綱；（3）利用媒體為政團參選人大造輿論；（4）抹黑和打擊競爭對手；（5）大打告急牌，運用哀兵戰術，博取同情票；（6）分拆名單，協調配票；（7）推新人，出新招，為新人造勢；（8）發揮明星效應，催穀選票；（9）大打親情牌，塑造親民形象；等等。政團的選舉策略對選舉結果具有非常重要的影響。這為歷屆立法會和區議會政團的參選成績所驗證。

香港的各類選舉為政團發展創造了有利條件，主要體現為：

（1）政團通過參與選舉擴散其影響力，贏得更多選民關注，有利於獲得更廣泛的民眾基礎。從歷屆香港立法會和區議會選舉來看，無論是發展較為成熟的政團，還是新興政團，都把選舉作為擴大本政團影響力的重要陣地。

（2）政團通過選舉進入立法會，提高政團的參政水準，推動政團的發展。根據香港基本法的規定，香港特區立法會不是一個諮詢性的機構，而是一個在高度自治下對香港事務享有完全立法權的機關。它通過的法律，行政長官沒有絕對的否決權。立法會擁有凡屬香港特區自治範圍的事務（除涉及外交、國防事務外）的立法權；審核、批准政府財政預算案，批准稅收和公共開支；對行政機關的監督權；對行政長官的彈劾等職權。這

些規定加強了立法會的地位和權力。由於大部分立法會議員都有政團背景，政團在立法會中的作用增強，有利於推動政團的發展。

（3）隨著立法會直選議席和區議會民選議席的增加，選舉政治不斷發展，必然促進政團的發展。香港特區依照基本法的規定，至今已進行過六屆立法會選舉和五屆區議會選舉。立法會議席已由第一屆的60席增加到70席，直選與功能議席各35席。區議會民選議席也從390席增至431席。尤其是從第五屆立法會開始，功能界別增加了由全港大區選民選出的5個超級議席；第五屆區議會取消委任議席，大幅增加民選議席，使到獲得議席所需選票相對較少，政團易於贏得地區議席，有利於政團扎根地區發展。

（4）立法會直選採用比例代表制的選舉模式，對政團的發展產生了重要影響。一般來說實行比例代表制容易形成多黨制。因此，回歸以來，歷屆立法會選舉都吸引了不少政團積極參與選舉，參選的政團候選人一屆比一屆多，對政團發展起積極推動作用。另一方面它也會加劇政團內部矛盾，使政團出現分裂，影響政團的發展。

香港政團對各類選舉的積極參與，使選舉的政治動員力不斷增強，市民參與選舉的積極性不斷提高，參與選舉的社會層面不斷擴大，從而推動香港選舉政治的不斷發展，而香港政團也通過這一系列選舉活動不斷發展壯大，並逐步走向成熟。

香港回歸以來影響政團發展的主要因素有：

第一，香港特區現行的行政主導體制對政團的發展有一定的限制。香港基本法規定立法會議員有提案權，但這種權力是受到限制的。如凡涉及政府政策的提案，議員在提出前必須得到行政長官的書面同意；議員個人提出的議案、法案和對政府法案的修正案均須分別經功能組別選舉產生的議員和分區直選產生的議員兩部分出席會議議員各過半數通過；立法會不能對行政長官提出不信任動議等；但行政長官卻有權解散立法會。這種行政主導體制對立法會權力的限制，必然會影響政團的發展。

　　第二，現行的香港法律並沒有爲政團的發展提供更多的空間。香港是一個法治社會，有相當完備的法律制度，但在現行的香港法律體系中，並沒有專門規範和處理政團問題的法律，政團只能按《社團條例》和《公司條例》來註冊和運作，使到政團應享有的一些權利，如組織政權的權利、獲得資助的權利等和遵守的一些義務，如不得濫用權利、不得從事極端活動等，並沒能得到很好的運用和落實，這必然會局限和束縛政團的發展。

　　第三，目前香港的行政長官和立法會選舉還沒實行「普選」，使政團沒能獲得施展政治才能的更大政治舞台，不利於政團的發展。現代政黨是以執政和參政爲主要目標的。但目前香港行政長官的選舉還是由 1200 人組成的選舉委員會選出，而立法會只有一半議席是直選，這對於有強烈執政、參政要求的政團來說，是遠遠不能滿足他們的政治期望的。施展政治才能舞台的狹小，在一定程度上限制了政團的發展。

　　由於受以上因素的影響，回歸以來，雖然香港政團在香港政治發展中的作用逐步增強，但其發展的道路並不平坦。

　　普選是民主政治的重要標誌，也是《香港基本法》賦予港人的權力。香港政制的建立和發展是以《基本法》爲準則的。香港實現普選直接源於《基本法》的有關規定。《基本法》第四十五條第二款規定：「行政長官的產生辦法根據香港特別行政區的實際情況和循序漸進的原則而規定，最終達至由一個廣泛代表性的提名委員會按民主程序提名後普選產生的目標。」第六十八條第二款規定：「立法會的產生辦法根據香港特別行政區的實際情況和循序漸進的原則而規定，最終達至全部議員由普選產生的目標。」

　　全國人大常委會先後在 2004 年和 2007 年，明確了香港政制發展的法定程序、行政長官和立法會可以實行普選的時間表和路線圖。2014 年 8 月 31 日，全國人大常委會作出決定，爲香港行政長官普選定下清晰而明確的原則和制度框架。雖然，特區政府提出的 2017 年普選行政長官法案最終因沒

有獲得立法會三分之二議員的支持而被否決，但中央政府尊重香港民意，循序漸進推進香港民主的誠意和決心，受到了香港社會的廣泛支持和歡迎，贏得了國際社會的肯定和贊同。

伴隨四年一屆立法會、區議會的換屆選舉，以及五年一任的行政長官選舉，香港政制發展最終會根據《基本法》和全國人大決定走向普選，這對香港政團的發展必然產生深遠的影響。面對將要到來的普選，香港政團應如何應對呢？

（一）要加快自身建設的步伐，發展壯大自身的力量。

第一，政團要進一步明確政治定位，擴充實力，形成較為合理的黨內組織架構。

第二，政團要更突出政治理念，淡化黨內成員的階層或群體意識，加強內部團結和凝聚力。隨著普選的到來，人們對政團的興趣會逐步增強，一些具有較強政治參與意識和熱情的人，會加入政團，通過依託政團，更有效地表達自己的政治訴求，實現自己的政治抱負，這使到政團不斷發展壯大，但同時也使到其內部由於來自不同階層或群體所造成的矛盾將會長期存在。為了緩和內部矛盾，加強內部團結和凝聚力，政團要更突出政治理念，淡化內部成員的階層或群體意識。

第三，政團的政治理念要更多體現民生及基層建設等關係選民利益的問題，才能吸引更多人加入政團，壯大力量。「普選」的推行，促使更多的香港人參與到選舉活動中來，這使到在人員構成上佔香港社會主體的基層民眾的影響力更為重大，為了爭取人數眾多的基層民眾的支持，獲得更多選票，奪得更多議席，政團在政治理念、參選綱領上要迎合基層民眾的需要，更多地體現民生及基層建設等問題。

第四，政團要注重提升本黨的政治領袖和政治精英的知名度，同時也要培養和積極推介黨內未來的政治新星，形成有層次、有年齡梯隊的政治人才隊伍，在選民中樹立有朝氣、人才輩出的良好形象，以博取更多選民

的支持。

（二）重新整合政團力量。政團為選舉而生，選舉促政團發展。實行普選會使到香港立法會和行政長官的選舉全面開放，尤其是立法會原來只有一半議席由直選產生，變成了全部議席由直選產生。可供公開競爭議席的增加，必然會吸引更多的政團及有意從政人士參與競爭。香港立法會分區直選目前採用的選舉模式是比例代表制選舉模式，這種選舉模式對於有政團背景的候選人當選較為有利。因此，一些人數較少、知名度較低的政團要與一些政治理念比較接近的政團進行重新整合，加強政團的力量，有利於在未來的普選中取得更多的議席。

（三）政團要加強對選舉策略的研究和運用，必須根據大環境因素及主流民意的變化，適時調整選舉策略，這是選舉成功的保證。政團在制訂選舉策略時應考慮以下一些因素：（1）必須考慮大環境因素對選舉的影響。（2）必須尊重主流民意，適時調整選舉策略，競選口號和政綱要有新意。（3）選舉宣傳上，要日趨專業化、網絡化。此外，還要加強同一陣營內政團的協調，使到政團之間的競爭成為良性競爭。

（四）政團在立法會中要繼續保持多元政團力量均衡發展的態勢，有利於香港政制發展向普選邁進以及維護社會的穩定發展。香港是一個多元化、多層次的社會。根據這一實際情況，香港基本法規定必須依照社會各界「均衡參與」的原則來發展民主政治。也就是說，香港的政治參與必須是社會各界的均衡參與，立法會必須由來自不同階層、群體、政團的人士組成，才會有反映不同階層、群體、政團利益的聲音，這樣才有利於維護社會的穩定繁榮。香港回歸以來舉行的六屆立法會選舉結果表明，立法會中多元政團力量保持一種均衡態勢是符合社會各界「均衡參與」原則的，這已被社會普遍認同和接受。所以，在香港走向「普選」的過程中，立法會中多元政團力量在今後相當長的一段時間內的發展要保持一種均衡發展的態勢，這不僅有利於社會的穩定繁榮，也有利於香港政制發展向普選邁

進。

（五）政團可以爲政府管治團隊培養人才，輸送人才，加強政府與政團、市民之間的聯繫，增強政府的施政實效，實現政團與政府的良性互動。回歸以來，政團爲政府管治團隊輸送了一批人才，如梁愛詩、蘇錦樑、劉江華、張炳良、羅致光、陳嶽鵬、徐英偉、陳百里、陳浩濂等，這些政團人才在政府管治團隊中發揮了重要作用，有利於加強政府與政團、市民的溝通，實現政團與政府的良性互動。

綜觀香港政團發展與選舉的歷史可見，香港政治團體是港英政府推行代議政制的產物。它的形成和發展是與選舉政治緊密聯繫在一起的。1991年港英立法局首次引入直選后，幾個大政團民建聯、自由黨、民主黨，都是在這時相繼建立的。香港回歸後，在「一國兩制」下，歷經多次政改方案以及多屆各層次的選舉，政團獲得了比回歸前更大的發展空間，或重組，如民建聯與港進聯合併、民主黨與前線合併；或新晉，如公民黨、社民連、新民黨、經民聯等；亦有從勞工團體發展爲參政團體的，如工聯會、工黨等。這些主要政團通過參與選舉，取得議席，不斷地發展壯大力量，其政治影響力也在不斷增強。政團已被香港市民普遍接受，其對香港政治發展的重要作用也越來越被社會認可和肯定。隨著香港政制發展向普選邁進，香港主要政治團體將逐步走向成熟，預示著香港的政治發展也將步入成熟時期。

附錄一

香港政團發展與選舉大事記

（1997——2017）

1997年

1月16日　香港特區候任行政長官董建華會見民建聯主要成員。

1月24日　董建華公布第一屆行政會議成員名單，由15人組成。鍾士元為行政會議召集人。任期至1999年6月30日。民建聯副主席譚耀宗（已辭職）和自由黨中央委員唐英年（已辭職）榜上有名。

1月25日　香港特區臨時立法會第一次會議在深圳舉行。會議選出臨立會主席，范徐麗泰以33票當選，黃宏發得票27張。

3月13日　董建華會見民協12位代表，聽取他們對香港法律及民生等方面的意見，並接受了他們遞交的題為「共建特區，共用繁榮」的政策建議書。

3月17日　董建華與民主黨成員會面，主要就民生問題交換了意見。

4月9日　民主黨5位立法局議員與董建華會晤，討論香港特別行政區行政長官辦公室公布有關公安及社團條例的修訂建議。

4月12日　香港特區臨時立法會舉行內務委員會會議，梁智鴻和葉國謙（民建聯）當選內務委員會正、副主席。

4月15日　中國外交部發言人對香港民主黨主席李柱銘將受到美國總統克林頓接見一事發表評論說，港英立法局議員李柱銘到處鼓動國際勢力插手香港事務，他的言行不符合港人的切身利益。從1997年7月1日開始，香港問題則純屬中國內政，任何外國政府、外國組織都沒資格對此說三道四。

4月24日　香港工聯會的7名代表約見董建華，反映該會對勞工問題的意見。

4月28日　英國前首相戴卓爾夫人向民主黨主席李柱銘保證，香港於7月1日移交後，她將會繼續為香港的自由、法治精神和民選立法機構發表意見。香港工聯會等幾大社團向香港特區行政長官辦公室遞交關於《公民自由和社會秩序諮詢文件》的意見書。同日，董建華會晤港進聯等5個政治團體的代表，聽取他們對諮詢文件的意見。

5月26日　香港協進聯盟與香港自由民主聯盟（自民聯）召開記者招待會，正式宣布兩會合併，合併後的組織仍然用香港協進聯盟的名稱，但會使用一個新會徽。

7月1日　中英舉行香港政權交接儀式，香港回歸祖國。香港特區行政長官董建華及政府官員、行政會議成員宣誓就職。特區臨時立法會舉行首次會議，審議及通過由特區政府律政司司長梁愛詩提交的《香港回歸條例草案》，確認了臨時立法會於1997年7月1日零時前通過的13項法例。

7月8日　香港特別行政區行政會議決定，採用比例代表制，為特區立法會選出20個分區直選議席。

9月13日　「政黨論壇」召開，議題是房屋政策；民主黨李柱銘在華盛頓郵報發表文章稱，美國政府對1998年香港的選舉安排的反應並不令人感到滿意。

9月16日　香港特區政府在前港督府舉行中秋茶敘。董建華、曾蔭權、梁愛詩等政府官員和香港工聯會會長李澤添、新界社團聯合會理事長羅叔清等100多人出席。

10月26日　民協宣布成為政黨。主席馮檢基在慶祝民協成立11周年聚餐會致辭稱：民協正式立黨後將繼續捍衛基層利益，其組織機構將有所改變，大會之下的執委會及評議會改為中委及中常委。

11月11日　香港特區行政長官董建華同行政會議，通過選委會就1998年的首屆立法會地方選區分界做出最後建議。新建議中唯一改動的是在法例允許及理據充分下，保持元朗區的完整，整個劃入新界西選區內。

11月17日　香港特區公務員事務局發出通告,規定除所有首長級人員、政務主任、新聞主任、警務人員等4類公務員不應參加1998年立法會選舉的選舉委員會、全國人大代表選舉會議和參選港區全國人大代表外,其他公務員只要職務沒有引致實際或潛在的利益衝突,便可參選港區全國人大代表和立法會議員。

12月5日　將於1998年舉行的第一屆立法會選舉選民登記工作現已全部展開。其中最大規模的選民登記活動「選民登記周」正式開始,逾30000名選民登記大使會逐家逐戶到全港200萬個家庭探訪並為合資格的選民進行登記。

12月15日　民建聯主席曾鈺成在民建聯特別會員大會及第六次周年會員大會工作報告中說,民建聯的使命從回歸前的努力保障平穩過渡,轉變為回歸後積極參與香港特區建設。既不是政府黨,也不是反對黨。

12月21日　民協選出新一屆中央委員會17人,馮檢基任主席。馮檢基表示,民協繼續走基層路線和對中方既接觸又批評政策,並準備參加首屆立法會九龍西分區直選和市政局選舉委員會選舉。

12月30日　香港特區立法會選舉管理委員會舉辦「1998年立法會選舉活動指引諮詢大會」,收集市民對於1998年立法會選舉活動的意見。

1998年

1月21日　臨時立法會中自由黨、民建聯、港進聯等的議員呼籲議員自減薪酬,與市民共渡難關,望政府體恤民生。

2月6日　香港特區行政長官董建華會見香港工聯會代表,座談有關維護香港工友權益的問題,表示特區政府非常關注香港工友的權益,會優先考慮工人的利益。

3月1日　民建聯主席曾鈺成在港台《給香港的信》中表示,隨著首屆立法會選舉選民登記活動結束以及《選舉指引》的定稿,政府下一步面對的是如何鼓勵已登記的選民投票。

4月10日　民建聯召開記者會，公布該黨參選1998年立法會的政綱。主席曾鈺成認爲，這份政綱兼顧了社會各階層的利益，是以溫和的態度解決現存的社會問題。

4月11日　港進聯舉行參選第一屆立法會誓師大會，並公布參選政綱。港進聯的參選政綱以「促進經濟、民主法治、改善民生」爲基本內容，主席劉漢銓等9名成員，將分別循選舉委員會和功能界別參選。

4月28日　香港工聯會舉行慶祝該會成立50周年暨「五一」國際勞動節酒會。應邀出席酒會的有行政長官董建華、中聯辦副主任鄭國雄、中華全國總工會副主席李奇生等及近800名政府官員、嘉賓、工會代表出席。

5月24日　香港特區第一屆立法會選舉正式舉行。地區直選、功能界別選舉和選舉委員會選舉共有1,568,308名選民投票，其中地區直選投票率達53.29%；功能界別選舉投票率達63.5%；選舉委員會選舉投票率高達98.75%。

5月25日　第一屆立法會選舉結果揭曉。在60個議席中，政團取得44席，其中分區直選18席、功能界別20席、選委會6席。

7月2日　首屆立法會舉行第一次會議。60名議員宣誓就職，范徐麗泰當選爲立法會主席。

9月15日　行政長官董建華與民建聯和港進聯代表就多項經濟及民生問題廣泛地交換意見，並聆聽他們就10月公布的施政報告所提出的助民解困的建議。

12月11日　特區政府公布《1998年區議會條例草案》，建議特區首屆區議會總人數爲519人，其中民選議員390人，較1994年和1997年的民選議員增加了44人。

1999年

1月5日　前自由黨主席李鵬飛在一個午餐會上表示，香港必須盡快推行「部長制」，加強問責性。

4月28日　立法會投票否決民主黨議員羅致光和自由黨議員周梁淑怡提出的有關促請特區政府盡快公布申請居留權證明書的方法，以及於合理時間內安排港人內地所生子女來香港的動議。

7月11日　「新世紀論壇」（簡稱新論壇）宣布成立，召集人為吳清輝。吳清輝表示希望新世紀論壇可以促進中層人士積極參與社會事務。

7月15日　立法會通過《1999年立法會（修訂）條例草案》，對選舉等相關問題作了規定，但強調必須符合基本法。

8月27日　董建華會見自由黨的立法會議員和臨時區議會主席，表示香港已過了經濟最困難的時候，我們會繼續改善營商環境，鞏固根基，以加強實力。

10月9日　香港特區首屆區議會選舉拉開序幕。接受提名參選人的當天，即有321人遞交提名表格。

10月20日　第一屆區議會選舉候選人提名今天結束。共接受了799份有效提名表，爭奪390個席位。

11月28日　特區首屆區議會選舉舉行。共有816,503人投票，佔選民總數的35.82%，打破歷次區議會選舉記錄。在390個民選議席中，建制政團及鄉事派超過了六成議席。

12月21日　臨時市政局舉行撤銷前的最後一次全體大會。通過將市政局100多年歷史資料存放歷史博物館和結束議員辦事處費用等動議。

12月24日　立法會通過廢除市政局及區域市政局議案，在2000年元旦生效。

12月31日　即將撤銷的臨時市政局及臨時區域市政局聯合舉辦「市政兩局迎千禧嘉年華」活動，向香港市民告別。

2000 年

1月17日　行政長官董建華發表聲明，歡迎「新華通訊社香港分社」更名為「中央人民政府駐香港特別行政區聯絡辦公室」。

1月31日　選舉管理委員會主席胡國興宣布，選管會有關2000年9月立法會選舉和2000年7月選舉委員會界別分組選舉的指引建議，將進行一個月的公眾諮詢。

2月14日　民建聯在香港會議展覽中心舉行「政治及公共行政研習課程」開學典禮，參與學員包括多名民建聯現任區議員，將接受為期9個月的授課。

2月17日　立法會通過《選舉（舞弊及非法行為）條例草案》。條例將行政長官選舉和新界鄉村村代表選舉都納入監管範圍。

2月24日　立法會選舉管理委員會主席胡國興法官在「立法會選舉活動指引」諮詢會宣布，立法會選舉在2000年9月10日舉行，5個地方選區將會各自設立一個分區點票站，點算當區的地方選區選票。

5月8日　香港華人革新協會主席鄧鴻坡在香港華革會成立51周年慶祝酒會上致辭時表示，香港華革會堅決反對「台獨」和一切分裂祖國的活動，維護國家統一和領土完整是香港華革會全體成員的共同心願。

5月10日　立法會經過辯論，以43票贊成、0票反對、1票棄權通過「反對台灣獨立」議案。

5月17日　選舉管理委員會主席胡國興表示，第二屆立法會選舉委員會界別分組選舉將於5月31日開始接受候選人提名，為期8天，並定於7月9日選出35個界別分組共664名委員。

5月25日　政府發表適用於2000年立法會換屆選舉和選舉委員會界別分組選舉的正式選民登記冊。

6月6日　民建聯宣布該黨參加第二屆立法會地區直選名單，參選成員24人。

6月7日　特區第二屆立法會選舉委員會界別分組選舉截止提名，共接到980份提名表格。

7月2日　民建聯公布派出31人參選第二屆立法會，同時公布參選政

綱,以《改善施政,重建信心》爲題,就經濟、敎育及生活質素提出多項目標及建議。

7月9日　第二屆立法會選舉委員會界別分組選舉投票日,選出482名選委,加上自動當選及當然委員共800人。

7月20日　第二屆立法會選舉正式接受議員候選人提名,提名首日共有53人報名。

自由黨舉行參加第二屆立法會選舉的誓師大會,該黨主席田北俊表示,希望能有更多商界及專業界人士參與功能界別的選舉,以便立法會能有足夠的專業知識去監察政府的工作。

7月23日　民建聯、民主黨分別舉行參選誓師大會。民建聯主席曾鈺成表示,民建聯是一個有建設性的政黨。市民支持民建聯,就是支持香港的建設力量。

8月29日　民建聯中央委員會召開會議。一致認爲,副主席程介南在利益申報問題上犯了嚴重錯誤,接受程介南辭去民建聯副主席一職。

9月10日　第二屆立法會選舉投票日。香港305.5萬登記選民中有130多萬人投票,分區直選投票率達43.57%;功能界別投票率56.5%;選委會投票率達98.75%。

9月11日　第二屆立法會選舉結果揭曉。在60個議席中,政團取得了44席,與上屆相同,其中分區直選23席,功能界別17席,選委會4席。

9月19日　民建聯中央委員會開會討論該黨紀律委員會提交的關於《程介南事件的調查報告》,並作出撤銷程介南在民建聯的所有職務的決議。

10月4日　第二屆立法會召開首次會議,范徐麗泰當選立法會主席。

12月4日　香港唯一的親臺政黨一二三民主聯盟舉行全體大會後,宣布解散,即時生效。

12月10日　立法會香港島補選投票日,補選因程介南辭去的立法會議

席，結果余若薇獲勝。

2001年

1月10日　行政長官董建華會見香港各大政黨和獨立議員，商談香港營商環境和對2001年香港經濟的展望。

1月11日　行政長官董建華分別與港進聯、早餐派及民主黨立法會議員會面、交換意見。

3月14日　特區政府向立法會提交《行政長官選舉條例草案》，為行政長官選舉提供法律依據。

3月28日　立法會《行政長官選舉條例草案》委員會舉行首次會議，選出葉國謙、黃宏發分別擔任正副主席，並決定在5月舉行公眾諮詢會。

4月21日　香港強制性公積金計劃管理局舉辦「強積金會客室」開展儀式。在民主黨和民建聯的協助下，積金局職員自4月23日至5月31日定期到兩黨港九、新界各區辦事處，在辦公時間以外為市民解答有關強積金的查詢。

6月20日　自由黨主席田北俊連同該黨的立法會議員周梁淑怡、劉健儀、丁午壽及張宇人會見財政司司長梁錦松，表達自由黨就新年度財政預算案開支部分的建議。

7月11日　立法會舉行本年度會期最後一次會議，通過《行政長官選舉條例草案》。

7月15日　民建聯主席曾鈺成、副主席盧志強、該黨立法會議員陳婉嫻、蔡素玉及劉江華等開始對美國紐約、華盛頓、三藩市及加拿大多倫多、渥太華等地展開為期兩周的訪問。

8月2日　立法會補選（選舉委員會）選舉期即日開始，提名期到8月15日止。此前，吳清輝因出任香港浸會大學校長於7月15日辭去立法會議員議席，造成議席空缺。

8月12日　香港工聯會組成1200人慰問團，專程赴駐港部隊深圳基地

教導團慰問，這是回歸後規模最大的一次香港市民對駐軍慰問活動。

8月15日　立法會補選（選舉委員會）為期兩周的候選人提名期結束，自由黨成員何世柱、執行董事馬逢國、大學教師陳文鴻三位候選人提名，定於9月16日舉行立法會議員補選。

9月16日　立法會補選（選舉委員會）結束，775名選舉委員會委員中共有694人投票，投票率為89.55%，馬逢國以359票當選立法會議員。

12月14日　2002年選舉委員會界別分組補選的候選人提名期開始，至12月20日截止。選舉是為了補足委員會因有委員辭職或去世而出現的法律界等4個界別的席位空缺。

12月21日　《選舉程序（行政長官選舉）規例》開始實施，香港特區第二任行政長官選舉定於2002年3月24日舉行。選舉管理委員會在憲報公布，委任高等法院原訟法庭的彭鍵基法官出任選舉主任。

12月22日　選管會宣布，2002年選舉委員會界別分組補選的選舉主任已確定全部7名候選人的提名有效。來自建築、測量及都市規劃界的何承天因無競爭對手，自動當選。鄉議局界別的鄧錦良、林偉強，金融界界別的邵友保、袁偉強，以及法律界界別的湯家驊、周永健，將於2002年1月6日舉行補選確定。

2002年

1月4日　參選連任的香港特區行政長官董建華分批會晤港九及新界各區議會選委，出席會晤的38名區議會選委已正式簽名提名董建華為下一任行政長官候選人。

1月6日　選委會界別分組委員進行補選，參選的候選人6位。選出的選委會界別分組委員，將填補辭職或去世的委員空缺，並於3月24日投票選出下屆行政長官。

1月11日　董建華在競選總部分別會見會計界、宗教界及勞工界的選委會代表。

1月12日　董建華在競選辦公室先後約見教育界、文化界、基督教及天主教代表，表示將額外增撥1000億元用於未來10年的教育改革。

1月22日　董建華先後會晤直選及選委會界別的立法會議員，共同探討高官問責制、制訂人口政策、輸入更多專才、如何解決財政赤字、公務員改革、民主政制發展等實質問題。

2月7日　董建華出席立法會答問大會，主動回應民主黨主席在5日立法會會議上的發言，指責李柱銘發表有關香港回歸前後政府表現的言論是歪曲事實，只有批評而無辦法，只能唱衰香港。

2月24日　民主黨內的前匯點成員召開記者會，宣布成立新的論政團體「新力量網絡」，其64名創會會員中，除民主黨成員外，還包括部分公職人員。創會主席是張炳良。

2月28日　第二任行政長官選舉提名期結束，由於只有一位候選人的提名有效，選舉主任彭鍵基法官宣布董建華自動當選。

3月8日　立法會八大政團派代表開會，就財政司司長梁錦松所做的預算案展開討論，會後八大政團對預算案所採取的紓解民困措施表示滿意。

3月12日　獲得連任的香港特區行政長官董建華在香港會展中心舉行答謝茶會，衷心感謝選委會委員和香港市民的信任和支持。

4月21日　特區政府發言人就民主黨主席李柱銘在香港電台發表的有關言論回應強調，主要官員問責制可提高香港的管治和維護公務員體制的完整性。

4月23日　新世紀論壇舉辦「主要官員問責制」研討會。出席會議者大多數支持政府推行問責制，認為方向正確，可令未來特區政府的施政更順暢和更具有效率。

5月23日　由民建聯主辦的「一國兩制與中國統一研討會」在港島會議展覽中心舉行。

5月30日　立法會通過政府提出的支持高官問責制的議案。

6月3日　董建華會見工聯會的6名代表，聽取關於改善失業狀況及加強再培訓等問題的意見。

6月19日　立法會以36票對21票，通過由政制事務局局長孫明揚提出的主要官員問責制決議案。

7月8日　民建聯在華潤大廈香港展覽中心舉行盛大酒會，慶祝該黨成立10周年。行政長官董建華、中聯辦主任姜恩柱及各界社會賢達共逾七百多人應邀出席。

10月10日　董建華在立法會就眾多熱點問題回答議員提問。這是第二屆特區政府運作3個月來，董建華首次出席立法會答問大會。董建華重申，現在是《基本法》第二十三條立法的適當時機。

12月21日　民建聯聯同28個團體，約100人前往政府總部集會，表示支持特區政府就《基本法》第二十三條進行立法。

12月24日　為期3個月的《基本法》第二十三條立法諮詢活動結束，特區保安局共接到逾9萬份意見書及30多萬個簽名。

2003年

2月13日　特區政府公布《國家安全（立法條文）條例草案》的細節。

2月20日　政府發言人表示，政府將修訂法例，為2004年第三屆立法會的選舉安排，提供適當的法律依據。

3月6日　立法會《國家安全（立法條文）條例草案》委員會召開會議，選舉葉國謙為法案委員會主席，選舉劉漢銓為副主席。

6月18日　立法會舉行全體會議，通過「感謝中央政府在對抗非典行動中給予香港特區的支持」的動議。

7月1日　由多個民主派政黨及團體組成的民間人權陣線發起「七一」大遊行，數十萬人參加，要求推遲有關基本法第二十三條的立法及進行「雙普選」。

7月6日　自由黨主席田北俊宣布辭去行政會議成員職務，要求政府押後二讀《國家安全（立法條文）條例草案》。

7月7日　行政長官董建華宣布政府決定將條例草案押後恢復二讀，並在未來一段時間加強向市民解釋修訂案內容。

9月5日　行政長官董建華宣布政府決定撤回《國家安全（立法條文）條例草案》，重新檢討有關立法工作，向社會各界作充分諮詢。

9月19日　政府發言人宣布，行政長官董建華再度委任胡國興法官為特區選舉管理委員會主席，任期3年，由2003年9月29日起至2006年9月28日止。

9月22日　行政長官董建華宣布，委任自由黨周梁淑怡為行政會議成員。

9月29日　香港特區2003年區議會選舉舉行開幕典禮。選管會主席胡國興在典禮上介紹了2003年區議會選舉準備情況及加快點票新措施，他呼籲選民踴躍投票，並提醒有意參選人士遵守《區議會選舉活動指引》，確保選舉「公平、公開、公正」。

10月2日　香港區議會選舉開始接受候選人提名，全天共接到380份提名表格。

10月9日　行政長官會同行政會議已接納選管會就2004年立法會選舉地方選區的分界和名稱，以及每個地方選區的議席數目所作的全部建議。建議內容包括維持現行5個地方選區的分界及名稱。2004年立法會地方選區的直選議席將由24席增加到30席。

10月18日　民建聯舉行參選2003年區議會誓師大會，有數千人參加大會。

11月23日　特區第二屆區議會選舉投票日，從上午7時30分到晚上10時30分，全港共開放423個投票站給約240萬登記選民投票。

11月24日　第二屆區議會選舉結果揭曉。選舉事務處公布了區議會

400個當選區議員名單。本屆區議會投票率44.06%，比上一屆區議會高約8個百分點；投票人爲106.5萬多人，比上屆多24.9萬人。參選政團取得約240個議席，超過400個民選議席的六成。

11月29日　在區議會選舉中失利的民建聯首次舉行黨員大會，總結區選失利原因。主席曾鈺成表示要爲選舉失利承擔責任，並宣布辭職。隨後，由馬力接任主席。

12月27日　特區政府宣布，行政長官董建華已根據《區議會條例》，委任102位人士爲第二屆區議會議員。第二屆區議會議員任期4年，從2004年1月1日開始。

2004年

4月2日　選管會就《立法會選舉活動指引的建議》舉行公開諮詢大會。

4月19日　全國人大常委會委員長會議決定，把香港特區行政長官就政制發展提交的報告納入人大常委會第九次會議議程。

5月3日　民建聯主席馬力出席「香港青年會成立九周年會慶暨第五屆理事就職典禮」。

5月16日　特區爲期6個星期的選民登記活動在午夜結束，截至今天，選舉事務處共收到42萬份登記表格。

5月19日　立法會否決民主黨議員何俊仁所提出「遺憾全國人大常委會否決2007年及2008年普選」動議。大部分議員認爲，人大常委會的決定是聽取市民意見後作出的，是合法合理的。

7月17日　第三屆立法會選舉正式揭幕。已登記選民人數超過320萬，市民踴躍支持今年的選民登記運動。選管會主席胡國興在文化中心向選舉大使頒發了證書。

7月22日　從今天起，第三屆立法會選舉接受提名，至8月4日止，爲期兩周。

7月23日　民建聯200多人在中環舉行報名參選2004年立法會的儀式，宣布參選政綱，並向選舉事務處遞交有關提名表格。

前立法會主席范徐麗泰正式報名參選立法會香港島選區。

7月29日　自由黨主席田北俊、副主席周梁淑怡分別提交參選表格，角逐新界東及新界西的立法會地區直選議席。

8月6日　2004年立法會選情激烈，報名參選人數高達162人。

8月13日　特區政府憲報刊登公告，公布2004年立法會選舉被確定獲有效提名的159名候選人的姓名，以及他們在選票上的候選人編號或名單編號。

9月12日　第三屆立法會選舉投票日。分區直選約有178萬人投票，投票率55.63%；功能界別投票率為70.14%。

9月13日　第三屆立法會選舉結果揭曉。分區直選30名議員和功能組別30名議員全部選出。在60個議席中，政團取得43席，其中分區直選27席，功能界別16席。

9月25日　工聯會新一屆立法會議員陳婉嫻、王國興和鄺志堅與行政長官董建華會面，反映香港就業以及貧窮問題，探討本土經濟的發展策略。

9月28日　香港新一屆立法會主席選舉提名截止，立法會秘書處收到兩份提名表格。由前任立法會主席范徐麗泰和民主黨立法會議員何俊仁角逐。

10月6日　新一屆立法會舉行首次會議，60名候任議員宣誓就任。范徐麗泰被選為新一屆立法會主席。

10月　香港泛聯盟成立，由3名現任立法會議員石禮謙、何鍾泰、劉秀成及原立法會議員陳智思、呂明華組成，秘書長為石禮謙。

2005年

1月4日　民建聯與港進聯中常委分別召開特別會議，商討兩大政黨進

一步加強合作及合併事宜。

1月11日　民建聯中央委員會舉行今年首次會議，討論與港進聯合併一事。

1月26日　立法會今日開始辯論施政報告致謝議案，民建聯、自由黨及泛聯盟均讚揚2005年施政報告作風務實。

2月16日　民建聯與港進聯宣布合併，改稱「民主建港協進聯盟」，簡稱「民建聯」。

2月20日　民建聯與港進聯正式宣布合併。

3月10日　行政長官董建華以身體健康理由向中央人民政府請辭。

3月12日　全國政協第十屆三次會議增選董建華為副主席。同日，國務院批准董建華辭去香港特別行政區行政長官職務。由政務司司長曾蔭權代理行政長官職務。

3月17日　多名港區全國人大代表、商界人士、選委會成員、區議員組成的新政黨「香港全民黨」宣布成立。該黨秘書長兼召集人為盧重興，主要成員有封小平、簡福飴、姚征、樂翠南等。

4月4日　選管會公布，負責選出香港行政長官的800人選舉委員會將於5月1日補選其中33個空缺，以便選委會在7月10日補選行政長官。

4月12日　民建聯召開特別會員大會，通過多項有關該黨與港進聯合併後的修改黨章事宜，包括更名、增加領導層人數等。

4月14日　立法會行政長官選舉條例草案委員會舉行首次會議，民建聯副主席譚耀宗當選草案委員會主席，自由黨的楊孝華當選副主席。

4月15日　為了保障選舉活動公平、規範，並對選舉活動進行有效監督，香港選舉管理委員會發表最新修訂的《行政長官選舉活動指引》。該指引載有進行行政長官選舉的程序。

5月11日　民建聯、自由黨以及泛聯盟均表示，人大常委會三次釋法，是為香港解決重大問題，是正確及必需的，亦獲得香港市民普遍支

持。

5月25日　立法會三讀通過行政長官選舉修訂條例草案。

5月27日　選舉管理委員會發出新的行政長官選舉活動指引。特區政府同日刊登憲報,委任高等法院原訟庭法官朱芬齡為2005年行政長官選舉主任。

5月31日　行政長官選舉將由6月3日起接受候選人提名,至6月16日止。選舉事務處發言人表示:「獲提名人士必須取得至少100名選舉委員會委員親自簽署提名表格,表示同意提名。」

同日,與港進聯合併後的民建聯舉行首次中委會會議,並選出民建聯新一屆的領導層,馬力任主席,楊孫西任監委會主席,曾鈺成、劉漢銓等任會務顧問。民建聯的中委會又決定,支持已宣布參與行政長官補選的曾蔭權,但不會規定具選委身份的黨員統一投票或提名。

6月2日　曾蔭權呈辭香港特區政務司司長,並獲得中央政府同意。曾蔭權宣布參選香港特區行政長官。

6月16日　選舉主任宣布曾蔭權自動當選行政長官。

6月21日　國務院決定任命曾蔭權為香港特區行政長官,即日起就職,任期至2007年6月30日。

8月25日　民建聯中委會宣布成立22人顧問團,成員來自商界、教育界、婦女、文化及醫學等界別。

9月25日　由行政長官曾蔭權、立法會主席范徐麗泰率領的香港立法會議員珠三角訪問團於上午經深圳皇崗口岸入境,開始對珠三角進行為期兩天的訪問。

9月29日　民建聯啓動「發展會員運動」的新一輪宣傳計劃,希望在短期內增加400名會員,令會員人數達到3600人。

11月　社會聯合黨成立,由一群有志於參政的專業人士組成。召集人黃嘉錫,創會會員有黃德倫、余保羅、黃成光等10多人。

12月20日　由香港11個社團組成的「關注政改大聯盟」，收集到77.5萬個支持政改方案的港人簽名。

12月21日　香港特區政府向立法會提交了關於2007年行政長官和2008年立法會產生辦法的修改議案。兩個議案雖然得到半數以上議員的支持，但未能獲得全體議員2/3多數通過。

2006年

3月19日　公民黨成立，前身是「基本法二十三條關注組」和「基本法四十五條關注組」。創黨黨員100多人，黨魁余若薇，主席關信基，副主席張超雄、黎廣德，司庫譚香文。中央執委會有15人，包括梁家傑、毛孟靜、湯家驊等。

4月1日　香港民建聯主席馬力率領的民建聯中常委成員代表團一行20多人訪問澳門。澳門行政長官何厚鏵在政府總部會見民建聯訪問團一行，並與他們進行了座談。

7月10日　民建聯隆重舉行酒會，慶賀成立14周年。香港特區行政長官曾蔭權、中聯辦主任高祀仁，外交部駐港特派員呂新華等官員，出席慶祝酒會。

7月　匯賢智庫成立。由11名曾在美國留學或工作，卻心繫香港的港人創立，理事會主席為葉劉淑儀。

9月13日　於2005年2月合併成立的新的香港民建聯首次組團訪問北京。

10月　社會民主連線（簡稱社民連）成立。政治定位為社會抗議力量，是一個激進的民主派組織，主席黃毓民。

11月2日　香港選舉委員會界別分組選舉提名正式展開。

12月10日　負責選出下屆特首的香港選舉委員會界別分組選舉舉行。在23個有競爭的界別中，合資格選民有20.4萬多人，其中5.6萬多人投票，總投票率27.44%，高於上一屆選委會選舉的19.49%。這次選委會選舉

共有1101名候選人參加，比上一屆的723人高出53%。

12月11日　香港選舉委員會界別分組選舉結果揭曉，427名經選舉產生的選委，將連同其他已經當選的373名選委一起，於2007年3月選出新一任香港特區行政長官。

2007年

1月31日　公民黨立法會議員梁家傑宣布參加第三任行政長官選舉。

2月1日　曾蔭權宣布競選連任第三任行政長官。

3月25日　香港特區第三任行政長官選舉舉行投票，候選人曾蔭權在772張有效票中，贏得649票，以超過80%的高得票率當選，成為新一任行政長官人選。

7月1日　行政長官曾蔭權及政府官員、行政會議成員宣誓就職。

8月8日　民建聯主席馬力病逝。後選出譚耀宗為新任主席

11月18日　第三屆區議會選舉投票日。全港投票人數約114萬人，投票率38%，較上屆下降6個百分點。

11月19日　第三屆區議會選舉結果公布，在405個民選議席中，建制派佔147席，佔總議席比例36.3%，泛民主派佔106席，佔總議席比例26.2%。

11月　民協在第三屆區議會選舉中只取得17席，比上屆減少8席，主席馮檢基辭職，由廖成利接任主席。

2008年

7月19日—8月1日　第四屆立法會選舉提名期。選舉事務處共收到113份有效名單，共有201人參選，創歷史新高。其中分區直選有53張名單，共141人參選；功能界別有60人參選。共有7人自動當選。

9月7日　第四屆立法會選舉投票日。分區直選有152.4萬選民投票，投票率為45.2%。功能界別有122,370人投票，投票率為57.65%。

9月8日　第四屆立法會選舉結果公布。在60個議席中，政團取得44

席，其中地區直選28席，功能界別16席。

同日，自由黨在立法會地區直選全軍覆沒，黨主席田北俊、副主席周梁淑怡分別宣布辭去黨職，為選舉失利承擔責任。周梁淑怡亦辭去行政會議成員身份。自由黨宣布由該黨副主席、剛連任航運交通界議員的劉健儀出任代理主席。

9月30日　公共專業聯盟領導層改選，黎廣德連任主席，莫乃光、梁繼昌連任副主席。

10月8日　第四屆立法會召開首次會議，60名議員宣誓就任。民建聯曾鈺成以36票擊敗只得24票的民主黨李華明，成功當選立法會主席。曾鈺成是首位具政黨背景的立法會主席，為立法會連續11年由前主席獨立人士范徐麗泰主政的局面揭開新的一頁。

同日，自由黨立法會議員林健鋒、梁君彥、梁劉柔芬宣布退黨，原因是不想浪費時間在黨內爭拗上。3人同時退黨，加上已退黨的鄉議局主席劉皇發，令自由黨在第四屆立法會僅得3席。

10月24日　自由黨常委會選出代主席劉健儀為新任主席，方剛與張宇人為副主席。劉健儀表示，自由黨未來的首要工作是做好黨內團結，並努力為2012年的選舉做準備，包括循功能界別及地區直選雙線發展。

10月　泛聯盟改組為專業會議。成員有立法會議員何鍾泰、石禮謙、劉秀成及循九龍西直選首次進入立法會的梁美芬。何鍾泰為召集人，石禮謙任秘書長。專業會議不是政團只是立法會內4名議員在政見上的結盟。

11月23日　前線舉行特別會員大會，大比數通過與民主黨合併，但否決解散前線的議案。前線召集人劉慧卿表示，將與9位執委退出前線後，正式加入民主黨。民主黨主席何俊仁歡迎前線的表決結果，表示將與劉慧卿組閣執掌民主黨。

12月6日　公民黨舉行第3屆周年委員大會，選出新的執委會成員，主席關信基、黨魁余若薇及副主席黎廣德順利連任，梁家傑代替張超雄成為

內務副主席，而浸大政治及國際關係學副教授陳家洛則接替鄭宇碩出任秘書長。陳淑莊、郭榮鏗等成爲新執委。

12月14日　民主黨與前線合併後召開首個周年會員大會，選出新一屆領導層，何俊仁當選主席，劉慧卿與單仲偕當選副主席。鄭家富挑戰副主席落敗。中委會委員數目由27位增至30位，新當選者包括原前線3名成員。

2009年

4月15日　民建聯第10屆中央委員會及第3屆監察委員會選舉結束，選出50名中央委員和40名監察委員。新一屆中委平均年齡爲47.7歲，較上屆年輕4.5歲。

4月20日　工聯會舉行第34屆常務理事會會議，選出新一屆領導層。鄭耀棠連任會長，年僅39歲的香港文職及專業人員總會會長吳秋北獲選爲理事長。原理事長黃國健與林淑儀、陳婉嫻、梁富華、陳有海獲選爲副會長。原副會長譚耀宗完全淡出工聯會。

4月21日　民建聯第10屆中央委員會及第3屆監委會選出領導層。譚耀宗續任主席，劉江華、蔣麗芸連任副主席，溫嘉旋、張國鈞新任副主席（張是青年民建聯主席，年僅34歲），彭長緯任秘書長，楊孫西連任監委會主席。

6月　經濟動力成立。由退出自由黨的四位立法會議員林健鋒、梁君彥、梁劉柔芬、劉皇發組成，召集人爲林健鋒，口號是齊心激發無窮動力。

7月底　社民連正式拋出「五區總辭、變相公投」方案，呼籲泛民主派按議席比例辭職。

9月6日　公民黨拋出總辭方案，5位泛民議員辭去立法會議席並參加補選，以變相公投探測民意對落實「雙普選」訴求。

12月13日　民主黨召開黨員大會，以接近81%的多數否決了：民主黨

參與「五區辭職」以爭取2012雙普選。

12月17日　由全國人大代表、工聯會會長鄭耀棠牽頭的「政制向前走大聯盟」成立。發起人包括民建聯譚耀宗、劉江華及蔣麗芸,自由黨田北俊、田北辰及劉健儀,經濟動力梁劉柔芬等。大聯盟以「支持政制向前走,民主步伐不停留」為口號。

2010年

1月21日　公民黨、社民連正式宣布,公民黨陳淑莊、梁家傑,社民連黃毓民、梁國雄、陳偉業辭去立法會議員職務。通過辭職促成補選,創造變相公投,並以「五區公投,全民起義」作口號。

1月31日　社民連舉行周年會員大會換屆,由陶君行接替黃毓民擔任主席,鄧徐中、吳文遠、王學今接替李偉儀、麥國風擔任副主席,季詩傑出任秘書長。陶君行表示,社民連會貫徹「濟弱扶傾、義無反顧」的抗爭路線,同時希望吸納溫和理性選民的支持。

4月　特區政府公布政改具體方案,即2012年行政長官選舉委員會由800人增至1200人,提名門檻由100人增至150人;立法會由60席增至70席,分區直選和功能界別各增加5席,功能界別新增5席由區議員互選產生。

5月16日　立法會五區補選,投票率只得17%。公民黨陳淑莊、梁家傑,社民連黃毓民、梁國雄、陳偉業辭去立法會議員職務,分別參選香港島、九龍東、九龍西、新界東、新界西五大選區,經補選,5人勝出重返立法會。

5月24日　民主黨主席何俊仁、副主席劉慧卿、資深成員張文光,獲邀進入中聯辦與有關負責人會面,商談政改問題。

6月25日　立法會以民建聯、工聯會、自由黨、民主黨等三分之二多數議員投票支持,通過了2012年行政長官產生辦法和立法會選舉產生辦法。這是香港回歸後立法會首次通過政改方案,在政制發展史上是個新的

里程碑。

　　10月2日　新民主同盟（簡稱新同盟）成立。由20名民主黨改革派成員和部分退黨人士組成，包括民主黨新界東范國威等8名區議員。他們反對民主黨支持2010年政改方案，強調務實本土路線。該組織採用由成員每半年輪換擔任召集人制度。

　　12月15日　由匯賢智庫主席、立法會議員葉劉淑儀牽頭籌組的新民黨首次召開會員大會，選出中央委員會成員，並選出葉劉淑儀爲主席、史泰祖及田北辰爲副主席，余衍深任行政總裁。

　　12月19日　民主黨召開特別大會，何俊仁連任主席、劉慧卿、單仲偕連任副主席。同日，民主黨30名黨員（包括前副主席陳竟明及新同盟除林少忠外所有的區議員）發表《退黨以明志、緊守民主承諾》的退黨聲明，這是民主黨成立以來繼2002年少壯派出走後第二次大規模退黨潮，退黨人士將加入新同盟。

2011年

　　1月8日　公民黨舉行周年會員大會，改選新一屆領導層。創黨主席關信基、黨魁余若薇卸任，秘書長陳家洛擊敗鄭宇碩任主席，梁家傑任黨魁，黎廣德、吳靄儀任副主席，賴仁彪任秘書長。

　　1月9日　新民黨正式成立。葉劉淑儀任主席，史泰祖、田北辰任副主席，創黨成員266人。新民黨以「親迎民心，革故求新」爲口號。立黨宗旨是於香港建設健全的民主制度，推動科技創新，以促進經濟轉型及產業多元化，同時致力縮窄貧富差距，建立更公平社會。

　　1月15日　民主黨再有12名黨員宣布退黨，其中包括創黨成員新界東支部常委何淑萍，她批評民主黨轉鈦支持政改方案，又點名批評副主席劉慧卿「行事霸道專橫」，表示考慮加入新同盟。

　　1月23日　社民連創黨主席黃毓民和創黨立法會議員陳偉業宣布退出社民連，兩人將聯同選民力量、前線等成立新組織──人民力量。人民力

量是一個比較鬆散的臨時性政治組織聯盟，包括普羅政治學苑、選民力量、前線、民主陣線及社民連200多名退黨成員。

3月3日、5日　立法會分別通過《2010年行政長官選舉（修訂）條例草案》和《2010年立法會選舉（修訂）條例草案》，意味著2012年政改方案本地立法工作已經完成。

4月15日　民建聯舉行第11屆中委會及第4屆監委會選舉，選出50名中央委員；19日選出20名常委，主席譚耀宗，副主席劉江華、蔣麗芸、張國鈞留任，李慧琼接替溫嘉旋任副主席，彭長緯連任秘書長。楊孫西連任監委會主席。

7月10日　人民力量正式政黨化，選出第一屆執行委員會。主席為選民力量劉嘉鴻，副主席為前線召集人甄燊港和陳志全。

8月21日　經濟動力、自由黨、專業會議共12名立法會議員，加上自由黨榮譽主席田北俊，合組成立工商專業聯盟（簡稱工專聯）。林健鋒任召集人，劉健儀、何鍾泰任副召集人。劉皇發、黃宜弘、田北俊任榮譽主席。

9月15日至28日　第四屆區議會選舉提名期。選舉事務處接獲915個有效提名，其中76人自動當選，839名候選人競爭336個議席，平均約2.5人爭1席。

11月6日　第四屆區議會選舉投票日，全港約有120.2萬名選民投票，投票率41.4%，超過上屆的38.83%，僅次於2003年第二屆區選的44.1%。

11月7日　第四屆區議會選舉結果公布，在412個民選議席中，建制派政團佔201席，佔總議席比例48.8%，泛民主派政團佔83席，佔總議席比例20.1%。

同日，社民連舉行記者會，陶君行宣布辭任黨主席一職，承擔區議會選舉敗選責任。今屆有27人參選的社民連全部落敗，包括4名爭取連任的區議員麥國風、古桂耀、曾健成及主席陶君行悉數落選，全黨在區議會

「零議席」，只余下「長毛」梁國雄一位立法會議員。

　　12月11日　第四任行政長官選舉委員會選舉。約65,500名選民投票，投票率約27.5%，選出24個有競逐界別共766名選委，加上11個界別自動當選的277名選委、60名宗教界別自行提名產生的選委、36名港區全國人大代表及60名立法會議員當然委員（其中有重疊），共計組成1194人的選舉委員會。

　　12月18日　工黨正式成立。有131個創黨成員，並有公民起動、新世界巴士職工會、九巴員工協會、城巴職工總會等團體成員。職工盟秘書長、立法會議員李卓人任創黨主席，張超雄及譚駿賢任副主席。退出民協的張國柱任紀律委員會主席。李卓人表示，工黨支持立法制訂標準工時，以及落實全民退休保障制度。工黨的口號是「全民起動，天下為工」。

2012年

　　2月　熱血公民成立，創立人之一是黃洋達，有過百名成員，支持者年齡介乎20至40歲。

　　3月25日　第四任行政長官選舉投票日，有1132名選委投票，梁振英以689票（得票率57.4%）當選為第四任行政長官人選，唐英年得285票，何俊仁得76票，廢票82票。

　　4月16日　工聯會第35屆常務理事會選出新領導層，原會長鄭耀棠及副會長陳婉嫻任榮譽會長，副會長林淑儀升任會長，理事長吳秋北成功連任。

　　7月1日　行政長官梁振英及政府官員、行政會議成員宣誓就職。

　　7月18日—31日　第五屆立法會選舉提名期。共有287人報名參選，參選人數創新高。其中地區直選67張名單216人參選，「超級區議會」議席7張名單18人參選，傳統功能界別53人參選。共有16人自動當選。

　　9月9日　第五屆立法會選舉投票日。分區直選約有183萬名選民投票，投票率53%。超級議席選舉約167萬人投票，投票率51.9%。傳統功能

界別選舉約有15萬人投票,投票率69.65%。

9月10日　第五屆立法會選舉結果公布。在70個議席中,建制派取得43席,泛民主派取得27席。政團取得58席,其中地區直選34席,功能界別24席。

10月7日　經濟動力成員梁君彥、林健鋒、劉皇發及專業會議成員石禮謙、梁美芬,與新任立法會議員的盧偉國、張華峰共7人,宣布籌組成立香港經濟民生聯盟(簡稱經民聯)。

12月1日　公民黨舉行周年黨員大會,選出新一屆執委。余若薇任主席,陳淑莊任副主席。梁家傑續任黨魁。

12月15日　自由黨改選領導層,周梁淑怡任主席,劉健儀任榮譽主席,另一榮譽主席田北俊兼任發言人,方剛、鍾國斌任副主席。

12月16日　民主黨改選領導層,劉慧卿擊敗單仲偕任主席,蔡耀昌、羅健熙當選副主席。羅僅28歲,成為民主黨史上最年輕的副主席,新當選30名中委平均年齡44歲。

12月18日　經民聯正式成立。梁君彥任主席,林健鋒、張華峰任副主席,劉皇發任榮譽主席,林建嶽任監事會主席。梁君彥表示,經民聯以經濟為本,以民生為綱,兼顧投資與就業,推動民主,創造商機。口號是「工商帶動經濟,專業改善民生」。

2013年

3月1日　民主黨主席劉慧卿指出,中委會昨晚開會,指要在民主路上盡力爭取,包括用「公民抗命」的方法,像港大學者戴耀廷的「佔領中環」行動。

4月15日　民建聯舉行第12屆中委會及第5屆監委會換屆選舉,選出了52位中委及43位監委。4月19日,常委會選出譚耀宗任主席,李慧琼、蔣麗芸、張國鈞連任副主席,彭長緯、陳勇新任副主席,秘書長為陳學鋒,楊孫西連任監委會主席。

4月17日　民建聯主席譚耀宗在《文匯報》發表文章，表示反對「佔中」。

4月19日　新民黨舉行第三次周年會員大會，選出31位中委，葉劉淑儀連任主席，田北辰連任副主席；前任副主席史泰祖則退出領導層。

4月22日　工聯會立法會議員黃國健接受《文匯報》專訪時直指，「佔領中環」具協迫性。

5月21日　新民黨主席葉劉淑儀接受《文匯報》訪問時形容，策動「佔中」等同玩「高危、高風險」的遊戲，重申該黨反對「佔中」。

同日，經民聯副主席林健鋒接受《文匯報》訪問時，指「公民抗命」行動會衝擊法治崇高地位，影響香港經濟活動。

7月7日　人民力量領導層換屆，袁彌明接替劉嘉鴻當選主席。

12月4日　特區政府發表《2017年行政長官及2016年立法會產生辦法諮詢文件》，正式啓動為期5個月的第一輪公眾諮詢。

2014年

1月19日　工黨李卓人、社民連梁國雄等應「華人民主書院」、「台灣守護民主平台」等綠營團體邀請，參加「台灣公民社會運動研討會」。

2月5日　民主黨在中環舉行和平「佔中」誓師大會，45名成員率先表態投身「佔中」，包括歷任主席組成「佔中」「先鋒」名單。主席劉慧卿警告，若普選莊嚴承諾落空，民主黨必定全力參與「佔中」。

2月12日　新民黨正式宣布與公民力量結盟。新民黨主席葉劉淑儀任公民力量會長，常務副主席田北辰任公民力量榮譽主席；公民力量執委會主席潘國山任新民黨副主席。葉劉淑儀指出，是次結盟可擴大新民黨在新界東的網絡，期望將來可緊密合作。潘國山表示，結盟後，新民黨可提升公民力量地區服務的品質，互補不足，發揮協同效應。

2月22日至23日　民主黨劉慧卿、何俊仁、黃碧雲等參與「華人民主書院」主辦的「非暴力抗爭訓練營」，由台灣「紅衫軍」副總指揮簡錫堦

主講「佔中」策略，教授「佔中」行動。

7月3日　由資深傳媒人周融牽頭的「保普選反佔中大聯盟」（簡稱大聯盟）成立，發起人包括工聯會理事長吳秋北等愛國政團、工會、社團、商會領袖。從7月19日至8月18日，大聯盟發起了街頭及網上反對「佔領中環」爲期一個月的簽名行動，簽名人數突破150萬人。從10月25日至11月2日，已有1000多個團體或個人參與發起或聯署的大聯盟，又開展了一次聲勢更加浩大的「反暴力、反『佔中』、保和平、保普選」的大簽名行動，一共收集到了183萬多個簽名。這是香港有史以來最大規模的群衆簽名行動。

8月17日　大聯盟舉行「8·17」和平普選大遊行，民建聯、工聯會、新民黨、經民聯等政團，各大商會、工會、社團等團體，打出各自旗幟，高呼「反對佔領中環」，「要求落實2017年普選特首」等口號參加遊行，大聯盟估計遊行人數爲19.3萬。

8月31日　全國人大常委會全票通過《關於香港特別行政區行政長官普選問題和2016年立法會產生辦法的決定》，明確了制定行政長官普選和立法會產生辦法的法律框架，奠定了香港政改法制軌道。

同日，民建聯發表聲明，對全國人大「8·31決定」表示歡迎及支持，形容這是香港憲政改革的重要一步。隨後，工聯會、新民黨、經民聯、自由黨等政團都表達了支持「8·31決定」、明確反對「佔中」、支持警方執法的態度。

9月28日　「佔中」啓動後，公民黨黨魁、立法會泛民「飯盒會召集人」梁家傑牽頭、協調各泛民政團對「佔領」場地的分工。

12月1日　自由黨宣布方剛接田北俊任黨魁，鍾國斌任主席，邵家輝任副主席，田北俊、周梁淑怡、劉健儀任榮譽主席。

12月3日　「佔中」三名發起人戴耀廷、陳健民、朱耀明聯同陳日君等數十名參與「佔中」人士到警署自首。

12月11日　警方展開金鐘佔領區全面清場行動，拘捕黎智英、李柱銘、余若薇、梁家傑、楊森、李永達、何俊仁、單仲偕、涂謹申、梁國雄、陳偉業等209人，中區主幹線恢復通車。

12月15日　警方順利完成銅鑼灣最後一個「佔領區」清場行動，長達79天的「佔領行動」終於落幕，「佔中」最終完結。（2019年4月24日西九龍裁判法院判處戴耀廷、陳健民、朱耀明入獄16個月，邵家臻、李永達等判囚8個月。）

2015年

1月7日　特區政府發表《行政長官普選辦法諮詢文件》，普選正式啓動爲期兩個月的第二輪公衆諮詢。

1月　靑年新政成立，梁頌恆任召集人，游蕙禎等任社區主任。有過百名成員，年齡介乎20至30歲。

1月　本土民主前線成立，黃臺仰任發言人，有50名成員。主要是黃毓民的狂熱支持者及一班激進網民，多次發動暴力衝擊行動。

4月17日　民建聯舉行第13屆中央委員會及第6屆監察委員會換屆選舉。隨後，中常委選出新一屆領導層，李慧琼任主席，張國鈞、彭長緯、陳勇、陳克勤、周浩鼎任副主席。譚耀宗任會務顧問，盧文端任監委會主席。民建聯領導層實現了新老交替。

6月8日　民主思路正式成立。湯家驊任召集人。另有4名聯席召集人，分別爲專責研究的陳祖爲、葉健民，以及專責倡議的賴卓彬、劉培榮。張楚勇任秘書長。王永平、翟紹唐任榮譽顧問。袁彌昌任總幹事。

6月18日　特區立法會表決政改決議案。因建制派議員溝通錯誤，策略失敗，結果在8票贊成、28票反對之下，議案戲劇性地以大比數被否決，令各界感意外。

8月8日　「正義聯盟」宣布正式由民間自發組織轉爲正義聯盟黨。主席李偲嫣，副主席蔡克健及岑浩賓，顧問團隊則包括立法會議員梁美芬

等。

10月2日至15日 第五屆區議會選舉提名期。選舉事務處接獲943個有效提名,其中66人自動當選,877名候選人競爭365個議席,平均約2.4人爭1席。

11月22日 第五屆區議會選舉投票日。全港約有146萬名選民投票,投票率47%,創歷史新高。

11月23日 第五屆區議會選舉結果公布,在431個民選議席中,建制派政團佔195席,佔總議席比例45.2%,泛民主派政團佔104席,佔總議席比例24.1%。

2016年

1月3日 新思維正式成立。狄志遠任主席,姜炳耀、廖添誠、鄭成隆任副主席。黃俊琅任秘書長,黃錦輝任司庫,黃成智等任執委會委員。新思維共有62名成員。

2月28日 立法會新界東補選因湯家驊辭去的議席。公民黨楊岳桥勝出。

3月28日 香港民族黨宣布成立。陳浩天任召集人,約有50名黨員。因該黨主張「港獨」,公司註冊處拒絕他們以「香港民族黨」註冊。(2018年9月24日,香港特區政府保安局局長作出命令,禁止「香港民族黨」在香港運作。2019年2月19日,香港特區行政長官會同行政會議作出決定,確認保安局局長命令有效。)

4月10日 香港眾志成立。羅冠聰任主席,黎汶洛任副主席,黃之鋒任秘書長,周庭任副秘書長。創黨成員約有20至30人。

7月16日至29日 第六屆立法會選舉提名期。共有147份有效名單,共289名有效候選人,參選名單及參選人數為歷屆之冠。其中地區直選84張名單213人參選,「超級區議會」議席9張名單21人參選,傳統功能界別54張名單55人參選。共有12人自動當選。

9月4日　第六屆立法會選舉投票日。全港共有約220萬名選民投票，投票率達58.23%，投票人數和投票率均創歷史新高。超級議席選舉約有198萬人投票，投票率57.09%。傳統功能界別選舉約有17萬人投票，投票率74.33%。

9月5日　第六屆立法會選舉結果公布。在70個議席中，建制佔41席，傳統泛民佔22席，激進本土、自決派佔7席，各派佔總議席比例約59%比31%比10%。政團共取得56席，其中地區直選31席，功能界別25席。

10月12日　第六屆立法會宣誓就職，選出梁君彥任新一屆立法會主席。梁頌恆、游蕙禎、羅冠聰、姚松炎、劉小麗、梁國雄等6人，因宣誓問題被法院裁定喪失議員資格，需重新進行補選（梁國雄因上訴，其議席仍未安排補選）。結果，范國威、鄭永舜、區諾軒、謝偉銓、陳凱欣先後勝出，填補立法會議席。

12月11日　第五任行政長官選舉委員會界別分組選舉投票日。共有107,841名選民投票，投票率達46.5%，創歷史新高。選舉結果顯示，在1194席（已扣除部分身份重疊選委及剝奪議席人士）中，建制派取得超過870席，佔選委總人數約四分之三，泛民主派取得325席，佔選委總人數27%。

2017年

3月26日　第五任行政長官選舉投票日。1194名選委中的1186人投票，投票率達99.3%，扣除23張白票及廢票，有效選票為1163張。林鄭月娥獲777票，曾俊華獲365票，胡國興獲21票；林鄭月娥成為香港特區第五任行政長官當選人。

4月10日　新民黨副主席、立法會議員田北辰宣布退出新民黨。黨內6名新界西區議員亦一同退黨，包括屯門蘇嘉雯和朱耀華、葵青徐曉傑和吳家超、元朗陳思靜以及荃灣鄭捷彬。後成立參政組織「實政圓桌」。

7月1日　行政長官林鄭月娥及新一屆政府官員、行政會議成員宣誓就職。

附錄二

香港主要政團名稱和簡稱表

（1949−2017）

本書所用之各政團的名稱及簡稱列表如下，以供參照。

名稱	簡稱
民主建港協進聯盟	民建聯
香港工會聯合會	工聯會
自由黨	自由黨
民主黨	民主黨
香港民主民生協進會	民協
新民黨	新民黨
香港協進聯盟	港進聯
前線	前線
香港經濟民生聯盟	經民聯
公民黨	公民黨
香港民主同盟	港同盟
民權黨	民權黨
新力量網絡	新網絡
民間人權陣線	民陣
新世紀論壇	新論壇
港九勞工社團聯會	勞聯
工黨	工黨
香港職工會聯盟	職工盟

新民主同盟	新同盟
經濟動力	經濟動力
專業會議	專業會議
工商專業聯盟	工專聯
公民力量	公力
人民力量	人力
青年新政	青政
本土民主前線	本民前
香港衆志	衆志
熱血公民	熱血公民
公共專業聯盟	公專聯
西九新動力	西九力
民主思路	民思路
新思維	新思維
香港泛聯盟	泛聯盟
香港聯合黨	聯合黨
香港全民黨	全民黨
社會民主連線	社民連
匯賢智庫	匯賢智庫
街坊工友服務處	街工
一二三民主聯盟	一二三
香港革新會	革新會
香港華人革新協會	華革會
香港公民協會	公民協會
香港觀察社	觀察社
新香港學會	新港學會

匯點	匯點
太平山學會	太平山
香港論壇	港論壇
港人協會	港人協
香港勵進會	勵進會
港九工團聯會總會	工團會
香港民主促進會	民主會
香港自由民主聯會	自民聯
新香港聯盟	新港盟
建港協會	建港會
港人論壇	港人論壇
穩定香港協會	穩定協會
香港市民支持愛國民主運動聯合會	支聯會

（資料來源：雷競旋、沈國祥編《香港選舉資料匯編》（1982-1994）
香港中文大學香港亞太研究所 1995 年出版
雷競旋、沈國祥編《香港選舉資料匯編》（1995 年）
香港中文大學香港亞太研究所 1996 年出版
《文匯報》《大公報》《明報》《星島日報》《東方日報》《蘋果日報》（1997-2017））

附錄三

香港主要政團參選成績

（一）主要政團參選立法會的成績

第一屆立法會選舉（1998年）

（分區直選20席；功能組別30席；選委會10席）

政團名稱	候選人數	議席數	當選率	佔議席比例
民建聯	★20/2/4	★5/1/2	★25%/50%/50%	★25%/3.3%/20%
民主黨	★18/5/3	★9/4/2	★50%/80%/66%	★45%/13%/20%
自由黨	★12/8/1	7/1（功能/選委會）	87.5%/100%	23.3%/10%
民協	★4/1/1	0	0	0
港進聯	5/4（功能/選委會）	2/3（功能/選委會）	40%/75%	6.6%/30%
工聯會	2（功能）	2（功能）	100%	6.6%
前線	4（直選）	3（直選）	75%	15%
民權黨	2（直選）	1（直選）	50%	5%
一二三	4（直選）	0	0	0
勞聯	1（功能）	1（功能）	100%	3%
合計	★64/24/13	★18/15/8	★28%/62.5%/61%	★90%/50%/80%

★數字表示的排列順序為：直選/功能/選委會

（資料來源：《大公報》1998年5月26日）

第二屆立法會選舉（2000年）

（分區直選24席；功能組別30席；選委會6席）

政團名稱	候選人數	議席數	當選率	佔議席比例
民建聯	★23/6/1	★7/3/1	★30.4%/50%/100%	★29%/10%/16%
民主黨	27/3（直選/功能）	9/3（直選/功能）	33.3%/100%	37.5%/10%
自由黨	★4/9/1	7（功能）	77.7%（功能）	23.3%
民協	★2/1/2	1（直選）	50%	4.1%
前線	4（直選）	3（直選）	75%	12.5%
港進聯	2/2（功能/選委會）	1/2（功能/選委會）	50%/100%	3.3%/33%
工聯會	1（功能）	1（功能）	100%	3.3%
街工	1（直選）	1（直選）	100%	4.1%
職工盟	1（直選）	1（直選）	100%	4.1%
勞聯	1（功能）	1（功能）	100%	3.3%
合計	*62/23/6	*22/16/3	*35%/70%/50%	*91%/53%/50%

★數字表示的排列順序爲：直選/功能/選委會

（資料來源：香港《文匯報》2000年9月12日）

第三屆立法會選舉（2004年）

（分區直選30席；功能組別30席）

政團名稱	候選人數	議席數	當選率	佔議席比例
民建聯	★29/3	★9/3	★31%/100%	★30%/10%
自由黨	★3/9	★2/8	★66.6%/88.8%	★6.6%/26.6%
民主黨	★17/5	★7/2	★41%/40%	★23%/6.6%
民協	6（直選）	1	16.6%	3.3%
前線	4（直選）	1	25%	3.3%
工聯會	1（功能）	1	100%	3.3%
街工	2（直選）	1	50%	3.3%
職工盟	4（直選）	2	50%	6.6%
勞聯	1（功能）	1	100%	3.3%
四十五條關注組	★3/1	★3/1	★100%/100%	★10%/3.3%
合計	*68/20	*27/16	*39.7%/80%	*90%/53.3%

★數字表示的排列順序爲：直選/功能

（資料來源：《大公報》2004年9月14日）

第四屆立法會選舉（2008年）

（分區直選30席；功能組別30席）

政團名稱	候選人數	議席數	當選率	佔議席比例
民建聯	★29/3	★7/3	★24%/100%	★23%/10%
民主黨	★29/3	★7/1	★24%/33%	★23%/3.3%
自由黨	★10/8	7（功能）	87.5%（功能）	23%
公民黨	★15/4	★4/1	★26.6%/25%	★13.3%/3.3%
社民連	6（直選）	3	50%	10%
民協	★7/1	★1/1	★14%/100%	★3.3%/3.3%
前線	2（直選）	1	50%	3.3%
工聯會	★12/2	★2/2	★16.6%/100%	★6.6%/6.6%
街工	2（直選）	1	50%	3.3%
職工盟	2（直選）	1	50%	3.3%
勞聯	1（功能）	1	100%	3.3%
公民起動	1（直選）	1	100%	3.3%
合　計	*115/22	*28/16	24.3%/72.7%	*93.3%/53.3%

★數字表示的排列順序為：直選/功能

（資料來源：《大公報》2008年9月9日）

第五屆立法會選舉（2012年）

（分區直選35席；超級議席5席；傳統功能組別30席）

政團名稱	候選人數	議席數	當選率	佔議席比例
民建聯	★47/6/3	★9/1/3	★19.15%/16.67%/100%	★25.71%/20%/10%
工聯會	★20/3/2	★3/1/2	★15%/33.33%/100%	★8.57%/20%/6.67%
民主黨	★32/6/1	★4/2/0	★12.5%/33.33%/0	★11.43%/40%/0
公民黨	#10/2	#5/1	#50%/50%	#14.29%/0.33%
自由黨	#7/4	#1/4	#14.29%/100%	#2.86%/13.33%
工　黨	#7/1	#3/1	#42.86%/100%	#8.57%/0.33%
經濟動力	#7/3	#0/3	#0/100%	#0/10%
人民力量	15（直選）	3（直選）	20%	8.57%
西九力	4（直選）	1（直選）	25%	2.86%
新論壇	#2/1	#0/1	#0/100%	#0/0.33%
勞　聯	1（功能）	1（功能）	100%	0.33%
社民連	3（直選）	1（直選）	33.33%	2.86%
民　協	★5/2/0	★0/1/0	★0/50%/0	★0/20%/0
街　工	2（直選）	1（直選）	50%	2.86%
新同盟	9（直選）	1（直選）	11.11%	2.86%
合計	*170/17/18	*32/5/16	*18.82%/29.41%/88.89%	*91.43%/100%/53.33%

註：★　數字表示的排列順序為：直選/超級/功能。

　　#　數字表示的排列順序為：直選/功能。

（資料來源：根據《文匯報》2012年8月5日、9月11日數據統計。）

第六屆立法會選舉（2016年）

（分區直選35席；超級議席5席；傳統功能組別30席）

政團名稱	候選人數	議席數	當選率	佔議席比例
民建聯	★44/9/3	★7/2/3	★15.91%/22.22%/100%	★20%/40%/10%
經民聯	#6△/6	#1/6	#16.67%/100%	#2.86%/20%/
民主黨	★20/2/1	★5/2/0	★25%/100%/0	★14.29%/40%/0
公民黨	#9/1	#5/1	#55.56%/100%	#14.29/0.33%
工聯會	★16/4/2	★3/0/2	★18.75%/0/100%	★8.57%/0/6.67%
自由黨	#3/5	#0/4	#0/80%	#0/13.33%
新民黨	20☆（直選）	3（直選）	15%	8.57%
公專聯	2（功能）	2（功能）	100%	6.67%
青年新政	3（直選）	2（直選）	66.67%	5.71%
新論壇	1（功能）	1（功能）	100%	0.33%
勞聯	1（功能）	1（功能）	100%	0.33%
工黨	9（直選）	1（直選）	11.11%	2.86%
人民力量	5（直選）	1（直選）	20%	2.86%
社民連	3（直選）	1（直選）	33.33%	2.86%
街工	★3/1/0	★0/1/0	★0/100%/0	★0/20%/0
香港眾志	1（直選）	1（直選）	100%	2.86%
熱血公民	6（直選）	1（直選）	16.67%	2.86%
合計	*148/16/22	*31/5/20	*20.95%/31.25%/90.91%	*88.57%/100%/66.67%

註：★ 數字表示的排列順序為：直選/超級/功能。

　　# 數字表示的排列順序為：直選/功能。

　　△ 經民聯直選6人同時申報西九新動力。

　　☆ 新民黨直選其中7人同時申報公民力量。

（資料來源：根據《文匯報》2016年8月7日、9月6日數據統計。）

（二）主要政團參選區議會的成績

第一屆區議會選舉（1999年）

（地區直選390議席）

政團名稱	候選人	議席數	當選率	佔直選議席比例
民建聯	176	83	47%	21.28%
民主黨	173	86	50%	22.05%
自由黨	32	15	45%	3.84%
民協	31	19	60%	4.87%
前線	9	4	44%	1.02%
港進聯	30	21	70%	5.38%
一二三	11	7	63%	1.79%
合計	462	235	50.86%	60.25%

（資料來源：香港《文匯報》1999年11月30日）

第二屆區議會選舉（2003年）

（地區直選400議席）

政團名稱	候選人	議席數	當選率	佔直選議席比例
民建聯	206	62	30.1%	15.5%
民主黨	120	95	79.2%	23.75%
自由黨	25	12	48%	3%
民協	37	25	67.6%	6.25%
前線	13	6	46%	1.5%
港進聯	38	20	52.63%	5%
合計	439	220	50%	55%

（資料來源：香港《文匯報》2003年11月25日）

第三屆區議會選舉（2007年）

（地區直選405議席）

政團名稱	候選人	議席數	當選率	佔直選議席比例
民建聯	177	115	64%	28.39%
民主黨	108	59	55%	14.56%
自由黨	60	14	23.3%	3.45%
公民黨	44	8	18.1%	1.97%
民協	38	17	44.7%	4.19%
社民連	27	6	22%	1.48%
前線	16	6	46%	1.5%
公民力量	20	18	90%	4.4%
合計	468	243	51.9%	60%

（資料來源：香港《文匯報》2007年11月20日）

第四屆區議會選舉（2011年）

（地區直選412議席）

政團名稱	候選人	議席數	當選率	佔直選議席比例
民建聯	182	136	74.7%	33%
工聯會	48−18★	29−18★	60.4%	7.03%
自由黨	24	9	37.5%	2.18%
新民黨	12	4	33.3%	0.97%
公民力量	21−1#	15−1#	71.4%	3.64%
經濟動力	10	4	40%	0.97%
新論壇	2	2	100%	0.49%
勞聯	2	1	50%	0.24%
西九力	23	20	86.9%	4.85%
民主黨	132	47	35.6%	11.41%
公民黨	41	7	17.1%	1.7%
民協	26	15	57.7%	3.64%
社民連	28	0		
人民力量	62	1	1.6%	0.24%

街　工	6	5	83.3%	1.21%
職工盟	3	0		
新同盟	10	8	80%	1.94%
合計	613	284	46.32%	68.93%

註：★　工聯會18人同時具有民建聯身份。
　　　#　劉江華同時具有民建聯\公民力量身份。
（資料來源：香港《文匯報》2011年11月8日。）

第五屆區議會選舉（2015年）

（地區直選431議席）

政團名稱	候選人	議席數	當選率	佔直選議席比例
民建聯	171	119	68.4%	27.61%
工聯會	51–2★	29–2★	56.9%	6.72%
新民黨/公力	42	26	61.9%	6.03%
經民聯	16	10	62.5%	2.32%
自由黨	20	9	45%	2.08%
勞　聯	2	1	50%	0.23%
新論壇	1	0		
西九力	10–4#	7–4#	50%	1.62%
新思維	3	0		
民主黨	95	43	45.3%	9.98%
公民黨	25	10	40%	2.32%
民　協	25	18	72%	4.18%
新同盟	16	15	93.8%	3.49%
社民連	5	0		
人民力量	9	1	11.1%	0.23%
街　工	6	5	83.3%	1.16%
工　黨	12	3	25%	0.7%
熱血公民	6	0		
青年新政	9	1	11.1%	0.23%
合計	518	291	56.18%	67.52%

註：★　工聯會2人同時具有民建聯身份。
　　　#　西九力4人同時具有經民聯身份。
（資料來源：香港《文匯報》2015年11月24日。）

附錄四　　1998年–2016年香港特區立法會議員名單

香港特區第一屆立法會議員名單（1998年）

（60席）

地區直選（20席）
香港島（4席）：陸恭蕙（民權黨）程介南（民建聯）李柱銘、楊森（民主黨） 九龍西（3席）：劉千石、涂謹申（民主黨）曾鈺成（民建聯） 九龍東（3席）：司徒華、李華明（民主黨）陳婉嫻（民建聯） 新界東（5席）：黃宏發（獨立）劉慧卿、何秀蘭（前線） 　　　　　　　劉江華（民建聯）鄭家富（民主黨） 新界西（5席）：李永達、何俊仁（民主黨）梁耀忠（街工） 　　　　　　　李卓人（前線）譚耀宗（民建聯）

功能界別（30席）	
市政局：張永森 區域市政局：鄧兆棠（港進聯） 鄉議局：劉皇發（自由黨） 漁農界：黃容根（民建聯） 保險界：陳智思 航運交通界：劉健儀（自由黨） 教育界：張文光（民主黨） 法律界：吳靄儀 會計界：李家祥 醫學界：梁智鴻 衛生服務界：何敏嘉（民主黨） 工程界：何鍾泰 建築測量及都市規劃界：何承天 （自由党） 勞工界：陳榮燦（民建聯）陳國強 （工聯會）李啓明（勞聯）	社會福利界：羅致光（民主黨） 地產及建造界：夏佳理（自由黨） 旅遊界：楊孝華（自由黨） 商界（第一）：田北俊（自由黨） 商界（第二）：黃宜弘 工業界（第一）：丁午壽（自由黨） 工業界（第二）：呂明華 金融界：李國寶 金融服務界：詹培忠 體育演藝文化及出版界：霍震霆 進出口界：許長青（港進聯） 紡織及制衣界：梁劉柔芬（自由黨） 批發及零售界：周梁淑怡（自由黨） 資訊科技界：單仲偕（民主黨）

選舉委員會（10席）
楊耀忠（民建聯）、吳亮星、何世柱（自由党）、馬逢國（新論壇）、范徐麗泰、吳清輝（新論壇）、朱幼麟（港進聯）、陳鑑林（民建聯）、蔡素玉（港進聯）、劉漢銓（港進聯）

（資料來源：《大公報》1998年5月26日）

香港特區第二屆立法會議員名單（2000年）

（60席）

地區直選（24席）
香港島（5席）：蔡素玉、程介南（民建聯） 　　　　　　　李柱銘、楊森（民主黨）何秀蘭（前線） 九龍西（4席）：劉千石（職工盟）涂謹申（民主黨） 　　　　　　　曾鈺成（民建聯）馮檢基（民協） 九龍東（4席）：司徒華、李華明（民主黨）陳婉嫻、陳鑑林（民建聯） 新界東（5席）：黃宏發（獨立）劉慧卿（前線） 　　　　　　　黃成智（民主黨）劉江華（民建聯）鄭家富（民主黨） 新界西（6席）：陳偉業、何俊仁（民主黨）梁耀忠（街工） 　　　　　　　李卓人（職工盟/前線）譚耀宗（民建聯）鄧兆棠（港進聯）

功能界別（30席）	
鄉議局：劉皇發（自由黨） 漁農界：黃容根（民建聯） 保險界：陳智思 航運交通界：劉健儀（自由黨） 教育界：張文光（民主黨） 法律界：吳靄儀 會計界：李家祥 醫學界：勞永樂 衛生服務界：麥國風 工程界：何鍾泰 建築測量及都市規劃界：劉炳章 勞工界：陳國強（民建聯） 　　　　梁富華（工聯会）李鳳英（勞聯） 社會福利界：羅致光（民主黨） 地產及建造界：石禮謙	旅遊界：楊孝華（自由黨） 商界（第一）：田北俊（自由黨） 商界（第二）：黃宜弘 工業界（第一）：丁午壽（自由黨） 工業界（第二）：呂明華 金融界：李國寶 金融服務界：胡經昌 體育演藝文化及出版界：霍震霆 進出口界：許長青（港進聯） 紡織及制衣界：梁劉柔芬（自由黨） 批發及零售界：周梁淑怡（自由黨） 資訊科技界：單仲偕（民主黨） 飲食界：張宇人（自由黨） 區議會：葉國謙（民建聯）

選舉委員會（6席）
楊耀忠（民建聯）吳亮星、范徐麗泰、吳清輝 朱幼麟（港進聯）劉漢銓（港進聯）

（資料來源：香港《文匯報》2000年9月11日）

香港特區第三屆立法會議員名單（2004年）

（60席）

地區直選（30席）

香港島（6席）：馬力、蔡素玉（民建聯）
　　　　　　　范徐麗泰、余若薇（四十五条關注組）
　　　　　　　李柱銘、楊森（民主黨）
九龍西（4席）：劉千石（職工盟）涂謹申（民主黨）
　　　　　　　曾鈺成（民建聯）馮檢基（民協）
九龍東（5席）：陳婉嫻（工聯會/民建聯）陳鑑林（民建聯/工聯会）
　　　　　　　李華明（民主黨）鄭經翰、梁家傑（四十五条關注組）
新界東（7席）：劉江華、李國英（民建聯）劉慧卿（前線）
　　　　　　　鄭家富（民主黨）湯家驊（四十五条關注組）
　　　　　　　梁國雄（四五行动）田北俊（自由黨）
新界西（8席）：譚耀宗、張學明（民建聯）陳偉業（獨立）
　　　　　　　何俊仁（民主黨）梁耀忠（街工）李卓人（職工盟）
　　　　　　　周梁淑怡（自由黨）李永達（民主黨）

功能界別（30席）

鄉議局：林偉強
漁農界：黃容根（民建聯）
保險界：陳智思
航運交通界：劉健儀（自由黨）
教育界：張文光（民主黨）
法律界：吳靄儀（四十五条關注組）
會計界：譚香文
醫學界：郭家麒
衛生服務界：李國麟
工程界：何鍾泰
建築測量及都市規劃界：劉秀成
勞工界：李鳳英（勞聯）鄺志堅（工聯会）
　　　　王國興（工聯會/民建聯）
社會福利界：張超雄
地產及建造界：石禮謙

旅遊界：楊孝華（自由黨）
商界（第一）：林健鋒（自由黨）
商界（第二）：黃宜弘
工業界（第一）：梁君彥（自由黨）
工業界（第二）：呂明華
金融界：李國寶
金融服務界：詹培忠
體育演藝文化及出版界：霍震霆
進出口界：黃定光（民建聯）
紡織及制衣界：劉柔芬（自由黨）
批發及零售界：方剛（自由黨）
資訊科技界：單仲偕（民主黨）
飲食界：張宇人（自由黨）
區議會：劉皇發（自由黨）

（資料來源：《大公報》2004年9月14日）

香港特區第四屆立法會議員名單（2008年）

（60席）

地區直選（30席）
香港島（6席）：曾鈺成（民建聯）葉劉淑儀（匯智） 　　　　　　　陳淑莊、余若薇（公民黨）甘乃威（民主黨） 　　　　　　　何秀蘭（公民起動）
九龍西（5席）：李慧琼（民建聯）涂謹申（民主黨）馮檢基（民協） 　　　　　　　黃毓民（社民連）梁美芬（西九力）
九龍東（4席）：陳鑑林（民建聯）黃國健（工聯會）李華明（民主黨） 　　　　　　　梁家傑（公民黨）
新界東（7席）：劉江華、陳克勤（民建聯）劉慧卿（前線）鄭家富（民主黨） 　　　　　　　湯家驊（公民黨）梁國雄（社民連）黃成智（民主黨）
新界西（8席）：譚耀宗、張學明（民建聯）陳偉業（社民連） 　　　　　　　何俊仁（民主黨）梁耀忠（街工）李卓人（職工盟） 　　　　　　　王國興（工聯會）李永達（民主黨）

功能界別（30席）	
鄉議局：劉皇發（自由黨） 漁農界：黃容根（民建聯） 保險界：陳健波 航運交通界：劉健儀（自由黨） 教育界：張文光（民主黨） 法律界：吳靄儀（公民黨） 會計界：陳茂波 醫學界：梁家騮 衛生服務界：李國麟 工程界：何鍾泰（專業會議） 建築測量及都市規劃界：劉秀成（專業會議） 勞工界：李鳳英（勞聯）潘佩璆（工聯會） 　　　　葉偉明（工聯會） 社會福利界：張國柱（民協） 地產及建造界：石禮謙（專業會議）	旅遊界：謝偉俊 商界（第一）：林健鋒（自由黨） 商界（第二）：黃宜弘 工業界（第一）：梁君彥（自由黨） 工業界（第二）：林大輝 金融界：李國寶 金融服務界：詹培忠 體育演藝文化及出版界：霍震霆 進出口界：黃定光（民建聯） 紡織及制衣界：梁劉柔芬（自由黨） 批發及零售界：方剛（自由黨） 資訊科技界：譚偉豪 飲食界：張宇人（自由黨） 區議會：葉國謙（民建聯）

（資料來源：《香港商報》2008年9月9日）

香港特區第五屆立法會議員名單（2012年）

（70席）

地區直選（35席）
香港島（7席）：曾鈺成、鍾樹根（民建聯）單仲偕（民主黨）王國興（工聯會） 陳家洛（公民黨）葉劉淑儀（新民黨）何秀蘭（工黨）
九龍西（5席）：蔣麗芸（民建聯）黃碧雲（民主黨）梁美芬（西九力） 毛孟靜（公民黨）黃毓民（人民力量）
九龍東（5席）：陳鑑林（民建聯）胡志偉（民主黨）黃國健（工聯會） 梁家傑（公民黨）謝偉俊（獨立）
新界西（9席）：譚耀宗、梁志祥、陳恒鑌（民建聯）郭家麒（公民黨） 麥美娟（工聯會）李卓人（工黨）田北辰（新民黨） 梁耀忠（街工）陳偉業（人民力量）
新界東（9席）：葛珮帆、陳克勤（民建聯）劉慧卿（民主黨）田北俊（自由黨） 湯家驊（公民黨）張超雄（工黨）梁國雄（社民連） 陳志全（人民力量）范國威（新同盟）

區議會（二）功能界別 俗稱超級區議會（5席）
何俊仁、涂謹申（民主黨）李慧琼（民建聯）陳婉嫻（工聯會）馮檢基（民協）

傳統功能界別（30席）	
漁農界：何俊賢（民建聯） 教育界：葉建源（教協） 法律界：郭榮鏗（公民黨） 會計界：梁繼昌 醫學界：梁家騮 衛生服務界：李國麟 工程界：盧偉國 建築、測量及都市規劃界：謝偉銓 社會福利界：張國柱（工黨） 旅遊界：姚思榮 金融服務界：張華峰 體育、演藝、文化及出版界：馬逢國（新論壇） 紡織及制衣界：鍾國斌（自由黨） 資訊科技界：莫乃光	自動當選議員（共16人） 鄉議局：劉皇發（經濟動力） 保險界：陳健波 航運交通界：易志明（自由黨） 勞工界：郭偉強、鄧家彪（工聯會） 　　　　潘兆平（勞聯） 地產及建築界：石禮謙 商界（一）：林健鋒（經濟動力） 商界（二）：廖長江 工業界（一）：梁君彥（經濟動力） 工業界（二）：林大輝 金融界：吳亮星 進出口界：黃定光（民建聯） 批發及零售界：方剛（自由黨） 飲食界：張宇人（自由黨） 區議會（一）：葉國謙（民建聯）

（資料來源：選舉事務處、《香港商報》2012年9月11日）

香港特區第六屆立法會議員名單（2016年）

（70席）

地區直選（35席）
香港島（6席）：張國鈞（民建聯）許智峯（民主黨）葉劉淑儀（新民黨） 　　　　　　　郭偉強（工聯會）陳淑莊（公民黨）★羅冠聰（眾志）
九龍西（6席）：蔣麗芸（民建聯）黃碧雲（民主黨） 　　　　　　　梁美芬（經民聯／西九力）毛孟靜（公民黨） 　　　　　　　★劉小麗（小麗民主教室）★游蕙禎（青政）
九龍東（5席）：柯創盛（民建聯）胡志偉（民主黨）黃國健（工聯會） 　　　　　　　譚文豪（公民黨）謝偉俊
新界西（9席）：梁志祥、陳恒鑌（民建聯）尹兆堅（民主黨）麥美娟（工聯會） 　　　　　　　郭家麒（公民黨）田北辰（新民黨）何君堯（獨立） 　　　　　　　鄭松泰（熱血公民）朱凱迪
新界東（9席）：葛珮帆、陳克勤（民建聯）林卓廷（民主黨）容海恩（新民黨） 　　　　　　　楊岳橋（公民黨）★梁國雄（社民連）張超雄（工黨） 　　　　　　　陳志全（人民力量）★梁頌恆（青政）
區議會（二）功能界別　俗稱超級區議會（5席）
涂謹申、鄺俊宇（民主黨）李慧琼、周浩鼎（民建聯）梁耀忠（街工）
傳統功能界別（30席）

漁農界：何俊賢（民建聯）
教育界：葉建源（教協）
法律界：郭榮鏗（公民黨）
會計界：梁繼昌（公專聯）
醫學界：陳沛然
衛生服務界：李國麟
工程界：盧偉國（經民聯）
建築、測量、都市規劃及園境界：★姚松炎
社福界：邵家臻
旅遊界：姚思榮
商界（一）：林健鋒（經民聯）
航運交通界：易志明（自由黨）
金融服務界：張華峰（經民聯）
體育、演藝、文化及出版界：馬逢國（新論壇）
紡織及制衣界：鍾國斌（自由黨）
批發及零售界：邵家輝（自由黨）
資訊科技界：莫乃光（公專聯）
飲食界：張宇人（自由黨）

自動當選議員（共12人）
鄉議局：劉業強（經民聯）
保險界：陳健波
勞工界：潘兆平（勞聯）
　　　　何啓明（工聯會）
　　　　陸頌雄（工聯會）
地產及建築界：石禮謙（經民聯）
商界（二）：廖長江
工業界（一）：梁君彥（經民聯）
工業界（二）：吳永嘉
金融界：陳振英
進出口界：黃定光（民建聯）
區議會（一）：劉國勳（民建聯）

（資料來源：選舉事務處、《文匯報》2016年9月6日）

　　註：有★符號的議員梁頌恆、游蕙禎、羅冠聰、姚松炎、劉小麗、梁國雄等6人，因宣誓問題被法院裁定喪失議員資格，需重新進行補選（梁國雄因上訴，其議席仍未安排補選）。結果，范國威、鄭永舜、區諾軒、謝偉銓、陳凱欣先後勝出，填補立法會議席。

附錄五　　1999年–2015年香港特區區議會直選議員名單

香港特區第一屆區議會地區直選議員名單（1999年）

（390名）

行政區	總議席	政治聯繫或獨立人士	地區直選議員名單	議席
中西區	15	民建聯	楊位款、葉國謙、黃哲民	3
		民主黨	阮品強、鄭麗琼、甘乃威 何俊麒、梁耀祖	5
		自由黨	田北俊	1
		一二三	戴卓賢	1
		獨立人士	郭家麒、★陳捷貴、★陳特楚 陳財喜、黎國雄	5
灣仔區	11	民建聯	★鄭琴淵、★孫啓昌、盧天送	3
		民主黨	謝永齡、李慶偉	2
		自由黨	黃英琦	1
		獨立人士	★黃漢清、吳錦津、馮兩努 ★龐曹聖玉、★林貝聿嘉	5
東區	37	民建聯	★勞鍱珍、鄧禮明、陳靄群 龔栢祥、黃建彬、★王國興 ★朱漢華、顏尊廉、許嘉灝 趙資強、趙承基、陳達強、鍾樹根	13
		民主黨	曹漢光、梁安琪、陳耀德 黎志強、梁淑楨、黃月梅	6
		自由黨	★江子榮、林翠蓮	2
		港進聯	★蔡素玉	1
		前線	李汝大	1
		民主會	陳得偉	1
		民權黨	陳添勝	1
		獨立人士	羅友聖、傅元章、杜本文 ★陳炳煥、葉就生、羅榮焜 周潔冰、許清安、麥順邦 梁兆新、★江澤濠、梁耀雄	12

行政區	總議席	政治聯繫或獨立人士	地區直選議員名單	議席
南區	17	民建聯	★苗華振、陳思誦	2
		民主黨	黃瓊芳、黃震遐	2
		自由黨	★黃文傑、楊孝華	2
		獨立人士	林玉珍、★黃敬祥、★朱俊賢 ★黃志毅、林啓暉、★蘇悲鴻 洪天理、★高譚根、朱慶虹 ★陳若瑟、李佩英	11
油尖旺區	16	民建聯	★葉國忠、劉志榮	2
		民主黨	涂謹申、黎自立、陳文佑、葉樹安	4
		民協	★吳寶珊	1
		一二三	秦飛鵬	1
		獨立人士	李景華、陳仲傑、陳國明 黃志明、羅永祥、★仇振輝 梁偉權、加利	8
西貢區	17	民建聯	溫悅球、陸惠民、★邱志雲 陳國旗、黃慶華	5
		民主黨	石志強、范國威、林詠然	3
		港進聯	吳仕福、邱戊秀、凌文海	3
		獨立人士	溫怡忠、羅祥國、區能發 伍炳耀、溫悅昌、★周賢明	6
深水埗區	21	民建聯	曾有發、陳偉明、符樹雲	3
		民主黨	黃仲棋、陸嘉名、馬旗	3
		民協	梁有方、梁欐、張文韜、戴遠名 衛煥南、譚國僑、甄啓榮 梁錦滔、王桂雲、★馮檢基	10
		一二三	梁漢華	1
		獨立人士	林家輝、黃鑑權、譚國雄 張永森	4
九龍城區	22	民建聯	尹才榜、葉志堅、劉達初	3
		民主黨	文德全、陳家偉、馮競文 劉定邦	4
		自由黨	黃以謙、何顯明、李卓藩、蔣世昌	4
		港進聯	★鄧寶匡、王紹爾、朱初昇 ★蕭婉嫦、麥勁麟	5
		民協	莫嘉嫻	1
		獨立人士	李蓮、★伍精明、陳景煌 李慧琼、劉偉榮	5

行政區	總議席	政治聯繫或獨立人士	地區直選議員名單	議席
黃大仙區	25	民建聯	林文輝、簡志豪、黎榮浩、何賢輝	4
		民主黨	譚 權、陳安泰、陶君行、譚月萍 ★陳利成、徐百弟、胡志偉	7
		民協	★莫應帆、許錦成	2
		工聯會	盧兆華	1
		獨立人士	黃金池、郭秀英、蔡六乘、李達仁★ 馮光中、羅照輝、★李德康 何漢文、鄭得健、姚紹成、劉嘉華	11
觀塘區	34	民建聯	陳鑑林、郭必錚、麥富寧 陳德明、柯創盛、陳國華	6
		民主黨	歐玉霞、李 寧、羅俊毅 何偉途、陳汶堅、鄧志豪 錢正民、徐永銓、★黃啓明	9
		獨立人士	陳華裕、潘任惠珍、潘進源 蔡澤鴻、蘇麗珍、伍兆祥、黃華舜 陳 昌、范偉光、 吳重德、馮美雲、林家強、劉定安 ★黎永年、★梁芙詠 侯瑞培、★葉興國、馮錦源 羅麗娟	19
荃灣區	17	民建聯	陳育文	1
		民主黨	鄺國全、趙葭甫、王銳德、田世鳴 陳偉業、蔡子民	6
		自由黨	葉振強、★楊福蘭、楊福廣	3
		港進聯	★陳金霖	1
		獨立人士	鄒秉恬、李洪波、蔡成火 陳偉明、陳琬琛、林超倫	6
屯門區	29	民建聯	★陳雲生、陳有海、徐 帆 梁健文、★蘇愛群、龍瑞卿 李洪森	7
		民主黨	林頌鎧、陳根錦、★蔣月蘭 何杏梅、楊佩雄、李桂芳 何俊仁、黃麗嫦、陳樹英	9
		港進聯	★陶錫源	1
		民協	江鳳儀、戴賢招、官東榮、嚴天生	4
		一二三	程志紅、宋景輝	2
		獨立人士	歐志遠、★朱耀華、吳觀鴻 吳惠蘭、古漢強、★蘇炤成	6

行政區	總議席	政治聯繫或獨立人士	地區直選議員名單	議席
元朗區	23	民建聯	★陳兆基、盧旭芬、★梁志祥 ★黃祥光、李月民、李錦文、郭強	7
		民主黨	黃偉賢	1
		一二三	麥業成	1
		獨立人士	黃彩媚、黃健榮、★李敬業、 梁福元、張福賢、鄧慶業 鄧坤盛、周永勤、★湛家雄、 邱帶娣、文祿星、鄧賀年、 鄧其達、曾憲強	14
北區	16	民建聯	陳發康、黃燦鴻、侯金林、 蘇西智、溫和輝、鄧根年	6
		民主黨	潘忠賢、黃良喜、劉德昌、 岑永根、周錦紹、陳興福、黃成智	7
		獨立人士	區維坤、廖超華、彭鏗然	3
大埔區	19	民建聯	李國英、★鍾偉強、黃容根、 陳美德	4
		民主黨	鄭家富、張榮輝、關永業、 李志成、黃俊煒	5
		自由黨	黃耀梓	1
		港進聯	王志強	1
		獨立人士	鄭俊平、陳平、陳笑權、 胡錦輝、★鄭俊和、文春輝 ★何大偉、★梁和平	8
沙田區	36	民建聯	江活潮、★劉江華、袁貴才、 ★彭長緯、張瑞鋒、楊祥利、 陳克勤、黃戊娣、鄭楚光	9
		民主黨	劉帶生、梁永雄、程張迎	3
		自由黨	梁志偉	1
		港進聯	何秀武、梁國顯、★蔡根培	3
		前線	黃國雄、莫偉雄、鄭則文	3
		公民力量	楊倩紅、陳國添、★林康華、 李錦明、鄧永昌、廖韻兒、 蔡亞仲、★梁志堅、韋國洪、 ★何厚祥、黃澤標	11
		獨立人士	★簡松年、李躍輝、周嘉強、 李子榮、羅光強、易順娥	6

行政區	總議席	政治聯繫或獨立人士	地區直選議員名單	議席
葵青區	28	民建聯	羅競成、梁偉文	2
		民主黨	許祺祥、黃炳權、周立仁、李志輝、梁永權、林紹輝、★徐生雄、★單仲偕、吳劍昇、★周奕希	10
		街工	★梁志成、梁耀忠	2
		民協	★區長華	1
		獨立人士	梁廣昌、★黎少棠、★盧慧蘭、黃耀聰、陸景城、譚惠珍、麥美娟、陳笑文、李志強、丁衍華、雷可畏、潘小屏、趙華勝	13
離島區	7	民建聯	周轉香、★李桂珍	2
		獨立人士	崔佩文、容詠嫦、黃開榆、★方錦鴻、★鄺國威	5
合計	390	有政治聯繫議席數	243	獨立人士議席數 147

註：★自動當選議員；

（資料來源：《東方日報》1999年11月30日）

香港特區第二屆區議會地區直選議員名單（2003年）

（400名）

行政區	總議席	政治聯繫或獨立人士	地區直選議員名單	議席
中西區	15	民建聯	楊位款	1
		民主黨	阮品強、鄭麗琼、甘乃威 何俊麒、梁耀祖　楊浩然	6
		自由黨	林文傑、★陳特楚	2
		前線	何秀蘭	1
		獨立人士	郭家麒、★陳捷貴、陳財喜 黎國雄、戴卓賢	5
灣仔區	11	民建聯	鄭琴淵、	1
		民主黨	謝永齡、李慶偉	2
		自由黨	★黃英琦	1
		公民起動	鄭其建、陳耀輝、金佩瑋	3
		獨立人士	★李繼雄、吳錦津、黃宏泰 ★盧健明、	4
東區	37	民建聯	★勞鍱珍、鄧禮明、陳靄群 ★龔柏祥、黃建彬、★王國興 蔡素玉、★江子榮、許嘉灝 ★趙資強、趙承基、★鍾樹根	12
		民主黨	李建賢、陳耀德、黎志強 梁淑楨、黃月梅、朱偉祖	6
		自由黨	林翠蓮	1
		港進聯	★傅元章	1
		獨立人士	羅友聖、★杜本文、陳添勝 ★陳炳煥、羅榮焜、　周潔冰 ★許清安、蔡世傳、李汝大 陳得偉、麥順邦、　梁兆新 ★江澤濠、曾健成、呂志文 曹漢光、葉就生	17
南區	17	民建聯	★苗華振	1
		民主黨	楊小壁、柴文瀚	2
		自由黨	石國強、楊孝華	2
		獨立人士	林玉珍、★黃敬祥、★朱俊賢 ★黃志毅、林啟暉、羅錦洪 歐立成、★高譚根、★朱慶虹 ★馬月霞、李佩英、黃文傑	12

行政區	總議席	政治聯繫或獨立人士	地區直選議員名單	議席
油尖旺區	16	民建聯	陳少棠、劉志榮	2
		民主黨	涂謹申、黎自立、林浩揚葉樹安	4
		民協	吳寶珊、許德亮、秦寶山	3
		獨立人士	陳健成、陳文佑、黃志明羅永祥、★仇振輝、梁偉權、王振雄	7
深水埗區	21	民建聯	陳偉明	1
		民主黨	莊志達、王德全	2
		民協	梁有方、 梁欐、 戴遠名衛煥南、黎慧蘭、覃德誠吳 美、官世亮、★甄啓榮梁錦滔、王桂雲、馮檢基譚國僑	13
		獨立人士	林家輝、黃鑑權、譚國雄張永森、梁漢華	5
九龍城區	22	民建聯	尹才榜、葉志堅	2
		民主黨	區嘉誠、林健文、文德全陳家偉、馮競文、劉定邦陳麗君	7
		自由黨	黃以謙、何顯明、蔣世昌	3
		港進聯	蕭婉嫦	1
		民協	莫嘉嫻、李健勤、廖成利	3
		職工盟	蔡麗玲	1
		獨立人士	李 蓮、伍精民、陳景煌李慧琼、劉偉榮	5
黃大仙區	25	民建聯	林文輝、簡志豪、黎榮浩何賢輝、陳曼琪	5
		民主黨	譚月萍、黃逸旭、胡志偉★陳利成	4
		民協	★莫應帆、★許錦成	2
		前線	陶君行、徐百弟	2
		獨立人士	黃金池、郭秀英、陳炎光李達仁、★馮光中、譚香文蘇錫堅、鄭德健、黃國桐劉嘉華、陳偉坤、★陳安泰	12

行政區	總議席	政治聯繫或獨立人士	地區直選議員名單	議席
觀塘區	34	民建聯	陳鑑林、麥富寧、柯創盛、★陳國華	4
		民主黨	歐玉霞、李　寧、羅俊毅 何偉途、陳汶堅、蘇家豪 錢正民、蘇冠聰、★黃啓明	9
		獨立人士	陳華裕、潘任惠珍、★潘進源 蔡澤鴻、蘇麗珍、伍兆祥 黃華舜、陳　昌、范偉光 ★吳重德、馮美雲、★林家強 ★劉定安、黎永年、★梁芙詠 呂東孩、★葉興國、馮錦源 徐永銓、余秀珍、鄧志豪	21
荃灣區	17	民建聯	陳恆鑌	1
		民主黨	鄺國全、趙葭甫、王銳德 田世鳴、蔡子民	5
		自由黨	楊福琪	1
		港進聯	★陳金霖	1
		獨立人士	鄒秉恬、李洪波、★蔡成火 ★陳偉明、陳琬琛、林發耿 陳偉業、黃家華、文裕明	9
屯門區	29	民建聯	★陳雲生、陳有海、徐　帆 ★梁健文、★蘇愛群、龍瑞卿 李洪森、陳秀雲、陳文華	9
		民主黨	林頌鎧、盧民漢、★蔣月蘭 何杏梅、方麗雯、李桂芳 何俊仁、黃麗嫦、陳樹英	9
		港進聯	★陶錫源	1
		民協	江鳳儀、戴賢招、官東榮 嚴天生	4
		獨立人士	歐志遠、★朱耀華、吳觀鴻 程志紅、★古漢強、蘇炤成	6
元朗區	29	民建聯	★陳兆基、陸頌雄、★梁志祥 ★郭　強	4
		民主黨	黃偉賢、張賢登	2
		自由黨	黃勝棠	1
		港進聯	★周永勤	1
		民主陣線	黃彩媚、謝開秋、麥業成、廖　任	4
		獨立人士	黃健榮、黃柏仁、林添福 鄧慶業、鄧家良、陳惠清 趙秀嫻、張文輝、黃裕材 ★李月民、陳美蓮、★湛家雄 邱帶娣、文祿星、鄧泰華 ★鄧貴有、黎偉雄	17

行政區	總議席	政治聯繫或獨立人士	地區直選議員名單	議席
北區	16	民建聯	★陳發康、侯金林、蘇西智 ★溫和輝、廖超華	5
		民主黨	潘忠賢、黃良喜、劉德昌 岑永根、周錦紹、陳興福 莫兆麟、余智成	8
		獨立人士	區維坤、葉美好、王金生	3
大埔區	19	民建聯	李國英、黃碧嬌、黃容根	3
		民主黨	鄭家富、易健卿、任啓邦 關永業、羅舜泉、李志成 黃俊煒	7
		前線	區鎮樺	1
		港進聯	鄭俊平、鄭俊和	2
		獨立人士	黃天龍、★陳笑權、文春輝 張國耀、盧三勝★何大偉	6
西貢區	20	民建聯	★溫悅球、★陳國旗、陸惠民 ★邱志雲	4
		民主黨	彭淑儀、石志強、范國威 林詠然	4
		港進聯	★吳仕福、邱戊秀、伍炳耀 凌文海	4
		公民力量	羅祥國、區能發、溫悅昌	3
		獨立人士	劉偉章、周賢明、何民傑 陸平才、柯耀林	5
沙田區	36	民建聯	彭長緯、鄭楚光	2
		民主黨	劉帶生、梁永雄、程張迎 方鎮邦、何淑萍、李立航 劉偉倫	7
		自由黨	梁志偉	1
		港進聯	何秀武	1
		職工盟	蔡耀昌	1
		前線	丁士元、鄭則文	2
		公民力量	★楊倩紅、★陳國添、★林康華 ★李錦明、★鄧永昌、羅光強 蔡亞仲、★梁志堅、韋國洪 ★何厚祥、黃澤標、潘國山 姚嘉俊、陳敏娟	14
		獨立人士	★簡松年、李躍輝、周嘉強 李子榮、黃國雄、衛慶祥 莫偉雄、蕭顯航	8

行政區	總議席	政治聯繫或獨立人士	地區直選議員名單	議席
葵青區	28	民建聯	梁偉文	1
		民主黨	許祺祥、黃炳權、周立仁 李志輝、徐生雄、★黃光武 吳劍昇、★周奕希、李永達 王雪盈、劉碧堅	11
		自由黨	黎少棠	1
		街工	★梁志成、梁耀忠、梁永權 尹兆堅	4
		港進聯	雷可畏	1
		獨立人士	梁廣昌、★盧慧蘭、劉偉傑 ★黃耀聰、譚惠珍、麥美娟 陳笑文、★李志強、★丁衍華 ★潘小屏	10
離島區	8	民建聯	周轉香、★李桂珍、老廣成 余麗芬	4
		獨立人士	黃福根、容詠嫦、黃開楡 ★鄺國威	4
合計	400	有政治聯繫議席數	244　　　　　獨立人士議席數 156	

註：★自動當選議員；

（資料來源：《文匯報》2003年11月25日）

香港特區第三屆區議會地區直選議員名單（2007年）

（405名）

行政區	總議席	政治聯繫或獨立人士	地區直選議員名單	議席
中西區	15	民建聯	陳學鋒、葉國謙、盧懿行	3
		民主黨	阮品強、鄭麗琼、甘乃威 何俊麒、黃堅成、楊浩然	6
		自由黨	★陳特楚	1
		公民黨	陳淑莊	1
		獨立人士	張翼雄、陳捷貴、陳財喜 李志恆	4
灣仔區	11	民建聯	鄭琴淵、李均頤	2
		匯賢智庫	黃楚峰	1
		社民連	麥國風	1
		獨立人士	鄭其建、李繼雄、伍婉婷 吳錦津、黃宏泰、黎大偉 李碧儀、	7
東區	37	民建聯	勞鍱珍、顏尊廉、陳靄群 梁國鴻、龔柏祥、黃建彬 ★洪連杉、鄭志成、丁江浩 ★蔡素玉、許嘉灝、趙資強 趙承基、★鍾樹根	14
		民主黨	黎志強、梁淑楨、趙家賢	3
		自由黨	★林翠蓮、邵家輝	2
		公民黨	陳啓遠、梁兆新	2
		社民連	古桂耀、曾健成	2
		獨立人士	★杜本文、陳添勝、郭偉強 黃健興、羅榮焜、周潔冰 ★許清安、李汝大、★江澤濠 呂志文、黃月梅、曹漢光 葉就生、★傅元章	14
南區	17	民建聯	麥謝巧玲	1
		民主黨	馮煒光、柴文瀚、徐遠華	3
		自由黨	馮仕耕	1
		獨立人士	林玉珍、★黃敬祥、★朱俊賢 ★黃志毅、林啓暉、羅錦洪 歐立成、★高譚根、★朱慶虹 ★馬月霞、李佩英、黃文傑	12

行政區	總議席	政治聯繫或獨立人士	地區直選議員名單	議席
油尖旺區	16	民建聯	孔昭華、陳少棠、劉志榮、楊子熙、鍾港武、蔡少峰、關秀玲	7
		民主黨	林浩揚	1
		獨立人士	陳偉強、陳文佑、黃舒明、羅永祥、★仇振輝、梁偉權、許德亮、莊永燦	8
深水埗區	21	民建聯	陳偉明、鄭泳舜、劉佩玉	3
		民主黨	莊志達、王德全	2
		民協	梁有方、衛煥南、黎慧蘭、覃德誠、吳 美、官世亮、★王桂雲、馮檢基、譚國僑、黃志勇	10
		勞聯	黃鑑權	1
		獨立人士	林家輝、沈少雄、郭振華、★張永森、★甄啓榮	5
九龍城區	22	民建聯	尹才榜、陸勁光、吳寶強、潘國華、李慧琼、蕭婉嫦	6
		民主黨	潘志文、陳麗君	2
		自由黨	黃以謙、何顯明	2
		公民黨	伍精民	1
		民協	莫嘉嫻、廖成利、任國棟	3
		獨立人士	李 蓮、楊永傑、陳景煌、梁美芬、劉偉榮、張仁康、勞超傑、左匯雄	8
黃大仙區	25	民建聯	★林文輝、簡志豪、★黎榮浩、何賢輝、陳曼琪、李德康、何漢文、莫健榮	8
		民主黨	譚月萍、胡志偉、陳利成	3
		自由黨	陳安泰	1
		民協	★莫應帆、★許錦成	2
		前線	徐百弟	1
		社民連	陶君行、黃國桐	2
		獨立人士	黃金池、郭秀英、陳炎光、蔡六乘、★李達仁、★蘇錫堅、黃逸旭、陳偉坤	8

行政區	總議席	政治聯繫或獨立人士	地區直選議員名單	議席
觀塘區	34	民建聯	★施能熊、潘進源、陳百里、郭必錚、洪錦鉉、麥富寧、簡銘東、★柯創盛、★陳國華	9
		民主黨	黃偉達、陳汶堅、黃啓明	3
		獨立人士	陳華裕、潘任惠珍、符碧珍、★蔡澤鴻、蘇麗珍、伍兆祥、姚柏良、鄧志豪、范偉光、黎樹濠、鄧詠駿、★張順華、馮美雲、林家強、劉定安、徐海山、梁芙詠、馬軼超、★呂東孩、葉興國、馮錦源、蘇冠聰	22
荃灣區	17	民建聯	陳恆鑌、陳金霖、張浩明	3
		民主黨	趙葭甫、王銳德、蔡子民	3
		自由黨	楊福琪	1
		公民黨	黃家華、陳琬琛	2
		社民連	陳偉業	1
		獨立人士	鄒秉恬、黃偉傑、★蔡成火、★陳偉明、羅少傑、林發耿、文裕明	7
屯門區	29	民建聯	★陳雲生、★陳有海、徐 帆、張恆輝、梁健文、★蘇愛群、龍瑞卿、李洪森、陳秀雲、陳文華、陳文偉	11
		民主黨	林頌鎧、盧民漢、★蔣月蘭、何杏梅、何俊仁、黃麗嫦、陳樹英	7
		自由黨	★陶錫源	1
		民協	江鳳儀、嚴天生	2
		獨立人士	歐志遠、★朱耀華、吳觀鴻、程志紅、古漢強、蘇炤成、李桂芳、龍更新	8
元朗區	29	民建聯	呂 堅、蕭浪鳴、陸頌雄、馮彩玉、梁志祥 郭 強、姚國威	7
		民主黨	黃偉賢、鄺俊宇	2
		自由黨	黃勝棠、周永勤、袁敏兒	3
		民主陣線	麥業成	1
		獨立人士	梁福元、林添福、鄧慶業、鄧家良、陳惠涛 趙秀嫻、張文輝、黃裕材 李月民、陳美蓮、★湛家雄、邱帶娣、★文祿星、鄧卓然、鄧貴有、黎偉雄	16

行政區	總議席	政治聯繫或獨立人士	地區直選議員名單	議席
北區	16	民建聯	賴　心、劉國勳、溫和達、侯金林、藍偉良、蘇西智、★黃宏滔、溫和輝、鄧根年	9
		民主黨	羅世恩、潘忠賢、黃成智、余智成	4
		獨立人士	葉美好、葉曜丞、廖國華	3
大埔區	19	民建聯	李國英、譚榮勳、鄭俊平、王秋北、林　泉、黃碧嬌、黃容根、	7
		民主黨	鄭家富、任啓邦、關永業、黃俊煒	4
		獨立人士	★陳笑權、余智榮、盧三勝、★何大偉、羅舜泉、陳灶良、鄭俊和、鄧友發	8
西貢區	23	民建聯	★吳仕福、邱戊秀、★溫悅球、★邱玉麟、伍炳耀、祁麗媚、★陳國旗、陸惠民、凌文海	9
		民主黨	梁　里、張國強、林少忠、范國威、	4
		前線	柯耀林	1
		公民力量	譚領律、★區能發、溫悅昌	3
		獨立人士	★劉偉章、吳雪山、陳繼偉、周賢明、何民傑、陸平才	6
沙田區	36	民建聯	余倩文、袁貴才、彭長緯、葛珮帆、楊文銳、黃戊娣、楊祥利、鄭楚光	8
		民主黨	程張迎、容溟舟、劉偉倫	3
		自由黨	梁志偉	1
		前線	鄭則文	1
		公民力量	梁家輝、★楊倩紅、陳國添、林康華、★梁志堅、黃澤標、林松茵、★李錦明、★鄧永昌、羅光強、韋國洪、何厚祥、潘國山、姚嘉俊、陳敏娟	15
		獨立人士	★簡松年、黃嘉榮、龐愛蘭、蔡亞仲、湯寶珍、李子榮、衛慶祥、蕭顯航	8
葵青區	28	民建聯	梁子穎、梁偉文、潘志成、羅競成	4
		民主黨	許祺祥、黃炳權、梁國華、林紹輝、徐生雄、吳劍昇、周奕希、李永達、王雪盈、	9
		自由黨	譚惠珍	1
		街工	★梁志成、梁耀忠、黃潤達、尹兆堅	4
		青衣關注組	徐曉傑	1
		獨立人士	梁廣昌、盧慧蘭、梁玉鳳、黃耀聰、麥美娟、陳笑文、★李志強、雷可畏、★潘小屏、	9

行政區	總議席	政治聯繫或獨立人士	地區直選議員名單	議席
離島區	10	民建聯	周轉香、李桂珍、老廣成、★余麗芬	4
		公民黨	林有嫻、容詠嫦	2
		工聯會	鄧家彪	1
		獨立人士	黃福根、馬鎮添、★鄺國威	3
合計	405	有政治聯繫議席數	249	獨立人士議席數 156

註：★自動當選議員；

（資料來源：《明報》2007 年 11 月 20 日）

香港特區第四屆區議會地區直選議員名單（2011年）

（412名）

行政區	總議席	政治聯繫或獨立人士	地區直選議員名單	議席
中西區	15	民建聯	陳學鋒、葉國謙、張國鈞 盧懿杏、蕭嘉怡	5
		民主黨	許智峯、鄭麗瓊、甘乃威 黃堅成	4
		自由黨	陳浩濂	1
		獨立或無申報	張翼雄、陳捷貴、林懷榮 陳財喜、李志恆	5
灣仔區	11	民建聯	鄭琴淵、李均頤、★鍾嘉敏	3
		新民黨	黃楚峰	1
		獨立或無申報	鄭其建、伍婉婷、黎大偉 白韻琹、吳錦津、黃宏泰、李碧儀	7
東區	37	民建聯 （含工聯會4席）	勞鍱珍、關瑞龍、#梁國鴻 許嘉灝、劉慶揚、★顏尊廉 ★#陳靄群、★龔柏祥、★黃建彬 ★#郭偉強、★洪連杉、 ★蔡素玉、★鄭志成、★丁江浩 ★#趙資強、★鍾樹根	16
		民主黨	趙家賢、梁淑楨	2
		工聯會	何毅淦	1
		公民黨	黎志強、陳啓遠、梁兆新	3
		自由黨	李鎭強、★邵家輝	2
		新民黨	謝子祺	1
		獨立或無申報	傅元章、杜本文、黃健興 李文龍、許清安、李汝大 許林慶、江澤濠、李進秋 林翠蓮、★羅榮焜、★周潔冰	12
南區	17	民建聯	麥謝巧玲、朱立威	2
		民主黨	區諾軒、羅健熙、馮煒光 柴文瀚、徐遠華	5
		自由黨	馮仕耕	1
		公民黨	司馬文	1
		獨立或無申報	張錫容、林啓暉、歐立成 李佩英、★黃靈新、★林玉珍 ★朱慶虹、★陳富明	8

行政區	總議席	政治聯繫或獨立人士	地區直選議員名單	議席
油尖旺區	17	民建聯	孔昭華、葉傲冬、陳少棠、楊子熙、鍾港武、蔡少峰、劉柏祺、關秀玲	8
		民主黨	涂謹申	1
		獨立或無申報	許德亮、黃頌、莊永燦、黃舒明、黃建新、仇振輝、梁偉權、★陳偉強	8
深水埗區	21	民建聯	鄭泳舜、劉佩玉、黃達東、陳偉明	4
		民協	梁有方、秦寶山、衛煥南、馮檢基、覃德誠、黃志勇、吳 美	7
		勞聯	李詠民	1
		獨立或無申報	梁文廣、沈少雄、張永森、李祺逢、陳鏡秋、甄啓榮、郭振華、韋海英、★林家輝	9
九龍城區	22	民建聯（含工聯會1席）	#黃潤昌、陸勁光、吳寶強、潘國華、李慧琼、蕭婉嫦、吳奮金	7
		民協	莫嘉嫻、蕭亮聲、楊振宇、任國棟	4
		民主黨	潘志文	1
		自由黨	★何顯明	1
		獨立或無申報	李 蓮、鄭利明、黃以謙、梁美芬、劉偉榮、張仁康、勞超傑、左匯雄、★楊永傑	9
黃大仙區	25	民建聯（含工聯會4席）	簡志豪、黎榮浩、袁國強、#譚美普、#何賢輝、#莫健榮、★李德康、★陳曼琪、★#何漢文	9
		民主黨	胡志偉、黃國桐、沈運華	3
		工聯會	陳婉嫻	1
		民協	莫應帆、許錦成	2
		自由黨	陳安泰	1
		泛民區選聯盟	黃逸旭	1
		獨立或無申報	郭秀英、陳炎光、譚香文、李達仁、丁志威、★黃金池、★陳偉坤、★蘇錫堅	8
觀塘區	35	民建聯（含工聯會2席）	潘進源、陳百里、譚肇卓、顏汶羽、麥富寧、#簡銘東、張琪騰、★施能熊、★#郭必錚、★洪錦鉉、★柯創盛、★陳國華	12
		民主黨	陳汶堅、黃啓明	2
		工聯會	何啓明	1
		新論壇	劉定安	1
		獨立或無申報	陳華裕、潘任惠珍、黃春平、蘇麗珍、黎樹濠、謝淑珍、呂東孩、張順華、馮美雲、徐海山、陳振彬、馬軼超、馮錦源、蘇冠聰、★符碧珍、★蘇澤鴻、★姚柏良、★鄧詠駿、★葉興國	19

行政區	總議席	政治聯繫或獨立人士	地區直選議員名單	議席
荃灣區	17	民建聯	陳恆鑌、陳金霖、林琳、陳振中	4
		民主黨	李洪波	1
		工聯會	葛兆源	1
		公民黨	陳琬琛、黃家華	2
		新界社聯/公民聯會	★文裕明	1
		獨立或無申報	羅少傑、鄒秉恬、黃偉傑、曾文典、林發耿、★林婉濱、★陳偉明	7
屯門區	29	民建聯（含工聯會4席）	曾憲康、陳雲生、#徐帆、張恆輝、蘇愛群、龍瑞卿、程志紅#李洪森、陳文華、★#陳有海★梁健文、#陳文偉	12
		民主黨	林頌鎧、盧民漢、朱順雅、何俊仁、黃麗嫦、陳樹英、何杏梅	7
		民協	江鳳儀、嚴天生	2
		獨立或無申報	歐志遠、朱耀華、吳觀鴻古漢強、蘇炤成、龍更新蘇嘉雯、★陶錫源	8
元朗區	31	民建聯（含工聯會2席）	呂堅、蕭浪鳴、黃煒鈴、#姚國威、★郭強、★梁志祥、★#陸頌雄	7
		民主黨	黃偉賢、鄺俊宇、郭慶平	3
		工聯會	劉桂容、鄧焯謙	2
		自由黨	陳思靜、周永勤	2
		新民黨	黃卓健	1
		人民力量	麥業成	1
		新界社聯	張木林	1
		獨立或無申報	袁敏兒、程振明、趙秀嫻、李月民、陳美蓮、文光明、鄧貴有、黎偉雄、★沈豪傑、★鄧慶業、★鄧家良、★湛家雄、★邱帶娣、★鄧卓然	14
北區	17	民建聯（含工聯會2席）	彭振聲、姚銘、賴心、劉國勳、溫和達、侯金林、藍偉良#曾勁聰、蘇西智、王潤強、#黃宏滔、溫和輝、柯倩儀、鄧根年	14
		民主黨	羅世恩	1
		獨立或無申報	葉曜丞、廖國華	2
大埔區	19	民建聯	李國英、鄭俊平、王秋北、黃容根、張國慧、★譚榮勳、★林泉★黃碧嬌	8
		民主黨	區鎮樺	1
		新同盟	任啓邦、關永業	2
		獨立或無申報	余智榮、羅舜泉、陳灶良、鄭俊和、劉志成、何大偉、★陳笑權★鄧友發	8

行政區	總議席	政治聯繫或獨立人士	地區直選議員名單	議席
西貢區	24	民建聯	李家良、凌文海、莊元冬、★吳仕福、★邱戊秀、★邱玉麟、★陳國旗	7
		民主黨	林少忠、林詠然	2
		工聯會	吳雪山、簡兆祺	2
		新同盟	梁 里、張國強、鍾錦麟、范國威	4
		公民力量	譚領律、區能發、溫悅昌	3
		獨立或無申報	何民傑、陸平才、周賢明、方國珊、★劉偉章、★陳繼偉	6
沙田區	36	民建聯（含公力1席）	#劉江華、董健莉、彭長緯、葛珮帆、楊文銳、李世榮、楊祥利、鄭楚光、★余倩雯	9
		民主黨	陳諾恆、程張迎、吳錦雄、麥潤培、鄭則文	5
		公民力量	梁家輝、楊倩紅、陳國添、黃澤標、林松茵、李錦明、鄧永昌、姚嘉俊、★何厚祥、★羅光強、★陳敏娟	11
		新同盟	丘文俊、容溟舟	2
		自由黨	★梁志偉	1
		公民黨	黃宇翰	1
		民主動力	衛慶祥	1
		獨立民主派	劉偉倫	1
		獨立或無申報	黃嘉榮、龐愛蘭、李子榮、湯寶珍、★蕭顯航	5
葵青區	29	民建聯（含工聯會1席）	#梁子穎、朱麗玲、梁偉文、★潘志成、★羅競成	5
		民主黨	許祺祥、黃炳權、尹兆堅、梁國華、林紹輝、徐生雄、吳劍昇、林立志、★周奕希	9
		工聯會	劉美璐、麥美娟	2
		街工	梁志成、周偉雄、梁錦威、黃潤達、梁耀忠	5
		獨立或無申報	盧慧蘭、譚惠珍、陳笑文、張慧晶、李志強、徐曉傑、潘小屏、★黃耀聰	8
離島區	10	民建聯	老廣成、周轉香、余麗芬、★李桂珍	4
		公民黨	容詠嫦	1
		工聯會	鄧家彪	1
		經濟動力	鄺官穩	1
		無申報	黃福根、林 悅、安慶英	3
合計	412	有政治聯繫議席數	266　　獨立人士議席數 146	

註：★自動當選議員　#同時兼有工聯會身份　##同時兼有公民力量身份

（資料來源：選舉事務處、《文匯報》2011年11月8日）

香港特區第五屆區議會地區直選議員名單（2015年）

（431名）

行政區	總議席	政治聯繫或獨立人士	地區直選議員名單	議席
中西區	15	民建聯	陳學鋒、楊開永、張國鈞 盧懿杏、蕭嘉怡、楊學明	6
		民主黨	許智峯、吳兆康、鄭麗瓊 甘乃威	4
		自由黨	陳浩濂	1
		獨立或無申報	陳捷貴、葉永成、陳財喜 李志恆	4
灣仔區	13	民建聯	鄭琴淵、鍾嘉敏、★周潔冰 李均頤	4
		新民黨	李文龍	1
		自由黨	林偉文	1
		傘後團體	楊雪盈	1
		獨立或無申報	鄭其建、★伍婉婷、謝偉俊 吳錦津、黃宏泰、李碧儀	6
東區	35	民建聯	顏尊廉、林心廉、龔柏祥 ★黃建彬、★洪連杉、★蔡素玉 ★鄭志成、丁江浩、王志鐘、劉慶揚	10
		民主黨	趙家賢、張國昌	2
		工聯會	何毅淦、王國興、梁國鴻 ★郭偉強、許林慶、★趙資強	6
		公民黨	黎志強、鄭達鴻、梁穎敏 梁兆新	4
		自由黨	★邵家輝、李鎮強	2
		工黨	麥德正	1
		傘後團體	王振星	1
		獨立或無申報	楊斯竣、林其東、古桂耀 ★黃健興、★羅榮焜、★許清安 李進秋、徐子見、林翠蓮	9
南區	17	民建聯	麥謝巧玲、★朱立威	2
		民主黨	區諾軒、羅健熙、柴文瀚 徐遠華	4
		新民黨	陳家佩	1
		自由黨	馮仕耕	1
		獨立民主派	司馬文	1
		獨立或無申報	任葆琳、★林玉珍、張錫容 林啓暉、歐立成、朱慶虹 ★陳富明、李佩英	8

行政區	總議席	政治聯繫或獨立人士	地區直選議員名單	議席
油尖旺區	19	民建聯	孔昭華、葉傲冬、★陳少棠、楊子熙、鍾港武、蔡少峰、劉哲祺、關秀玲、楊鎮華	9
		民主黨	涂謹申	1
		公民黨	涂德寶	1
		民協	林健文	1
		經民聯/西九力	莊永燦	1
		西九力	黃舒明	1
		獨立或無申報	★許德亮、黃建新、★仇振輝、鄧銘心、鍾澤暉	5
深水埗區	23	民建聯	鄭泳舜、劉佩玉、#陳穎欣、黃達東、陳偉明	5
		民主黨	袁海文	1
		民協	梁有方、何啓明、衛煥南、鄒穎恆、楊 或、覃德誠、江貴生、譚國僑、吳 美	9
		經民聯/西九力	林家輝、甄啓榮	2
		西九力	陳偉國、梁文廣	2
		自由黨	李梓敬	1
		勞聯	李詠民	1
		公民黨	伍月蘭	1
		獨立	張永森	1
九龍城區	24	民建聯	邵天虹、關浩洋、陸勁光、吳寶強、潘國華、李慧琼、林德成、吳奮金	8
		民協	黎廣偉、蕭亮聲、楊振宇、任國棟	4
		自由黨	★何顯明	1
		經民聯/西九力	梁美芬	1
		獨立或無申報	★丁健華、楊永傑、鄭利明、梁婉婷、何漢華、林 博、余志榮、張仁康、勞超傑、左匯雄	10
		青年新政	鄺葆賢	1
黃大仙區	25	民建聯	簡志豪、李德康、★黎榮浩、袁國強、陳曼琪、何漢文、蔡子健、#譚美普	8
		民主黨	胡志偉、沈運華、胡志健	3
		工聯會	林文輝、莫健榮	2
		民協	施德來	1
		自由黨	陳安泰	1
		前線	譚香文	1
		獨立或無申報	李東江、郭秀英、陳炎光、雷啓蓮、陳偉坤、陳 英、許錦成、丁志威、★黃逸旭	9

行政區	總議席	政治聯繫或獨立人士	地區直選議員名單	議席
觀塘區	37	民建聯	歐陽均諾、★陳俊傑、★譚肇卓、顏汶羽、洪錦鉉★張培剛、★柯創盛、★張琪騰陳國華、張姚彬	10
		民主黨	莫建成、陳汶堅、黃啓明	3
		工聯會	簡銘東、何啓明	2
		公民黨	BUX SHEIK ANTHONY	1
		東九龍社區關注組	黃子健	1
		獨立或無申報	★陳華裕、★潘任惠珍、★符碧珍、蔡澤鴻、★黃春平、蘇麗珍、陳耀雄、姚柏良、黎樹濠謝淑珍、★呂東孩、鄧詠駿張順華、鄭強峰、徐海山陳振彬、馬軼超、金　堅葉興國、蘇冠聰	20
荃灣區	18	民建聯	陳恆鑌、古揚邦、林琳、陳振中	4
		民主黨	李洪波	1
		工聯會	★葛兆源	1
		公民黨	陳琬琛、黃家華	2
		新民黨	田北辰、鄭捷彬	2
		新同盟	譚凱邦	1
		獨立或無申報	#羅少傑、鄒秉恬、林婉濱黃偉傑、伍顯龍、林發耿文裕明	7
屯門區	29	民建聯	葉文彬、曾憲康、張恆輝梁健文、★龍瑞卿、程志紅陳文華、巫成鋒	8
		民主黨	林頌鎧、朱順雅、黃麗嫦何杏梅	4
		工聯會	★陳有海、徐　帆、李洪森陳文偉	4
		民　協	江鳳儀、甄紹南、楊智恆	3
		新民黨	★朱耀華、蘇炤成、甘文鋒蘇嘉雯	4
		工　黨	譚駿賢	1
		獨立或無申報	歐志遠、吳觀鴻、古漢強何君堯、陶錫源	5

行政區	總議席	政治聯繫或獨立人士	地區直選議員名單	議席
元朗區	35	民建聯	呂　堅、蕭浪鳴、郭　強、黃煒鈴馬淑燕、梁志祥	6
		民主黨	黃偉賢、鄺俊宇	2
		工聯會	劉桂容、陸頌雄、★姚國威、鄧焯謙	4
		新民黨	陳思靜、王威信、黃卓健	3
		自由黨	周永勤	1
		民主陣線	麥業成	1
		獨立或無申報	★袁敏兒、★沈豪傑、★梁明堅★程振明、★張木林、★鄧慶業、楊家安、鄧家良★趙秀嫻、郭慶平、李月民陳美蓮、湛家雄、杜嘉倫文光明、★鄧卓然、鄧綜耀、黎偉雄	18
北區	18	民建聯	曾興隆、★姚　銘、★劉國勳★藍偉良、蘇西智、廖興洪溫和輝、★鄧根年	8
		民主黨	陳旭明、林卓廷、劉其烽	3
		工聯會	★溫和達、曾勁聰、黃宏滔	3
		新同盟	陳惠達	1
		獨　立	彭振聲、何樹光、侯福達	3
大埔區	19	民建聯	李國英、譚榮勳、鄭俊平黃碧嬌、胡健民	5
		民主黨	區鎮樺	1
		經民聯	陳灶良、李華光	2
		新同盟	任啓邦、關永業、周炫瑋	3
		獨立或無申報	任萬全、★陳笑權、余智榮羅曉楓、★鄭俊和、劉勇威鄧銘泰、劉志成	8
西貢區	27	民建聯	吳仕福、邱戊秀、★李家良邱玉麟、溫啓明、凌文海陳博智、莊元多	8
		民主黨	謝正楓、林少忠	2
		工聯會	簡兆祺	1
		新同盟	梁　里、呂文光、黎銘澤、鍾錦麟范國威	5
		新民黨/公力	譚領律、區能發、溫悅昌	3
		獨立或無申報	劉偉章、陳繼偉、張展鵬、何民傑陸平才、周賢明、方國珊、張美雄	8

行政區	總議席	政治聯繫或獨立人士	地區直選議員名單	議席
沙田區	38	民建聯	余倩雯、董健莉、彭長緯 李世榮、招文亮、黃冰芬 王虎生	7
		民主黨	陳諾恆、程張迎、吳錦雄 曾素麗、李永成、丁仕元 鄭則文	7
		新民黨/公力	黃宇翰、★梁家輝、林松茵 唐學良、何厚祥、潘國山 姚嘉俊、陳敏娟	8
		新同盟	陳兆陽、趙柱幫、丘文俊 許銳宇、李世鴻	5
		工 黨	葉 榮	1
		公民黨	黃宇翰	1
		民主動力	麥潤培	1
		沙田社區網絡	黃學禮	1
		泛民區選聯盟	衛慶祥	1
		獨立或無申報	★黃嘉榮、黎梓恩、龐愛蘭 蕭顯航、陳國強、李子榮 容溟舟	7
葵青區	29	民建聯	李世隆、郭芙蓉、★朱麗玲 鮑銘康、梁偉文、潘志成 盧婉婷、羅競成	8
		民主黨	許祺祥、黃炳權、林紹輝 吳劍昇	4
		工聯會	梁子穎、劉美璐、麥美娟	3
		街工	梁志成、周偉雄、梁錦威 黃潤達、梁耀忠	5
		經民聯	黃耀聰、譚惠珍、李志強	3
		新民黨	吳家超	1
		獨立或無申報	★周奕希、陳笑文、張慧晶 ★徐曉傑、林翠玲	5
離島區	10	民建聯	周浩鼎、★余麗芬、李桂珍	3
		民主黨	郭平	1
		工聯會	鄧家彪	1
		公民黨	容詠嫦	1
		新民黨	傅曉琳	1
		經民聯	鄺官穩	1
		獨立或無申報	余漢坤、★曾秀好	2
合計	431	有政治聯繫議席數	297	獨立人士議席數 134

註：★自動當選議員　　#同時兼有工聯會身份

（資料來源：選舉事務處、香港《文匯報》2015年11月24日）

主要徵引及參考書目

一、檔案及文獻資料

《中華人民共和國香港特別行政區基本法》外文出版社1991年出版

《關於香港特別行政區第一屆政府和立法會產生辦法的決定》第七屆全國人民代表大會第三次會議通過（1990年4月4日）

《中華人民共和國香港特別行政區臨時立法會的產生辦法》全國人民代表大會香港特別行政區籌備委員會第五次會議通過（1996年10月5日）

《關於<中華人民共和國香港特別行政區基本法>附件一第七條和附件二第三條的解釋》第十屆全國人民代表大會常務委員會第八次會議通過（2004年4月6日）

《關於香港特別行政區2007年行政長官和2008年立法會產生辦法有關問題的決定》第十屆全國人民代表大會常務委員會第九次會議通過（2004年4月26日）

《關於<中華人民共和國香港特別行政區基本法>第五十三條第二款的解釋》第十屆全國人民代表大會常務委員會第十五次會議通過（2005年4月27日）

《關於香港特別行政區2012年行政長官和立法會產生辦法及有關普選問題的決定》第十屆全國人民代表大會常務委員會第三十一次會議通過（2007年12月29日）

《全國人大常委會關於香港特別行政區行政長官普選問題和2016年立法會產生辦法的決定》第十二屆全國人民代表大會常務委員會第十次會議通過（2014年8月31日）

《立法會條例》（香港法例第542章）香港臨時立法會1997年9月28日通過

《區議會條例》（香港法例第547章）香港立法會1999年3月11日通過

《選舉（舞弊及非法行為）條例》（香港法例第554章）

《提供市政服務（重組）條例》香港立法會1999年12月2日通過

《行政長官選舉條例》香港立法會2001年7月11日通過

《2010年行政長官選舉（修訂）條例草案》香港立法會2011年3月3日通過

《2010年立法會選舉（修訂）條例草案》香港立法會2011年3月5日通過

《一九九八年立法會選舉活動指引》選舉管理委員會（1998年2月28日）

《二〇〇〇年立法會選舉活動指引》選舉管理委員會（2000年5月15日）

《立法會選舉活動指引的建議》選舉管理委員會（2004年）

《二〇〇四年立法會選舉報告書》選舉管理委員會（2004年12月11日）

《立法會選舉活動指引》選舉管理委員會（2008年7月修訂本）

《區議會選舉活動指引》選舉管理委員會（2003年9月）

《區議會選舉活動指引》選舉管理委員會（2007年9月修訂本）

《政制發展綠皮書》2007年7月　　政府物流服務署印

雷競旋、沈國祥編《香港選舉資料匯編》（1982–1994）

　香港中文大學香港亞太研究所1995年出版

雷競旋、沈國祥編《香港選舉資料匯編》（1995年）

　香港中文大學香港亞太研究所1996年出版

二、報刊雜誌

《文匯報》（香港）1997年1月–2017年12月

《大公報》（香港）1997年1月–2017年12月

《經濟日報》（香港）1997年1月–2017年12月

《東方日報》（香港）1997年1月–2017年12月

《星島日報》（香港）1997年1月–2017年12月

《明報》（香港）1997年1月–2017年12月

《信報》（香港）1997年1月–2017年12月

《蘋果日報》（香港）1997年1月–2017年12月

《成報》（香港）1997年1月–2011年12月

《香港商報》1997年1月–2017年12月

《人民日報》2004年–2017年12月

《紫荊》（香港）2004年–2017年

三、著作

陳麗君著：《香港政黨政治與選舉制度研究》中國社會科學出版社2012年版

朱世海著：《香港政黨研究》時事出版社2011年版

周平著：《香港政治發展（1980–2004）》中國社會科學出版社2006年版

王鳳超著：《香港政制發展歷程《1843—2015）》生活‧讀書‧新知三聯書店2019年版

王英津著：《香港特別行政區政治體制分析》廣東高等教育出版社2018年版

劉兆佳著：《香港社會的政制改革》商務印書館（香港）有限公司2017年版

劉兆佳編著：《過渡期香港政治》廣角鏡出版社有限公司1996年修訂再版

劉兆佳著：《回歸后的香港政治》商務印書館（香港）有限公司2013年版

劉曼容著：《港英政府政治制度論（1841–1985）》社會科學文獻出版社2001年版。

張定淮主編《面向二〇〇七年的香港政治發展》大公報出版有限公司2007年版。

張定淮主編《1997–2005：香港管治問題研究》香港大公報出版有限公司2005年版。

馬嶽、蔡子強著：《選舉制度的政治效果——港式比例代表制的經驗》香港城市大學出版社2003年版。

范振汝著：《香港特別行政區的選舉制度》三聯書店（香港）有限公司2006年版。

周建華著：《香港政團發展與選舉（1949–1997）》（修訂版）大公報出版有限公司2007年版。

周建華著：《香港政黨與選舉政治（1997—2008）》中山大學出版社2009年版。

袁求實編著：《香港回歸以來大事記（1997–2002）》三聯書店（香港）有限公司2003年版。

宋小莊著：《論「一國兩制」下中央和香港特區的關係》中國人民大學出版社2003年版。

蔡子強著：《香港選舉制度透視》明報出版社2000年修訂版。

阮紀宏著：《民建聯20年史》中華書局2012年版。

韓成科、林健忠、李曉惠編著:《香港特區選舉制度與競選工程》新民主出版社 2015 年版。

羅民勝著:《香港直選實務》香港迷思達蕾科藝公司 2007 年版。

羅永祥、陳志輝著:《香港特別行政區施政架構》三聯書店（香港）有限公司 2002 年版。

《香港回歸十年志》（1997 年卷—2006 年卷）大公報出版有限公司 2007 年版。

楊奇主編:《香港概論》三聯書店（香港）有限公司 1992 年版。

鄭宇碩、雷競璇:《香港政治與選舉》牛津大學出版社 1995 年版。

周淑眞著:《政黨和政黨制度》人民出版社 2001 年版。

施雪華著:《政黨政治》三聯書店（香港）有限公司 1993 年版。

王長江著:《現代政黨執政規律研究》上海人民出版社 2002 年版。

梁琴、鍾德濤著:《中外政黨制度比較》商務印書館 2003 年版。

張立平著:《美國政黨與選舉政治》中國社會科學出版社 2002 年版。

林尚立著:《選舉政治》三聯書店（香港）有限公司 1993 年版。

王長江主編:《世界政黨比較概論》中共中央黨校出版社 2003 年版。

包升剛著:《政治學通識》北京大學出版社 2015 年版。

孫關宏、胡雨春、任軍鋒主編:《政治學概論》復旦大學出版社 2007 年版。

後 記

2009 年 10 月，當作者的專著《香港政黨與選舉政治（1997—2008）》由中山大學出版社出版後，一些師友和同仁以及專家學者對此書給予了充分的肯定和較高的評價，並熱切鼓勵作者繼續深入研究這一課題。在這些熱切鼓勵和支持下，經過近 10 年的艱辛努力，作者終於完成了《香港政團發展與選舉20年（1997-2017）》一書的寫作。

本書在寫作過程中，得到了暨南大學經濟學院原院長、暨南大學特區港澳經濟研究所所長、博士生導師馮邦彥教授和復旦大學港台行政研究中心同仁的熱切鼓勵和幫助，尤其是馮邦彥教授撥冗為本書作序，這是馮教授第二次為作者的著作作序。謹此，我們由衷地表示深深的謝意！

在這部書稿行將付梓之際，謹向所有給予我們熱誠關心和支持的師友及同

仁，以及給予本書出版提供鼎力幫助的香港大公文匯出版社的王志民副社長及香港大公文匯傳媒集團發行中心總經理何濤先生，表示誠摯的謝意！

在本書資料的搜集過程中，還得到香港中央圖書館、香港大學圖書館、廣州中山圖書館、中山大學圖書館和作者所在單位圖書館提供的諸多方便，使我們能有機會搜集到豐富資料。在此，我們一併表示衷心的感謝！

由於著者個人學淺才疏，對本課題的研究還不夠深入，拙著中難免會存在不當和不足之處，懇切期待學界專家和讀者給予批評指正，那對我們將是十分榮幸的事情。

周建華、仲永

2019 年 4 月於廣州

書名：《香港政團發展與選舉20年》（1997-2017）

著　　者：周建華　仲永

責任編輯：志民
裝幀設計：張敏

出　　版：大公報出版有限公司
　　　　　香港仔田灣海旁道七號興偉中心29樓
電　　話：28738288

發　　行：香港聯合書刊物流有限公司
　　　　　香港新界大浦汀麗路36號中華商務印刷大廈3字樓
電　　話：21502100

印　　刷：美雅印刷製本有限公司
　　　　　香港九龍榮業界6號海濱工業大廈二期4字樓

版　　次：2019年6月初版
國際書號：ISBN　978-962-582-065-1
定　　價：港幣180元